21 世纪
管理学教材

● 揭筱纹／主编

管理思想史

History of
Management Thought

清华大学出版社
北 京

内 容 简 介

　　本书共分四篇，深入浅出地介绍了西方管理思想、东方管理思想、东西方管理思想的比较、管理创新与发展趋势。既有经典故事、案例分析，也有理论剖析；既有学术性，也有趣味性；并注重理论联系实践，是一本通俗易懂的教材。学习管理思想史，可以事半功倍地学习前人和大师们的智慧，训练自己的思维，了解各种管理思想的背景、可取处和局限性，克服盲目性，提高运用管理科学的自觉性。

　　本书可作为管理类专业本科学生管理思想史课程的教材，亦可作为非管理类本科学生以及对管理学感兴趣的社会读者的自学读本。

图书在版编目（CIP）数据

　　管理思想史/揭筱纹主编. —北京：清华大学出版社，2011.9（2022.1重印）

　　（21世纪管理学教材）

　　ISBN 978-7-302-26444-6

　　I. ①管…　II. ①揭…　III. ①管理学–思想史　IV. ①C93-09

　　中国版本图书馆 CIP 数据核字（2011）第 164910 号

责任编辑：王　威　杜春杰
封面设计：唐韵设计
版式设计：文森时代
责任校对：张兴旺
责任印制：沈　露

出版发行：清华大学出版社
　　　　　网　　址：http://www.tup.com.cn，http://www.wqbook.com
　　　　　地　　址：北京清华大学学研大厦 A 座　　　　邮　　编：100084
　　　　　社 总 机：010-62770175　　　　　　　　　邮　　购：010-62786544
　　　　　投稿与读者服务：010-62776969，c-service@tup.tsinghua.edu.cn
　　　　　质量反馈：010-62772015，zhiliang@tup.tsinghua.edu.cn
印 装 者：三河市金元印装有限公司
经　　销：全国新华书店
开　　本：185mm×230mm　　　印　　张：18.5　　　字　　数：392 千字
版　　次：2011 年 9 月第 1 版　　　　印　　次：2022 年 1 月第 10 次印刷
定　　价：42.00 元

产品编号：028184-02

前　言

当今很多管理者把知识的更新视为工作重心，忽视过去的管理思想和理论，视它们为陈旧和过时的。然而，博古通今、以史为鉴，历史的车轮正是在轮回中不断前进。从早期的重农主义思想，到中世纪"文艺复兴"后的重商主义经济思想，再发展到大工业时代的理性主义、科学化的管理思想，人类管理思想的发展与演变都是一脉相承的。虽然管理理论发展至今已经逐渐走向成熟与完善，但了解管理思想，特别是了解管理思想发展演变的历史，对从事管理工作者是必不可少的，而对正在学习管理理论的人来说，系统地了解东西方管理思想的发展历程，更是至关重要。

《管理思想史》一书系统、完整地介绍了东西方管理思想的发展过程，在编写思路及体系结构上，本书较目前我国相类似的管理思想史教材有较大的创新。

首先，更好地融合了管理思想与管理理论。本书结合人类社会发展的历史进程，逐步揭示人们看待和处理管理问题过程中，在认识、思路、观点及主张上的变化，从而深入探讨人类社会发展的不同阶段、不同时期建立的系统化的管理理论体系。

其次，较清晰地介绍了西方与东方的管理思想。目前的教科书中，有的以较多的篇幅介绍西方管理思想，较少介绍博大精深的东方管理思想，尤其是中国的管理思想；有的则单独介绍西方或东方管理思想的发展历史，而对东西方管理思想较少作深入而详细的比较分析。本书第一篇详细介绍西方管理思想史，从西方古代文明中的管理思想入手，深入探讨西方工业革命前后的管理思想；第二篇着重探讨东方管理思想史，从东方文化起源开始，到中国奴隶制时期、封建时期的管理思想，再到近现代时期的管理思想，本书都进行了比较系统而全面的研究；第三篇主要对东西方管理思想进行比较，深入分析东西方管理思想的产生背景、文化、思想性质等方面的差异，探讨东西方管理思想的关联与融合。并且，本书在最后一篇还引入"管理创新"的重要理念，对管理思想的发展趋势进行讨论。

此外，增强了易读性和趣味性。在每一篇的正文前都引入一个"开篇故事"，以吸引读者兴趣，引导其提升学习的积极性。本书还精心挑选了大量现代企业管理中的案例，使理论学习与实践学习紧密结合。

本书可作为企业管理类本科学生和研究生的教材、参考书，也可以作为研究管理理论人士的阅读资料。

全书由揭筱纹负责体系设计和总撰，参与本书撰写的作者有（按目录顺序）：揭筱纹（导论、第一篇、第二篇、第三篇、第四篇）、宋宝莉（第一篇）、赵长轶（第二篇、第三篇）、赵露（第四篇）。

　　本书编写过程中，参阅了国内外大量专家学者的著作和文献资料，从中吸取了一些相关内容。这些资料已用注释和参考文献注出，若有遗漏，在此表示歉意，并对所有文献作者表示崇高的敬意和衷心的感谢！由于编者水平有限，书中难免存在不足之处，恳请专家和广大读者不吝赐教，提出宝贵意见。

编　者

2011 年 6 月

目 录

导　　论 1

　　一、学习管理思想史的意义 1

　　二、怎样学好管理思想史 3

　　三、管理思想史教材的主要内容与特点 3

第一篇　西方管理思想发展史

第一章　西方管理思想的历史发展 6

　　学习目的与要求 6

　　第一节　西方管理思想产生的历史背景和古代管理萌芽 6

　　第二节　早期的管理实践与管理思想 14

　　第三节　20 世纪以来西方管理思想的发展阶段与流派 17

　　本章小结 24

　　思考题 24

　　关键词 24

第二章　科学管理 25

　　学习目的与要求 25

　　第一节　科学管理理论产生的历史背景及思想准备 25

　　第二节　科学管理理论的形成与发展 30

　　第三节　对科学管理理论的认识与评价 40

　　本章小结 42

　　思考题 42

　　关键词 42

　　案例　科学管理在现代企业中的运用——光友"粉丝"成长记 43

　　资料来源 48

第三章　一般行政管理理论 49

　　学习目的与要求 49

第一节　法约尔的组织管理理论·······50
第二节　韦伯的行政组织理论·······54
第三节　对一般行政管理理论的认识与评价·······56
本章小结·······58
思考题·······58
关键词·······58
案例　IBM 的管理模式·······58
资料来源·······60

第四章　行为科学管理·······61
学习目的与要求·······61
第一节　行为科学理论产生的历史背景及思想准备·······61
第二节　行为科学理论的形成与发展·······63
第三节　对行为科学的认识与评价·······74
本章小结·······76
思考题·······76
关键词·······76
案例　本田迁到美国·······77
资料来源·······78

第五章　西方现代管理理论丛林·······79
学习目的与要求·······79
第一节　西方现代管理理论产生的历史背景·······79
第二节　现代管理理论丛林的主要学派·······81
本章小结·······101
思考题·······101
关键词·······102
案例　查克·斯通曼的一天·······102
资料来源·······105

第六章　西方当代管理理论的新发展·······106
学习目的与要求·······106
第一节　西方当代管理理论新发展产生的历史背景·······106
第二节　西方当代管理思想的新发展·······108
本章小结·······128

思考题 129

关键词 129

案例　沃尔玛的核心能力 129

资料来源 130

第二篇　东方管理思想发展史

第七章　东方管理思想概述 133

学习目的与要求 133

第一节　东方文化 133

第二节　东方管理思想研究史 138

思考题 146

关键词 146

第八章　中国古代管理思想史 147

学习目的与要求 147

第一节　中国古代管理思想的产生 147

第二节　中国古代管理思想流派 148

第三节　中国古代管理思想应用 163

思考题 172

关键词 172

案例　思科与华为 173

资料来源 175

第九章　中国古代管理思想的继续发展 176

学习目的与要求 176

第一节　中国封建时代的管理思想 176

第二节　中国封建时代管理思想的主要代表人物 179

关键词 185

思考题 185

第十章　中国近现代管理思想 186

学习目的与要求 186

第一节　中国近代管理思想 186

第二节　中国现代管理思想 192

关键词 195

思考题 195

案例　沈太福兴衰记 195

资料来源 198

第三篇　东西方管理思想的比较与融合

第十一章　东西方管理思想的比较 201

学习目的与要求 201

第一节　东西方管理思想产生的时代背景比较 201

第二节　东西方管理对象的比较 205

第三节　东西方管理文化的比较 208

第四节　东西方管理思想性质的比较 210

关键词 215

思考题 215

案例　联想与 Sony 的国际化之路 216

资料来源 219

第十二章　东西方管理思想的融合 220

学习目的与要求 220

第一节　西学东渐——西方管理思想在现代中国的传播 220

第二节　东西方管理思想的融合 223

关键词 227

思考题 227

第四篇　管理创新与管理思想的发展趋势

第十三章　管理创新 230

学习目的与要求 230

第一节　管理创新与现代经济发展 230

第二节　管理创新的主体与机制 239

第三节　管理创新的行为与目标 244

第四节　管理创新思维及其修炼 245
第五节　管理创新的方法 255
关键词 259
思考题 259
案例　四川嘉熙实业有限公司的价值创新 260
资料来源 266

第十四章　东西方管理思想的发展趋势 267
学习目的与要求 267
第一节　中国传统管理思想的历史机遇 267
第二节　东西方现代管理理论的发展趋势 273
关键词 279
思考题 279
案例　摩托罗拉的知识管理与创新 280
资料来源 282

参考文献 283

导　论

一、学习管理思想史的意义

1. 管理学是智慧之学、科学技术之学、艺术之学

管理学是人类智慧的结晶，是人类近代史上发展最迅猛、对社会经济发展影响最为重大的学科之一。管理无时不在，无处不在，国家的兴衰、组织的涨落、企业的成败、家庭的贫富都与管理是否得当有关。管理过程所具有的动态性、复杂性和管理对象的多样性决定了管理所要借助的知识、方法和手段具有多样化的特点。因此，管理既是一门科学，更是一门艺术。管理的科学性是指，作为一个活动过程，管理有其自身的规律，它是人类在漫长的管理实践中，经历了无数次成功与失败，总结了成功的经验和失败的教训之后，形成的一系列方法。然后，人们又用这些方法来指导管理实践，以使这些管理方法在实践中得到检验、充实和发展。管理理论和方法反映了管理的客观规律性，是我们分析问题、解决问题的指导。管理的艺术性表现在管理的实践性。在管理实践中，影响管理的既有确定性因素，又有不确定性因素；既有稳定性因素，又有突发性、偶然性因素。这些因素的复杂多变性，决定了管理的艺术性。人们要进行有效的管理，不仅要学会管理原理与方法，关键在于要学会用这些理论与方法指导实践，学会因地制宜地将学到的理论与管理实践结合起来。

2. 管理人才是复合型人才

在变化万千的复杂环境中，管理者要进行有效的管理，必须掌握必要的管理技能。美国著名管理学教授哈罗德·孔茨认为管理者的能力体现于三种技能：思想技能、人事技能和操作技能。

（1）思想技能。现代组织的运行节奏加快，管理者必须具备快速敏捷地从复杂多变的环境中分清各种因素的相互关系，抓住问题的实质并根据形势和问题果断地作出正确决策的技能，这种技能被孔茨称为思想技能。思想技能包含：把企业看成一个整体的能力；识别一个组织中彼此互相依赖、相互影响的各种职能的能力；设想个别企业与工业、社团，甚至与国家的政治、经济和社会力量这一总体之间的关系的能力。思想技能对于高层管理者的重要性比基层和中层管理者更突出。

（2）人事技能。孔茨认为人事技能是一个人能够以小组成员的身份有效地工作，并能够在他所领导的小组中建立起合作的能力。这种技能表现在一个人对上级、同级和下级的

看法，也表现在他自己的行为方面。

管理者的大部分时间和活动都是在与人打交道，对外他们要与各种有关的组织进行联系、接触，对内要了解下属、协调下属的行为，还要善于调动下属的积极性。这种技能对各层次的管理者都具有同等重要的意义。

（3）操作技能。操作技能也叫技术技能，主要指管理者从事自己管理范围内的工作所需的技术和方法。操作技能也许是人们最熟悉的，因为它最具体，而且在我们这个专业化的时代，它是绝大多数管理者所需的技能。例如，工厂里的车间主任要懂得有关操作机器设备方面的知识，要懂得各种操作技术才能正确行使自己的职责。管理层次越低的管理者，越需要具有操作技能，特别是基层管理者，操作技能尤为重要，因为他们大部分时间都是从事训练下属或回答下属在工作中遇到的问题，因此他们必须知道如何去做，才能成为下属所尊重的上司，才能更好地从事管理工作。

3．学习管理思想史，可博晓古今

通过学习管理思想史，研究管理思想演变的过程，感受前人和大师们的智慧，训练自己的思维，认清各种管理思想的背景、可取处和局限性，加深对现代管理思想的理解。同时，学习管理思想史，研究过去，总结经验教训，可使我们在今后的管理实践中克服盲目性，提高运用管理科学的自觉性。

对于学习历史能够帮助我们了解现在、预见未来这种观点，两千多年前的孔子就早有所言。他的学生问他："十世可知也（今后十个朝代礼仪制度的变革可以预先知道吗）？"他明确回答说："殷因于夏礼，所损益可知也；周因于殷礼，所损益可知也。其或继周者，虽百世可知也。"（《论语·为政》）[1]古人尚且如此，我们更应当努力学习管理思想发展的历史，以便更好地进行管理实践。

4．通过中西管理思想的比较研究，学会东西跨文化管理

跨文化管理与企业的国际化问题相伴而生，在我国表现为改革开放三十多年来外资的大量涌入以及我国境外公司的增多。如何管理具有不同文化背景的员工，正在成为越来越多从事国际化经营的公司的首要问题。通过学习管理思想史，我们不仅可以深入了解东西方管理理论产生的文化背景，而且可以找到融合东西方管理文化的方法，以便更好地从事跨文化管理。

总体来说，作为一项单独的研究领域，管理思想史在大多数企业管理类学校里往往被忽视，即使讲授一些相关知识，也往往缺乏深度，缺少指导性和统一安排。亨利·沃兹沃斯·朗费罗说："让已逝的岁月永远埋葬。"[2]但是，重提旧事我们可以温故而知新。通过

---

[1] 何征，严映镕. 管理思想演进与现代企业管理[M]. 成都：四川科学技术出版社，1989，2-3.
[2] 丹尼尔·A. 雷恩. 管理思想的演变[M]. 北京：中国社会科学出版社，1986，3.

研究管理思想的演变过程，我们能够了解管理思想及研究方法的起源、发展过程及文化背景，有助于我们更合理和更有条理地了解现在，可以促进我们的思想适应能力，为必然会出现的改变做好精神上的准备。

二、怎样学好管理思想史

1. 注意阅读相关文献

管理思想史历数中外管理思想的发展，介绍各管理思想流派的思想之精华。学生在学习的过程中还需认真阅读各种相关书籍，扩大知识面，加深对各种管理思想的理解和认识，在此基础上才能真正学好管理思想史。

2. 多思考、比较各种流派的管理思想，找出规律性

管理思想发展的各个阶段存有各种不同的学术流派，它们之间有着各种各样的联系与区别，学生在学习过程中要进行比较分析，在比较、对比的过程中发现各思想流派闪烁的智慧与存在的缺陷，找出其中规律性的东西，以便更好地学习和理解各种管理思想的发展历史。

3. 认真听课，在学习知识的同时，着重学习和理解方法论的内容

学习知识固然重要，但是只有掌握了学习知识的方法方能更好地学习知识。要学好管理思想史，首先要认真听课，做好笔记。其次，在学习知识的同时，着重学习和理解其中方法论的内容，以使二者相得益彰。

三、管理思想史教材的主要内容与特点

本教材内容涵盖古今中外的管理思想，在介绍管理思想的同时还注重对东西管理思想的比较分析，使学生在学习前人和大师们的智慧的同时，训练自己的思维，认清各种管理思想的背景、可取处和局限性，克服盲目性，提高学生运用管理科学的自觉性。"管理思想史"课程内容系统全面、逻辑清晰、条理清楚，通俗易懂，其理论与实际相结合的特色增强了学习"管理思想史"的趣味性。

（1）从篇章结构上看，本教材不仅详细介绍了东西方的管理思想，同时还对东西方的管理思想进行了比较分析，并结合中国实际探讨了东西方管理思想对中国企业管理的实际意义，鉴于"管理创新"的重要性，本教材还设专章进行了讨论。

（2）从内容深度上看，鉴于市面上"管理思想史"相关书籍重"西"轻"东"，重"今"轻"古"的倾向，本教材在"东方管理思想发展史"部分设专章讨论中国古代管理思想，以加强学生对中国古代优秀传统文化的继承和修炼。

（3）从侧重点上看，本教材不仅重视对管理思想史本身的介绍，更重视对东西方管理思想交融与应用的介绍和分析，促进学生全面、系统、客观地理解管理思想，进而激发学

生学习的积极性和创造性。

（4）从着眼点上看，本书作为本科层次教材，更专注于教材的易读性与趣味性，坚持在传授知识的同时，培养学生对"管理思想史"课程的兴趣和爱好，因此，本教材结合各章节精心挑选了大量案例和图表，浅入深出，大大颠覆了传统教材的固有模式。

第一篇　西方管理思想发展史

开篇故事：取人之长，补己之短

　　理查德·弗利是 17 世纪英国斯图尔布里奇的一个铁匠。他和英国其他的铁器商凭借传统工艺的优势在铁器制造业中长期处于霸主地位。但是，瑞典的铁匠发明了一种叫"分裂法"的新工艺，利用这种工艺制造出的铁器质量有很大的提高，成本也降低了不少，严重威胁着弗利及其同行的霸主地位。其他英国铁器商纷纷把经营地盘拱手让给瑞典人，但不服输的弗利决心掌握这种新工艺，与瑞典人决一胜负。

　　弗利曾经带着小提琴走街串巷卖过艺。他又利用这一条件假扮成流浪艺人巡游在欧洲大陆。比利时、西班牙、意大利、德国的各大城市都留下了他的足迹。所到之处就秘密搜集铁器行家们的技术资料。

　　弗利到达瑞典后，化妆成铁器工人，到处做工，从而发现了"分裂法"工艺的稳密。弗利马上返回英国，和朋友一起经过多次艰苦的试验，终于研制出了"分裂"机。

　　"分裂"机的研制成功，使弗利信心百倍地与瑞典人展开了激烈的竞争，几经拼搏，弗利又恢复了昔日的霸主地位。

　　市场竞争中，要善于取人之长，为我所用，才能立于不败之地。对管理思想史的学习也是如此。如今，随着科学技术的发展，获得我们所需的资料比故事中的弗利搜集"分裂法"工艺的资料要容易得多。我们更应当学习西方管理思想中的精华，应用于企业管理实践，提高我国企业的国际竞争力。①

---

① 林君雄. 锦囊妙计 1001（上册）[M]. 北京：中国青年出版社，1994，332～333.

第一章　西方管理思想的历史发展

1. 了解工业化时代的企业特征与人文特征
2. 理解中世纪时期的管理
3. 清楚早期的管理实践和管理思想及其代表人物
4. 掌握 20 世纪以来西方管理思想的发展阶段
5. 熟悉 20 世纪最为流行的六大管理思想流派

第一节　西方管理思想产生的历史背景和古代管理萌芽

管理思想的产生与发展是同人类对自然的认识水平、生产工具的先进程度、生产组织方式和文化背景联系在一起的，这些要素一定程度上决定了管理思想的发展水平。18 世纪至 19 世纪，英国及其他一些资本主义国家发生了工业革命，标志着工业化时代的到来。资本主义国家的生产力和生产方式出现了重大变革，机器大工业代替了工场手工业，工厂这一新的生产组织形式逐渐替代了家庭手工作坊。人们在动力、运输、通信和技术等方面也取得了突飞猛进的发展。工业革命的爆发，无论在社会发展的外部环境上，还是在人们自身的认识水平上，都为资本主义的高速发展提供了物质和精神准备。

一、西方管理思想产生的历史背景

工业革命的爆发，大大推动了西方管理思想的产生。工业化时代具有不同于以往时代的人文特征与企业特征。

1. 工业化时代的人文特征

工业化时代的人文特征是文艺复兴运动时期人文特征的继承与发展。文艺复兴运动是西方社会发展到一定历史阶段，生产关系和生产力矛盾的宏观表现，它为人类开辟了通向现代文明的道路。文艺复兴时期的主要社会思潮是人文主义，其核心思想是肯定人，注重人性，把人从宗教束缚中解放出来，反对神学中抬高神而贬低人的观点。到了工业化时代，人的价值更是得到了肯定，推崇人的经验和理性，要求人在管理过程中要服从理性。此时随着资本主义生产关系的建立，生产力水平得到进一步提高，在文化上也开始反映资产阶级的要求，提倡个性解放，提倡人权，反对神权，主张通过个人获得政治和经济自由。

2．工业化时代的企业特征

工业化时代，科技与管理都得到了飞速发展。在科技方面表现为瓦特技术革命的成功、牛顿力学的建立，以及热力学第一、第二定律的发现。在管理方面，客观现实的变化对管理提出了新要求，也为管理思想的发展提供了丰厚的土壤。

产业革命所带来的经济、工业的飞速发展对社会产生了巨大震荡，生产组织发生了重大变化，从家庭生产制度、代产包销发展到了工厂生产制度。工业化时代的企业特征主要表现为以下几个方面。

（1）缺乏管理人员。早期工厂管理普遍存在的问题是管理人员数量少、素质低，缺乏专门的管理训练。管理人员通常是从工人中进行选拔，提升的依据是他们的技术水平或维持纪律的能力。由于未经训练，全凭自己发展自身的领导形态，所以，领导的好坏完全取决于领导者个人的品格、秉性和癖好。而且管理人员来源没有保证，训练是靠在工作岗位上的实践，并且训练多以某种专门的工厂为导向，缺乏专门的管理行为规范，几乎所有的工业部门都有自己的准则。没有管理理论对实践的指导，所以基层管理人员只能采取强制的办法对待工人，结果，实施管理的同时往往恶化了劳资关系。管理人员问题是工业化时期最跟不上发展的难题之一。

（2）缺乏熟练的劳动者。早期的工厂制度下，管理采用的是军队式的严密组织，并且大量雇用童工。虽然在工厂手工业时期也不乏一些技艺高超的工人，但是这种工人的数量实在太少，而且他们进入工厂以后，往往不愿意从事单调的工作，各工厂只好用重金引诱他们，有的工厂会因为失去一个关键的工匠而不得不关门大吉。新招募来的工人一般是由极不相称的各种人员组成，如农民、退伍军人、无业游民等，他们素质普遍较低，既无经验又无技术，为使他们能够适应高速运行的大工业生产，必须对他们进行训练，但训练主要是靠口头讲、示范操作和试错法，没有标准的工作方法，这样学来的杂乱无章的知识给工厂进行有效的生产带来了问题。

（3）缺乏对工人的有效激励。早期工厂的劳动纪律和对工人的激励问题的矛盾很尖锐，资本家和工人之间形成的是对立关系。

生产组织由家庭生产转到工厂生产，工人们对工厂的这种分工严格、生产标准化、纪律严明的上班制度很不习惯，他们觉得机械运转速度太快，工作单调乏味，因此，常怀念昔日传统家庭生产的乐趣。旷工事件经常发生，尤其是在遇到"传统节日"时，旷工人数往往会增加。雇主为了改善这种状况，采用各种罚金来加强管理，但这却只会激怒工人。在这种互动过程中，工厂主们意识到，要采取激励手段，以激发工人们的劳动热情，而不能仅采用粗暴的办法。于是他们采用了一些改进管理的措施，如采用承包制，由承包的管理人员支付工人的工资、购买原料，承担各种风险。这样，承包人为了获得更大利润，就会努力降低成本，减少消耗，这种办法具有很大的刺激力。但这种办法也有一些弊端，如承包人可能会为追求短期利益而加重对工人的剥削，使企业矛盾激化；后来又采用计件工资制，这种方法也遇到了一些问题，雇主们往往会采用"提高指标"或降低工价的办法来对工人进行剥削，以致雇主与工人之间常常为了定额和工资计算问题发生冲突；经过一段时间的摸索，企业主又通过建立新的"企业精神气质"进行管理，通过宗教伦理和价值准则来培养工人对工作的热情。这种道德的劝谕，主要目的在于使工厂建立一种新的风气，从而能够维持一种良好的秩序。

由此可见，工业化时代，生产实践已经向管理提出了许多问题，人们开始隐隐约约地感觉到管理在工业生产和经济发展中的重要作用。

二、西方古代管理萌芽

1. 古代文明中的管理

一些现代管理概念和实践的根源可以追溯至古代。

苏美尔文明是世界上最早发明文字的古代文明，在人类发展史上具有十分重要的地位。苏美尔人很早就掌握了丰富的知识和高超的技术。他们在两河之间修建了复杂的水利系统，驯服了时常泛滥的河水，开垦出富饶的田地。他们不仅发明了楔形文字，记录下许多神话、史诗、演讲词等作品，还发明了 1～5 的数字，历法也相当先进。最为人称道的是他们建立了一套较为完备的法律体系。著名的汉穆拉比法典就是后来的巴比伦人根据苏美尔法典订立的。[①]

苏美尔人很早就认识到了管理控制的必要性。苏美尔庙宇中的祭司通过其庞大的赋税制度搜集并管理着大量的俗世财物，账目的保管往往是人的记忆所不能及，必须有某种管理控制制度保证收回给别人的贷款，而且由该祭司的继任者来收回这笔贷款。为此，苏美尔祭司制定出一种制度，记录下宗教"公司"的巨大财物中许多祭司的交易。这可以说是管理控制思想的雏形。世界上最早的书面文件就是 5000 年以前他们的存货记录。[②]

埃及的建筑、政府和著作进一步诠释了管理的发展。

埃及人修建了许多灌溉系统，作为利用尼罗河每年的洪水进行灌溉的附属工程。他们

[①] skyhappy. 奇迹般的苏美尔文明. http://culture.zwsky.com/n/200804/16/237772.shtml.

[②] 克劳德•小乔治. 管理思想史[M]. 北京：商务印书馆，1985，6.

修建金字塔和运河的工程技术远远超过了希腊人和罗马人，这是不可思议的奇迹。金字塔的建筑技术向我们表明了公元前 5000 年到 520 年间古埃及人的管理和组织能力。金字塔所用石块的采掘和搬运工作出色地表明了古埃及人的组织制度。有证据表明，埃及人是知道管理人员所能监督的人数的限度的。最早的朝代，法老去世时要杀死工人和仆人来陪葬，后来，随着文明的进步，陪葬改为埋葬雕刻品或者用雕刻品代表或象征奴仆。从发掘出来的奴仆雕刻中发现的令人感兴趣的现象是：每一个监督者大约管理 10 名奴仆；监督者和奴仆所穿的衣服不同，监督者穿的是短裙或长袍，而奴仆穿的衣服则需能表明他们干的行当或职业。除此之外，古埃及人著作中也可发现许多关于管理思想的例子，如大约在公元前 1500 年就用作学校教材的普塔霍特普的教诲书，书中提到："如果你是一个指挥大批人工作的领导者，你要努力把自己的工作做得更好，直到没有什么错误。真理是伟大的，而其作用是持久的……做坏事是不能使事业获得成功的。"[①]"领导者对未来要有所打算。""一个人的顾问是伟大的人，他自己才是真正伟大的人"[②]……。此外，埃及人还通过法律禁止手工工人从事其父母传下来的手艺以外的手艺，这表明他们已经认识到了在整个组织中实行专业化的重要性。

巴比伦（Babylon）是世界著名古城遗址和人类文明的发祥地之一。它位于幼发拉底河右岸，建于公元前 2350 多年，是与古中国、印度、埃及齐名的人类文明发祥地。巴比伦在公元前 2000 年至公元前 1000 年曾是西亚最繁华的政治、经济以及商业和文化中心，这里还曾是古巴比伦王国和新巴比伦王国的首都。[③]巴比伦对管理思想的最出色的贡献莫过于汉穆拉比法典，它是人类已知的最古老的法典之一。巴比伦人的许多管理思想都体现在该法典中，如关于最低工资："如果一个人雇用一个农工，他每年应支付八古（一种衡量单位）谷物的工资"[④]；关于控制："如果一个人在另一个人那里存放银、金或其他东西，他都应该把这些东西给一位证人看，并拟定一项契约，然后再存放。"[⑤]

希腊是欧洲文明的摇篮。从古希腊的部落管理体制里我们可以看到"议会制"的影子，"虽然古希腊的记载并没有留下多少关于管理原理方面的见解，但是雅典城邦及其议会、人民法庭、执政官的存在本身就表明那时已意识到了管理职能"。[⑥]希腊人很早就认识到，按规定速度应用统一的方法能使产量最大化，尤其是对于艰苦、单调、重复性工作，更是如此。他们对这类工作往往用音乐来规定时间，以减少浪费和减轻疲劳。

---

① 克劳德·小乔治. 管理思想史[M]. 北京：商务印书馆，1985，9.

② 同①

③ 世界著名古城遗址巴比伦及巴比伦空中花园. http://news.xinhuanet.com/ziliao/2002-09/29/content_580006.htm.

④ 罗伯特·哈珀. 巴比伦汉穆拉比王法典[M]. 芝加哥：芝加哥大学出版社，1904，157；克劳德·小乔治. 管理思想史[M]. 北京：商务印书馆，1985，13.

⑤ 同④

⑥ 郭咸纲. 西方管理思想史[M]. 第 2 版. 北京：经济管理出版社，2002，8.

在古希腊工商业最发达、自由民内部斗争最激烈且最易接触其他先进文化的地方，最先出现了改革家、思想家。其中最出色的是苏格拉底（Socrate）、色诺芬（Xenophon）、柏拉图（Plato）和亚里士多德（Aristotle）。

苏格拉底看到了管理的普遍性，他认为管理私人事务与管理公共事务在技术上是相通的，只是在量上有所差别。但是，苏格拉底没有看到管理的特殊性，管理也是一项专业性很强的工作，这导致了其管理思想在应用到现实中时并没有达到预想的效果。

色诺芬的《家庭管理》是古希腊流传下来的第一部专门论述经济问题的著作。在书中，首先提出了管理的研究对象，并认为，检验管理水平高低的标准是财富是否得到增加。认识到了管理的中心任务是对人的管理，并分析了分工的重要性。

柏拉图在《理想国》中首先提出了经济科学中的专业化或劳动分工原理。他指出："每个人从事几种行业或坚守自己的本行——哪一种更好呢？应坚守自己的本行。如果一个人按照他的能力并在恰当的时机做事，他就能做得更多、更好而且更容易。我们不必感到奇怪，大城市中的物品要比小城市中的物品做得更好。……在大城市中……一个人可以只从事一种行业。有时他只从事一种行业的某一特别分支，一个工人做男人的鞋，另一个工人做女人的鞋；一个工人只是缝鞋，另一个工人只是切皮……一个人只从事这样一种有限范围的工作，必然能在工作上取得出色的成就。"①

色诺芬曾记载了其与苏格拉底的一次谈话，其中有关于管理普遍性原则的最早描述。苏格拉底认为一家公司的好经理，同样也能干好国防部长的工作。一个好商人的职责和一个好将军的职责事实上是相同的。两者的职责都在于使其下属顺从和服从，都在于把恰当的人安排在恰当的位置，都应该惩罚坏人和奖赏好人，都应该赢得下属的好感。两者都应该努力和勤勉。②色诺芬还这样清楚地描述了管理的技艺："家务管理是不是像治病或做铜匠活那样，是一种技艺的名称呢？克里托布勒斯说，'我认为是的。那些有造房子的技艺的人，既能为自己造房，也能为别人造房。那些有从事家务管理的技艺的人，肯定也能这样做……至于那些对所有各种事务（不论是农业、政治、家务或军事）共同的东西都出色的人，必然能够指挥别人……'"③

亚里士多德的著作《政治学》体现了他的一些管理思想，并从某种意义上揭示了管理者与被管理者之间的关系，如他的"天赋人性"的思想同我国孟子的"劳心者治人，劳力者治于人；治于人者食人，治人者食于人，天下之通义也"有异曲同工之妙。亚里士多德还发展了色诺芬的"家庭管理"思想，并揭示了事物的内在发展规律，他认为一切事物都是由"形式"和"质料"构成的，"质料"是事物组成的材料，是消极被动的因素，"形式"则是每一件事物的个别特征，是积极能动因素，事物的运动变化发展是"质料"实现

---

① 弗朗西斯·康福德. 柏拉图的理想国[M]. 纽约：牛津大学出版社，1959，165-167.

② 克劳德·小乔治. 管理思想史[M]. 北京：商务印书馆，1985，23.

③ 克劳德·小乔治. 管理思想史[M]. 北京：商务印书馆，1985，24.

的"形式"，并把这个过程称为"潜能"向"现实"转化的过程。从亚里士多德的思想中我们可以看出，这实质上是揭示了管理矛盾的运动、变化和发展的过程。[①]

罗马是在节俭中诞生的，它征服了腐化堕落的古希腊文化，形成了希腊人的统治王朝。罗马人具有高超的组织才能，加之坚定的意志使其成为横跨亚、欧、非三洲的大帝国。

公元 284 年，戴克利先成为罗马帝国的皇帝。戴克利先为了加强和巩固皇权，扩大了等级制度，强调连续权。原来直接对皇帝负责的省长消失了，代之以连续授权的等级。现在的管理人员为了巩固中央集权而应用的集中控制的等级制度，就类似于戴克利先的组织原则。

罗马人还发展了一种类似工厂的体制，以便生产军队用的武器、向世界出售的陶器以及纺织品。罗马人继承了希腊人蔑视贸易的做法，让希腊人和东方的自由人从事商业活动。国家制定了一套有关度量衡和币制的保证制度，以便适应商业标准化的对外贸易发展要求。第一个类似公司的组织以股份有限公司的形式出现，它向公众出售股票，以便履行为支持战争而签订的政府合同。罗马的劳动大军已高度专业化，绝大多数人都是独立自主地在小型工厂中劳动的工匠，他们为市场而不是为个别消费者制造商品。自由工人组织了行会（社团），但是建立行会是为了社会目的和相互帮助（例如支付埋葬费用），而不是为了确定工资、劳动时间和就业条件。国家控制着罗马经济生活的各个方面：征收贸易税、对垄断者处以罚款、管理行会以及利用税收支付多次战争的巨大费用。当时不可能存在大规模的组织，因为政府只允许股份有限公司履行政府的合同，不从事其他任何活动。

罗马人也具有遵守秩序的天赋。军事独裁政府以铁腕手段统治着整个帝国。这种独裁的组织结构之所以存在，是因为有两个基本的思想概念为其支柱，即纪律和机能主义。前者确立了一个严格的体制和权力层次，以保证各种职能得以执行；后者规定了各军政机构之间的具体分工。罗马人对人类遗产的贡献主要在法律和治国施政方面，也就是对秩序感到关切的具体表现。罗马的法律成为后来社会文明的范例，而罗马的立法和司法的分权制则为后来的立宪政府的制约和平衡体制树立了一个典范。[②]

综上所述，在人类早期的文明中，管理很少或者是没有什么理论，也没有思想和经验的交流，完全是在不断摸索的基础上进行的。随着人类文明的不断发展，人们开始意识到某些管理原则，并且至少在"如何进行"的基础上在地区范围内互相交流，但是各种管理原则没有能够结合成为一个管理思想体系，也没有把各种管理技术构成为一种有先后时间顺序的结构。[③]

2. 中世纪时期的管理

"中世纪"一词是在文艺复兴时期创造的。公元 5 世纪末，西罗马帝国在奴隶、平民

[①] 郭咸纲. 西方管理思想史[M]. 第 2 版. 北京: 经济管理出版社, 2002, 12.

[②] 丹尼尔·A. 雷恩. 管理思想的演变[M]. 北京: 中国社会科学出版社, 1986, 20.

[③] 克劳德·小乔治. 管理思想史[M]. 北京: 商务印书馆, 1985, 34、35.

和各族被压迫人民的不断起义，以及日耳曼"蛮族"入侵的联合打击下遭到灭亡，欧洲社会发展进入了封建主义时期。这段时期延续了大约 1 000 年，历史上称为中世纪。由于受封建制度的束缚，中世纪经济发展相对缓慢，当时人们首先关心的是自己，很少注意或根本不注意与物质事物相对的思想概念，因此，管理思想在这段时间也没有多少书面材料可以借鉴。尽管如此，历史的脚步不会停止，这段时期生产力有一定程度的发展，生产工具也得到了一定的改进。人们对自然的认识尽管受中世纪教会的思想禁锢，但是对自然的观察却是越来越精确。所以，这个时期管理思想的发展也并非是"历史真空"，仍有一些有关管理才能和专业知识的证据。如约在公元 900 年时，阿尔法比在写到管理一个王国时指出：[①]模范国家中，在一个最高首领或亲王的控制之下必须有各种等级的统治者。这个亲王，模范国家或整个世界的首脑应该具有巨大的智能、出色的记忆力、雄辩、坚定而不软弱、坚持善行、热爱正义、爱好学习、追求真理、痛恨虚伪、节制饮食和娱乐以及轻视财富等品质。负责指挥国家这个复杂机构的个人必须具有以上这些品质。如果在一个人身上不能找到所有这些品质，那是否两个人或更多的人合起来具有这些必需的品质。如果这样，就应该由这两个人共同治理这个模范国家。如果有三个人，那就应该由这三个人来治理。如果需要有更多的人才能合起来具有这些品质，那就应由更多的人来共同治理。

公元 1100 年，格扎里在他供帝王咨询的书中指出：啊，世界之王，您始终必须保有四种品质：公正、智能、耐心、谦虚。您永远不能有四种缺陷：嫉妒、傲慢、狭隘、怨恨……在您之前的许多（国王）已经逝去了，在您之后的许多国王还没有来到。在他们来到之前，努力工作，使所有的国王和臣民都怀念您。[②]这也是管理中的金玉之言。

从 14 世纪开始，有关管理思想的著作逐渐多起来。

卢卡·帕西奥利的《算术、几何、比及比例概要》。卢卡·帕西奥利是当今世界公认的"现代会计之父"，其 1494 年 11 月 10 日发表的名著《算术、几何、比与比例概要》（又称《数学大全》）的第三卷第九部第十一篇题为《计算与记录要论》，是世界会计理论研究之起点，也是近代经济理论研究方面的一个重要突破。[③]书中帕西奥利介绍了复式簿记，并向所有的人推荐这种簿记制。尽管他没有发明复式簿记制，但对管理学者来讲，帕西奥利的著作具有重大意义，因为从技术上讲，论文中推荐的会计方法在很大程度上被现代会计所采用。帕西奥利的著作中的许多段落无需改动即可插入当代会计学教科书中。帕西奥利还指出了必须关心内部的管理控制。

莱恩在《威尼斯商人安德烈亚·巴巴里戈（1418—1449）》一书中，以巴巴里戈为典型介绍了 15 世纪上半叶威尼斯商业繁荣的景象和管理经验，重点介绍了当时商人们所用的

① 克劳德·小乔治. 管理思想史[M]. 北京：商务印书馆，1985，38.

② 格扎里. 帝王咨询书[M]. F. 巴格利，译. 伦敦：牛津大学出版社，1964，83；克劳德·小乔治. 管理思想史. 北京：商务印书馆，1985，39.

③ 卢卡·帕乔利. http://baike.esnai.com/view.aspx?w=%C2%AC%BF%A8%A1%A4%C5%C1%C7%C7%C0%FB.

企业组织类型和会计制度。安德烈亚·巴巴里戈和其他商人在商业中广泛应用两种合法组织形式：合资和代理，并常常采用一种收手续费的代理商。巴巴里戈很善于通过那些收手续费的代理商获得国外商业中心的消息，从而建立起自己的国际消息中心。但这种松散的企业组织形式常常在完成某些贸易后就宣告结束。在会计制度方面，安德烈亚·巴巴里戈时期（15 世纪早期），威尼斯开始应用复式簿记，这种分类账早于 1340 年就被热内亚的银行家使用过。佛罗伦斯的商人、银行家在那一时期所用的账簿包含着复式簿记的某些要素，但不是全部要素。①

托马斯·莫尔爵士的《乌托邦》试图描绘一个理想国家，以纠正他当时在英国和欧洲看到的管理上的不公正和滥用权力等现象。书中第一卷莫尔借拉斐尔之口对当时英国社会的种种弊端，统治阶级的专权残暴、厚颜无耻，以及广大下层群众的悲惨处境予以辛辣的嘲讽和深刻的揭露。第二卷中，莫尔将自己对人类美好国家制度的憧憬投射在他所假想的乌托邦岛上，用了八个不太引人注目的标题，系统地为我们规划了理想社会乌托邦的政治、经济、科学文化、社会生活、宗教、对外关系等方面的主要特征。莫尔把当时英国在经济上的弊病归咎于贵族统治阶级的管理不善，并建议通过改善管理来消除富人的浪费和穷人的消遣，把资金投入有用的地方。《乌托邦》中，各种行业的特点是按劳动专业化和最大限度地利用人力原则来划分的。在有关乌托邦政府的相当粗略的一节中，莫尔描绘出了官员由选举产生的政府制度——一种受到英国国王强烈谴责的新的王国管理方式。虽然托马斯·莫尔没有想到他的书是一本管理学著作，但他的书对我们具有重要意义。

虽然托马斯·莫尔被尊为圣徒，但后人却更尊重和模仿尼科罗·马基雅维利。

马基雅维利提出的管理原理是为了使君主能成功地管理一个国家，但同样也适用于管理其他组织，对管理思想的发展有相当大的影响。这些管理思想主要体现在他的经典著作《君主论》和《讲话集》中。②

《君主论》和《讲话集》中也有与 20 世纪的管理有关的几项原则。

（1）依靠群众。所有政府，不论是实行君主制、贵族制还是民主制，其持续存在均依赖于群众的支持。君主可能通过夺取和继承拥有权力，但要牢固地控制国家，必须得到人民的支持。（"权力是自下而上的，而不是自上而下的。"许多学者原来认为这种理论是 20 世纪才产生的。）

（2）内聚力。组织中内聚性的原则也在于能使国家持续存在。马基雅维利认为，一个君主能维持组织统一的最有效的方法就是紧紧抓住自己的朋友，仔细地注意和抚慰他们，以便为了自己的事业而利用他们。组织内聚力的一个关键因素是使人民确实知道他们可以

---

① 弗雷德里克·莱恩. 威尼斯商人安德烈亚·巴巴里戈（1418—1449）[M]. 巴尔的摩：约翰斯霍普金斯出版社，1944，153；克劳德·小乔治. 管理思想史[M]. 北京：商务印书馆，1985，42.

② 安东尼·杰伊. 管理和马基雅维利[M]. 纽约：霍尔特、莱因哈插和温斯顿出版公司，1967，6；克劳德·小乔治. 管理思想史[M]. 北京：商务印书馆，1985，55.

指望自己的君主，以及君主期望于他们的是什么，即责任明确性原则。

（3）领导方法。领导者（或管理者）的类型有两种：自然型或天生型，以及其技术是后天获得的类型。《君主论》的唯一目的当然在于帮助一位年轻君主获得领导（管理）的技术。但由于有些国王或君主的基本品性缺乏伟大领导者吸引人的光辉，因此，即使接受过训练，也永远缺乏成为能干的领导者所必需的个人品质。一个君主（或管理者）应该以自己的榜样来鼓舞他的人民从事伟大的事业。一个好的君主（或管理者）应该奖赏那些有益于城市和国家的人。一个好的君主（或管理者）必须能明智地对事件和人民进行观察，能够使事件和人民有利于自己。他能够明智地识别忠诚于他的人和只是追求自己利益的人。

（4）生存意志。任何组织，包括政府机构、宗教团体、公司等，其主要目标之一就是使自己存在下去。因此，一个君主应该像罗马人那样经常警惕着混乱状态，以便及时予以扑灭。当他的王国处于存亡关头时，一个君主有权采取严酷的措施，在必要时，抛开所有道德借口，背弃任何已不再有用的誓言。

可见，马基雅维利提出的管理规则是为了成功地管理一个国家，而不是经营一家连锁商店。但他有关依赖于群众的同意、内聚力、领导和存在下去的意愿等项原则却是首先公开发表的一切组织的基本原则。他对管理学的主要贡献也许在于他公开地把管理作为一种思想。因为君主（或管理者）如果要存在下去，必须有效地加以应用的正是管理。[①]

第二节　早期的管理实践与管理思想

很少有什么思想真正是新的，18 世纪的管理思想即是如此。这一时期所应用的管理思想大多都能在较早阶段找到其根源。其中，有些管理技术是重新被发现的，有些是从以前时期借用的。这一时期在管理史上的贡献在于扩大应用已有的管理思想，改进已有或已知的技术和原则。

1700 年以前，绝大多数制造业企业都为小企业，其资本有限、工人没有受过教育。但这一时期出现的技术发展为应用新的管理技术和其他技术提供了新的机会。虽然这些技术进步是小的，但却是 18 世纪更大发展的基础。在 18 世纪对管理实践有着重大影响的一系列事件中较重要的是：城市的发展、专业化原则的应用、印刷术的扩大以及产业革命的开始。

一、生产组织变革

1700—1785 年期间，英国进行了产业革命。英国从农业社会转变为工商业社会。在这

---

① 克劳德·小乔治. 管理思想史[M]. 北京：商务印书馆，1985，55-58.

一次产业革命中，在各方面具有自己的思想和技术的新一代管理人员发展起来了。这一时期最重要的创新是基本生产组织方面的变革：从家庭生产制度发展为外包生产制度，外包生产制度后来又被工厂制度所替代。

家庭生产制度是物质生产文明的基础阶段。家庭生产制度通常在家庭的基础上组织起来，由其家族提供劳动力。西方世界在 18 世纪早期占统治地位的生产制度绝大部分是家庭生产制度。这种制度之所以能长时间持续，是因为：该制度资本投资少；当时人口较分散。在家庭生产制度之下，发展或采用复杂的管理技术的机会很少，管理的计划职能似乎都没有得到值得注意的发展。市场以隐含的方式承担了极大部分的计划职能。管理的各种职能是非正式的、简单的，涉及的组织基本上是家庭。由于家庭的规模很小，无需发明或采用复杂的计划技术或控制方法。此外，教育上的限制也阻碍了管理技术的发展。因此，在世界其他地方论述过的管理思想对这些工人也没有什么用。

外包生产制度是家庭生产制度合乎逻辑的发展。在农村集市条件下，企业家采取中间商的形式同各家庭拟定合同，以固定价格收购其全部产品。由此出发演变为向工人提供原料并付给他计件工资而收回成品。这标志着独立制造者变为雇工。外包生产制度的发展基于几种因素：一方面是拟订了合同要出售大量产品的商人必须控制货源，以确保完成出售任务；另一方面是生产过程某些环节中效率更高的生产工具的采用，造成生产的不平衡。外包生产制度中唯一受到较多注意的管理职能是材料控制。

随后，随着动力传动机器的出现，外包生产制度为工厂制度所代替。动力传动的机器极大地提高了生产率，但也提高了对资本和资本成本的要求。由于个人很少能够购买机器在家中安装，所以，不是机器到工人家中，而是工人到机器的所在地——工厂中去。只有把机器和工人集中起来进行监督，才能降低成本。从技术观点来看，工厂制度是由于采用昂贵的动力传动机器才产生的，而从管理的观点来看，决定性的因素是对工人、材料和机器进行控制的一种愿望。随着工厂制度的发展，产生了控制和协调问题。这些问题成了管理人员的职能和实践的中心。工厂制度下的管理特点是军队式的严密组织和控制。虽然工厂业主的主要兴趣是生产和出售产品，而不是制定一种良好的管理制度，但出于形势所迫，不得不注意某些管理思想和管理实践问题，并由此产生了某些公认的管理原则。

二、早期的管理思想及主要代表人物

工厂制度的建立并没有极大地改进产品的质量控制。采用非标准化的方法制造出来的产品，质量参差不齐。当时唯一被应用的标准化是度量衡的标准，以及在某种程度上的纯度标准。买主对产品的检验是最常见的质量控制形式，而通行的规则是货物出门，概不退换。

生产控制在当时还处于一种原始状态，主要是压低计件工资和高压式生产监督。早期的管理控制中发展最快的也许是财务控制。英国的工厂业主多为商人出身，他们从意大利和其他国家引进了很好的会计和其他控制技术，并很快应用了复式簿记来改进其业务。18世纪，人们开始认识到仔细而明确地进行计划的价值。虽然当时的工厂主似乎还没有认识到计划可被应用的范围，也没有试图像目前那样对工厂和办公室的业务细节进行计划，但至少对厂房设置和成本计划技术成功地应用了。而这两项技术至今仍属于生产力最大的项目。①随着工厂制度的出现，管理的指挥职能逐渐重要起来。

主要代表人物有：

詹姆斯·斯图亚特爵士（1712—1780），英国重商主义后期的重要代表人物，他的《政治经济学原理研究》一书出版于1767年，早于亚当·斯密的《国富论》9年。该书从政治家的观点阐述了有关宏观经济和微观经济的重要原理，包含着一个政治家或管理者在管理一个国家的政治经济时所必须遵循的一些原则。斯图亚特充分了解产品制造所固有的各种问题，他先于斯密提出了劳动分工的概念。他在书中抓住了科学管理和刺激工资制的精神实质。他比弗雷德里克·温斯洛·泰罗早一百多年就提出了工作方法研究和刺激工资的实质，以及管理人员和工人之间的分工。

亚当·斯密（1723—1790），英国古典经济学体系的建立者，他对演变中的管理职能有着深刻的理解。斯密特别强调劳动分工及其经济利益，比以后的学者强调把一项作业分解为各项基本组成要素要早一个世纪。斯密的自由主义思想是自由放任学说的基础。他对管理思想作出了很多贡献。斯密最主要的代表作《国民财富的性质和原因的研究》于1776年出版，标志着资本主义商品经济理论体系的构筑完成。该书头三章讨论了劳动分工。他通过有关制针的描述来说明劳动分工的效果。斯密进一步指出由于劳动分工而产量增加的三个原因：有了分工，同数劳动者就能做比过去多得多的工作量，其原因有三：第一，劳动者的技巧因业专而日进；第二，由一种工作转到另一种工作，通常会损失不少时间，有了分工，就可以免除这种损失；第三，许多简化劳动和缩减劳动的机械的发明，使一个人能做许多人的工作。②

理查德·阿克赖特。

棉纺工业是英国18世纪工业革命的支柱产业。向这个关键工业部门提供管理专业知识，从而大大加快了大型企业到来的，应归功于一人，即理查德·阿克赖特。他在这方面作出的贡献比其他任何人都要多。约翰·凯、约翰·怀亚特、刘易斯·保罗和詹姆斯·哈格里夫斯在棉纺工业中显示出了发明才能，而理查德·阿克赖特则在大型生产中的人力、金钱、材料和机器的成功协调方面提供了管理技术。阿克赖特把棉纺织业持续生产所需的各种活动集中于一个工厂中，因此，有必要更多地注意协调和控制各种相互联系的活动。库克—泰罗在他们的《工厂制度史导论》一书中强调了这一发展："分工的进一步发展导

---

① 克劳德·小乔治. 管理思想史[M]. 北京：商务印书馆，1985，64-65.
② 亚当·斯密. 国民财富的性质和原因的研究[M]. 伦敦：斯特拉恩—卡德尔出版社，1793，11-12.

致了机器的进一步应用，因而必须有更多的协调来使整个生产过程和谐一致并在集中控制之下。"①由于大量使用动力机械，生产过程的合作和协调变得极为重要。阿克赖特一再显示出他的组织、协调和计划才能。他对厂址的选择也显示出他出色的远见和计划性。他具备了现代管理人员的绝大多数特点。此外，阿克赖特还是人事管理思想的提出者和实行者。例如，当绝大多数工厂的工作时间是每日 14 小时或更多时，阿克赖特却从不允许他的工人每日工作 12 小时以上。这并不意味着他没有严格的纪律，而可以看出他比较公正。阿克赖特是当时先进管理实践的典型。他在连续生产、厂址计划、机器、材料、人员和资本的协调、工厂纪律、劳动分工等方面的贡献标志着他是应用高效管理原则的先驱者。

第三节 20 世纪以来西方管理思想的发展阶段与流派

一、西方管理思想的发展阶段

20 世纪以来西方管理思想的发展大约分为四个阶段：科学管理发展时期；行为科学发展时期；系统科学发展时期；知识文化管理发展时期。

20 世纪最受欢迎的管理思想和 129 名管理作者可分为六个学派。表 1-1 列出了在这个清单上位居前列的几名作者，表 1-2 以时间顺序列出了这几大流派。

表 1-1 最受欢迎的管理作者

名　　次	姓　　名
1	亨利·法约尔
	道格拉斯·麦格雷戈
3	彼得·德鲁克
	弗雷德里克·赫茨伯格
	汤姆·彼得斯
6	弗雷德里克·温斯洛·泰罗
	瑞尼西斯·李克特
	克瑞斯·阿格瑞斯

---

① 库克，泰罗. 工厂制度导论[M]. 伦敦：朗曼—格林出版公司，1924，423；克劳德·小乔治. 管理思想史. 北京：商务印书馆，1985，69.

表 1-2　六大管理思想流派及其主要作者

思 想 流 派	主 要 作 者
官位主义	布劳、斯科特、布朗、克罗泽、雅克、米歇尔、塞尔尼克、汤普森、韦伯
科学管理	泰罗、甘特、吉尔伯兹
行政管理	巴纳德、法约尔、福利特、穆尼、斯隆
人际管理	梅奥、布朗、罗斯里斯伯格、迪克森
新人际管理	阿格瑞斯、本尼斯、布莱克和莫顿、赫茨伯格、李克特、麦格雷戈、马斯洛、沙因
大师管理	德鲁克、彼得斯、波特、坎特、艾科卡、布兰查德

纵观管理思想的历史，我们可以看出：不少组织的管理实践都是建立在传统的研究方法和理论基础之上的，而这种传统的研究方法和理论又大多可以追溯到 20 世纪泰罗的思想。如果我们把它们也看成是理论的话，那么其最显著的特征是严重的实用主义。

评价管理思想本身与分析、解释其受欢迎的原因不同。管理思想体系中的每一种都曾经受到过非议。其中有的管理思想的内在价值和独到见解受到了批评者们的非难。有些甚至被人们指责为：作者的假设不切实际；主要的研究方法错误；提出技术实施后不能产生它所宣称的效果等。尽管如此，但往往是这些批评意见为找出管理思想流行的原因提供了最初的方向。

二、西方管理思想主要流派

20 世纪最为流行的六大管理思想流派为官位主义、科学管理、行政管理、人际关系、新人际关系和大师理论。

1. 官位主义

官位主义思想的典型代表是德国社会经济学者和哲学家韦伯，他从历史的角度出发，考察了不同类型的权力。他说："超过凡化权力（Charismatic Authority）是由发命令的人的神圣或非凡的个性特征所决定的（如耶稣基督）；传统化权力要求服从命令，是因为人们相信发出这些命令的人一直都有在这么做着（如国王或地主）；法律化—理性化权力要求服从命令，是因为人们知道发命令的人是在按法律原则和条款办事。"韦伯的这些建立在纯粹法律化—理性化权力基础上并应用于组织管理方面的思想被称为官位主义。[①]官位思想得以发展，缘于它以最理性的方式预先假定了法律和权力的概念。韦伯的官位主义模式描述了一个稳定的、可预见的世界，它为"理性设计"的社会结构勾画了蓝图。在这样的社会里，

---

① 安德泽杰·胡克金斯基. 管理宗师：世界一流的管理思想[M]. 大连：东北财经大学出版社，1999，14.

"理性人"扮演着特定的角色、执行着特别的行动。韦伯的官位主义模式具有如下特征：特殊性、层次性、规则性、非个人性、专职性官位、职业中心和公私分明。韦伯认为，每个组织基本上都有一套以角色结构和特定任务为基础的稳定模式。现代资本主义企业越大，它就越复杂。官位主义作为一种管理思想，直到今天仍是众多管理者关注的对象。

2. 科学管理

科学管理是第二个流行的管理思想流派。该流派最关心的是那些能够最大限度提高产业工人劳动生产率的手段。不仅如此，科学管理实际上代表着一种 20 世纪以来一直使用的工作模式，而且其原理至今仍在使用。科学管理思想对组织设计和管理实践均产生了深远影响，他为工作测量过程奠定了基础。时间—动作研究的技术使泰罗的思想成为科学，他的工作基础是对时间单位的准确的科学研究。他的目标是：通过选择劳动任务并将其分解成最简单、最微小的组成部分，从而提高工人的劳动效率，进而提高企业的劳动生产率。

泰罗的著作《科学管理原理》于 1911 年出版，书中讲到："为了提高劳动生产率，有必要提醒人们效率低下对国家造成的损失是多么巨大；而这种效率低下是可以通过科学管理来改善的；最好的管理是一门真正的科学，它是建立在明确的法律、规则和原理基础上的"。在泰罗成名之前，他就发展、推广了其管理思想。他认为，脑力劳动和体力劳动必须分开；对工作计划和组织行为要作出限定；对实际从事这些工作的人也要作限定。他把这看成是保证组织协调的一种方式。20 世纪以来，泰罗的思想与组织设计一直结合在一起，其原理被广泛地应用了 70 年，而且还将继续被应用，后人将其称为泰罗主义或"科学管理"。

3. 行政管理

该管理思想流派关注的焦点是什么类型的专业化和等级制度才能使组织效率最大化。行政管理思想的基础有四个关键问题，即劳动分工、等级与职能过程、组织结构和控制范围。另外，还有一些概念，如纪律、统一指挥、统一领导、职工报酬原则、个人利益与集体利益的关系、集权和团队精神等。与该管理思想联系最紧密的作者是亨利·法约尔。此外，伍尔唯克、布里契、阿兰的思想也是行政管理思想的组成部分。法约尔认为成功的管理技术应能被描述和教授，而且"经理结构"与"工人结构"都是要研究的领域。法约尔试图发现能够使管理者建立正式的组织结构并以理性施加管理的原则体系。行政管理最初的传播者不是社会学家或商业教育组织，而是咨询者和其他管理者。行政管理的构想遭受过广泛的批评，尽管如此，该思想的大部分内容仍旧是现代组织构成的主要依据。行政管理思想所推崇的某些原则尽管有不足之处，但其整体思路仍被沿用至今，因为它能使管理者和官员都受到严格控制。由于行政管理思想是由不同时期的许多作者的思想组成的，因此，该思想体系缺乏逻辑的一致性。

4. 人际关系

人际关系思想产生于让社会更具有人情味又不至于干扰市场力量运作的美国式愿望。

人际关系是要确保每个人都知道：企业外部最大限度的竞争是社会和经济所需要的，而企业内部的任何竞争和斗争是社会和经济所不需要的。由此可见，把人际关系看成是科学管理的反映，或把它描述为对科学管理所忽视的社会方面内容的补充，均是不正确的。而这恰恰是许多管理导论和工业社会学教科书中所常见的描述。人际关系学者提出要控制工作小组，并把它纳入组织整体中。人际关系思想提出的人事咨询服务（在美国是与工会服务相对立的）概念是很有意义的。以人为本意味着能够避免重新设计组织结构。人际关系思想代表了管理策略的改变，而不是管理目标的根本性转移。

人际关系理论从著名实验——霍桑研究中汲取了大量学术养分。1924年开始，在位于芝加哥郊外的斯塞罗西部电气公司的霍桑工厂，进行了一系列研究项目，这就是著名的霍桑实验。最主要的研究人员是哈佛商学院的教授乔治·埃尔顿·梅奥。该研究的最初目的是检验工作与产量之间的关系。

人际关系从未偏离泰罗主义的思想范畴。从人际关系学者对霍桑研究的报告及解释中可以看出：工厂内友好宽松的管理气氛将提高劳动生产率。尽管这种因果关系可能会逆转（生产的高效率会使管理气氛宽松），管理者仍会看到他们期望看到的东西。人们把人际关系简化为"对工人好一点"。从本质上看，人际关系思想有六点主张。

（1）以人为本，而不是机器和经济；

（2）人存在于一定的组织环境中，而不是无组织的社会中；

（3）人际关系中的关键活动是激励人；

（4）激励是以团队精神为导向的，这需要其成员的协调一致和积极合作；

（5）通过集体作业，人际关系既能满足个人需要，又能实现组织目标；

（6）个人和组织都有对效率的追求，即他们都想以最小的投入获得最大的产出。

人际关系思想发展面临着如何激励雇员，即如何使他们的目标与组织目标保持一致的问题。梅奥认为管理者在维护其权威的同时应对工人做出父亲般的姿态，工人也将以子女般的态度做出反应，即"家庭理念"。"家庭理念"进一步证明：公司内部的竞争是企业之大忌。[①]非正式群体的行为与管理愿望相违背，这是一个令人沮丧的信息。梅奥提出了一个新主张，解决的办法十分简单，因为工人有强烈的归属需要，所以他们的情感驱使他们拥护任何向他们表示社会关注的集体。非正式群体迷住了工人，但公司可以迷住非正式群体。

人际关系理论对管理者的吸引力非常大，它提供大量的科学证据支持了这样一个使人信服的结论：精湛的管理技术能够释放出巨大的合作热情，这是由工作集体深层的归属感激发而来的。人际关系思想只是把社会科学带进管理的众多尝试中的一种。尽管它有许多

---

① 安德泽杰·胡克金斯基. 管理宗师：世界一流的管理思想[M]. 大连：东北财经大学出版社，1999，21.

令人失望之处，但至今仍在运用，因为它给人们带来了提高效率的希望，满足需要的希望和管理贡献的希望。

5．新人际关系

新人际关系论者对管理思想的影响开始于 20 世纪 50 年代，并持续至今。这些思想以全员评估与咨询、监督训练和工作设计的形式进入英美的管理领域。新人际关系理论的根本论点就是给工人在工作中成长和发展的机会。他们认为只有这样才能消除劳资纠纷。如果让雇员们去做责任明确的、有意义的工作，他们对公司的态度就会非常积极，并将与管理目标取得一致。

在 20 世纪五六十年代，权力主义的人际关系还不被社会所接受，这就加速了新人际关系的发展。他们提出了一种新企业模式，这种模式消除了等级制度和专业化，人们不仅有了发展的空间，而且能够投入到合作过程中。巴特勒写道，到了 20 世纪 50 年代，粗糙的泰罗理论引起了管理者的反感，梅奥的非正式群体也不像他所说的那么可塑，且情绪化和不理智。他倡导的新激励模式应包含下列特征。

（1）激励应面向个人而不是集体；

（2）它应博采众长，保持泰罗理论和梅奥理论最好的一面而限制其不足；

（3）新思想应唤起雇员的自尊、自信并回到新教徒伦理模式上来，但不要太独立，使公司失控；

（4）雇员能够通过组织内的工作面发展他们的自尊和自信。

所有新人际关系学者都承认，人有被接受和被承认的需要。然而，他们走得太远了，认为雇员须通过达到规定的有价值的目标来发展和运用其全部能力，并获得满足。

新人际关系以组织发展作为应用技术。根据贝克哈德对其特征的描述，组织发展的一个主要方面就是高层管理者有变更计划的权力。组织发展引起的变化应开始于"上层"。组织发展的概念被导入公司的方式保证了该过程经常处于管理控制之下。这样既确保了管理，又增加了对新人际关系思想的支持，也支持了组织发展的介入。咨询顾问与管理者就什么可以变动、什么必须保留的问题达成了默契。卡恩注意到，在大多数情况下，高层管理者认为组织发展的过程，既不改变、也不触犯他们在人员选拔、资源配置和自由决策等问题上的传统特权。[①]新人际关系理论提供了许多特殊技术，如培训小组。相信如果管理者更现实一些，人际关系方面的能力更强些，能改变自我的价值观，并最终改变其行为，那么他们的组织将构建起比传统的金字塔式更合理的结构。

组织发展，包括资料收集、组织决策以及决策的付诸实践。莱格认为，在新人际关系运动的组织发展这一伞状招牌下凝聚的价值过程和技术，都是对组织如何适应调整变化的技术和社会问题的反映。价值观至关重要，马古利斯和瑞阿总结了其中主要的六条。

---

① 安德泽杰·胡克金斯基. 管理宗师：世界一流的管理思想[M]. 大连：东北财经大学出版社，1999，25.

（1）创造机会，让人们充分发挥他们作为"人"的作用，而不仅是生产过程中的一种资源；

（2）创造机会，使每个组织成员及组织本身发掘出他们的内在潜力；

（3）寻求实现组织全部目标的高效率；

（4）创造一个使工作更严谨、更富挑战意义的组织环境；

（5）创造机会，使组织成员增加其对工作、组织本身和环境的影响；

（6）正确看待和处理人的多方面需要，这些需要对他们的工作和生活都是至关重要的。

管理者认为，应区分公众支持和私人行动之间的关系。公众支持的事情不同于他们在组织中实际所做的事情，支持某个管理思想不同于在实际组织中实施它们。

6. 大师理论

该管理流派的中心内容是，"商业的唯一目标就是为了争取作为上帝的顾客而与其他人竞争"。支持这一说法的依据至少有五条。第一，提高产品和服务质量的措施不是计划出来的，而是取决于很多员工的"试用"；第二，顾客主要是"跟着感觉走"，而不是"跟着行动走"；第三，一个组织是通过它的价值体系和文化，而不是规定和命令达到高度协调一致的；第四，消费者是一切革新的根源；第五，强调消费者导向非常重要，它暗示了管理者对待员工的行为。这些观点，在每个管理大师的著作中都有不同程度的论述。大师理论试图帮助管理者建立强有力的商业运作系统，使他们在其选定的市场范围内获得竞争优势。因为每位大师的思想得以发展和流行都是依赖于个人权威，所以"大师理论"一词是个方便的标识，用来指过去十年中出现的有影响的管理学者。它包括众多杂乱的管理处方，如创新、团队协作、个人动力、员工参与、减少等级水平和削弱官位主义，[①]如表 1-3 所示。

表 1-3　1979—1998 年间美国最畅销的商业类图书名单

作　者	书　名	出 版 时 间	售 出 册 数	年度排行榜
鲁夫	《糟糕的来年怎样发财》	1979 年	450 000	第 3 名
凯西	《投资危机》	1983 年	438 000	第 1 名
科恩	《你能在一切事物上讨价还价吗》	1981 年	205 000	第 9 名
奈斯比特	《大趋势》	1982 年	210 000	第 15 名
彼得斯和沃特曼	《追求卓越》	1983 年	1 160 491	第 1 名
艾柯卡	《艾柯卡自传》	1984 年	1 055 000	第 1 名
艾柯卡	《艾柯卡自传》	1985 年	1 510 000	第 1 名
哈伯斯塔姆	《报应》	1986 年	208 000	第 22 名
巴特拉	《1990 年大萧条劫后余生》	1998 年	549 000	第 6 名
特朗普	《特朗普：交易的艺术》	1988 年	900 000	缺

---

① 安德泽杰·胡克金斯基. 管理宗师：世界一流的管理思想[M]. 大连：东北财经大学出版社，1999，43.

对管理类出版物的调查表明，有四大类不同的商务书。

第一大类直接以少数商务决策人为读者对象，并向读者保证：要教会他们（伪学术训练）怎样比以前做得更好。例如，如何沟通、如何动作、如何销售和管理。在美国，它们被称为"如何"类书，很畅销。

第二大类是被称为"我们从中能学到什么"类的商务书。作者考察了大型公司的内部工作情况，试图从它们的成功中找到证据，以得出对未来的大亨们有用的结论。这种类型的书一般是对成功公司决策人的实践进行回顾，并详细描述使他们致富成名的管理风格和金融举措。它们向人们暗示：读者只要模仿这种行为风格就可达到同样的效果。

第三大类商务书更直截了当地向人们解释了如何进入金融世界、股票市场和进行出口贸易等。

第四大类商务书用于指导读者应付困境。其中包括《1990 年大萧条劫后余生》（巴特拉，1998）、《糟糕的一年怎样发财》（鲁夫，1979）、《投资危机》（凯西，1983）和《大趋势》（奈斯比特，1982）。

一种管理思想的权威性取决于作者的名望，包括其学术研究、咨询经验或经营经验。分析大师理论的一个有效方式是区分学术大师、咨询大师和经营大师。学术大师是指商业学校教授和其他与教育组织有联系的作者。咨询大师是独立的作者或经营指导者。经营大师是目前或过去的组织（通常是英国、美国的跨国大公司）中的被公认的成功的总决策人。他们都是不同方面的权威，如表 1-4 所示。

表 1-4　20 世纪 80 年代的学术大师、咨询大师和管理大师

学　　术	咨　　询	管　　理
明茨伯格	德·博诺	吉宁
科勒	奈斯比特	麦考梅克
波特	梅奥	凯
本尼斯	平肖	凯姆
布兰查德	彼得斯	埃维斯
大内	沃特曼	卡尔松
列维特	戈德拉特	哈维—琼斯
坎特	克劳斯贝	莫瑞塔
		特朗普
		艾科卡
		斯卡利

本章小结

　　管理思想的产生与发展是同人们对自然的认识水平、生产工具的先进程度、生产组织方式和文化背景联系在一起的，这些要素决定了当时的管理思想水平。本章第一节介绍了西方管理思想产生的历史背景及古代管理萌芽。第二节讲述了早期的管理实践与管理思想，介绍了生产组织变革、早期的管理思想以及主要代表人物。第三节是关于 20 世纪以来西方管理思想的发展阶段与流派。

思考题

1．工业化时代的企业特征主要表现在哪些方面？
2．中世纪时期的管理有何特征？
3．简要介绍早期的管理思想及其主要代表人物。
4．20 世纪以来，西方管理思想的发展包括哪几个阶段？
5．请介绍 20 世纪以来的西方管理思想流派。

关键词

西方管理思想　　管理萌芽　　管理实践　　发展阶段　　管理思想流派

第二章 科学管理

学习目的与要求

1. 了解科学管理理论产生的历史背景及思想准备
2. 掌握科学管理的内容
3. 熟悉与泰罗同时代的科学管理的代表人物所作出的贡献
4. 理解科学管理的进步性、局限性及其影响

作为人类管理思想史上奠基理论的古典管理理论分为两个系统，其中之一便是科学管理理论，该理论集中体现在泰罗于 1911 年出版的《科学管理原理》一书中。泰罗重点研究了在工厂管理中如何提高效率的问题，理论核心是：倡导工人与雇主要通过"思想革命"进行合作，并提出了一系列提高效率的科学方法与原则，如工作定额原理、标准化原理、有差别的计件工资制、区分计划职能与执行职能、管理控制上实行例外原则等。

科学管理理论是古典管理思想的集大成，正如英国管理学家林德尔·厄威克所说的"泰罗所做的工作并不是发明某种全新的东西，而是把整个 19 世纪在英、美两国产生、发展起来的东西加以综合而形成的一整套思想，他使一系列无条理的首创事物和实验有了一个哲学体系，称之为科学管理"。[①]

泰罗的科学管理是管理思想的一次大综合，是管理思想发展史上的一个转折点。科学管理形成了一个较完整的理论体系，从而使管理成为一门独立学科。

第一节　科学管理理论产生的历史背景及思想准备

科学管理是相对于经验管理而言的，经验管理是指管理者凭借自己的直觉和个人经验进行管理。这种管理方法是放任自流的，企业生产经营活动的各个环节没有一定的计划和程序，工人的操作没有一定的规范，均凭借自己的经验采取自己认为合适的方法和工具进行。科学管理则相反，它不是凭个人经验进行主观臆断，而是按客观规律和通过对事实的

---

① 郭咸纲. 西方管理思想史[M]. 第 2 版. 北京：经济管理出版社，2002，109.

调查和实验得出的科学结论行事，不容许放任自流，要求必须遵循基于客观规律判定的原则、程序和方法，从而把管理引入科学的轨道。科学管理理论适应了资本主义提高生产率的需要，因而受到西方各国的欢迎和重视，并把它应用于企业管理之中。科学管理的产生有其历史背景及思想准备。

一、早期的科学管理实践

18世纪后期，工业革命的阵痛已经开始消退，新技术不断出现，日益强调应用分析和研究来作进一步的改进，即科学管理。一些勇敢的先驱者，当时的领袖人物和管理先锋试图提出一些对人员、材料、金钱和资本进行管理的科学原则。

1. 索霍铸铁工厂

在制造业中，最早完整地进行科学管理的工厂之一是英国的博尔顿—瓦特父子公司——索霍铸铁工厂。

早在1800年，索霍铸铁工厂就进行了市场调查和预测、有计划地选择厂址、按工作流程的需要进行机器布置研究、制定生产标准、编制生产计划、部件标准化、成本控制应用、成本会计、职工训练、工作研究和刺激以及职工福利计划。当时的管理人员所用的一种现代思想是产品预测和生产规划，驻在欧洲大陆的代理人向英国的总部报告影响发动机需求的事件，工厂以这些资料为依据，预测销售额并安排今后的生产。

建造索霍新厂的计划中，包括以工厂明确的预定计划为依据的完整的材料单子。该计划详细描绘了生产过程中要从事的作业和需用的机器。新厂的管理当局计算每部机器的速度，并按所要完成工作的类型来调整机器速度。弗雷德里克·温斯洛·泰罗的某些工作他们几乎早一个世纪就做过，还实施了工作流程或程序安排的详细计划。每种具体产品的生产过程都划分成一长串较小的作业，表明劳动分工已达到很高的程度。每一个工人都有一个固定的标准职务。工人按技术划分为钳工、车工、镗工、制模工以及一般工人。这些反映了"新的"工作组织和管理科学，即当时管理思想的状况。

从以上可见几项重要的事实：广泛地应用了详细的作业计划；在计划中应用了科学的方法，把问题分解为各个要素，并搜集统计资料，据以作出推断；生产过程是以机器和工人为基础来组织的。[①]

索霍工厂还采用了详细的会计制度：用单式簿记记载原料的成本；对各种生产过程记入工时账，并表明人工成本；按部门计入成本分类账，并记载成品库存分类账。

虽然当时还没有把管理方法系统化为一门科学，但是在进行科学的工人设计、更多地使用机器相符合的劳动分工和专业化、更有效的工资报酬办法、资料记载和成本会计的更好制度等方面，索霍工厂的确是一个先驱者，它走在了它的时代前面一个世纪之久。目前

[①] 克劳德·小乔治. 管理思想史[M]. 北京：商务印书馆出版，1985，72.

的一些典型管理问题在那个时候已经存在了。

2．新拉那克试验

新拉那克位于苏格兰，罗伯特·欧文在那里对他的使整个人类进步的理论进行了试验。新拉那克工厂里建立着一排排工人住房，垃圾整齐地堆在街上而不是随处乱扔。每个工人有一块小方木柱，四个柱面上涂着不同颜色，由浅入深地表示该工人表现得好坏：白色表示很好，黄色表示良好，蓝色表示一般，黑色表示不好。工厂中不雇用10岁以下的孩子做工。工厂经理敞开大门听取任何人有关规章制度方面的意见。每个人也可以看自己的行为表现记录簿，如果认为自己被评的等级不公正，可以申诉。

新拉那克试验的最大成就是高利润。欧文向英国表明，工业主义不一定要建立在廉价而野蛮地滥用劳动力的基础上。他通过实行自己的原则而铺平了工厂立法的道路，并证明这条路走得通。欧文的哲学是"人是环境的产物"，他非常重视人的因素在工业中所起的重要作用。他认为，对活的机器——人的福利的关心至少应同对无生命的机器的关心一样多。[①]在这一点上，他超前了他所在的时代几十年。他认为工人生产的产品的数量和质量受其工作环境及业余环境两个方面的影响，他的劳工政策是家长般地关怀工人。但是，虽然当时这种劳工政策受到广泛的关注，却很少有人模仿。一般来说，欧文把管理作为一种职业来从事，他的确是现代人事管理之父。

3．互换部件

一般人认为，互换部件始于美国的伊莱·惠特尼在纽哈芬建立哈姆登石山工厂，但事实上在惠特尼的方法实施之前，制造业中就已经有许多互换部件的例子。其中印刷活字就是一例，此外，凡尔赛的一家制造厂先于惠特尼就有了互换部件。托马斯·杰斐逊在1785年关于勒布朗的方法定道：国会可能有兴趣知道，这里在制造步枪上有一项改进……其每一部件做得完全一样，以致每支步枪上的部件都可以用在仓库中的任何一支步枪上。[②]

4．美国科学管理制度的兴起

美国的科学管理制度由伊莱·惠特尼首先创建，其为科学管理的早期先驱们建立他们的学说打下了基础。惠特尼由于其轧棉机未能赚钱而转向可能更难赚钱的为政府制造步枪的事业。整个互换部件制造方案是惠特尼制定的一项计划的结果。他在1799年写给财政部长沃尔科特的信表明，他已经认识到科学方法在他的制造业中的作用：我完全意识到，实际的试验是理论的唯一真正试金石，是我们能辨别建立在科学原则上的理论与建立在胡思乱想上的空想计划的可靠准则……迄今为止，我满意地发现，我对自己方案的试验表明它完全符合我的期望。[③]

---

① 哈伍德·梅里尔. 管理经典著作[M]. 纽约：美国管理协会，1960，13.

② 克劳德·小乔治. 管理思想史[M]. 北京：商务印书馆，1985，77.

③ 康斯坦斯·格林. 伊莱·惠特尼和美国技术的诞生[M]. 波士顿：里特尔—布朗出版公司，1956，117；克劳德·小乔治. 管理思想史[M]. 北京：商务印书馆，1985，77-79.

惠特尼还制定了一种广泛的成本会计制度，其中，"每一种组件、每一生产过程都以元、角、分来表示其成本。"[①]他还认识到管理幅度的原则，他在其漫长而成功的职业生涯中发明了许多使大型企业有可能建立起来的现代机器。其中特别使人感兴趣的是作为现代化工厂之基础的铣床。

综上所述，制造技术上的改进和新管理方法的制定在 18 世纪时就已经成熟。工业革命打破了管理上的狭隘观念。管理人员由于扩大了眼界，开始寻找改进制造技术和管理方法的途径。索霍工厂和新拉那克这两个工厂所体现的新的管理思想是健全的，公司也因此取得了成功，增加了利润。这些早期的尝试预示着真正的科学管理即将来临。

二、科学管理理论产生的社会经济背景

19 世纪后半叶，南北战争结束后，美国对外实行保护关税、扶植产业资本的政策，对内通过大规模修建铁路，发展资本主义农业，实行保护和扩大国内市场的政策，资本主义工业得到迅猛发展。从 1859 年到 1909 年，仅半个世纪的时间，美国加工工业人数增加了4 倍，工业总产值增加了 10 倍，资本总额增加了 17 倍。[②]伴随着资本主义工业的发展，经济危机开始频繁爆发，社会迫切需要一种科学的管理理论来维护和推动其发展。

1. 经济危机频繁爆发

随着资本主义经济的发展，其特有的经济危机频繁爆发，美国从南北战争结束到 19 世纪末共发生了四次大的经济危机（1866 年、1873 年、1882 年、1893 年）。在经济危机的推动下，资本家竞相采用先进的技术，进行设备更新，不断提高资本的有机构成，以便在激烈的竞争中取得和保持竞争地位。这带动了一批产业（如钢铁工业、机械工业、石油工业）的发展，美国资本主义工业逐步过渡到更为先进的技术基础上。生产技术越是复杂、越是先进，就越要求管理要遵循生产过程的固有规律，而不能再是放任自流的经验管理，管理的科学化成为生产技术变革的必然要求。

2. 资本主义国家的工业化进程加快

一般来说，实现工业化进程受到多种因素的影响，其中资本和技术最为重要。19 世纪末 20 世纪初，由于工业革命的发展和国际市场的开拓（包括殖民地和战争掠夺），资本主义各国集聚了雄厚的资本，并最终形成了近代全球的大工业市场体系，为资本主义各国逐步走上工业化道路奠定了物质基础。同时，科学技术的发展更是促进了资本主义工业化进程，市场的扩展和蒸汽机的发明导致了工业革命的爆发，社会生产力得到空前的发展。但是随着资金的积累和技术的发展，组织、控制、管理和利用这些大量资金的拙劣方式逐渐

[①] 康斯坦斯·格林. 伊莱·惠特尼和美国技术的诞生[M]. 波士顿：里特尔—布朗出版公司，1956，117；克劳德·小乔治. 管理思想史[M]. 北京：商务印书馆，1985，79.

[②] 李长武. 近代西方管理思想史[M]. 长春：吉林大学出版社，1991，36.

成为提高生产效率的障碍，这种现象在生产车间更为严重。劳动的高度专业化对标准化的生产方法和作业程序以及工作的协调化、系统化和一体化提出了更高的要求。

3．企业规模扩大

资本主义经济危机的爆发使得大批中小企业纷纷倒闭，生产和资本更加集中，企业规模不断扩大，大型垄断企业相继出现。有些企业，特别是重工业企业，为了更有效地利用资源，以便在竞争中处于有利地位，必须扩大规模。企业规模的扩大对如何合理地利用资源和有效地组织生产提出了一系列新的管理挑战，所有权与经营权逐渐分离，越来越需要管理职能的专门化，建立科学的管理体制和管理方法，以维护资本主义的社会关系。

4．美国劳动生产率提高缓慢

美国于 19 世纪末 20 世纪初完成了向垄断资本主义的过渡，许多工厂发展成为生产多种产品的大企业，但是当时美国劳动生产率提高缓慢，仅略高于人口的增长，许多工厂的生产能力远低于定额水平，很少能够达到 60%，美国总统罗斯福呼吁工业界提出新方法以提高劳动生产率。同时，随着美国生产力的发展，来自世界各地的移民大量涌入，他们多集中在美国沿海的一些工业城市。这些移民大多数是来自农村的身体健壮的农民，他们成为资本家雇佣的绝好对象，这适应了当时企业规模扩大的要求，但是由于他们中的大部分人没有技术，所以只能干体力活，而不能作为广泛运用机器来进行生产的产业生产者。因此，迫切需要一种新的管理方法，能在短期内将这些非工业劳动者培训成为适应工业生产要求的熟练工人。

5．股份公司大量出现

这一时期，美国企业的组织也发生了重大变化，出现了股份公司，这标志着资本所有者和经营者的分离。作为股份的占有者，资本所有者并不直接参与企业的生产经营活动，关心的只是股息的多少和股票行情的涨落。作为经营者的企业家们，负责企业的日常经营管理活动，成了为资本家服务的专门经营者。他们既掌握了生产技术方面的专门知识，又有丰富的经营管理经验，这些企业家的出现也为科学管理的产生提供了有利条件。

6．劳资矛盾激化

19 世纪下半叶，随着资本的不断集聚、技术的不断发展，特别是信息传递技术的发展，整个世界经济连为一体，国际大市场形成了，从而国际分工体系逐渐建立起来。国际分工的到来使世界各国能够发挥其经济优势，人力及物力资源得到合理利用，促进了生产力的发展，产品变得越来越丰富，劳动力资源的使用相对变得越来越少，劳动成本急剧下降，产品价格降低。资本家通过价格战去争夺市场，工人的实际工资在不断下降，劳资之间的矛盾日益严重。从 19 世纪 70 年代到第一次世界大战爆发，主要资本主义国家先后经历了五次世界性的经济危机（1873 年、1882 年、1890 年、1900 年和 1907 年），每次危机都使社会生产力遭到严重破坏，劳资矛盾激化，罢工持续不断。由于没有系统的管理理论作为指导，也没有适用于工业化大生产的管理方式，矛盾长期得不到解决。

在美国，随着资本主义生产的发展和资本家对工人阶级剥削的加深，社会矛盾更加激烈，在激烈的市场竞争中，资产阶级一方面通过采用先进的生产技术，提高劳动生产率，增加相对剩余价值。另一方面，通过延长劳动时间和降低工人工资，增加绝对剩余价值的生产，这激起了工人阶级的强烈反抗。工会组织的出现推动了斗争的进一步发展，工人阶级纷纷罢工要求缩短工作时间，增加工资。由于这一时期每年都有大批移民涌入美国，劳动力相对供过于求，所以资产阶级对工人的罢工有恃无恐，工人采取的公开对抗的斗争方式往往难以奏效，便采取消极怠工的方式，暗中限制产量，以保护自己的利益。所有这些都使资本家焦虑不安，不得不改进管理方法，寻求新的出路，这是促使科学管理产生的一个重要直接原因。

7. 美国铁路工业发展迅速

19 世纪后半叶，铁路是美国资本主义经济发展过程中第一个出现的巨型企业，该种巨型企业的出现为管理提出了新要求。由于该种企业的工作地点分散在几百个车站和几千英里的铁路线上，管理当局不可能经常派人到现场视察，所以必须建立相应的通信系统，以便对整个公司的业务进行有效的控制。同时，列车的运行必须做到准时、安全，这就要求建立一套科学的计划和协调措施。铁路职工众多，少的有几千人，多的则有几万人，而且工作种类繁多，分布地区广泛，因此必须建立严密的组织结构，对工人进行有效的管理。总之，铁路巨型企业的出现对企业管理的科学化起了很大的促进作用。

第二节　科学管理理论的形成与发展

在美国内战结束到 20 世纪初这一时期，工业获得了扩张，但技术性失业也开始显露出来。大企业造成了劳资之间的进一步分离，工业中管理阶层已获得明显的发展。正是从这一时期，管理开始从一种日常应急的方式转变为全面、长期的方式。例如，控制的概念开始形成，从而代替上级的视听印象；一些管理者开始制定和应用一种统一的管理制度，而不是用过去一般采用的漫无计划的方法；第一活动、第一部分、第一问题都从与其他部分和整体之间的相互关系这一新的角度来予以考察。在这种预期管理会有新发展的气氛中，弗雷德里克·温斯洛·泰罗出现了。

一、泰罗对科学管理的探索

1. 弗雷德里克·温斯洛·泰罗（Frederick Winslow Taylor，1856—1915）

泰罗于 1856 年生于宾夕法尼亚杰曼顿的一个富有律师家庭，父亲是律师，母亲是清教徒。泰罗在其早期的教育中大量学习古典著作并学习了法语和德语，他迷恋科学调查研究和实验，强烈希望遵照事实改进和改革事物。泰罗的父母希望他能继承父业当律师，但由于学习刻苦，常开夜车，结果导致视力和健康受损，不得不辍学到费城的恩特普里斯液压机厂当学徒工，在那里生活尽管很苦，却使泰罗受到了非常重要的训练，为他后来的工作打下了坚实的基础。学徒期满，22 岁的泰罗到了米德维尔工厂当机械工，1884 年提升为总工程师。他在米德维尔工厂工作了 12 年，不断地从事关于管理和技术的实验，系统地研究和分析了工人的操作方法和劳动所花费的时间。1890 年泰罗开始担任一家造纸板投资公司的总经理，1893—1898 年从事工厂的管理咨询工作，1898 年受雇于宾夕法尼亚的贝瑟利恩钢铁公司做咨询工作。1901 年开始无偿地做咨询工作，不断地进行咨询、演讲和撰写管理文章，宣传他的管理思想。1906 年担任美国机械工程师协会主席。1915 年病逝，终年 59 岁，他的墓碑上刻着"科学管理之父：弗雷德里克·温斯洛·泰罗"。泰罗一生中著作较多，最为著名的是《计件工资》、《工厂管理》和《科学管理原理》。

2. 泰罗对科学管理的探索

（1）泰罗对科学管理的探索过程。[①]泰罗对科学管理的探索，主要反映于三个著名的实验：搬运铁块实验、铁砂和煤炭的铲掘实验、金属切削实验。

① 搬运铁块实验。1898 年，在助手亨利·劳伦斯·甘特等人的帮助下，泰罗在伯利恒钢铁公司开始了搬运铁块的实验。当时，伯利恒钢铁公司货场里的原材料是由一组计日工搬运。工人每天挣 1.15 美元。对工人进行奖励或惩罚的唯一方法，就是找他们进行谈话或开除。对于工作较好的工人，有时也选拔他们到公司的车间里做等级工，可以得到较高的工资。工人平均每天搬运铁块 12～13 吨。

泰罗的实验第一步是科学地挑选工人。他用了 3～4 天的时间仔细观察和研究了其中的 75 个人，从中挑选了 4 人，然后又调查了这 4 人的历史、性格、习惯和抱负。最后，挑选了一个身材矮小的宾夕法尼亚的荷兰人施密特。此人爱财如命，且十分小气。泰罗允诺此人，只要他按照新方法干活，每天可以得到 1.85 美元。他们的研究方法是：第一，从车上或地上把生铁搬起来需要几秒钟；第二，带着所搬运的生铁块在平地上行走每英尺需要多长时间；第三，带着所搬运的铁块沿跳板走向车厢，每步需要多长时间；第四，把生铁扔下或放在料堆上需要多长时间；第五，空手回到原地每走一英尺需要多长时间。

经过仔细观察，泰罗发现，采用科学的方法对工人进行训练，并把劳动时间和休息时间很好地搭配，工人平均每天的工作量可提高到 47 吨，而且负重搬运的时间只有 42%。

泰罗把这项实验归结为四点核心内容：精心挑选工人；诱导工人使之了解这样做对他们没有损害，还可以得到利益；对他们进行训练和帮助，使之获得完成既定工作量的技能；按科学的方法干活节省体力。

② 铁砂和煤炭的铲掘实验。早先，铲掘工人是自备铲子到料厂去干活的。用铲子去铲

---

① 杨静光. 古今管理理论概要[M]. 北京：中共中央党校出版社，2005，29-31；郭咸纲. 西方管理思想史[M]. 第 2 版. 北京：经济管理出版社，2002，79-81.

铁砂，每铲的重量太大，容易疲劳。而用同一个铲子去铲煤，每铲的重量又不足。泰罗经研究发现，当一个工人在操作中平均负荷量大致为每铲 21 磅时，就能达到最大的工作量。因此，他在实验时不让工人自己带铲子，而是准备了 8～10 个不同的铲子，每种铲子适合于铲某种特定的物料。这不仅为了使工人平均铲掘达到 21 磅，也是为了使这些铁铲能适用于若干条件。为此，泰罗建立了一间大型的工具房，里面存放着精心设计的各种工具。同时，还设计了两张有标号的纸卡，一张说明工人在工具房所领的工具和该在什么地方干活，另一张说明他前一天工作的情况，也就是一份干活证明书，上面记载着前一天的收入。在工人们取得白色纸卡的时候，表明一切正常，而当取得黄色纸卡的时候，就意味着要加油干活了，否则就要被调离工作。泰罗的这项实验表明"每一项简单的动作都隐含着一种科学的成分"。

泰罗通过这项实验提出的新的管理思想包括：将实验的手段引进到经营管理领域；计划和执行分开；标准化管理概念开始形成；挖掘人和动物的资源潜力是提高效率的有效途径。

③ 金属切削实验。在米德维尔公司时，泰罗为了解决工人怠工问题，对金属切削进行了研究。这时他已具备相当的金属切削作业知识，于是，他对车床的效率问题进行了实验，预定需要 6 个月的时间。在使用车床、钻床、刨床等机床切削金属时，无论何时都必须决定使用什么样的刀具，用多大的切削速度，以便获得最佳的金属加工效率。然而，要确定这些要素多达 12 种变量，如金属的成分、工件的直径、切削的深度、进刀量等。这项实验非常复杂和困难，原来预定的 6 个月实际上用了 26 年，且花费了巨额的资金，耗用了 80 万吨钢材。最后，在巴思和怀特等十多名专家的帮助下，实验取得了重大进展，这项实验得到了一项重要的副产品——高速钢的发明，并获得了专利。另一项实验成果是形成了金属加工方面的工作规范。

泰罗的三项实验均取得了成功，也付出了巨大的代价，这些实验将他的科学管理思想深深地扎根在科学实验的基础上，使之成为一门科学，而这也是其理论对当时社会起到巨大推动作用的原因。

（2）泰罗对科学管理探索的结论。通过以上实验，泰罗提出了一套新的、完备的管理思想：管理人员不应该是一个执鞭驱策别人的人，而应该提出一套新的管理哲学和方法。他们应该采取一种更广阔、更全面的观点，以便把他们的职务看成是计划、组织和控制等因素的具体化。当然，这些思想并非一开始就是一套完整而成熟的思路，而是在各个公司的工作过程中形成的。泰罗的主要论点是：只有劳资双方协作，并在所有的共同工作中应用科学方法，才能使整个社会得到最大的福利。他认为人类所拥有的自然资源的数量是有限的，只有通过人类的努力，才能利用这些片段资源。为了在一定程度的劳动中获得尽可能多的产量，必须把科学方法应用于工人选择、工作决定、恰当环境的创造等，以便为每个工人安排适当的工作。泰罗号召劳资双方都进行一场精神革命，以便他们能够理解这些原则，并以和谐的精神合作——工人的工资能够提高，资方则能以较低的成本获得更高的产量。

泰罗还认为管理当局应该做那些它最适宜做的工作——计划、组织、控制、制定工作方法等，而不应该把这些工作推给工人来承担。他估计，工人的工作中有一半以上应由管理当局来承担，并因而形成一个高度集权的计划部门和专业化工长。只有这样才最符合雇主和职工双方的利益。

泰罗简略地归纳了以下管理原则。

①　为一个工段的工作中的第一要素制定一种科学的方法，以代替老的单凭经验工作的方法。

②　科学地选择并训练、教育和培养工人。而在以前，却是工人自己选择自己的工作，并尽他所能地自己训练自己。

③　衷心地同工人合作，保证各项工作都按已制定的科学原则来做。

④　由管理当局接管所有由他来做比由工人来做更合适的工作。

这四大管理原则的结合就构成了科学管理。

在科学管理中，概念和哲学的成分大于技术的成分。关于管理的方法，泰罗举了一些例子，如工时研究，以及正确进行工时研究的工具和方法；职能工长制（或分工工长制）及其对老式的单一工长制的优越性；各种行业中所有工具器械以及工人对每种工作的动作或行为的标准化；设立一个计划室或计划部门的好处；管理中的"例外原则"；计算尺和其他类似的节省时间的工具的利用；给工人的指示卡；管理中的工作任务概念，对成功地完成任务者给予大笔奖金；"差别计件工资制"；用于对制造品和制造工具进行分类的帮助记忆的系统；日常工作制度；现代成本制度等。

二、加尔布雷思夫妇对科学管理的研究

1. 弗兰克·加尔布雷思和莉莲·加尔布雷思

弗兰克·加尔布雷思（Frank Gilbreth）生于 1868 年，是科学管理运动的创始人之一，被后人尊称为"动作研究之父"。莉莲·加尔布雷思（Lillian Gilbreth）是弗兰克·加尔布雷思的夫人，心理学家和管理学家，美国第一个获得心理学博士学位的妇女，被称为管理第一夫人，著有《管理心理学》。弗兰克与莉莲 1904 年结婚，他们的结合可以说是管理思想史上的一大幸事。加尔布雷思夫妇对管理思想的发展作出了重要贡献。

2. 加尔布雷思夫妇对动作的研究

加尔布雷思对科学管理的研究始于建筑承包业。他开始时是威登公司的一个砌砖学徒，工作过程中很快就注意到，工人教他用三种不同的动作砌砖。一种是教会一个人去砌砖，第

二种是以慢速度去工作，第三种是以快速度去工作。于是，他开始研究哪一种最好且效率最高。加尔布雷思对工人的动作进行了科学的研究和分析，制定出一种经过改进的工作方法，并不知不觉地开始了研究进行任何工作的"最好方法"的终生事业。加尔布雷思于1904年同莉莲结婚。莉莲在心理学和管理方面有着独特的修养。以后，他们夫妇俩开始了改进工作方法的探索。在他们的研究过程中发明并应用了许多工具和技术。他们属于第一批利用动作影片来分析和改进动作顺序的人。他们还制定了人事工作中的"白表"卡片制度——这是现行工作成绩评价制度的先驱。他们强调要用书面指示，以免造成混乱和误解。他们竭力主张，管理和动作分析的原则可以有效地应用于自我管理这一尚未开发的广大领域。他们开创了对疲劳这一领域的研究，这一研究对工人健康和生产率的影响一直持续到现在。

加尔布雷思对管理的状态和技术作出了独特的贡献，他把科学应用于工作的一个新方面。他把新的管理科学作了实际的应用，从而使它更易为人们所接受和取得成功。通过他所进行的彻底的工作，就可以制定出更好的动作模式，并可以建立健全激励报酬制度。但是，加尔布雷思对管理思想发展的更大贡献在于向管理人员灌输这样一种思想：对任何事物的可行性和可用性都要提出疑问；而且即使是新事物，如果在不久的将来有了更好的事物，那也应予以抛弃。这是一种在思想中提出疑问、探求更好的途径的传统。

三、科学管理的内容

1. 科学管理的基本假设

作为一种管理理论，科学管理包含着一些基本假设。尽管在今天看来，这些假设或前提都或多或少地存在着一些问题或缺陷，然而在当时的情况下，却具有相当的客观性。其基本假设如下。

（1）资本主义矛盾日益尖锐的原因是社会资源没得到充分利用，通过科学管理能够使这些社会资源得到充分的利用，劳资双方都会得到利益，从而双方的矛盾也会得以解决。

（2）人是"经济人"。每个人最关心的是自己的收入，所以，只要工人能够得到经济利益，他们就会配合管理者挖掘出自身的最大潜能。

（3）科学管理能提高单个人的效率。

2. 科学管理研究的基本原理

泰罗所进行的科学管理试验始终是依据两个基本原理进行的：作业研究原理和时间研究原理。

（1）作业研究原理。作业研究原理以合理利用工时为目的，通过改进操作方法以提高效率。泰罗认为，为了让每个人都能按照正确的方法作业，必须把每次操作分解成许多动作，继而把动作分解成动素（组成动作的动作要素），然后研究每个动作的必要性和合理性，据此决定应去掉哪些不合理的动作要素，并对保留下来的动素加以改进、合并，形成标准的作业方法。

（2）时间研究原理。时间研究原理是指在动作分解和作业分析的基础上进一步观察工人完成每一个动作所需要的时间，这些时间中要包括一些生理需要时间和发生一些不可避免的情况所耽误的时间。通过时间研究，可以为标准作业方法制定标准作业时间，据此确定工人的劳动定额。

3. 科学管理的基本思想

（1）专业分工思想。在科学管理中，专业分工思想主要体现在两个方面：工人的劳动分工；管理职能的分工。工人的劳动分工是指根据每个工人的体力和智力，合理地分配工作，以充分发挥他们的特长和潜能，提高生产效率。管理职能的分工是指将管理职能与作业职能分开，由受过专门训练的人担任管理职能，同时还要对管理人员进行职责分工，每个管理人员都只执行一项或几项管理职能，最高经营管理者只管理例外事件。通过分工，能提高全体工作人员的工作效率。

（2）最优化思想。泰罗所提出的最优化思想是指，在标准的生产条件下，寻求一种最优的工作方法，达到最优的生产效率。泰罗的时间研究和动作研究无不体现了这种思想。时间研究的目的在于确定最优的工时定额，动作研究的目的在于寻求一种最优的操作方法以达到最优的工时定额。

（3）标准化思想。标准化是指操作方法的标准化，作业量、作业速度的标准化。把最优操作方法和作业条件作为标准加以推行即为标准操作规程；把最优作业速度或作业量作为标准加以推行即为基本工时定额或产量定额。由此可见，标准化思想和最优化思想是相连的，最优化思想为提高生产效率找到了科学的方法，标准化思想则把科学的方法和条件形成了管理上的要求，从而使之得以顺利实施。

（4）"经济人"思想。同亚当·斯密一样，泰罗也认为人的动机是为了追求个人的经济利益，企业主是为了追求最大的利润，工人是为了追求更高的工资。泰罗还认为"人的天性趋向于轻松随便"，"普通人（无论从事哪种行业）都趋向于慢慢腾腾、不慌不忙地干活。"[1]所以，他提出计件工资制，用高工资来刺激工人提高生产效率。实际上，泰罗所提出的许多管理措施都是以"经济人"的假设作为前提的，作业管理的改革就是为了消除工人的"磨洋工"现象。

4. 科学管理的目标

（1）对工业和市场发展趋势进行估计，以便对企业进行调整，使得投资得以保存，作为就业机构的企业得以维持并保证持续的作业和就业。

（2）不仅通过对市场的正确估计保证职工有持续的工作和就业，而且通过有计划而平衡的作业保证职工在工作岗位上有持续赚钱的机会。

---

① 李长武. 近代西方管理思想史[M]. 长春：吉林大学出版社，1991，72.

（3）通过减少浪费的管理和加工技术，从一定的人力物力的支出中获得更多的收益。这笔收益将通过提高工资和利润而使得劳资双方共享。

（4）使工人由于收入增加而能有更高的生活水平。

（5）通过增加工人的收入来消除整个环境中许多不愉快和使人烦恼的因素，保证工人有更幸福的家庭和社会生活。

（6）保证工作条件是健康的，从个人或社会来讲都是令人愉快的。

（7）通过用科学方法对工作进行分析，对工人进行选择、训练、安排、调动和提升，保证每个人都能最充分地发挥其能力。

（8）工长对工人进行训练和指导，从而保证工人有机会培养出新的、更高的能力，可以提升到更高的职位。

（9）使工人有机会了解自己的工作、一般的工作计划和工作方法，从而培养工人的自信心和自尊心。

（10）通过研究和评价这样一种气氛的激励影响、通过对计划和方法的理解，并通过由职能式组织而产生的横向和纵向的自由接触，在工人中培养出自我实现精神。

（11）通过恰当的工作行为来培养工人的品格。

（12）在工资待遇和其他方面消除歧视，从而发扬公正。

（13）消除环境中使人不愉快和造成摩擦的因素，促进相互了解、互相容忍和团结协作的精神。[①]

这些目标在科学管理的早期阶段就是科学管理思想基本的和不可分割的部分。科学管理理论建立在能给管理人员带来更新、更重要任务的四大原理基础之上。它们是：工作的每个元素的科学划分方法代替陈旧的经验管理工作法；员工选拔、培训和开发的科学方法代替先前实行的那种自己选择工作和想怎样就怎样的训练做法；与工人经常沟通以保证其所做的全部工作与科学管理原理相一致；管理者与工人应有基本平等的工作和责任范围。

科学管理的出现产生了许多新观点，例如，科学管理号召人们节约资源；科学管理本身的性质就促进了调查的气氛，它号召对工作的各个方面进行研究，以便科学地确定在当时的具体情况下怎样才最好；在对待工人方面，科学管理开辟了一个新纪元，它把劳资双方看成是在一起工作的集体，以合作精神代替早期的个人主义。科学管理还使管理当局在做过研究以后，考虑环境变化的规律，而不是仅凭个人的猜测和直觉作出决定。

四、科学管理的发展

泰罗是科学管理的奠基人，但是科学管理并不是泰罗一人建立起来的，与泰罗同时代

[①] 珀森. 美国工业中的科学管理[M]. 纽约：哈珀兄弟出版公司，1929，16-17；克劳德·小乔治. 管理思想史[M]. 北京：商务印书馆，1985，115-116.

的科学管理代表人物除了加尔布雷思夫妇以外，亨利·劳伦斯·甘特、哈林顿·爱默森等人也从不同的侧面对科学管理的建立和发展作出了自己的贡献。

1．亨利·劳伦斯·甘特

亨利·劳伦斯·甘特（Herry L. Gantt，1861—1919）毕业于美国霍普金斯大学，后于史蒂芬斯工学院获工程师学位。甘特是泰罗的得力助手，他曾与泰罗先后在米德维尔钢铁公司和伯利恒钢铁公司合作长达14年之久，同泰罗一起进行科学管理实验。甘特后来成为一名管理顾问，并先后在斯蒂文斯工学院、哥伦比亚大学、哈佛大学和耶鲁大学执教。甘特著有《工作、工资和利润》、《工业领导》、《工作的组织》等著作。他在管理上的贡献主要是：发明了甘特图；提出了任务·奖金制的工资制度；指出对工人进行培训和建立管理者与工人之间的良好合作关系的重要性；提出社会责任思想。

（1）甘特图。甘特图是一种显示作业计划执行情况的图表，如图2-1所示。图中并列着两条线，一条显示各项作业计划的完成时间，另一条显示作业的实际完成时间。通过甘特图，人们能够清楚地看到作业计划的执行情况。如果发现实际时间超过了计划时间，就要采取措施加快作业进度。

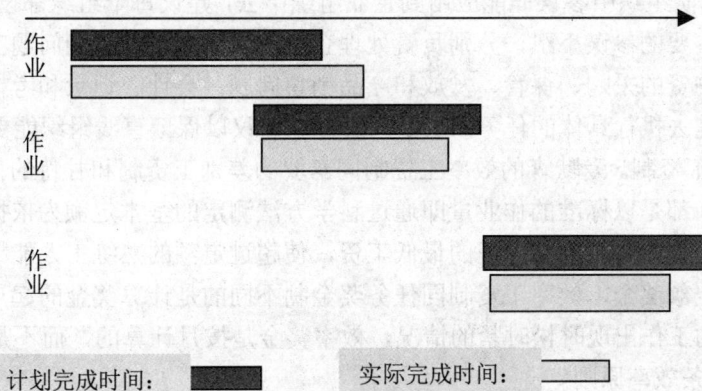

图 2-1　甘特图

（2）任务·奖金制工资制度。该种工资制度首先要确定工作任务，制定作业指导卡，详细说明某项作业的最优操作方法和使用的工具，规定作业的必要时间，凡是能够在规定的时间内完成任务或超额完成任务的工人，除得到规定的日工资外，还可以得到相当于日工资的20%～50%的奖金。

（3）对职工的培训。甘特认为强制性的管理方式已经过时，管理的重心应放在对工人进行教育和培训上面。通过培训，不仅可以传授知识和技能，而且还可以使工人养成勤劳的习惯，而勤劳的习惯比知识和技能更为重要，因为养成了勤劳的习惯，就容易学到知识和技能，相反，即使掌握了知识和技能，也没有什么价值。

（4）社会责任。甘特晚年开始把研究领域伸向企业的外部，开始研究企业与社会的关系。他认为，一方面，近代文明的发展离不开工商企业系统提供的服务；另一方面，工商企业系统又只有在为社会服务中才能得到发展。因此，他呼吁企业要把为社会服务放在第一位，而不要把利润放在第一位。

2．哈林顿·爱默森

哈林顿·爱默森（Harrington Emerson，1853—1931）是一位牧师的儿子，信奉新教的简朴和节约使用资源的美德，被雷恩称为"为发展中的美国找到节省时间和开支方法的典型'效率工程师'的代表人物"。[①]爱默森是科学管理的热心实践者和宣传者，早年曾担任大学教授，后投入实业界，从事过银行和房地产产业，最后又从事管理咨询工作，积极推行科学管理。主要著作是《十二条效率原则》、《效率是作业和工资的基础》、《个人效率教程》、《取得效率和了解成本》等。

爱默森对科学管理的主要贡献是主张建立直线—参谋组织的组织形式，采用一种同效率联系起来的刺激工资制度，提出了提高效率的十二条管理原则。

（1）直线—参谋组织。爱默森的直线—参谋组织是从军队组织的参谋概念中得到启发的，主张应把军队组织中参谋职能应用到企业组织中去，建议每个组织都设立一个参谋长，其下设立四个主要的参谋小组，分别负责处理企业的人事和员工福利问题；组织机构和机器设备问题；物资的采购、保管、发放和产品销售问题；会计、记录和考核标准问题。这些参谋人员不是去执行具体的任务，只是通过提出建议以保证直线组织能更有效地工作。

（2）效率工资制。爱默森的效率工资制同泰罗的差别工资制和甘特的任务奖金制有很大的相似之处，都是以标准的作业量即通过科学方法测定的基本定额为依据，首先是达到定额的非熟练工人能够得到有保证的最低工资，使超过定额的熟练工人能根据其实际效率相应地得到超定额奖金，效率工资制同任务奖金制不同的是计算奖金的起点更低，同时，为了防止工人的工作出现时松时紧的情况，效率奖金是按月计算的，而不是按日计算的。

（3）十二条效率原则。

① 明确规定目标：知道你想要达到什么；

② 知识：管理者要追求知识并向各方面征求意见，在追求知识时不限于任何职位，但要维持平衡；

③ 向有能力的人请教：这是获得必要知识的一种手段；

④ 纪律：遵守规则，坚决服从，这是贯彻和实行其他 11 项原则的基础；

⑤ 处理问题要公平；

⑥ 可靠、及时、充分、持久的资料，作为决策依据的事实资料；

⑦ 要有工作调度：科学的计划，使每一项小的工作为整体工作服务，并使组织能达到

---

① 郭咸纲. 西方管理思想史[M]. 第 2 版. 北京：经济管理出版社，2002，128.

最终目标；

　　⑧　要对各项任务规定统一的标准和日程表；

　　⑨　实行工作环境标准化；

　　⑩　实行操作标准化；

　　⑪　要有书面的作业指示；

　　⑫　对提高效率者要给予奖励。

3. 亨利·福特

亨利·福特（Henry Ford，1863—1947），著名的福特汽车公司的创始人。福特出生在一个农民家庭，当过机械师的学徒、修表工、机械工。1896年制造出了他的第一部汽车，1903年创建了自己的公司。福特的第一辆车是A型车，1908年，T型车诞生，1911年，福特开始在英国制造汽车，1919年，他把公司总裁的位置让给了儿子艾德赛（Edsel）。从那时起，福特公司的生产速度达到一分钟生产一辆汽车，1923年的销售量达到了一个高峰：2 120 898辆，同时，福特公司的市场份额超过了57%。

福特的成功与他在经营中坚持了自己的一套经营思想和科学管理方法分不开，虽然福特最初并不了解科学管理，但他的管理思路却和泰罗的科学管理不谋而合，并在许多方面丰富了科学管理的内容。

（1）服务精神。福特经营的核心思想就是"服务精神"。他提出了"服务先于利润"的原则，服务是经营的目的，而利润只是经营的结果。他还提出，企业的目的是在为消费者提供产品的同时，创造出消费者。为了能够给公众提供低价格的产品，给员工支付高工资，就必须贯彻科学管理的原则，实行大量生产方式。

（2）标准化。福特实行的生产方法标准化包括单一产品原则、工厂专门化、部件的互换性、制造的精确性、使用专门机械。

（3）移动装配法。移动装配法的基本要求就是"要使一切工作对象都处于移动状态，用工作对象向操作者的工作地点移动来代替操作者向工作地点的移动"。按照这一要求，福特进一步提出：①操作者在操作过程中的移动尽可能不超过一步；②操作者不必弯腰进行操作。[①]为了实现移动装配法，福特还采用了传送带的移动方式，并于1913年，福特公司完成了第一条传送带装配线，使大规模生产方式最终得以确立，为汽车生产历史揭开了新的一页。

4. 莫里斯·库克

莫里斯·库克（Morris Cooke，1872—1960），科学管理的早期研究者之一，泰罗的亲密合作者。他对科学管理的贡献就是将科学管理应用于一些社会组织，如教会和市政等。

---

① 李长武. 近代西方管理思想史[M]. 长春：吉林大学出版社，1991，92、93。

1909 年，库克对高等学校的管理进行调查，发现其中存在大量问题。例如，各系缺乏协调性，各行其是，系主任没有实权；教师工资以资历为标准进行发放而不是按功绩等。库克觉得学校中的管理状况比工业更差，他主张把科学管理原理运用到高等学校管理中去。

1911 年，泰罗派库克去帮助一位新当选的主张改革的费城市市长解决市政管理问题。对于进行市政管理改革，这正是库克所一直期望的。他在担任市政府的公共工程局局长期间，进行了许多改革，运用科学管理方法解决了费城的许多管理问题。这正说明了科学管理不仅可以应用到工业部门，而且也能应用到一些非工业部门，如大学、市政管理等。

在重视人的方面，尤其是在处理劳资关系方面，库克取得了比泰罗更大的成就，与泰罗反对工人组织起来的观点不同，库克主张管理要人情化，在有关工资、定额及职工福利等问题上，可同工会集体进行谈判。在 20 世纪 30 年代，库克同美国劳工联合会主席冈泊斯关系非常好。库克的这种对待工人组织的态度，使他受到工会领袖们的欢迎，这反过来有助于他恰当地处理劳资关系。

第三节　对科学管理理论的认识与评价

一、科学管理的进步性

1. 使管理成为科学

科学管理的出现是西方管理思想发展史上的一个重要里程碑，它标志着以社会化机器大生产为特征的资本主义企业的管理开始从经验走向科学，同时，科学管理的出现使管理作为一门科学开始登上历史舞台。从此，在科学管理的基础上，西方资本主义企业管理理论迅速发展起来。如泰罗开创的时间研究、动作研究等一系列有关生产管理的研究，后来逐步发展成为一门新的管理学科——工业工程学，因此，泰罗被后人称为"工业工程之父"。泰罗坚持按照最优化原则，运用数量分析的方法，追求高效率的思想，后来也得到了进一步发展，并形成了管理科学学派。泰罗所确立的组织原理，包括计划职能与执行职能相分离、管理的专业化和职能组织结构、管理的例外原则等，都已得到广泛应用。科学管理已经渗透到管理的各个领域。

2. 颠覆了传统的研究方法

泰罗提出了一个与传统的经验管理完全不同的方法论。他在美国国会的证词中说道，科学管理的实质不在于具体的制度和方法，而是要用准确的科学研究和知识来替代旧有的个人判断和经验。泰罗所提出的研究方法不仅适用于当时，也适用于今天的管理活动。它告诉人们，经验对于管理固然重要，但是，经验远非是决定性的和唯一性的，任何工作和业务流程，只有通过科学的检验才能够在一定程度上达到完美。因此，在管理上引进科学的研究方法既是重要的也是必要的。

3．率先提出了工作标准化思想

泰罗是标准化管理的创始人，他的作业管理研究目的是为了达到现时生产条件下的最高效率，但其研究成果的表现形式却是各个环节和研究成果的标准化。泰罗的科学管理研究开启了标准化管理的先河，现在的许多标准化管理体系，如 ISO、GMP 等沿用的仍然是泰罗的思想和方法。如今，标准化管理已经成为现代管理的核心组成部分。

泰罗等人建立起来的一系列的管理原理和方法为西方企业管理理论和实践的发展奠定了基础，而且直到今天仍没有失去其现实意义。

二、科学管理的局限性

科学管理无疑是 20 世纪初西方管理思想的最高成就，但是，从发展的观点看，其不可避免地存在着一些局限性。

（1）科学管理只是从生产技术过程的角度研究作业管理的具体方法，基本上没有超出车间管理，很少从企业经理人员的角度考虑企业经营的全局问题。

（2）重物不重人。科学管理只重视生产中物的因素而忽视人、社会和心理因素的作用，过分强调脑力劳动与体力劳动、管理人员与操作人员以及操作人员之间的分工，从而压抑了人们的生产主动性。

（3）作为资产阶级的管理理论，科学管理有其剥削性的一面。正如列宁所说的："资本主义在这方面的最新发明——泰罗制——也同资本主义其他一切进步的东西一样，有两个方面，一方面是资产阶级剥削的最巧妙的残酷手段，另一方面是一系列的最丰富的科学成就。"[①]实行科学管理，意味着工人的劳动更加紧张，尽管泰罗把劳资之间的协调与合作作为科学管理的最高目标，但结果却不遂人愿，劳资关系并未得到缓和，而是更加激化。所以，科学管理不过是一种以科学的方法强化劳动的手段，其剥削性的方面是不能被其科学性所掩盖的。

三、科学管理的影响

科学管理是管理思想发展进程中的一个高峰，也是管理思想的第一次大综合。它把管理职能从工业生产中分离出来，从而形成管理阶层。它使管理成为科学，这是一次质的飞跃，其贡献是巨大的。

科学管理普遍改进了工厂的管理，而它一旦为工厂管理的改进开辟了道路，很快就推

---

① 李长武. 近代西方管理思想史[M]. 长春：吉林大学出版社，1991，101.

广到销售、一般行政管理，以及企业的其他方面。它使设备、劳动力和材料得到更有效的利用，使人们能够更精确地控制、安排生产日程，以及进行计划。对工人来说，它使工作安排得更恰当、提升的机会更多、工资更高。对管理当局来说，它指出了一条组织更为有效、产品更为可靠、劳动力更好、顾客更了解、公司形象更好、利润更多的道路。有一个影响是多年来被忽略了的，即对任何明显可见的事情都必须进行有系统的计划。许多人常把方法同制度混淆起来，未能看出各种方法只不过是泰罗的制度在计划方面的一些表现。泰罗引入了合作原则，指出劳资双方只有通过互相了解和合作才能满足双方的基本需要和愿望。泰罗强调管理必须建立在这五项原则之上：研究、定额、计划、控制和合作——这些事实上是每一个成功企业的坚实基础。

本章小结

科学管理理论是古典管理思想的集大成，是管理思想的一次大综合，是管理思想发展史上的一个转折点。科学管理形成了一个较完整的管理体系，从而使管理成为一门独立学科。本章的第一节介绍了科学管理产生的历史背景及思想准备。第二节是科学管理的形成与发展。介绍了泰罗对科学管理的探索、科学管理的内容，以及与泰罗同时代的对科学管理发展作出贡献的代表人物及其思想观点。第三节是对科学管理的认识与评价。分析了科学管理的进步性与局限性，以及科学管理的影响。

思考题

1. 早期的科学管理实践有哪些？
2. 阐述科学管理理论产生的社会经济背景。
3. 简要论述泰罗对科学管理的探索。
4. 科学管理的内容包括哪几部分？
5. 介绍一下与泰罗同时代的对科学管理发展作出贡献的代表人物及其思想。
6. 请论述科学管理的进步性与局限性。

关键词

科学管理　历史背景　社会经济背景　专业分工思想　时间研究　动作研究
工作标准化

案例 科学管理在现代企业中的运用——光友"粉丝"成长记

2006年9月6日，在北京人民大会堂隆重召开的2006中国名牌授牌大会上，光友牌光友粉丝被授予"中国名牌"称号。这是中国薯类加工的第一块中国名牌，中国红薯粉丝第一块中国名牌，中国方便粉丝第一块中国名牌，为光友薯业的发展抒写了壮丽篇章！2006年10月27日，河南省南阳市人民政府授予四川光友集团下属子公司南阳光友薯业"河南省优质产品"称号。被誉为"中国方便粉丝之父"、"方便粉丝专家"的光友集团董事长邹光友，带领光友集团的全体员工，通过平凡的红薯走出了一条不平凡的红薯之路。

一、光友薯业集团概览

四川光友薯业有限公司创建于1992年10月18日，是一家以薯类深加工为主，集薯类食品生产、食品机械制造、食品工艺技术研究、广告传媒等产业为一体的大型企业集团。公司总部位于中国四川绵阳国家高新技术产业开发区，下属有南阳光友薯业有限公司、秦皇岛光友薯业有限公司、光友薯业食品公司、四川光友机械有限公司、光友日盛整合营销传播有限公司等子公司。其业务范围包括以红薯、马铃薯为主要原料的方便粉丝生产及销售、食品机械制造及销售、食品工艺技术研究、薯类淀粉粉丝加工技术培训等。

光友集团创立14年以来，先后获得49项专利，其中发明专利9项，完成了粉丝生产技术的四次革命。首创了光友"双哑铃"红薯产业扶贫模式，即"农户—公司—市场"、"科研—培训—生产"。该集团公司以科技为支撑，以利益均沾、风险共担机制为杠杆，形成薯类开发产业链，形成"产、加、销、科、工、贸"一条龙。

光友集团自创建以来，始终注重企业文化的建设，在长期的实践中形成了独具特色的光友激情文化，构成了一个完整的企业文化体系。集团的《光友粉丝歌》、《光友动感体操》和光友营销"四化"均独具魅力，让光友员工激情燃烧，智慧闪烁。

光友"一根粉丝通四海"，2005年4月23～25日，秘鲁副总统魏斯曼先生和前任副总统圣罗曼先生私访四川光友薯业。2005年8月，秘鲁总统邀请邹光友董事长去邦昂开发红薯资源。邹光友受秘鲁总统之邀，专程前往秘鲁商谈业务，考察市场和薯区资源，并向秘鲁总统和国际马铃薯中心赠送光友薯类淀粉加工设备和光友粉丝。2006年7月，光友薯业董事长邹光友来到马来西亚，作为唯一的中国企业家参加了在缅甸阿塔亚高尔夫休闲国际大酒店举行的"全球马铃薯综合开发研讨会"。2006年8月，邹光友应邀参加在美国爱德华州博伊西市隆重举办的2006年"第六届世界马铃薯大会"。"光友"品牌在中国薯区已家喻户晓，在世界薯区，令人深感神奇，凭借一根粉丝，光友连接起了世界16个国家的市场。2009年，光友薯业品牌价值达到5亿元，拥有员工1 000余人，成为高新技术型、科技产业型企业。

二、光友薯业发展进程中的重大事件

1992 年，时任四川绵阳三台县建设区科技副区长的邹光友，想别人所不敢想，为别人所不敢为，毅然辞官"下海"，怀揣仅有的 500 元现金，推着一辆三轮车，在四川绵阳市城区沿街叫卖自己研究生产的红薯粉丝。从此，光友红薯粉丝叫响了绵阳的大街小巷，叫响了四川，光友集团诞生了。

随后，光友经历了四次粉丝革命：1992 年发明精白红薯粉丝；1997 年发明方便粉丝；2000 年首创无明矾粉丝；2005 年发明了全薯粉丝。

2004 年 3 月由光友薯业董事长带队创造了"四化营销"模式。

2004 年 6 月，"光友粉丝"被中国绿色食品发展中心认定为"中国绿色食品 A 级产品"。

2004 年 7 月 28 日，创建南阳光友薯业，2004 年 4 月 15 日创建秦皇岛光友薯业。

2005 年，扩建食品公司，生产全薯粉丝、油茶等新产品。

2006 年 3 月 15 日，四川光友薯业有限公司被国家农业部认定为国家级农产品加工企业技术创新机构。这标志着光友薯业的技术创新、技术研发能力已经达到了国内领先水平。

2005 年 4 月，秘鲁现任副总统魏斯曼、前任副总统圣罗曼专程私访光友薯业，8 月，邹光友董事长应秘鲁副总统邀请访问秘鲁考察南美红薯资源，首次开辟世界"红薯之路"获得成功。

2005 年 5 月，联合国粮农组织国际马铃薯中心将光友薯业列为中国科技示范基地。

2006 年 7 月，光友薯业董事长邹光友被联合国亚太经济组织任命为示范项目高级顾问。

2006 年 8 月，光友薯业董事长邹光友应邀参加在美国爱德华州博伊西市隆重举办的"2006 年第六届世界马铃薯大会"，实现了"红薯之路"的第三段旅程。

2006 年 9 月 6 日，在北京人民大会堂，"光友粉丝"被国家质量监督检验检疫总局授予"中国名牌"称号，这是中国薯类加工的第一块中国名牌，中国红薯粉丝第一块中国名牌，中国方便粉丝第一块中国名牌。

2006 年 10 月 27 日，河南省南阳市人民政府授予四川光友集团下属子公司南阳光友薯业"河南省优质产品"称号。

2007 年 7 月，被中华人民共和国国家工商行政管理总局评为"全国守合同重信用企业"。

2007 年 11 月，被国家农业部设为"国家薯类加工技术研发分中心"。

2009 年 9 月，董事长邹光友被国家农业部授予"建国六十周年'三农'模范人物"称号。

三、科学管理促发展

光友集团自诞生之日起，时刻注重提高自己的管理水平，借鉴科学管理原理，强化自己的基础管理。

1. 规范化管理

光友集团的管理规范化最明显的体现是其创立的"四化营销"模式。

2003年3月18日，在四川成都举行的"全国薯类方便食品发展（市场营销）研讨会"上，光友集团董事长邹光友大步走上讲台，响亮地提出"开展有序竞争、推动薯类方便食品行业健康发展"的倡议，呼吁广大厂家、商家团结起来，致力于产品研发，为消费者奉献更多的绿色健康食品，迎来台下阵阵掌声。

邹光友的心里总是装着顾客，正是这种思想，才产生了光友集团的"四化"营销，即拜访客户生动化、理货陈列生动化、广宣告知生动化、导购促销生动化。其实施要点，如图2-2所示。

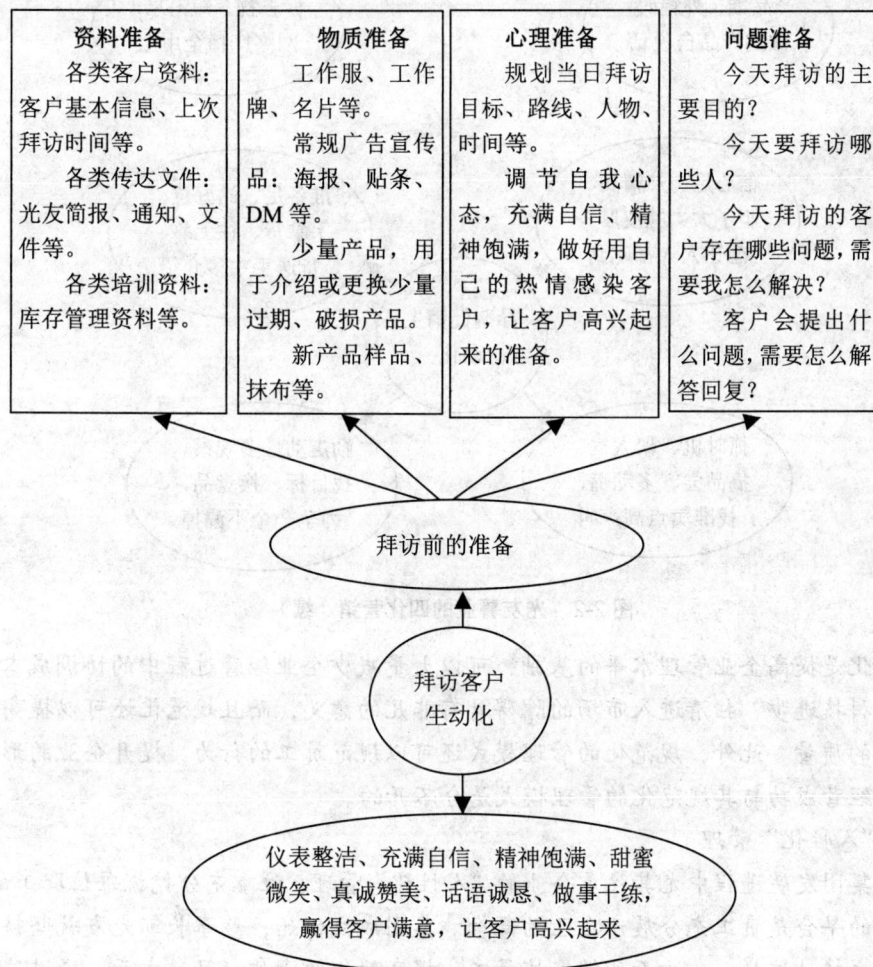

图 2-2 光友薯业的四化营销

员工客户消费者，
逐层知晓共传播

要拥有利用
一切资源
宣传光友
的意愿

货架上、店
外墙，处处
都有宣传品

广宣告知生
动化

产品堆、外箱码，
做到产品自说话

标志物、短消息，
网络广播全用上

信心足、热情高、
胆子大、"脸皮厚"，
想让人人都吃到

准备足、站好位、
手拿货、往上靠，
货送手中多介绍

导购促销生
动化

抓时机、聚人气、
搞品尝、多动嘴，
找准卖点高声叫

勤走动、多观察、
找目标、换竞品，
力争一个不漏掉

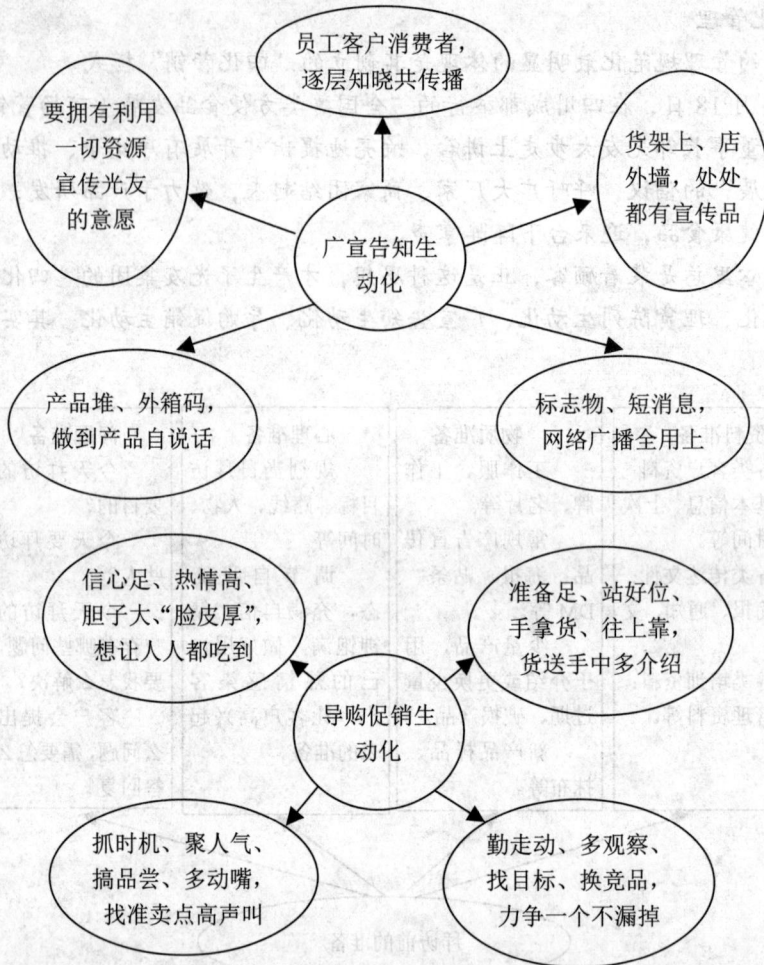

图 2-2　光友薯业的四化营销（续）

　　规范化是提高企业管理水平的基础，可以大量减少企业经营过程中的协调成本，对于促进企业科技进步、扫清进入市场的障碍具有非凡的意义，而且规范化还可以提高企业产品和服务的质量。此外，规范化的管理模式还可以规范员工的行为，提升企业的形象。光友集团的经营成功与其规范化的管理模式是分不开的。

　　2. "人性化"管理

　　光友集团发展进程中尤其注重企业的"人性化"管理，注重充分挖掘每位职工的潜力。每天例行的早会是员工充分展示自己的舞台。集团成立伊始，董事长邹光友就坚持早会让员工轮流主持，这样，一方面能够锻炼员工，提高他们的素质，另一方面，通过这种方式能够发现员工的特殊才能，然后将其安排到适当的位置，使人尽其才。邹光友从来都认为，公司的管理人员与普通员工之间只有共同的目标，那就是将公司建设得更好，而在地位上没有任何不同，相反，他非常注重跟普通员工的沟通交流，经常与员工"打成一片"，倾听员工的心声，了解他们对公司的意见和建议，真正做到了"劳资结合"。

3. "文化"促管理

走进光友，即能感受到她的"激情文化"。光友集团创建以来，始终注重企业文化的建设，在长期的经营实践中形成了独具特色的光友激情文化。

光友薯业的文化要点如下。

光友理念：超越平凡、一丝不苟。

光友口号：光友薯业、超越平凡、一丝不苟。

光友使命：为人类做有益的事，推动社会发展。

光友人生观：用有限的生命，干无限的事业，提高生命的质量，无异于延长自己的生命。

光友组织纪律观：加强纪律性，光友无不胜。

光友学习观：终生学习，向一切有益的可学习的学习。

光友自省观：我是做什么的？我怎么做？我做得怎么样？

光友竞争观：树立全员竞争、商品竞争、市场竞争、企业竞争的意识。

光友创新观：防止老化，不断创新。包括技术创新、管理创新、制造创新、人力资源创新、商品创新、市场创新等。

光友心态观：心胸有多宽广，道路就有多远长。

光友主人观：人人都是管理者，人人都是主人翁。

光友管理原则：管理制度化、制度表格化、表格电算化；工作标准化、标准简单化、简单习惯化。

……

此外，光友集团还自编了《光友粉丝歌》、《光友动感体操》。每天的早班会，每月的培训会、表彰会，每季度的述职会，每位光友员工的激情表演已成为习惯。这些都让光友员工激情燃烧、智慧闪烁。

正是这种激情文化，让员工对光友、对工作始终激情饱满，充满信心。而自信正是企业乃至人生成功的基础。

思考题：

1. 你认为光友集团的成功最主要的因素是什么？

2. 光友集团在今后的发展道路上还要注意哪些方面？

📖**资料来源**

1．光友薯业网站．http://www.guang-you.com.

2．金夫．光友薯业的精神领袖——"光友粉丝——中国名牌"系列评论．光友薯业网站．http://www.guang-you.com.

3．访谈邹光友。

第三章　一般行政管理理论

学习目的与要求

1. 掌握法约尔组织管理理论及韦伯行政组织理论的主要内容
2. 理解法约尔组织理论的进步性和韦伯行政组织理论的局限性

产业革命始于欧洲，而后传到美国，而泰罗的科学管理则始于美国，在20世纪初传遍整个欧洲。1907年，法国的国防部长乔治·克雷蒙梭命令法国所有生产战争物资的工厂都要研究和应用科学管理，1911年，泰罗的著作被译成法文，从而使之得以在法国传播。

当泰罗的科学管理理论广为传播的时候，在欧洲也出现了另一种知识体系——一般行政管理理论。通过第二章的分析我们知道，泰罗等人都是管理实践家，研究车间一级的工作，在提高效率方面作出了很大贡献，但是，他们都不是组织理论家。可以说泰罗的科学管理是与车间或作业层有关的最佳的管理方法，是一种微观方法。而一般行政管理理论的重点是放在高级管理层的广泛的行政管理原则上，是一种较为宏观的方法。在行政管理出现的时期，也正是泰罗的科学管理在法国广泛传播的时期，所以，在相当长的一段时间里，行政管理理论并没有引起人们的重视。

一般行政管理理论的代表人物，主要是法国的法约尔和德国的韦伯。法约尔的理论贡献体现在他的著作《工业管理与一般管理》（1916），他从管理的职能，管理教育的必要性与可能性，劳动分工、权力与责任、纪律等十四条管理的一般原则，管理的五要素四个方面论述了其管理理论。马克斯·韦伯主张建立一种高度结构化的、正式的、非人格化的"理想的行政组织体系"，认为这是最理想的组织结构，并提出了三种权力种类，认为其中合理—合法的权力是官僚集权组织的基础。其代表作是《社会和经济理论》，韦伯的官僚制组织理论，是适应传统封建社会向现代工业社会转变的需要而提出的，具有里程碑性质，影响十分深远。

第一节　法约尔的组织管理理论

一、法约尔的生平

亨利·法约尔（Henri Fayol，1841—1925），出生在法国一个资产阶级家庭，1860 年毕业于艾蒂安国立矿业学院，随后进入了法国 S. A. Commentry—Fourchambault 公司工作，成为一名工程师。法约尔的一生从此就与这个公司紧紧联系在了一起。1888 年，法约尔升任该公司的总经理，当时公司正濒临破产，经他努力经营才转危为安，走向繁荣。他的管理才能也是在被任命为总经理后才显露出来的。法约尔一生获得过多种奖章和荣誉称号，他在管理方面的主要著作有《工业管理和一般管理》、《管理的一般原则》、《国家管理理论》等。

法约尔的一生分为四个阶段。

第一阶段是 1860—1872 年间。此时，法约尔是一个等级较低的管理人员和技术人员。他的才智主要发挥在采矿工程问题上，特别是在征服矿井的火灾事故方面。

第二阶段是 1872—1888 年间。这时他被提升为领导一批矿井的经理，拥有较大的职权。他的思路也随之转到煤田的地质问题和所掌管的矿井的寿命等问题上，并写了大量的关于地质理论的专著。

第三阶段是 1888—1918 年间。1888 年，当公司处于破产边缘时，他被任命为总经理，并按照自己关于管理的思想和理论对公司进行了改革和整顿，关闭了一些经济效益不高的冶金工厂，并吸收资源丰富的新矿代替资源枯竭的老矿。1891 年和 1892 年分别吸收了布列萨克矿井和德卡斯维尔矿井，并于 1892 年把新的联合公司命名为康曼包公司。1900 年，他吸收了东部煤区的朱得莱维尔矿井，并克服了重重困难，将原来濒临破产的公司整顿得欣欣向荣。当法约尔 77 岁退休时，该公司已能在财务和经营上立于不败之地，至今仍是法国中部最大的采矿和冶金集团的一部分。

第四阶段是 1918—1925 年间。从 1918 年退休直至去世，退休后不久便创立了一个管理研究中心，并担任领导工作。自此，法约尔一直致力于宣传他的管理理论，并对法国的邮政机构、烟草专卖机构等的管理状况进行调查研究。法约尔的管理研究中心对改进法国企业、陆军和海军的管理有很大影响。

二、法约尔的管理思想

1. 法约尔的组织管理理论

法约尔于 1916 年发表了《工业管理和一般管理》一书，该书是对他经营管理经验的总结。在书中，他首先将企业的生产经营活动归类为六个方面：

- ▶ 技术活动：生产、制造、加工；
- ▶ 商业活动：采购、销售、交换；
- ▶ 财务活动：资金的筹集与运用；
- ▶ 安全活动：财产和人员保护；
- ▶ 会计活动：货物盘存、资产负债表制作、成本核算、统计等；
- ▶ 管理活动：计划、组织、指挥、协调、控制。

法约尔对六类活动进行了分析后发现，基层人员以技术能力要求为主，但随着组织层次的上升，对技术能力的要求相对减少，而对管理能力的要求则逐步提高。因此，他认为在一个大型企业组织中，基层人员最重要的素质是技术能力，而高层人员则是管理能力。

在分析了企业的六类活动之后，他认为前五项活动是众所周知的，但是它们都不负责制定企业的总经营计划，不负责建立社会组织，协调和调和各方面的力量和行动，而这些活动都应属于管理。由于人们对管理活动还缺乏认识，因而需要对其做进一步阐明。

法约尔定义的管理活动就是实行计划、组织、指挥、协调和控制。

（1）计划。就是探索未来，制定行动计划，它是管理的首要职能。管理者应对影响企业的未来事态作出尽可能的预测，并制定一项指导未来决策的行动计划。

法约尔认为，一项好的计划应当具有统一性、连续性、灵活性、精确性。要制定具有以上特点的计划，需要对每天、每周、每月、每年，甚至数年的情况进行预测，并随时间的推移和情况的变化不断进行调整。

（2）组织。即为企业的经营提供所有必要的原料、设备、资本和人员。

法约尔认为，在获得必要的物质资源以后，就要进行社会组织活动，进行企业所有的经营活动。在法约尔的组织理论中，组织机构的金字塔形状是职能增加的结果。职能的发展是水平的，因为随着组织所承担的工作量的增加，职能部门的人员会增多。等级系列的增长是垂直的，因为有必要增加管理层来指导和协调下一级管理部门的工作。

（3）指挥。即对下属的活动给予指导。这要求指挥人员要：以身作则；透彻了解自己的下属；通晓约束企业和雇员的协议；对组织的账目进行定期检查，并使用概括的图表来促进这项工作；经常与主要助手开会协商，以便达到指挥的统一；对不称职的人员进行处理；不要在工作细节上花费精力；要使职工保持团结一致、积极工作、勇于创新和忘我的工作精神。

（4）协调。即使企业的一切工作都要和谐地配合，便于企业生产经营的顺利进行，并且有利于企业取得成功。具体来说，协调就是使各职能的组织机构和物资设备之间保持一定的比例，财政开支和财政收入保持一定的平衡，工厂和成套工具的规模与生产需要成一定的比例，材料和消费成一定的比例。总之，协调就是在工作中要做到先主要后次要，使事情和行动都有合适的比例。

（5）控制。就是要证实企业的各项工作是否已经和计划相符。控制的目的就是为了找出工作中的缺点和错误，以便加以纠正。它涉及企业管理过程中的其他四种职能：促使计划编制得更准确；使组织简化和加强；提高指挥效率；便于进行协调。这一切都应"受控制"。

法约尔的管理活动五职能分类形成了一个完整的管理程序，法约尔因此被称为管理程序学派的创始人。自此，不少管理学者纷纷以五职能分类为基础，对管理活动进行分类，如二职能、三职能乃至七职能。

2. 十四条管理原则

法约尔为完成他的经营管理理论体系，通过总结其实际工作经验，提出了十四条管理原则。

（1）工作分工。法约尔认为分工不仅限于技术性工作，管理工作同样适用。专业化通过使雇员们的工作更有效率，从而提高了工作成果。法约尔的工作分工原则与亚当·斯密的"劳动分工"原则是一致的。

（2）权利与责任。管理者必须有下命令的权利，但是，责任应当是权力的孪生物，凡是行使权力的地方，就应当建立相应的责任。

（3）纪律。实质就是遵守企业内部各方达成的协议。纪律的好坏主要取决于领导人是否以身作则，赏罚分明。

（4）统一指挥。每个雇员都应当只接受来自一个上级的命令。

（5）统一领导。对于达到统一目标的全部活动，只能由一个领导人和一项计划，这是统一行动、协调组织中一切力量和努力的必要条件。

（6）个人利益服从整体利益。组织目标应包括个人目标，但因每一个人都有不同的利益追求，并常常会超越集体利益之上，所以，经理人员必须以身作则，协调二者之间的矛盾。

（7）职工的报酬。对工作人员的工作要付给公平的工资，对绩效优良者要给以适当奖励。

（8）集中。即下级参与决策的程度。决策制定的集中与分散没有统一的标准，要视不同的情况而定，管理者的任务就是找到在每种情况下最适合的集中程度。

（9）管理层级。即从组织的最高权力机构到基层管理人员的领导系列。组织的管理层级既定，权利必须由上至下逐级下放。为了确保统一指挥，一切沟通事项必须经过各个层级正式进行，这样往往会出现"公事公办"、大兜圈子的现象，以致延误了信息传递。为了解决这种矛盾，法约尔设计了一种分层管理的"跳板"，即法约尔"桥"，认为同级人员之间可以相互沟通，如图 3-1 所示。

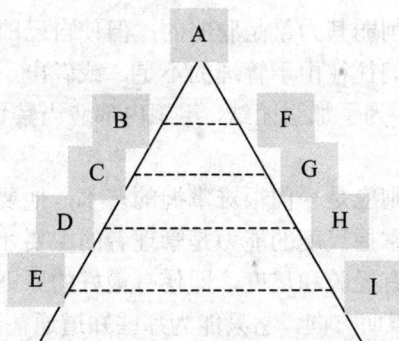

图 3-1 法约尔"桥"

在一个等级制度表现为 E-A-I 的企业中，便没有 E 和 I 之间的交流，任何信息必须由 E 到 A，再由 A 传达给 I，这样往往会发生信息传递的延误和扭曲，如果经过"天桥"直接从 E 到 I，就简单、迅速和可靠得多。只要 E 的领导和 I 的领导允许下级之间的直接联系，等级原则就得到了捍卫。法约尔认为各级人员都应当养成使用这种最短通路的习惯。

（10）秩序。即一切事物均各有其位并应各在其位。但是应当注意，在贯彻秩序原则时，要防止表面上的整齐所掩盖的事实上的混乱，有些表面上看起来很混乱的东西实际上都可能是有秩序的。

社会的秩序要求每个人都有一个位置，每个人都在指定的位置上。完善的社会秩序要求让适当的人从事适当的工作，所以要根据工作的要求和人的特点来分配工作。

（11）公平。法约尔区分了公平与公道，他认为公道是实现已订立的协定。但是这些协定不可能什么都预测到，因此需要经常地说明它，补充其不足之处。为了鼓励其所属人员能全心全意和无限忠诚地执行他的职责，管理者应该善意地对待他。公平就是由善意和公道产生的，即在贯彻公道原则的基础上，还要根据实际情况对职工的劳动表现进行善意的评价。

（12）人员的稳定。雇员的高流动率是低效率的，即使一个颇为能干的员工，要能适应一个职位，能有效执行工作，也要经过一段时间，因此，频频调动，实为不利。不成功的企业大多是因为欠安定，所以，应鼓励员工安心长期工作。

（13）首创精神。即人们在工作中的主动性与创造性。允许员工发起并实施他们的计划，会极大地调动他们的热情。

法约尔认为，人的自我实现需求的满足是激励人们工作热情和工作积极性的最有力的刺激因素，管理者应当满足职工对该方面的需求，以充分地调动职工的积极性。纪律原则、统一指挥原则和统一领导原则的发挥会限制组织中人们的首创精神的发挥，因此，管理者应当"极有分寸地，并要有某种勇气来激发和支持大家的首创精神"。

（14）团结精神。法约尔强调在企业内部应建立和谐团结的气氛。他明确指出，"团结就是力量。使敌人分裂以削弱其力量是聪明的；但使自己的队伍四分五裂则是一个严重的错误"。管理过程中，人们往往由于管理的不足，或者出于自私自利、追求个人利益等而忘记了自己的团结。因此，为了加强团结，组织内部应当禁止滥用书面联系，而多用"口头沟通"。

正如法约尔所说："原则应是一门很难掌握的艺术，他要求智慧、经验、判断和注意尺度，由经验和机智合成的掌握尺度的能力是管理者的主要才能之一。"没有原则的人们就处于黑暗和混乱之中，没有经验和尺度，即使有最好的原则，人们仍然处于困惑不安之中。原则是灯塔，它能使人辨明方向，它只能为那些知道通往自己目的地的人所利用。[①]可见，原则应当是灵活的，管理上没有绝对的东西，完全是"度"的问题。

十四条管理原则、管理五职能分类、六种经营活动分类，三者构成了法约尔经营管理理论的主要内容。

第二节　韦伯的行政组织理论

20 世纪，能够横跨社会学、宗教学、经济学、政治学等研究领域，并在各领域都有独到而重大创见的学者并不多见，而韦伯便是其中杰出的一位。

一、韦伯的生平

马克斯·韦伯（Max Weber，1864—1920）同泰罗和法约尔是同时代人，出生于德国爱尔福特的一个富裕家庭，后不久迁居柏林。1882 年进入海德堡大学攻读经济学和法律，以后又就读于柏林大学和哥廷根大学。在此期间，还在军队服过役，因此对德国军队的管理制度较为了解，这对他以后从事组织理论的研究颇有帮助。1891 年，以论文《中世纪贸易公司史论》获得博士学位，1892 年至 1920 年，先后在柏林大学、费赖堡大学、海德堡大学、维也纳大学和慕尼黑大学执教，讲授过法律、政治经济学、社会学等课程。他还曾创办过《社会科学与社会政治文献》杂志。韦伯的兴趣广泛，涉及社会学、政治学、经济学、历史、宗教等领域，并且在这些领域都曾提出过深刻而独到的见解，是当时德国的著名学者。他所撰写的著作还有《一般经济史》、《社会和经济组织的理论》、《社会学论文集》等。他研究了经济组织和社会之间的关系，对许多社会、经济和历史问题都提出了许多新颖和独到的见解。在管理思想上，韦伯的最大贡献就是提出了"理想的行政组织体系理论"，而对韦伯"组织理论之父"的称呼则反映了人们对他提出的这一理论的肯定。

---

① 郭咸纲. 西方管理思想史. 第 2 版. 北京：经济管理出版社，2002，165.

二、韦伯的行政组织理论

1. 理想的行政组织

韦伯在其《社会和经济组织的理论》一书中提出了理想的行政组织理论。这里的理想意思不是说它在某种意义上是最好的或是最符合人们某种需要的管理体制，而只是代表了一种"纯粹的"现实中没有例证的组织形态。用"理想"一词来区分现实中实际存在的具有各种各样特殊形态的组织结构。这种从实际中抽象出来的组织形态，能够为人们的理论分析提供方便。

理想的行政组织是一种体现劳动分工原则的、有着明确定义的等级和详细的规则与制度，以及非个人关系的组织模式。尽管这种组织在现实中不存在，但是它却代表了一种可供选择的现实世界的重构方式。

理想的行政组织的特征是：

（1）明确的职能分工。组织的全部活动应进行职能分工，并依据职能分工确定管理职位，详细规定各职位的权责。

（2）明确的等级制度。组织的职位均按等级原则自上而下排列，并共同服从于一个决策指挥中心，从而形成一个严密的行政管理等级系列。在这个等级中，一方面，每个下级应当接受上级的控制和监督，另一方面，应给予管理人员相应的权利，以保证其能完成所承担的责任。

（3）正式的规则和制度。即依靠正式的组织规则和制度，能使组织的一切人员的职务行为规范化，从而排除在各项业务活动中个人的随意判断，进而保证了各项业务处理的统一性和整体性。

（4）非人格性。组织中的每个成员都要恪尽职守，以主人翁的态度忘我工作，排除个人感情的干扰，以超脱和冷静的态度处世，从而保证组织内人与人之间的关系只是职务关系，而不是私人关系。

（5）正式的选拔。所有的组织人员都是依据经过培训、教育或正式考试取得的技术资格选拔的。

（6）职业定向。管理者是职业化的官员而不是组织的所有者，他们领取固定的工资并在组织中追求职业生涯的成就。

韦伯认为这种理想的行政组织最符合理性、效率最高。其在精确性、稳定性、纪律性和可靠性等方面都优于其他组织形式，并且这种组织形式适用于各种管理形式和大型的组织。如企业、教会、国家机构、军队等。

韦伯的行政组织理论是管理思想上的一大贡献，对以后管理思想的发展产生了重大影响。

2．权力的分类

韦伯认为，任何组织都必须有某种形式的权力作为基础才能实现目标。没有权力，组织的生存将非常危险，更谈不上组织目标的实现。权力可以消除组织的混乱，使组织有序运行。韦伯把权力分为理性—法律的权力、传统的权力、神授的权力。理性—法律的权力指依法任命，并赋予行政命令的权力，对这种权利的服从是依法建立的一套等级制度，是对确认职务或职位的权力的服从；传统的权力是以古老的、传统的、不可侵犯的和执行这种权力的人的地位的正统性为依据的；神授的权力指建立在对个人的崇拜和迷信的基础上的权力。

韦伯认为，三种权力当中，只有理性—法律的权力是行政组织的基础，因为其能保证经营管理的连续性和合理性，能按照人的才能选拔人才，并按照法定的程序行使权力。理性—法律的权力是保证组织健康发展的最好的权力形式。理性—法律的权力具有以下特点：

- 稳定的组织职能；
- 明确的职权领域；
- 等级权力组织；
- 熟练掌握规则；
- 所有权的分离；
- 防止职权的滥用；
- 规范的管理行为；
- 行使权力的多样性。

上述特点保证了理性—法律的权力能够正确得到运用。

第三节 对一般行政管理理论的认识与评价

一、对法约尔思想的认识与评价

法约尔堪称管理学大师，他视野开阔，观点全面，思想深邃，理论系统。他 75 岁发表的《工业管理和一般原理》这部划时代的光辉著作，思想之丰富、深远、完整，令人叹为观止。法约尔为管理学的发展作出的贡献表现在以下几方面。

1．提出了一般管理的概念，并首次形成了极其系统的理论

法约尔从具体的、局部的、操作性的管理实践活动中超脱出来，第一次对企业管理采取了完全的、抽象的思考研究，他追求整体规律和全局规律，而不是局部或细节操作。他感兴趣的是不同企业或组织管理的共性，而非个性。法约尔的理论囊括了以前所有一切理论，并且规范和指引出了其后的理论。

2．对企业全部混杂的活动进行了清晰的区分

泰罗曾在生产研究中对管理职能和执行职能进行了初步的区分，但是区分的程度较粗泛，研究不够深入。法约尔则洞察了企业经营管理的全部活动，并将企业的经营活动分为技术性工作、商业性工作、财务性工作、会计性工作、安全性工作、管理性工作六大职能，从而将管理活动从众多的职能活动中区分出来。

自从法约尔提出了管理的五大职能和十四条管理原则之后，管理才成为一门真正的科学。

3．采用演绎法全面研究管理问题

泰罗对管理的研究是采用归纳法进行的，法约尔则不同，他对管理研究采用的实际是一种哲学研究方法。是从个别经验到一般规律，然后用一般规律来分析、检讨、规范个别经验。法约尔的方法重在演绎，强调找出一般规律，然后用一般规律来指导丰富多彩的实践。

4．首次提出须研究管理的基本原则

法约尔首次尝试并卓有成效地提炼出了一般管理所遵循的原则或原理。他的十四条管理原则是人们对管理科学进行概括的第一次成功尝试，开创了管理研究的新起点。

5．首次对管理者提出了要求

在对管理者进行研究上，法约尔认为管理者必须具有一定的能力和品质，而且在一个组织中，不同级别的人员，所具备的能力不同，管理者所在的层级越高，对管理能力的要求也更高。

二、对韦伯思想的认识与评价

韦伯的理论反映了当时德国从封建主义向资本主义过渡的要求。韦伯提出的行政组织体系为资本主义提供了一种高效的、合乎理性的管理体系，具有相当的先进性，但是由于在他提出自己的理论时，社会文化和历史条件还没有形成对行政组织理论的需求，所以，他的理论提出后在当时并没有受到应有的重视。只有到了 20 世纪 40 年代以后，生产力得到了迅速发展，此时，在社会组织日益复杂、组织规模日渐扩大、组织结构更为精细的情况下，人们才开始关注韦伯的行政组织理论。

韦伯的理论也具有一定的局限性。

首先，只通过社会组织机构各个组成要素的职能来对组织机构进行分析，而没有对各要素在组织机构内部造成的"动乱"进行彻底考察。结果，由于忽略了组织机构内部事实上存在的各种分裂，对社会组织机构运转情况的描述太过简单。

其次，组织机构中，一些因素对组织效率的提高既可起到促进作用，也可起到阻碍作用。韦伯认为，要提高组织效率，就要使用不受个人情感影响的理性原则和团结原则，实际上，这条原则本身就存在矛盾，不受个人情感的影响，职工们便很难团结起来。同样，上下级之间的等级系列关系必然促使下级对上级进行信息隐瞒，报喜不报忧，信息的流通不畅，自然会阻碍组织效率的提高。因此，韦伯的理论存在一定的缺陷，他忽视了组织"机能失调"问题，而这些问题在当代社会中却普遍存在，而且重要性日益增加。

再次，理论分析以正式组织为限，认为任何偏离正式组织的现象都将降低组织的效率。但是，非正式组织的作用是不应当小觑的，而且非正式组织和非官方活动在当代组织中的作用日益显现。非正式组织经过适当的引导，能够成为正式组织的有益补充。

尽管存在上述缺陷，但是，韦伯的理论对社会经济以及管理思想的发展的作用是不可替代的，尤其是对分析正式组织提供了很好的指导原则。

本章小结

当科学管理理论在欧洲广为传播的时候，另一种管理理论体系——一般行政管理理论产生了。本章介绍了法约尔的组织管理理论及韦伯的行政组织理论，并对这两种理论进行了认识与评价。

思考题

1. 法约尔所定义的管理活动包括哪些方面？
2. 十四条管理原则的内容是什么？
3. 理想的行政组织有哪些特征？
4. 试评述法约尔的组织管理理论及韦伯的行政组织理论。

关键词

一般行政管理　管理原则　行政组织理论　组织管理理论　等级　权力

案例　　　　　　　　　　　IBM 的管理模式

托马斯·J. 华生，小托马斯·J. 华生的父亲，是 20 世纪二三十年代一位众人仰慕的实业家，他使 IBM 进入信息卡的生产领域。小华生则令 IBM 进入计算机领域并面对强大的竞争对手（如通用电气、RCA、霍尼威尔和雷明顿·兰德公司）而得以迅速崛起。

二战以后，由于对使用信息卡的计算设备的需求增加，IBM 发展迅速。但是，只有到

20 世纪 50 年代中期，人们越来越认识到其计算能力时，计算机才成为一个为众人所通晓的字眼。

使 IBM 成功的不是技术上的创新，而是其营销和服务。在计算机出现的早期，就提供硬件而言，各家公司大体相当，但涉及到设备的安装和服务时，许多公司就自愧不如了。

早期的计算机是电子管式的。一个限制的因素就是需要找人来使这些机器运转。为满足这一需求，IBM 转而求助于多所大学。一个新的职业诞生了，即程序员或系统工程师。1958 年，尽管面对来自公司工程师们的阻力，华生还是坚持用晶体管来取代电子管。

华生把成功归功于选拔好的人才，把这些人融为一个群体；金钱上的奖励；关心员工以及与员工之间保持畅通的交流；人员的选拔不基于个人的好恶而是其能力。IBM 的另一项政策是提供稳定的工作，这一规定可以追溯到 1929 年的大萧条时期，不仅管理人员，就是雇员们也有可观的收入。从 1995 年开始，IBM 公司为其雇员提供公司股份，许多雇员因此而变得富有。

老华生建立起一套类似于日本人做法的组织文化。销售人员要穿衣领浆过的白衬衣，公司还有一首专门的歌。但小华生放松了类似的规定。可是华生父子都是完美主义者，很看重细节，因此公司明确的原则是重视人，使客户满意并不怕麻烦地把工作做好。

要实施这些观念，需要有榜样，也需要培训。但是在 20 世纪 50 年代，同通用电气的管理培训相比，IBM 的培训还相当落后。可是无论如何，1966 年 IBM 就做出规定，凡是要参加管理的人，必须要上管理学院。早期的培训基于哈佛的案例分析法。

建立企业文化的另一个步骤就是实行开放政策。员工们在同管理人员讨论过所关心的问题之后，仍然可以去找高一层的主管。事实上，华生 1/5 的时间都是在同 "步门而入" 的员工交谈上。这一政策使交流公开，避免了其他公司常见的高层管理人员被孤立起来的局面。

第三个使 IBM 的企业文化相当独特的因素是取消了计件工作，并由此缩小了蓝领和白领工人间的差别。此外，从 20 世纪 50 年代末开始，所有的雇员都实行薪水制，公司还提供医疗和其他福利。公司用一部分资金向学校和慈善机构捐款。这些改变都有助于缩小管理人员和非管理人员间的差别。

IBM 公司一直非常成功，但是在 1989 年末，IBM 宣布鉴于市场状况的改变，公司准备重组并裁员 1 万人。1991 年，IBM 总裁约翰·阿克斯宣布公司还将进一步重组结构。

思考题：
1. 使 IBM 成功的因素有哪些？
2. 过去管理上的做法是否仍然奏效？为什么？
3. 在你看来，变化的市场会改变 IBM 在内部管理上的做法吗？

📚 **资料来源**

哈罗德·孔茨，海因茨·韦里克．管理学[M]．第 10 版．北京：经济科学出版社，1998，35．

第四章　行为科学管理

学习目的与要求

1. 了解行为科学管理产生的历史背景及思想准备
2. 掌握行为科学管理的内容
3. 清楚行为科学管理的发展
4. 能对行为科学理论作出正确的评价

　　行为科学管理是西方重要的现代管理理论之一，它的产生标志着西方管理思想第二个发展时期的到来，它与以泰罗、法约尔和韦伯的管理理论为代表的古典管理理论，构成西方管理学的两大理论支柱。古典管理理论的特点是强调科学性、精密性和纪律性，它的建立为当时生产力的发展和社会的进步提供了有利的理论武器。但是，随着社会的发展，人们发现对于实践中的许多问题，古典管理理论均不能加以解决，尤其是关于人的问题，而管理实践中大量的问题都是与人有关的，至此，古典管理理论的"经济人"假设受到越来越多的质疑。管理的前沿和中心问题逐渐转向了行为科学理论。

　　行为科学理论即人际关系理论，它产生于著名的"霍桑实验"。所谓行为科学，就是对企业职工在生产中的行为以及产生行为的原因进行分析研究的一门综合性学科。它研究职工的各种需要、欲望、动机目的、内动力、个性、情绪、思想等。特别是研究人与人之间的关系，并据此进一步研究如何改进生产环境、组织结构、管理方式，协调人与人之间的关系，从精神上、物质上引导职工充分发挥他们的积极性，以提高工作效率，达成组织的目标。

第一节　行为科学理论产生的历史背景及思想准备

一、行为科学产生的历史背景

　　行为科学的产生是生产力发展到一定阶段的产物，也是管理思想发展的必然结果。

第一次世界大战的爆发和俄国十月革命的胜利，使得世界经济体系呈现出新格局。1918年，一战结束后，资本主义各国进行战略调整，引发了资本主义国家经济与政治的激烈震荡，政治矛盾激化，经济恢复缓慢。1920年，整个资本主义世界的工业生产和部分重要工业产量恢复到战前水平，新的经济危机又爆发了。经济危机过后，资本主义进入发展相对稳定期，到了20世纪20年代中期，世界的工业就已经恢复和超过战前的水平了。尤其是20世纪20年代的美国，由于没有受到第一次世界大战的影响，同时在大战中得到数百亿美元的利润，使得工业发展较快，生产和资本进一步集中，企业规模进一步扩大，经营管理的范围也随之增大。1924—1929年，在加工工业工人总数中拥有50个工人以下的小企业比重，由23.8%下降到19.4%；与此相反，拥有500个工人以上的企业的比重，则由31%上升到37.6%。同时，年产值在100万美元以上的大企业迅速增加，在企业总数中，由1.4%增为5.6%，在工人总数中由35.7%增为58%，在产品产值中由48.8%增为69.3%。1926—1929年，美国工业中发生了比较大的公司合并和吞并高潮，4年间被吞并的公司达到4 000多个。[①]这次吞并不仅发生在同一部门间，更多的发生在不同部门之间，从而形成了规模更大、实力更强的垄断企业，金融和生产达到垄断化的程度大大提高，获得的利润激增。

此时，虽然资本主义经济更为发达，但工农群众却依然生活在水深火热之中，泰罗的科学管理使这一时期的资本家推行的产业合理化和工作标准化更为合理了。资本家充分利用科学管理加紧对工人的控制和剥削，并将经济危机的沉重负担转嫁到工人身上，工人的生活水平进一步降低，对资本家的反抗情绪也更激烈，尤其是十月革命的胜利。这使一些资本家感到不能不考虑管理中人的因素。管理学家也发现，古典管理理论在许多方面都不能适应新形势的要求，把管理学的人性研究由"经济人"向"社会人"转变提上了历史的日程。行为科学就是在这样的历史条件下产生并被运用到企业管理中的。

二、行为科学产生的思想准备

当泰罗的科学管理思想占统治地位的时候，人们就已经开始对人的心理进行研究，在这方面具有开创性贡献的是雨果·缪斯特伯格和亨利·丹尼森等工业心理学家，他们的研究对行为科学的产生进行了思想准备。

缪斯特伯格1910年在《心理学和工业效率》一书中强烈要求加强管理的科学性，呼吁将心理学成果用于提高工业效率上。他认为取得效率包含三方面的问题：第一，选择最合适的人，即识别具备最适合从事他们所做工作的心理品质的人；第二，研究在何种心理条件下，每个人的工作效率最高、产量最大；第三，研究应对人施加何种影响，以对人的思想产生作用，并且这种思想能够给企业带来最大效益。

---

① 郭咸纲. 西方管理思想史[M]. 第2版. 北京：经济管理出版社，2002，194.

丹尼森也非常重视管理中的人的因素，主张通过提高人的积极性来提高企业的生产效率。他在《组织工程学》中提出了能够激励组织成员的四种因素：对员工本人及其家属福利和地位的关心；对工作本身的爱好；对组织中一个或多个成员及其良好评价的关心；对组织主要目标的关心。丹尼森认为，只有把这四种因素结合起来，才能使一个人的力量持久而稳定地发挥出来。在这种思想的指导下，丹尼森在工厂中实施了一系列的管理措施，调动职工的积极性。当时，丹尼森就已经认识到企业中存在着非正式组织，而且这种组织对生产效率有着非常重要的影响。处理这种现象应通过将经济因素与非经济因素结合起来的手段，只有这样，才能充分调动职工的积极性，使其忠诚于组织。

与缪斯特伯格和丹尼森同一时期的还有很多社会心理学家，他们都积极地探索个体行为和群体行为的机制，从心理学的角度对人的行为进行研究，对行为科学的产生作出了重要贡献。

第二节　行为科学理论的形成与发展

一、梅奥及霍桑实验

1. 乔治·埃尔顿·梅奥（George Elton Mayo，1880—1949）

梅奥出生在澳大利亚，于澳大利亚的阿得雷德大学取得逻辑学和哲学硕士学位，曾任澳大利亚昆士兰大学讲师，教授逻辑学、哲学和伦理学，后去英格兰爱丁堡大学研究医学，任精神病学副研究员，1922 年去美国。1926 年，美国哈佛大学建立了产业研究室，梅奥任主任，随后，于 1927 年主持了芝加哥西方电气公司霍桑工厂的管理实验研究工作，这就是著名的霍桑试验。前两个阶段的实验由 6 名女工参加。

2. 霍桑实验

霍桑试验是对工作条件、社会因素与生产效率的关系进行的研究，历时 8 年。整个试验分为四个阶段。

第一阶段：照明实验（1924—1927 年）。目的是为了弄清楚照明的质量对生产效率的影响。研究人员假定照明是影响工人疲劳的因素之一，适当的照明度能够减轻工人的疲劳，提高生产效率。但是，通过实验并没有得出所假定的结果。实验表明，照明度和生产效率之间并无直接的关系。

第二阶段：继电器装配试验（1927—1929 年）。在照明试验失败以后，研究人员转而就工资制度、休息时间、工作日和工作周等因素进行试验，这就是继电器装配试验的内容。实验也没有得出令人满意的结果。

这两个阶段的实验中，人们提出的各种用来说明产量提高的假设包括：物质条件和工作方法的改善能提高效率；实行工间休息能减轻工作的单调感；改变工资制度能刺激生产积极性；改变监督方式能改变工人的工作态度。在上述的假设中，前四种已经证明与工作效率毫无关系，所以，只有监督方式和人际关系的改善才是提高士气的真正原因。

首先，实验小组成员是自由结合的，所以人际关系比较融洽。在工作的过程中，如果有人感到疲劳，别人就会加快速度，把他/她欠下的产量补上。而且，他们在工作中能够自由交谈。

其次，由于实验前已经向小组成员说明了实验的目的是找出适当的工作环境，不是为了追加产量，所以大家都很配合，对参加实验都抱有一种自豪感。而且每次实验时都征求工人的意见，得到他们的同意后再实施，他们有了发表意见的机会，并认识到了实验的价值，因此都产生了一种责任感。

再次，实验过程中没有监工，监督环境极其宽松。在这种环境下，工人们非但没有松弛，反而受到了激励，积极性和工作效率都大大提高。

最后，这个集体中还培养出了一种非正式的共同目的和自我指挥能力。

通过前两个阶段的实验分析，人们认为，心理条件比物质条件更为重要，这引导人们进一步思考工作过程中人的心理和社会动因。

第三阶段：采访计划（1928—1930年）。前两个阶段的实验中，人们发现，监督方式、工人情绪同生产效率有着密切的关系。所以，如果监督人员在工作中能够倾听工人的意见，采取同工人商谈的方式来处理问题，工人情绪就会提高。所谓采访，就是通过对工人的个别访问，了解他们对公司管理当局的意见。通过实验发现，监督人员的采访活动使工人感到有了自由发表意见的机会，感到监督人员了解他们的处境和苦衷，关心他们的福利，因而增强了对管理当局的信任。从监督人员方面看，通过实验，使他们在以后的工作中能够改进工作方法，关心工人，倾听工人的意见，通情达理地处理工人的个人问题，设法消除影响工人情绪的因素，从而达到提高工人积极性和生产效率的目的。

第四阶段：电话线圈装配实验（1931—1932年）。这次试验的目的是为了深入观察工作中非正式组织的状况。通过这一阶段的实验，研究人员发现工人并不是一个孤立的个人，而是生活在一定的社会环境中，并且是作为某一社会集团的成员而出现的，在这个集团中，人们共同劳动、生活和娱乐。工人要受这个集团的制约。所以，工人不仅受公司正式组织的控制，同时还受自发产生的非正式组织的制约。

二、行为科学的建立及内容

1. 行为科学的建立

"霍桑实验"经过8年的努力终于完成了它的历史使命。随着时间的推移，越来越多的管理实践证明它具有划时代的意义。它在管理思想史上占有极其重要的地位，是管理思想的一个伟大的历史转折，给管理学的发展开辟了一个崭新的领域。行为科学也就由此成为管理的一个重要分支，从此，管理思想进入了一个丰富多彩的新世界。"霍桑实验"使西方管理思想在经历了早期的管理理论的经典管理理论（包括泰罗的科学管理理论、法约尔的组织管理理论和韦伯的行政组织理论）阶段之后进入了行为科学的理论阶段。梅奥试图给当时的资本主义社会开一个药方，在这个药方中梅奥提出了他的重要观点：技术进步是一个可以大大促进工艺规范合理化的过程，但是却不能帮助我们弄清适合人类的最佳工作环境是什么。

现代大工业的管理必须解决三个主要问题或三项主要基本任务：将科学和技术应用于物质资料的生产；系统化地建立生产经营活动的秩序；组织工作的实质是在工作集体中实现持久的合作与协调。通过"霍桑实验"，人们终于在人群中发现了人的一些内部规律，为解决当时资本主义的社会问题提供了一条较好的思路。

1948年，美国成立了全国性的工业关系研究会，1949年该学科被定名为行为科学后，福特基金会成立了行为科学部，第二年建立行为科学高级研究中心，并在1953年拨款委托哈佛大学、斯坦福大学等高等学校从事行为科学的研究。洛克菲勒基金会、卡耐基基金会也相继拨款支持行为科学的研究，1956年美国出版了第一期《行为科学》杂志。此后，许多管理学家、社会学家和心理学家从行为的特点、行为与环境、行为的过程以及行为的原因等多种角度开展对人的行为的研究，形成了一系列的理论，使行为科学成为现代西方管理理论的一个重要流派。理论的研究反过来促进了企业管理实践的发展，管理者开始重视人的因素，强调人力资源的开发，注意改善企业的人际关系，注意使组织的需要和员工的需要协调一致等。

综上所述，行为科学是利用许多学科的知识来研究人类行为的产生、发展、变化的规律，以预测、控制和引导人的行为，达到充分发挥、调动人的积极性的目的。

2．行为科学的主要内容

行为科学用客观的调查研究方法来观察、发现并记录职工在生产中的个人和团体行为，依据搜集的资料得出普遍性的原则。由于人的行为表现是多方面的，对人的行为研究要涉及多种学科，首先是心理学，此外还有社会学、人类学、经济学、政治学、法律学、教育学、生理学、市场学、管理学等。另外，行为科学还要用到统计学、决策学、组织论、系统论、信息论和控制论等。所以，行为科学是一门涉及多学科的边缘学科。行为科学理论的发展经历了早期和后期两个阶段。早期的行为科学开始于20世纪20年代末、30年代初的"霍桑实验"，后期的行为科学则是在20世纪50年代以后，随着管理学的发展，许多社会学家、人类学家、心理学家、管理学家都开始从事行为科学的研究，先后发表了大量优秀著作，得出了很多新理论。目前，行为科学中与企业管理直接相关的部分，通常称为"组织行为学"，其主要内容包括以下几个部分。

（1）人性假设。行为科学认为，管理方式不同源于对人性（即人的本质）持有不同的看法。美国心理学家麦格雷戈（1906—1964 年）在 1957 年发表的《企业的人性面》一书中，提出了 X 理论与 Y 理论。他认为，传统管理强调对工人的监督、经济刺激和等级制度是基于这样一种认识，即人天生懒惰，不愿承担责任。他把这种认识和管理哲学称为 X 理论。麦格雷戈认为，大多数人愿意工作和承担责任，但需要领导者给予信任，创造一定的环境，因而主张管理人员要把工作重点放到为员工创造良好的工作环境上去，他把这种认识和管理哲学称为 Y 理论。另外一些学者把人性假设分成四种：① 经济人假设，认为人的工作目的就是追求经济利益，经济利益的分配决定着人的积极性；② 社会人假设，梅奥等人提出"人际关系学说"认为，人不仅有经济利益方面的需求，而且有社会和心理方面的需求，人际关系对士气的影响有时超过物质条件；③ 自我实现人假设，认为追求自我实现是人的本质表现，只要环境许可，每个人都能为取得成就而奋斗，这是麦格雷戈 Y 理论的核心；④ 复杂人假设，行为科学家薛恩等人认为，人的本性十分复杂，在不同的场合，会有不同的动机。

（2）激励理论。激励理论是行为科学中最发达的组成部分，它研究人的积极性的形成及变化规律，比较著名的理论有：① 美国心理学家马斯洛 1943 年在《人的动机理论》一文中提出的"需求层次理论"，他认为人有五种需要，即生理、安全、友爱、受尊重及自我实现，它们依满足的优先顺序分层次排列；② 美国心理学家赫茨伯格 1959 年在《工作的激励因素》一书中提出了"双因素理论"，他认为管理因素按其作用分为两类：一类与工作本身有关，如有挑战性或责任较大的任务，可以使职工受到激励，提高积极性，称为激励因素；另一类与工作间接有关，如劳动条件、人际关系、资金福利等，处理得不好会引起不满，处理得好可消除不满，但并不能调动职工的积极性，称为保健因素；③ 美国心理学家伏隆 1964 年提出了"期望理论"，他认为管理的激发力量等于效价，即目标的价值与期望值，也即实现目标可能性大小的乘积；④ 美国心理学家亚当斯 1956 年提出了公平理论，他认为职工对报酬是否满意是一个社会比较的过程，职工追求的是报酬与贡献的相对平衡。

（3）群体行为理论。比较著名的有：① 心理学家勒温提出的群体动力理论，该理论认为，群体间的相互作用、相互适应对个人行为能产生巨大影响；② 心理学家史密斯等人提出的"士气"理论，该理论主张组织目标与职工需求趋向一致，从而达到士气高、效率高的目的；③ 心理学家梅奥等人提出的群体规范及非正式群体理论，该理论认为群体中共同遵守的判断是非的准则，即所谓的群体规范，对人的行为有明显的导向及制约作用，这种规范不仅存在于由制度界定的正式群体内，而且也存在于自发形成的非正式群体内；④群体内沟通及交往的理论，该理论强调要重视群体内相互沟通，要善于利用非正式网络改善沟通；⑤群体冲突理论，该理论主张区分冲突的性质，利用建设性冲突，限制破坏性冲突。

（4）领导行为理论。影响较大的有：① 领导有效性理论，该理论认为领导的有效性 $=f$（领导者、被领导者、环境），领导方式应当根据上述三个因素确定；② 领导方式理论，如李克特 1961 年在《管理的新模式》一文中把领导方式分为剥削式、仁慈式、协商式、参与式四类，他认为参与式领导方式效果最好。日本大阪大学心理学教授三隅二不二将领导方式分为 P 型（目标达成型）、M 型（团体维持型）、PM 型（两者兼强型），pm 型（两者兼弱型），他还设计了一套调查表来评价领导方式，认为 PM 型效果最好。

三、行为科学的发展

1. 亚伯拉罕·马斯洛及需要层次理论

亚伯拉罕·马斯洛（A. H. Maslow，1908—1970），1934 年在威斯康星大学获得心理学博士学位，并在该校从事了 5 年的教学工作，然后迁往纽约，在哥伦比亚大学和布鲁克林大学任教。1961 年任布兰代斯大学心理学系主任兼教授，是一位著名的心理学家，在心理学研究方面建树颇丰。他发展了亨利·默里 1938 年所提出的把人的需要分为 20 种的理论，1943 年，提出人类动机是由 7 个层次的需求组成的阶梯式结构的观点，该理论本身从未考虑过组织管理问题。在其原始著作中，他是从社会因素对个人心理健康的作用来谈社会问题的。他设想：平均来说，人的生理需求可达到 85% 的满足，安全需求为 70%，社会需求为 50%，自我需求为 40%，而自我实现的需求只有 10%。但有人认为他的理论是经验研究，并把他的 7 个需求层次减为 5 个。马斯洛的需求理论告诉管理者，为了动机的目的，他们应该注意高层次的需求，可以忽视两个低水平需求，这包括雇员对工作安全性和工资的要求；这种需求层次适用于所有文化、所有情境下的所有人；所有人都是在工作中而不是工作之外，追求高层次需求的满足。

需求层次理论有三个基本假设。

第一，人要生存，其需要会影响他的行为。但是，只有未满足的需要才能成为激励工具，已经满足的需要不可能再影响其行为。

第二，人的需要按重要性不同从低到高按一定的先后顺序排列。

第三，人的低层次的需要得到基本满足后才会追求高一层次的需要，逐级上升，成为推动人们继续努力的动力。

马斯洛的需求层次分为 5 个等级，如图 4-1 所示。

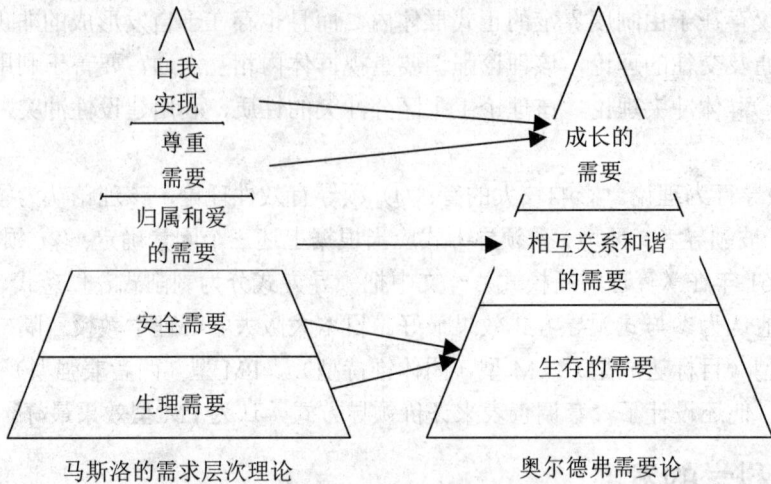

图 4-1 马斯洛的需求层次与奥尔德弗的 ERG 比较

资料来源：何征，严映镕. 管理思想的演进与现代企业管理. 成都：四川科学技术出版社，1989，197

（1）生理需要：人的吃、穿、住等个人生存基本需要。

（2）安全需要：人的人身财产安全、职业保障等物质、心理上的安全。

（3）归属和爱的需要：人作为社会的一员，需要友爱和群体的归属感。

（4）尊重需要：受到别人的尊重和自己所具有的自尊。

（5）自我实现的需要：通过自己的努力实现自己的期望，从而感到工作与生活的意义。

马斯洛需求层次理论的提出激起了管理学家们的极大兴趣。他的思想被新人际关系流派的社会学家和研究者们所采纳。其需求层次理论因为是一个一般性的理论而吸引着管理者，他们以该理论为指导去激励员工和决定如何管理企业。这个理论意味着在管理所能控制的工厂环境条件的限度内，可以引进一些动机模式。这将有助于提高产量，减少损耗和工人无故旷工现象。这个理论还有一个"如果—那么"的模式。例如，如果工作条件在报酬和安全性方面较差的话，那雇员将注意工作本身，那么管理者要刺激动机就必须改变工作条件；同样，如果工作条件改善，那么监工的行为就变得十分重要，需要对他们进行培训；如果工作条件进一步得到改善，那么监工的作用就不如从前那么重要，因为工作本身就成为重要的动机因素；最后，如果人们的动机层次上升的话，那么只有更高水平的需求才会成为他们的动机。

尽管需求层次理论的提出备受欢迎，但是，也有学者对此持怀疑态度。1969 年，奥尔德弗发表了《人类需要新理论的经验测试》一文，对马斯洛的理论提出了几点质疑。

（1）需要并非天生。关于这一点，马斯洛的观点是，人的需要是天生的、下意识的。

而奥尔德弗经过大量的研究发现，需要并非天生。

（2）需要层次的满足具有"挫折—倒退"现象。在人类需要层次满足方面，奥尔德弗提出了挫折—倒退观点，对马斯洛的理论作了补充。奥尔德弗认为人们在较高层次的满足不能得到时，会出现退而求其次的现象，欲望重新回到较低的层次上。

（3）需要层次可以超越。马斯洛的观点认为人的需要层次不可超越，只能按先后顺序进行，而奥尔德弗则认为需要级序并非一定严格按照等级进行，而是可以超越。

奥尔德弗根据这些质疑，对马斯洛的理论进行了修正，与马斯洛理论的比较，如图 4-1 所示。

（1）生存的需要（Existence）：包括心理和安全的需要。

（2）相互关系和谐的需要（Relateclness）：包括有意义的社会人际关系。

（3）成长的需要（Growth）：人类的潜能发展、自尊和自我实现。

2．道格拉斯·麦格雷戈及其"X—Y 理论"

道格拉斯·麦格雷戈（Donglas McGregor，1906—1964）对人性进行了大量的研究，于 1957 年 11 月在美国《管理评论》杂志上发表了《企业的人性方面》一文，提出了著名的"X—Y 理论"。

（1）X 理论。X 理论构想是麦格雷戈提出的一套他认为在管理理论和实践中都不容置疑的人的动机和行为构想。该理论认为，一般人的本性是懒惰的，他们尽可能地少工作；一般人缺乏进取心，不愿承担责任，甘愿受别人领导；一般人天生以自我为中心，漠视组织需要；一般人习惯于保守，反对变革，把个人安全看得高于一切；一般人不太聪明，易轻信，容易受到骗子和政客的煽动；只有少数人具有解决组织问题所需的想象力和创造力。

基于以上假设，管理者在从事管理工作时应以利润为出发点来考虑对企业的人、财、物等生产要素的利用；要对员工的工作加以指导、控制，纠正不适当的行为，使之朝着组织需要的方向发展；要忽视人自身的特点和精神需要，把他们视为物，把金钱当作最主要的激励手段；对员工要通过严格的管理制度和法规来进行管理，采用"胡萝卜加大棒"的管理方法，运用领导的权威和严密的控制来保证组织目标的实现。

（2）Y 理论。后来，麦格雷戈又提出了 Y 理论构想，使 X 理论构想的行为模式从强迫、密切监视和控制等"硬"方法的一个极端，转变到劝说、协调等"软"办法的另一个极端。

Y 理论对人性的假设是：人并非生性懒惰，要求工作是人的本能，从事体力和脑力劳动就像游戏和休息；逃避责任是经验的结果，并非人的本性，通过适当的鼓励，一般人能接受而且追求承担责任；人并非天生以自我为中心，个人目标和组织目标的统一是人们对组织目标的承诺，运用自我指导和自我控制能够使组织目标与个人目标相协调；通过外力的处罚进行控制并不是使人朝着组织的目标而努力的方法；人并非天生就对组织的要求采取消极或抵制态度，如此做的原因是在组织内的遭遇和经历造成的；一般人都有解决问题的能力和想象力，只是其智力往往不能得到充分发挥而已。

麦格雷戈认为，工人的需求与工作内在方面的关系要比外在方面的关系更密切，因此他们的需求是管理所不能直接满足的。从这个意义上说，管理的任务是创造条件使员工自己满足自己的需要。因此，管理者在从事管理实践时要：通过有效地综合运用企业的人、财、物等要素来实现经营目标；对人的行为进行管理，关键是给人安排具有吸引力和富有意义的工作，使个人目标与组织目标协调统一起来；要鼓励人们参与自身目标和组织目标的制定，相信他们的能力，把责任最大限度地交给工作者；安排好组织工作方面的条件和作业方法，使人们的智慧得到最大可能的发挥，采用启发式的领导方法，使人们既为了组织的目标也为了自己的目标而努力工作。

有人相信，Y 理论是一种最好的管理方式。这种模式使管理控制得到保证，因为管理者们继续支配着生产过程中的要素，二者相得益彰。

3．埃德加·沙因及其人性归纳

埃德加·沙因（Edgar Schein, 1928—），1956 年起在麻省理工学院任组织心理学和管理学教授，他研究的主要领域是组织发展和职业问题，著作有《作为一种影响过程的管理发展》、《破坏管理发展的各种力量》、《组织心理学》等。

《组织心理学》一书出版于 1965 年，沙因在书中对人性进行了归类，提出了四种人性假设，分别是理性—经济人假设、社会人假设、自我实现人假设、复杂人假设。

（1）理性—经济人假设。理性—经济人假设相当于麦格雷戈的 X 理论的人性假设，归纳为以下几点。

① 人是由经济诱因引发工作动机的，其目的在于获得最大的经济利益。

② 经济诱因在组织的控制之下，因此，人被动地在组织的操纵、激励和控制之下从事工作。

③ 人以一种合乎理性、精打细算的方式行事。

④ 人的感情是非理性的，会干预人对经济利益的合理追求，组织必须设法控制个人的感情。

（2）社会人假设。

① 人类工作的主要动机是社会的需要，通过与同事之间的关系可以获得基本的认同感。

② 工业革命和工作合理化，使工作变得单调而无意义，因此，必须从工作的社会关系中寻求工作的意义。

③ 非正式组织的社会影响比正式组织的经济诱因对人的影响更大。

④ 人们期望领导者能够承认并满足他们的社会需要。

（3）自我实现人假设。自我实现人对人性的假设相当于麦格雷戈的 Y 理论，其观点如下。

① 人的需要有高级和低级之区别，其目的是为了达到自我实现的需要，寻求工作的意义。

② 人们力求在工作上有所成就，实现自治和独立，发展自己的能力和技术，以便富有弹性，能适应环境。

③ 人们能够自我激励和自我控制，外来的激励和控制会对人产生一种威胁，造成不良后果。

④ 个人的自我实现同组织目标的实现并不冲突，而是一致。在适当的条件下，个人会自动地调整自己的目标使之与组织目标相配合。

（4）复杂人假设。该假设认为人有着复杂的动机，不能简单地归结为某一种，并且也不能把所有的人归结为同一类。复杂人假设的要点是：

① 每个人都有不同的需求和能力。人的工作动机复杂且变动性大，人的许多动机安排在各种重要的需求层次上，这种动机阶层的构造因人、因时间、因地点而异，各种动机之间的交互作用形成复杂的动机模式。

② 一个人在组织中可以学到新的需求和动机，所以，一个人在组织中表现的动机模式是他原来的动机模式和组织经验交互作用的结果。

③ 在不同的组织和不同的部门中，人会有不同的动机模式。在正式组织中不能合群的人，可能在非正式组织中能够使其社会需要和自我实现需要得到满足。因此，在某些复杂组织中，各部门可以利用不同的动机来达到其目标。

④ 一个人是否感到满足并为组织尽力，决定于他本身的动机构造和他同组织之间的相互关系。而且，工作性质、本人的工作能力和技术水平、动机强弱、同同事间的关系等都可能影响。

⑤ 在工作中，人可以依自己的动机、能力及工作性质的不同对不同的管理方式作出不同的反应。没有一种适合于任何时代、任何人的万能管理模式。

沙因对人性进行了很好的归纳，给管理者提供了一个很好的坐标，同时也对管理思想的发展作出了贡献。

4. 弗雷德里克·赫茨伯格及其双因素理论

弗雷德里克·赫茨伯格（Freder-ick Herzberg，1923—），美国心理学家。主要著作有《工作的激励因素》、《工作和人的性质》等。赫茨伯格于 1966 年在《工作和人的性质》一书中提出了著名的双因素理论。

赫茨伯格通过对美国匹兹堡地区的 200 名工程师和会计人员进行访问调查后发现，使职工感到满意的因素大多与工作本身或工作内容有关，如成就、赏识、工作本身、责任、提升、成长等；而使职工感到不满的因素大多与工作环境或工作关系有关，如公司政策与管理、监督、上下级关系、个人生活、地位、安全等。赫茨伯格把前者叫做激励因素，后者叫做保健因素。"双因素理论"由此而来。激励因素如能得到满足，可以激励个人或集体以一种成熟的方式成长，使工作能力不断提高。保健因素不能直接起激励职工的作用，但能防止职工产生不满情绪，当保健因素改善后，职工的不满情绪会消除，但并不能导致积极的后果，而只能处于一种既非满意又非不满的中性状态。只有激励因素才能使职工满意。赫茨伯格通过调查发现，各项因素导致发生满意或不满意的频率各不相同，导致职工满意的因素中，有81%是激励因素，只有19%是保健因素；而导致职工不满意的因素中，有69%是保健因素，只有31%属于激励因素。[①]因此，激励因素是使职工产生满意感的主要因素，而保健因素是促使职工产生不满意感的主要原因。

赫茨伯格对管理思想的影响非常独特，其贡献主要为：一是其理论本身；二是衍生出来的工作丰富化技术。由双因素理论可知，在工资、津贴和劳动条件等方面的投资，只能获得有限的收益。由赫茨伯格最初提出的工作丰富化方案，受到新人际关系学派许多代表的支持，在许多国家甚至形成了惯例性的"工作生活质量"计划。路波顿（1976）对赫茨伯格观点的描述是：如果（作为雇主或管理者）希望自己组织提高效率，必须提高每个员工的个人绩效。不管这个人是谁、他们能做什么、他们正在做什么、组织做了什么、怎样做的，他们依然具有潜力细分和再设计任务，使之丰富化，并安排好行政程序、监管和人际关系，使员工动机和满意度不受影响。赫茨伯格理论之所以大受管理者欢迎，是因为该理论只强调了两类动机因素，很容易为管理者所接受。

与泰罗一样，赫茨伯格认为"群体中的暴君"压抑了个人需要的满足，其理论核心和技术目的都是针对工作场合下的个人。与某些提倡"参与式管理"的作者相反，赫茨伯格认为工人不应该参与使其工作丰富化的决策过程。他的解释是：工人不一定总有能力为讨论和决策过程提供帮助，因此，控制生产过程的人还是管理者。

5. 维克多·弗鲁姆及其期望理论

维克多·H. 弗鲁姆（Victor H. Vroom, 1919—），美国心理学家。他于1964年在《工作与激励》一书中提出了期望理论的观点，得出了人们在工作中的积极性和努力程度是效价和期望值的乘积，其计算公式为

$$M=V \times E$$

式中：M——工作的积极性和努力程度；

V——效价；

E——期望值。

效价是指个人对某项工作及其结果（可实现的目标）能够给自己带来满足程度的评价，

[①] 杨静光. 古今管理理论概要. 北京：中共中央党校出版社，2005，116.

即对工作目标有用性的评价。期望值指人们对自己能够顺利完成某项工作的可能性的估价，也就是对工作目标能够实现的概率的估价。

该理论认为，当行为者对某项活动及其结果的 V 和 E 都较高时，领导者用这种活动或结果进行激励就能够取得良好的效果。

6. 戴维·麦克利兰及其成就激励理论

戴维·麦克利兰（Dsvid C. McClelland，1917—），美国行为科学家。1966 年，他在《促使取得成就的事物》一书中提出了成就需要理论。该理论认为，人类的基本激励需要有三种：对权力的需要、对社交的需要、对成就的需要。

（1）对权力的需要。具有较大权利欲的人一般追求领导者的地位，他们好辩论、健谈、直率、头脑冷静、有能力并善于提出要求，喜欢演讲。这种人对施加影响和控制表现出极大的关切。

（2）对社交的需要。急需社交需要的人能从友爱中得到快乐，并因被某个集团拒绝而感到痛苦。他们关心保持社会关系的融洽，能够做到互相谅解、助人为乐。

（3）对成就的需要。一生中追求有所成就的人，对成功有一种强烈的欲望，喜欢接受挑战，对风险持一种现实主义态度，愿意承担所做工作的个人责任，期望对他们正在进行的工作的情况得到迅速而明确的反馈，喜欢长时间工作，不常休息。这种人常喜欢表现自己，担心失败，但是遇到失败后也不过分伤心。

麦克利兰发现，小企业的经理具有很高的成就激励，而大公司的总经理成就激励则一般，反而比较喜欢追求权利和社交。处于中上层的经理们的成就激励比他们的上司要高得多。

麦克利兰指出，具有高成就追求的人是人类的精华，他们具有一些特点：希望拥有独立解决问题的工作环境，一般能够发挥自己的才能。当有了这种环境后，不用再提供其他方面的激励就能积极地进行工作，而且只有在靠自己的能力解决问题时，他们才会感到成就的满足。基于这些特点，组织应当给这些人安排富有挑战性的工作，并给予他们一定的自主权，这样才能充分发挥他们的积极性。

7. 威廉·大内及其 Z 理论

威廉·大内（William G. Ouchi，1943—），美籍日裔管理学家，美国加利福尼亚大学教授，在斯坦福大学获得企业管理硕士学位，在芝加哥大学获得博士学位。在比较研究了美国和日本的企业之后，1980 年，大内出版了《Z 理论——美国企业界怎样迎接日本的挑战》一书，提出了著名的 Z 理论。在书中，他把典型的美国企业称为 A（America）型，把典型的日本企业称为 J（Japan）型，而把美国的少数几个企业，如 IBM、P&G 等自然发展起来的与 J 型具有许多相似特点的企业管理模式称为 Z（Zygote，合子、受精卵）型，意思是主张美国和日本企业的成功经验应相互融合。大内比较的美日企业特点，如表 4-1 所示。

表 4-1　美日企业特点比较

比 较 项 目	日 本 企 业	美 国 企 业
雇用期	终身雇用制	短期雇用制
评价与晋升	缓慢的评价和升级	迅速的评价和升级
职业发展途径	非专业化的经历道路	专业化的经历道路
控制方式	含蓄的控制	明确的控制
决策过程	集体的决策过程	个人的决策过程
责任制	集体负责	个人负责
企业关系	整体关系	局部关系

大内认为，典型的美国企业组织存在着许多阻碍生产率提高和职工需求得到满足的因素，所以，美国企业应依据美国的文化背景，同时吸收日本企业组织的优点，形成一种效率高、能够满足职工需求的新型组织模式，这种组织模式就叫做 Z 型组织。Z 模式能够增加信任、微妙性和亲密性。Z 组织是日本在战后经济腾飞的重要原因。

从 A 型组织到 Z 型组织的转变要经过 13 个步骤：

- ▶▶ 领会 Z 理论的基本原理；
- ▶▶ 分析企业原有的管理指导思想和经营方针；
- ▶▶ 企业各级领导者共同研讨并制定出新的管理策略；
- ▶▶ 设置高度合作、协调的管理组织机构；
- ▶▶ 培养管理人员的弹性人际关系技巧；
- ▶▶ 检查每个人对 Z 型管理思想的理解程度；
- ▶▶ 工会参与变革；
- ▶▶ 确立稳定的雇用制度；
- ▶▶ 制定长期的合理的考核晋升制度；
- ▶▶ 实行轮换工作制，以培养人的多种才能，促使企业成为有机的合作系统；
- ▶▶ 做好一线人员的动员工作，使改革能在基层顺利进行；
- ▶▶ 实行参与管理；
- ▶▶ 建立员工个人和组织的全面整体关系。

第三节　对行为科学的认识与评价

行为科学理论的出现，给西方企业管理带来了巨大的变化。在此以前，古典管理理论强调以金钱为诱因，刺激工人提高工作效率，强调合理的劳动分工和对组织的有效控制，而行为科学理论则主张重视人的心理满足,以感情逻辑为准则。

一、行为科学理论在现实中的应用

行为科学理论的提出适应了当时企业发展的需求,缓解了劳资矛盾,提高了工人士气及生产效率。行为科学管理理论在现实中的应用主要表现在以下几个方面。

1. 改进监督方式

霍桑实验表明,工人生产效率的高低与他们的士气或情绪有关,而工人的士气在很大程度上又取决于监工与工人的关系,所以只要改进监督人员的监督方式,协调其与工人之间的关系,使工人从过去那种来自监督人员的压迫感中解脱出来,就能使生产效率不断提高。按照这种思想,就需要对管理者和监督人员进行培训,尤其要加强对基层监督人员的培训。

2. 搞好上下级之间的沟通

通过霍桑实验,使人们认识到了管理人员与工人之间进行沟通的重要性,所以,当企业由于某种原因需要改变目标、作业方法和其他与工人直接相关的措施时,应当考虑到这些改变会给工人带来的后果,并事先尽可能向工人说明情况,与他们协商并征求他们的意见。同时,还要加强相关的职能部门之间的沟通,增进相互了解,这样才能保证各项方法、措施得以顺利实施。

为达到上述要求,应当建立相应的规章制度:管理当局与工人谈话制度、上下级之间的协商制度以及促进信息交流的各种制度。

3. 工人要参与管理

在传统的管理方式下,上级传达命令,下级和工人只能无条件地服从,结果压抑了下级和职工的积极性。行为科学理论则主张采取民主的方式,让工人和下级有参与管理的机会。西方企业响应了这种要求,开始建立各种形式的吸收工人参加的委员会,使他们有机会对企业管理问题发表意见。通过这种方式,不仅改善了企业的人际关系,提高了员工的士气,而且能充分利用工人的经验和智慧,使他们发挥出最大潜力。

二、行为科学理论的进步与局限

二战后,美国、西欧、日本等主要资本主义国家总结了过去推行泰罗科学管理的经验教训,开始重视行为科学在企业管理中的应用,并根据行为科学以人为中心的思想,在企业管理中采取了一些新的措施,主要有:实行职工参与管理,减少管理的监督和控制,鼓吹管理民主化;实行扩大工作范围与内容,满足职工的工作兴趣与爱好,培养职工的多种职能;实行职工终身雇佣制,增加职工的工作安全感;实行职工上下班弹性工作时间,使职工生活感到方便;重视职工中的非正式组织,积极引导其开展活动,以联络感情笼络职工等。采取这些措施的根本目的是调动职工的积极性，提高生产效率，为资本家创造更多的剩余价值，同时调和劳资矛盾，维护资本主义统治。所以行为科学在当今资本主义企业管理中的应用，并没有改变资本主义管理剥削的本质，但它表明了资产阶级剥削工人的手段和方法确实比过去更为巧妙、隐蔽。它的一个特点就是在"尊重人格"、"关心人"和"工业民主"等口号下，把职工利益与企业利益（实为资本家的利益）联系起来，形成劳资"命运共同体"。这在一定程度上掩盖了资本主义的剥削，麻痹了工人阶级的革命斗志，缓和了劳资矛盾，有利于企业经营管理，有利于维护资本主义统治。所以，从根本上说西方行为科学是为资产阶级利益服务的，它具有明显的阶级局限性。

尽管西方行为科学有其局限性，但不乏一些科学的内容，这对于完善现代企业管理具有重要的作用，值得我们学习与借鉴。例如，从社会学、心理学的角度研究人的需要、激励、行为的规律；研究社会环境、人际关系对人的积极性的影响；研究企业中非正式组织的存在及其活动规律，研究正确引导非正式组织行为的方式方法；研究不同类型职工的思想状况及不同的需要，有针对性地做好政治思想工作和采取不同的激励方法等。学习和借鉴行为科学的这些科学内容，有利于我们改进工作、完善企业的民主管理，做到"洋为中用"，提高企业管理水平。

本章小结

行为科学是西方重要的现代管理理论之一，它的产生是西方管理思想进入第二个发展时期的标志，它与古典管理理论构成西方管理学的两大理论支柱。本章第一节介绍了行为科学产生的历史背景及思想准备。第二节是行为科学的形成与发展，重点介绍了梅奥及霍桑实验，行为科学的建立、内容及发展。第三节对行为科学进行了认识与评价。

思考题

1．试述行为科学理论产生的历史背景及思想准备。
2．行为科学是如何建立的？它的主要内容是什么？
3．简要介绍行为科学的发展。
4．如何认识与评价行为科学？

关键词

行为科学　个体行为　群体行为　人性假设　霍桑实验　激励理论　X—Y 理论
双因素理论　期望理论　成就需要理论　Z 理论

案例　　　　　　　　　　　本田迁到美国

本田驳倒了汽车工业界的断语："没有哪家公司能够在美国生产经济实惠的汽车而且还有利可得。"据称：本田不仅在马里斯维尔、俄亥俄的工厂有利可图，而且它在美国生产的汽车也像在日本生产的一样良好。

由于本田只占了日本汽车市场很小的份额（1990 年本田在日本排名第四，位于三菱之后），所以它需要可以扩展的出口。20 世纪 70 年代初期，汽油成了稀缺和昂贵的资源，本田便把它的省油汽车引入美国。旺盛的需求和日益加剧的贸易摩擦使本田确信，它需要重复运用摩托车战略，即在美国建立业务。1983 年，美国对日本汽车的进口限额生效，而本田在美国制造的第一辆汽车开了出来。1985 年本田汽车比"日产"与"日野"两家的汽车更为畅销，而成为美国第四大汽车制造商。

马里斯韦尔的工厂的自动化明显不比美国工厂高，但运行方式有异。它对待所有员工一律平等。对员工的遴选，既看他们的协作技能，也看其专长。本田把第一批员工中的 1/4 送到日本的本田工厂去工作 3 个月。当他们返回美国时，就由他们去教他们的同事怎样在班组里装配汽车。

新人被分配到一个班组之前，先在教练车上实习数周。班组成员交换工种，尽其所能学会干多种活。班组长们检查工作质量，并尽其所能用各种方式帮助班组（例如解决问题、替代缺勤组员以及其他等）。

本田把公司的成功归因于乐意为公司努力工作的工人们。"平等的伙伴关系"使员工与公司共命运。本田先生认为全体员工都一样重要。每个人包括工厂经理在内都穿工作服，共用一些设施（相同的快餐间、盥洗间、停车场）。所有员工都能帮助决策，最初，工人们对管理人员要他们提出建议感到惊讶。

工人们为他们的工作感到非常自豪。纵然他们挣的钱大约少于其他美国汽车厂工人收入的 20%，但仍喜欢在本田工作。由于本田的工人人头费用低，所以其人工成本比工业部门的平均人工成本低 60%。

本田希望供应商建立与其相同的质量标准。它乐意帮助不符合本田要求的美国部件供应商，不合格部件用日本供应商的产品替代。有些日本供应商靠近马里斯维尔建立了工厂，进而有助于本田减少库存至最低限度。

尽管大部分美国制造商生产小型汽车仅仅能保本，然而本田从每辆车子赚到了相当大的利润。它对每辆售出的汽车下了注。固然本田从日本进口的汽车上只赚到一半利润，但他指望随着在美国的工厂学会更有效的经营，则这个差距会缩短。

既然这家公司在美国汽车市场上站稳了脚跟，本田计划把它在美国的生产能力扩大一倍，再制造豪华汽车，这比廉价汽车更好赚钱。本田通过不同的特许经销商，以别的名称阿卡拉莱销售豪华汽车，试图以此避免公司低成本的形象所造成的问题。它完全不去进口大型、老式的日本豪华汽车，而是开发出特别适合于美国市场的"欧洲风格"型号车子。欧洲风格的车子有两大优点：一是对为数日增的青年职业人员有吸引力，二是这种汽车小，能够使用本田现有的小型汽车生产线进行制造。

思考题：

1. 为什么本田在美国建起工厂（其目标是什么）？在美国建立工厂的计划是怎样影响在日本的本田公司的，今后在美国经营可能给本田带来哪些问题或有利因素？

2. 为什么在美国汽车制造商不可能做到时，而本田却能够在美国生产经济汽车？本田胜过美国公司的有利因素有哪些？

3. 本田成功在多大程度上应归之于其经营政策？多大程度上应归之于非管理因素？

资料来源

哈罗德·孔茨，海因茨·韦里克. 管理学[M]. 第10版. 北京：经济科学出版社，1998，67、68.

第五章　西方现代管理理论丛林

学习目的与要求

1. 了解现代管理理论产生的时代背景
2. 理解现代管理理论丛林产生的原因
3. 掌握现代管理理论丛林的主要学派及其观点

管理思想的发展始终同生产力的发展紧密相连，而社会生产力的发展受诸多因素的影响，战争就是最为重要的因素之一。第二次世界大战的发生，促进了科学技术的发展。二战后人类社会的发展格局发生了重大变化，强大的科技力量转化为经济发展的发动机。在这个引擎的推动下，人类进入了经济飞速发展的时期。适应了生产力的发展，管理思想也呈现出百花齐放、百家争鸣的繁荣景象。

第一节　西方现代管理理论产生的历史背景

一、现代管理理论产生的时代背景

1．经济背景

现代管理理论是指从第二次世界大战到 20 世纪 80 年代初这个历史阶段西方出现的管理理论，这段时期是资本主义社会战后政治、经济格局的重新调整时期。

第二次世界大战是迄今为止人类历史上规模最大的战争，给人类社会带来了巨大的破坏，并产生了极其深远的影响。经过这次战争，英、法两国沦为二等国家，只有美国在战争中获利颇丰，得到了繁荣，成为超级大国。战后各国经济重建对管理理论的发展提出了新要求。

2．科技背景

二战后，科学技术领域发生了几个巨大的突破。

▶　原子能的应用。

- 计算机的诞生、应用与发展。
- 新材料的不断发展与应用。
- 人类空间技术及生物工程技术的应用与发展。

科技的发展推动了世界经济的发展，劳动生产率也得到迅速提高。战后发达资本主义国家为了促进工业的迅速发展，进行了大规模的设备投资，为经济高速发展奠定了基础，并为大规模资本积累创造了前提条件。同时，科技发展还开辟了广阔的工业品国内外市场。

总之，科技革命的影响是深远的，它是推动整个世界经济发展的一个强有力的动力。

3．企业结构背景

二战后，随着科技革命成果的运用、能化工业和新型工业部门的建立、第三产业的发展，资本主义国家的生产和资本进一步集中，出现了规模越来越大的垄断企业，企业之间的混合兼并增多，垄断企业混合化。而且为了使经济得到尽快的恢复和增长，各国最大限度地发挥大中小企业的优势，大中小企业之间的协作化加强。由于资本主义企业垄断性加强，为了最大限度地吸引社会游资，缓和劳资双方的矛盾，大企业发行了大量的小面额股票，分散股权。在此期间，垄断企业不断向国际化发展，纷纷在国外投资设立子公司或分公司，从事跨国经营和销售。

企业结构的变化给管理提出了新要求，面对这些巨型企业、跨国公司，需要有新的管理理论对其加以指导。

二、现代管理理论丛林产生的原因

第二次世界大战以后，管理理论呈现出派别纷呈的现象，有其深层次的原因。

1．生产方式的变化促进管理思想的变化

生产方式从家庭手工业转向工业化大生产，促进了科学管理理论的产生。现代化大工业的社会化生产方式也使得管理方式发生了变化，这就是钱德勒所说的"看得见的手"。从"看不见的手"到"看得见的手"，管理逐渐走向职业化，管理阶层开始形成，这种变化对经济发展的促进作用比市场力量的作用要大，因此，对管理思想的发展变化也起了非常重要的作用。

2．宏观经济调节作用推动管理思想的变化

20 世纪 30 年代的经济危机，使人们对亚当·斯密放任式的经济理论产生了质疑，人们在苦苦思索是否是"看不见的手"已经失灵？在这个时候，凯恩斯提出了他的宏观经济理论，使政府干预成为经济发展的杠杆。在宏观经济理论的指导下，西方经济很快走上正轨，获得了快速发展。配合这种经济的快速发展，现代管理理论逐渐形成。同时，也使人们感觉到，主动干涉企业组织的行为过程将会有力地促进企业发展。

3．对人的认识的加深丰富了管理理论

随着社会的发展，人们受教育程度、对客观事物的认识程度都在不断提高，人的个性特征更加明显，行为更加多样化。对人的行为多样化认识的加深，也在一定程度上丰富了现代管理理论。

4．激烈的市场竞争产生了内外协调的管理思想

二战后，企业所面临的市场竞争环境更加激烈，跨国公司的出现，使企业发展从国内拓展到国外，为管理思想的发展理出了一个新思路，即如何把环境因素的变化融合到具体的企业管理中去，也就是内外协调思想。

5．自然科学的渗透产生了以系统科学为基础的管理思想

现代科技的发展，使人们能够以现代科学提供的方法来研究管理对象及其行为，系统论、信息论和控制论的发展为人们提供了科学的思想方法和分析工具，为管理思想的发展开辟了新天地，导致了以系统科学为基础的管理思想的产生。

第二节　现代管理理论丛林的主要学派

一、管理过程学派

管理过程学派是现代管理理论丛林中的一个主流学派，是继古典管理理论学派和行为科学学派之后影响最大、历史最悠久的学派。古典管理理论的创始人之一亨利·法约尔是这个学派的开山鼻祖，法约尔提出管理的五种要素，即管理的五种职能，形成了一个完整的管理过程，因此，管理过程学派又叫管理职能学派。

1．管理过程学派的主要代表人物

管理过程学派的代表人物除了法约尔之外，主要有詹姆斯·穆尼、拉尔夫·戴维斯、哈罗德·孔茨、威廉·纽曼。

詹姆斯·穆尼（J. D. Mooney，1884—1957），美国高级管理人员和管理学家。历任美国通用汽车公司副经理、通用汽车出口公司总经理、美国海军航空局局长、威利斯陆上汽车公司董事长兼总经理。主要著作有《组织原理》。

拉尔夫·戴维斯（Palph C. Davis，1894—1986），美国管理学家和一些大公司的顾问。他比较强调管理哲学的重要性，认为只有管理哲学才能为解决企业问题提供依据。其著作颇丰，主要有《工厂组织和管理原则》、《采购与储存》、《组织和系统中的一些基本考虑》、《企业组织和作业的基本原理》、《工业组织和管理原理》、《高层管理的基本原理》、《工业组织和管理》、《管理哲学》。

哈罗德·孔茨（Harold Kootz，1908—1984），美国管理学家，管理过程学派的主要代表人之一。早年在美国耶鲁大学获得博士学位，后在美欧各国讲授管理学，并担任美国、荷兰、日本等国的许多大公司的顾问，曾任美国管理学会会长，美国加利福尼亚管理研究院管理学名誉教授。1941 年开始，写了二十多本书，发表过 90 篇论文。著作中颇具影响力的有《管理学原理》、《管理理论丛林》、《再论管理理论丛林》等。

威廉·纽曼（William H. Newman），美国哥伦比亚大学管理学教授，美国管理过程学派的主要代表人物之一。其著作有《管理过程：思想、行为和实务》等。

2．管理过程学派的主要观点

管理过程学派研究的对象是管理的过程和职能，该学派认为，管理是通过计划、组织、指挥和控制等诸因素来协调有关的资源以达到组织既定目标的；管理是一个过程，就是在组织中通过别人或同别人一起完成工作的过程，是一种普遍而实际的过程，同组织的类型或组织中的层次无关，管理知识中有一个纯属理论的核心部分，如直线或参谋制、管理制度、管理评价、管理控制技术等，这些核心部分普遍适用于组织的各个层次。管理过程同管理职能是分不开的，通过分析管理人员的职能，就能够从理论上对管理加以剖析。所以，该学派试图通过对管理过程和管理职能的分析，从理性上加以概括，把用于管理实践的概念、原则、理论和方法结合起来形成一门管理学科。

孔茨把管理解释为通过别人而做好事情的各项职能，强调管理的概念、理论、原则和方法，认为管理工作是一种艺术，其基本原理和方法可以运用于任何一种现实情况。他把管理分为五项职能：计划、组织、人事、指挥和控制，并认为协调本身不是一项单独的职能，而是有效地应用了以上这五种职能。

管理过程学派的观点无论从理论基础还是研究方法上看，都和自然科学的研究有些类似，其科学性比较容易让人接受，在现代管理理论中占有相当重要的地位。

二、社会系统学派

1．主要代表人物

社会系统学派的创始人是美国的高级管理人员和管理学家切斯特·巴纳德。

切斯特·巴纳德（Chester Barnard，1886—1961），出生于美国的马萨诸塞州，5 岁丧母，由外祖父收养。受外祖父一家人的影响，从小就养成了用哲学思考问题的习惯。1909年读完了哈佛大学的经济学课程，但由于缺少实验成绩而没有得到学位。随后去谋生。1909年进入美国电报电话公司统计部工作。1915 年被提升为美国电报电话公司的商业工程师。1922 年担任美国电报电话公司所属的宾夕法尼亚贝尔电话公司的副总经理助理，1926 年担任这个公司的总经理。1927 年任新泽西州贝尔电话公司的总经理，并多年担任这一职务。此外，巴纳德还是一位社会活动家，担任过许多社会职务。巴纳德一生著作很多，最具代表性的是《经理人员的职能》，该书于 1938 年出版，后来被管理学界称为美国管理文献中的经典著作。

2．社会系统学派的主要观点

巴纳德认为，组织是由人组成的，人的活动相互协调构成一个系统，即组织的协作系统，但是组织的目标和组织成员的目标不一定一致，为了实现组织目标，组织成员必须克服其生理、物质和社会的限制，自觉地进行协作，而其中最为关键的是经理人员的作用。

巴纳德认为组织中个人的行为和要求与正式组织的要求之间是有区别的，如表 5-1 所示。[①]

表 5-1　组织中个人行为与组织要求的区别

个　人	正 式 组 织
非逻辑的思维过程	逻辑的思维过程
非正式组织	正式组织
反应式行为	决策式行为
自由意志	决定论
效率原则	效力原则
道义上的责任	法律上的责任
以协议同意为依据的权威主观	以等级地位为依据的权威客观
地解释一种秩序	地解释一种秩序

巴纳德的协作系统理论包括以下三个要点：

（1）强调正式组织的作用。他认为社会活动一般是由正式组织完成的。组织就是"有意识地加以协调的两个或两个以上的人的活动活力的系统"，[②]要把这个系统作为一个整体来看待，因为系统的各部分之间都是相连的。不论分析哪一级的组织系统，普遍都包括协作的意愿、共同的目标和信息联系三个要素。

（2）巴纳德十分强调经理人员在协作系统中的作用，他认为经理人员是正式组织中最关键的因素，协作系统只有靠经理人员才能维持，组织目标和个人目标需要经理人员进行协调，整个程序的顺利运行，需要通过经理人员职能的发挥。经理人员的职能主要包括：建立和维持一套信息联系的系统；招募和选拔能积极主动协调进行工作的人员并使之能有效率地工作，包括对其进行激发、诱导、监督、培训等；维护和制定组织的目标；授权；决策。

（3）非正式组织的职能。巴纳德认为，非正式组织与正式组织常相互影响。非正式组织对正式组织的影响可能是积极的也可能是消极的，经理人员必须对它们有所了解，并善

[①] 郭咸纲．西方管理思想史[M]．第 2 版．北京：经济管理出版社，2002，290．

[②] 何征，严映镕．管理思想演进与现代企业管理[M]．成都：四川科学技术出版社，1989，250．

于诱导它们，使之对完成组织的目标发挥积极作用。

管理是一种艺术，是组织内部平衡与外部条件适应的全部综合，巴纳德把社会的所有方面都看成一个大的协作系统，每一个组织都必须从外部环境获得人力及物力资源，而且只有通过交换、转换和创造，在自己的经济中获得一种剩余，才能继续生存。在这种组织中，领导者必须有某种道德规范，具有能够承担责任的能力，能够在别人身上创造一种道德力量。

社会系统理论所讲的内容都是为了说明协作系统如何才能达到企业内部的平衡，同时还要适应外部的条件，以便维持正常的生存与发展。

三、决策理论学派

决策理论学派是以社会系统学派理论为基础，吸收了行为科学理论、系统论、运筹学和计算机技术等学科的内容发展起来的。

1．主要代表人物

该学派的主要代表人物是赫伯特·西蒙和詹姆斯·马奇。

赫伯特·西蒙（Herbert Alexander Simon，1916—2001），美国经济学家和社会科学家。早年就读于美国芝加哥大学，1943 年获得博士学位，1949 年以前在芝加哥、伯克利大学任教，1949 年以后一直在卡耐基—梅隆大学任教。曾来中国访问和讲学。由于他在决策理论研究方面作出了贡献，获得 1978 年的诺贝尔经济学奖。西蒙在管理学、组织行为学、经济学、心理学、政治学、社会学、计算机科学等方面都有所造诣。

詹姆斯·马奇（James G. March，1916—），1953 年在美国耶鲁大学获得博士学位，以后在卡耐基工艺学院任教。1964 年成为加利福尼亚大学的社会科学学院的首任院长，1970 年成为斯坦福大学的管理学教授，还在胡佛研究所担任研究员。主要成就是对组织理论方面的研究。

决策理论学派的主要著作有《管理行为》（西蒙）、《公共管理》（西蒙、史密斯伯格）、《人的模型》（西蒙）、《组织》（西蒙、马奇）、《管理决策的新科学》（西蒙）、《公司行为的一种理论》（马奇、赛尔特）。

2．主要观点

（1）组织理论。西蒙认为，组织就是作为决策的个人组成的系统，而决策贯穿于管理的全过程，管理就是决策。一个人在做出决策参加某一组织之后，个人目标就会退居第二位，而服从于组织的目标，即所谓的个人与组织的一体化。因此，要了解一个组织的结构和功能，就必须分析其成员的决策和行为及其受组织的影响，就必须研究影响人群行为的复杂的决策网状结构。西蒙在研究复杂的决策网状结构时很重视权威问题，他认为，管理人员应当有效地利用各种外部影响来塑造员工的性格，使他们变得主动。他认为经营中的理想状态是，所有成员都能把个人目标与组织目标联合起来，因而都能够为达到组织目标主动作出贡献。这样，组织只有在需要调节时才使用权威，制裁方式更是不占有重要地位。西蒙还认为，当代社会中，职能地位的重要性越来越大，而等级地位的重要性却越来越小。

（2）决策过程中的信息获得与使用。信息联系在决策过程中既具有重要作用，也非常复杂，系统中有多种因素会造成信息联系的混乱，信息联系的三个阶段（发出信息、传递信息、接收信息）随时都可能发生阻塞和歪曲现象，因此，在组织中应当借助于计算机建立一个特别的信息联系服务中心和良好的信息系统。

西蒙等人还认为，当今信息爆炸的时代，信息的加工和分析比信息的获取更为重要，决策者的注意力是一种宝贵的资源，不应当耗费在大量的无关的信息上，所以，应当建立一个信息筛选系统，以保证所提供的信息与决策有关。

西蒙等人还非常重视非正式渠道的作用，把权力机构放到次要地位。

（3）决策的准则和标准。对于决策的准则和标准，西蒙有独到的见解，他认为，以往的经济学家和管理学家往往把人看成是以绝对理性为指导，按最优化准则行为的经济人或理性人，但是由于受到多种内外因素的影响，最优化事实上是做不到的。因此，应当用管理人来代替以最高准则行动的经济人，这种管理人要求用满意的准则来代替最优化准则，不考虑一切可能的复杂情况，只考虑与问题有关的特定情况。对于工商企业来说，满意的准则就是适当的市场份额、适度利润、公平价格等。

（4）程序化决策与非程序化决策。组织的活动分为两类：例行活动、非例行活动。有关例行活动的决策是经常出现的，因此可以建立一定的程序，当活动再次出现时予以应用，而不必每次都作新的决策。对于非例行活动，决策是新的，不能程序化地处理，有关这类活动的决策称为非程序化决策。但是，程序化决策与非程序化决策并非截然分开，非此即彼的，而是一个连续带上的两极，决策可以使非程序化决策呈现出重复和例行状态，能够制定出处理这类决策的固定程序，当碰到这类情况时就不需要重复处理它们。表 5-2 为西蒙所列的有关传统的和现代的决策技术。

表 5-2 传统和现代的决策技术

决 策 类 型	决 策 技 术	
	传统决策技术	现代决策技术
程序化决策：重复的、例行的决策，由组织制定其决策的具体程序	1. 习惯 2. 标准的业务程序 3. 组织结构：共同的目标、分类目标系统、信息联系的渠道	1. 运筹学：数理分析，模拟，电子计算机模拟 2. 电子数据处理
非程序化决策：一次的、非例行的新决策，按一般决策过程来处理	1. 判断、直觉、创造性 2. 经验 3. 经理人员的选择和训练	1. 决策者的培训 2. 启发式电子计算机程序

资料来源：何征，严映镕. 管理思想演进与现代企业管理[M]. 成都：四川科学技术出版社，1989，258.

西蒙还对决策者必备的品质进行了论述：不是靠强迫命令而是靠以身作则来树立权威；具有全局观念；依赖和培养下级；主动承担责任；有广博的知识和丰富的经验；有敏锐的预测能力和机智的判断力。

四、系统管理学派

20 世纪 40 年代末，产生了许多把对象作为系统考察的系统理论，特别是以一般系统为对象进行研究的系统论的创立，对管理学产生了重大影响。

1．系统科学的产生

系统科学是 20 世纪的产物，但从系统思想发展来看，却源远流长，我国古代的一些著名工程技术，都卓越地体现了系统思想。

早在两千多年前的战国时期，李冰父子修筑了闻名世界的都江堰，把分洪、灌溉、排沙在一个工程中巧妙地结合起来，这便是系统思想的萌芽。北宋真宗时，皇宫失火，宫殿焚毁。当时，大臣丁谓受命主持皇宫修复工程，提出"一举三得"的方案，即把皇宫前的大街挖成一条大沟，利用挖出的土烧砖，然后再把京城附近的汴水引入大沟，于是各地的建筑材料就能从水路直接运到皇宫附近。工程竣工后，又把废弃的砖石、石块、泥土反填入大沟，从而又修复了原来的大街。这是我国人民运用系统思想的又一先例。

随着对自然界和社会认识能力的提高，以及科技的不断发展，人们对系统的认识不断深化。用系统观点观察和处理事物的思想和方法，虽然古已有之，但那时人们还不能科学地加以说明。严格意义上，只有在马克思主义诞生后，系统方法才作为一种科学方法，运用于改造自然和社会实践。马克思、恩格斯在他们的著作中，多次使用"系统"、"有机系统"、"系统发展为整体"等概念，并且运用系统观点来分析与解剖资本主义社会，从而给科学的系统理论奠定了基础。随着现代科学技术的发展，在唯物辩证法的指导下，人们逐步自觉或不自觉地把系统理论同现代科学技术手段结合起来，形成一门新的系统科学。

美籍奥地利生物学家贝塔朗菲于 1947 年在芝加哥大学的一次讨论会上，首先提出"一般系统理论"这一概念。这是用来描述现实世界中的各种关系的一种理论，是由各门学科统一起来而成的。贝塔朗菲把一般系统理论的研究内容概括为：关于系统的科学，数学系统论，系统技术，系统哲学。理论上的系统方法必须包括狭义的一般系统论、控制论、自动化理论、信息论、集合论、图论、网络理论、关系数学、博弈论与决策论、计算机科学、模拟等。他强调一般系统理论属于逻辑和数学的领域，其任务在于确立适用于系统的一般原则。

所有的学科都有以下一些类似的特点：对整体或有机体的研究；整体或有机体趋向于一种稳定状态，即取得均衡；所有系统的开放性，即系统与环境相互作用。我们从学科的这些关系中可以得出，任何学科都不仅单独研究自身的范围，而且考虑它与环境的各种关系，试图以一种系统的观念来进行研究。对任何一个系统各个部分单独的研究并不能对整体有一个正确的了解，就好像盲人摸象一样。一个系统的最本质的要素就是它的组织联系。所以，作为一个整体来看的系统，同其组成部分和子系统在性质上是不同的，不能把它简单地看成它所包含的各个组成要素的总和。

当代的系统理论研究已出现了进一步普遍化的倾向，不同领域的系统在结构上的类似性是显而易见的。而有关秩序、组织、整体性、目的性等最重要的概念，就是一般系统理论的基本概念。并且不仅生物学，其他一些领域（如控制论）都属于系统研究的范围。

2. 系统管理的概念与原则

（1）概念。系统管理理论是应用系统理论的范畴、原理，全面分析和研究企业和其他组织的管理活动和管理过程，重视对组织结构和模式化验分析，并建立起系统模型以便于分析。这一理论是卡斯特（F. E. Kast）、罗森茨威克（J. E. Rosenzweig）和约翰逊（R. A. Johnson）等美国管理学家在一般系统论的基础上建立起来的。

（2）原则。现代企业是一个由相互联系、相互依存的若干个要素所组成的开放系统。企业管理不仅要处理企业内部的各种问题，还要处理大量的企业与外部（社会）的各类关系。过去把企业看作是一个孤立的封闭系统，只研究企业内部的机构、工作和组织关系。现代系统管理则把企业看作是一个开放系统，它受环境影响，同时也影响着环境，它在与环境相互的影响中达到动态平衡。

系统管理的原则

第一，企业管理的整体性和联系性。企业管理要考虑系统与系统之间的联系，要树立整体观念，使局部利益服从整体利益，即企业利益要服从国家利益，企业局部利益服从整体利益。企业系统中各个子系统的功能以及它们相互之间的关系，都要以实现企业整体目标为准则，否则，各自为政，各行其是，搞短期行为，就会削弱企业的功能和作用，影响企业整体目标的实现。

第二，企业管理的动态性。企业组成的系统是一个动态系统，系统运动的实质是物质、能量、信息的流动。系统不仅要求必须流动，而且要求有合理的流动，合理程度的大小取决于系统目的的效率高低，高效率地达到目的，则流动的合理性高，也就是所谓"优化管理"。一个企业系统的管理情况及其发展变化，取决于它的构成因素，即人、财、物、信息等流动的合理程度。① 企业系统中人的因素的合理流动，要充分考虑人的生理特点、智力特点、经历和职业技能水平，要考虑人们之间的关系，工作中的协调、人的心理状态、人的责任心、组织性和纪律性、人的主动性和积极性等社会因素。生产企业还要正确处理好人—机之间的关系，例如，机器设备和工作场所的布置不合理，使工人干了一天活感到十分疲劳，劳动效率必定很低。② 企业系统中要讲究物的因素合理流动。如果将一年或更长时间需要的物资一次购进，堆在仓库里，就会造成保管费用过高和资金占用时间过长。

反之，如果不能及时供应所需物资，又会影响生产经营活动的正常进行。③ 企业系统中必须加快资金流动。一年中资金周转次数越多，资金利用效果就越好。加速资金周转要缩短生产周期，减少原材料和产品的积压，加快产品销售。④ 企业系统中的合理流动，特别要重视信息的流动。信息是企业系统组成的一个基本，在企业管理中起着重要作用。使信息合理流动的基本要求是及时、准确、适用和经济。

第三，企业管理的层次性。一个企业系统是由许多层次组成的，企业管理者必须注意有效管理幅度问题，厂长或经理如果一竿子插到底进行领导，管理效果不会好。企业管理必须根据管理层次划分职权范围，做到层层负责，上级主管确定企业总目标，进行协调工作，下级职能部门依据各自的职权进行管理。

第四，企业管理的综合性。它包括以下几方面的含义：① 系统目标的多样性与综合性。例如，在企业生产方面，既要求产量大，又要求质量高、成本低；既要讲企业效益，又要讲社会效益。就是要统筹兼顾，不能顾此失彼。② 系统方案选择的多样性和综合性。企业管理中处理任何一个问题都有不同的方案，例如，企业为了扩大生产，有几种方案可供选择，一是扩建新厂，二是进行技术改造，三是扩大横向联合。对方案的多样性要进行综合性研究，寻求最佳的选择。

总之，系统管理原则就是从系统观点出发，立足于整体，统筹全局，坚持管理的整体性、联系性、动态性、层次性和综合性等。这是企业管理的重要原则之一。

3. 系统管理的特点与阶段

系统观点和系统分析可以应用于对各种资源的管理。把组织单位作为系统来安排和经营时，就叫做系统管理。整体中的每一个部分或子系统都被看作是一个不同的实体，按计划安排它同等级制度中上一级的关系并衡量其贡献。这些始终是从整个系统的角度考虑的。

（1）系统管理的四个特点。

- 以目标为中心，始终强调系统的客观成就和客观效果。
- 以整个系统为中心，决策时强调整个系统的最优化，而不是强调子系统的最优化。
- 以责任为中心，每个管理人员都分配一定的任务，并衡量其投入和产出。
- 以人为中心，每个工作人员都被安排进行有挑战性的工作，并根据其工作成绩来付给报酬。在系统管理制度下，工作的安排可能较为专门化，但系统能适应需要的变化而作出调整，以便鼓励职工在智力上发展和成长。

（2）系统管理的四个阶段。

第一，创建系统的决策。如一个或一群企业家决定创办一个企业的决策。

第二，系统的设计。就是把系统的各个组成部分安排成一定的结构形式，以便达到预期的目标。例如，设计一个邮寄发货单的系统，就要包括开发货单的机器和机器操作人员。这些组成部分（机器和操作人员）要以一种有计划的方式来安排，以便发挥最大的效力。

为了以最恰当的方式把这些组成部分组织起来，以便最有效地利用人力和物力来达到目标，就要有必需的信息。

第三，系统的运转和控制。例如，为了使上述邮寄发货单系统运转，就必须投入信息、材料和能源。其中的信息包括顾客的资料、销售量、价格、折扣、发货日期等。材料指发货单表格，开发货单机器的色带等。能源则是机器所用的电力和操作人员所用的体力。

系统运转所需的各种投入是按照计划来安排分配的。例如，可能由一个监工来决定用什么样的发货单，什么时候给各种顾客开发货单，机器操作人员什么时候要加班，什么时候要维修机器等。也有这样一种可能，在设计系统时就事先计划好，系统的运转就呈现自动化。计划安排可以在两个阶段中的任何一个阶段进行。这两个阶段是系统的设计阶段和系统的运转阶段。

较为先进的系统可能包括某种控制手段，即衡量产出或有关信息的一种感受器，并把衡量结果同预定标准进行比较，然后由起动器调节投入，以便纠正偏差。其目的在于控制所有的变量，以便使系统接近理想的均衡状态而趋于稳定。只有在标准可以决定而运转情况可以衡量时，才能达到这种状况。

第四，检查和评价系统运转的结果，确认系统是否有效果和有效率。如果一个系统达到了其目标，那它就是有效果的。而效率则指资源投入同产出的关系。一个系统可能有效果而没有效率（浪费了资源），也可能有效率而没有效果（如鞋厂由于失误，生产出来的鞋不符合顾客的需要）。当效率与效果互相矛盾时，就要设法在两者之间找到一个平衡点。当达到平衡点后，系统就是最优的。否则，就不是最优的。例如，产品的质量和成本之间始终存在着矛盾，但人们可以设法使产品保持高质量（效果好），同时使成本保持在有竞争力的限度内（效率也不差）。

对系统的检查和评价，是在系统的生命周期中定期进行的。检查和评价的结果可能导致现有系统的设计改变，或建议对未来的系统改变设计。检查和评价中的信息常被用来作为控制运转的资料，而反馈回来的运转中的信息又能表明系统的性能，确定是否需要修改系统的设计。检查和审核可能导致修改设计，也可能改变运转的投入。

以上四个阶段都必须有信息、能源和材料的投入。例如，在系统的设计阶段，必须有信息的投入，以便确定如何才能实现预定目标（确定加工过程）。设计一个系统时，还需要投入能源、设备和其他材料。在系统的运转和控制阶段，也都需要投入，如有关顾客的资料、销售量、价格、折扣、发货日期等方面的信息，以及能源和材料。

以上四个阶段还必须有计划或决策。但每个阶段所做计划或决策的种类和范围则随系统的性质不同而不同。例如，自动化的炼油厂是一种刚性系统，事先必须仔细地计划。绝大多数运转决策事先编好程序。百货公司是一种柔性系统，事先可以只确定较为一般的目标和计划，在运转中再由人来调节，使之适应环境中的各种变化。

（3）组织的系统模型。组织（如一个工业企业）是由若干子系统组成的开放式社会技术系统。这个系统接受外界环境能源、信息、材料的投入，予以加工，然后把加工后的成品向外界环境输出。它包含如下子系统。

① 目标和价值子系统。这是一个重要的子系统。组织的许多价值是从外界的社会文化环境中取得的。一个基本前提是，组织本身是社会这个大系统的一个子系统。所以，必须实现某些由社会这个系统所决定的目标。组织如果要成功地从社会取得各种投入，就必须为社会履行某种职能。

② 技术子系统。即完成任务所需要的技术和知识（包括把投入加工成为产出所用的技术）。技术子系统是由组织任务的要求所决定的，并且将随活动的特点而改变。技术子系统经常会影响组织结构子系统和社会心理子系统。

③ 社会心理子系统。它由组织成员的行为和动机、地位和角色的关系、团体动力、影响力等组成。社会心理子系统显然受外界环境、任务、技术、内部组织结构等因素的影响。

④ 结构子系统。结构同组织任务的划分方式（分化）及这些活动的协调方式（结合）有关。正式的组织结构是由组织图、职位说明书和作业说明书、规则和程序等规定的。它还涉及权力模式、信息联系和加工流程等。它同技术子系统和社会心理子系统都有密切的关系，为它们提供正式联系的渠道。但是，要强调指出的是，技术子系统和社会心理子系统之间的联系不止于这些。它们之间的联系，有时往往绕过结构子系统而进行非正式的联系。

⑤ 管理子系统。这一子系统涉及整个组织。它使组织同外界环境联系起来，制定目标，进行计划、组织、控制等项活动。在复杂组织的管理等级制度中，有三种重要的子系统：作业子系统、协调子系统、战略子系统。这些子系统的管理任务各不相同。

4. 系统管理中的管理职能

系统管理理论认为，从系统观点来考察和管理企业，有助于提高企业的效果和效率。它使得企业管理人员不会忽略自己这个企业在更大的系统中的地位和作用。企业的系统管理就是把信息、能源、材料和人员等没有联系的资源结合成为一个达到一定目标的整体系统。按系统观点组织资源和企业，不会消除企业的各项基本管理职能，但能使企业中的各个子系统和有关部门的关系网络看得更清楚。这些基本职能不是孤立的，而是围绕着系统及其目标发挥作用。

对企业的基本管理职能可做以下考察。

（1）计划。企业中的计划分为三级：第一级由企业的计划管理委员会做出，是企业最高一级的计划，包括企业的总目标和总政策，决定企业生产的产品和服务。计划管理委员会自外界环境、资源、市场需求、研究和发展等部门获得有关信息的投入，作为决策的依据。这一级的决策中，绝大部分是程序化的、创新的、重大的决策。做这一级决策时，主要依靠有经验和革新的高级经理人员对整个形势的估计和判断。第二级是项目系统和服务系统的设计和资源的分配。由系统的经营部门和资源分配部门做出。在这一级，有许多是程序化决策，可以利用运筹学和电子计算技术等。第三级是每一项目系统和服务系统的经营管理计划。这主要是有关如何最好地分配资源以满足计划管理委员会提出的要求。这一级计划最容易实现程序化和自动化决策。这三级计划有着直接的联系和明确的职责分工。

（2）组织。传统的组织理论强调组织机构和工作应划分为各个部门，实行直线和参谋制，或者实行直线、参谋和职能体制。系统管理中的组织则强调把所有的活动连结起来完成组织的总目标，同时也承认高效率的子系统的重要性。企业中存在着具有明确职责分工的三级组织机构：① 最高级，计划管理委员会。这一级从事总的计划控制和结合的职能。② 第二级，资源分配部门和系统经营部门。这一级从事资源的分配、设计项目系统和服务系统。③ 第三级，各个项目系统和服务系统。这是最重要的一级。它们各自的工作都结合成为一个整体。以上三级组织机构中的每一级，都配有专业的参谋人员。这些参谋人员的工作同总的工作结为一体。在系统管理的组织体制中，由一个中心设计各个项目系统，并给它们配备完成任务所需的人力、机器设备和技术力量等。至于有些不便分配的设备和服务项目，则集中由服务系统向各个项目系统提供。在这种体制中，企业活动是灵活机动的，而组织机构又比较稳定，只在必要时才予以变动。它的另一个重大优点是，决策的分散化和各个项目系统能更有效地利用分配给它的设备。

（3）控制。在系统管理中，控制用来在经营中获得更大的灵活性。当一些可变因素尚未确定时，就避免采取行动。控制不属于加工系统，而同计划职能紧密地联系在一起。控制职能对投入、加工和产出进行衡量，看它们是否符合标准和计划。如果不符合，就发出改正的指令。以成本控制为例，成本会计师的职责是向经理提供控制成本的资料，评价并支持其他部门的工作，而不是限制和禁止。每一个项目系统，在情况改变时，应该能够重整其资源和改变其生产程序。

（4）信息联系。这是一个包括信息发送者和信息接受者并具有反馈控制的系统。在信息管理中，信息联系作用重大。它把系统网络连结成一个整体。信息、能源、材料这些生产过程的必需要素的流程，是通过信息联系系统来取得协调的。系统经营部门需要信息联系系统来进行控制。各个项目系统之间，每一项目系统的内部的相互联系，以及整个企业系统的各级组织机构之间的相互联系，都是通过信息联系系统来维持的。同时，整个企业同外界的联系和协调，也要通过信息联系系统。计划、组织、控制等基本管理职能，都要通过信息联系系统才能实现。

5．系统理论对管理学的贡献

系统理论不仅作为一般世界观和方法论，充实和发展了当代哲学，而且对管理学，以致整个科学技术的发展都有直接而巨大的贡献。系统理论对管理学的发展至少有以下三方面的贡献。

（1）推动了管理观念的更新。人们从系统的整体性及相互制约性得到启发，加强了管理工作中统筹兼顾、综合优化的意识，使人们在决策时能考虑到有关的方方面面，克服传统思想容易造成的片面性。

任何一个系统均从属于更大的系统，这个概念帮助人们正确认识企业及其他组织的地位、使命及社会责任，有助于克服本位主义及目光短浅的行为。

开放系统及组织效应理论、耗散结构理论，有力地支持和推动了企业间、国家间、各种组织之间的联合与协作。如欧共体的建立大大增强了西欧经济实力就是一个典型的例子。

系统理论把信息提高到与物质、能量同等重要的地位，使人们重新认识资源的含义，把信息视作战略资源之一，有意识地加强了信息管理工作。

系统理论关于结构、联系决策系统功能的观点，使人们更加重视对系统机制的分析研究（所谓机制，就是决定系统运动的物质载体、动因及控制方式，也就是系统的结构与联系），从而为人们提供了通过调整结构、改善联系以增强系统功能这一有效途径。

（2）提供了解决复杂问题的分析工具。系统理论提示的宇宙中各类系统具有相似性这一真理，使人们一下子开阔了视野，变得聪明和灵活起来。管理人员在自然科学及工程技术领域找到了许多有力的工具，如控制论、运筹学、数理统计、可靠性方法、模糊数学、心理学等，它们构成了管理系统工程的主体内容。随着人类实践的深化，科学技术的发展，生产社会化程度的提高，管理领域的扩大，人们要处理的系统设计和系统控制问题也日益复杂起来。首先是系统规模越来越大，有的企业横跨几个国家，职工几十万人，有的产品有成千上万个零部件，怎样合理组织才能保证其效能和质量呢？其次，企业或多数工程项目都有多元目标，如企业要盈利、保持市场地位、维护国家利益、谋求自身发展、满足职工需要等，如何处理目标间冲突、寻求令人满意的管理方案呢？最后，对于一个处于不断变化状态中的组织系统如何进行预测和控制？等等，对于这样一些用传统思路难以解决的课题，系统理论及其工程方法提供了有效的思维工具，例如运用系统层次概念及递阶控制原理，有助于解决大系统的管理控制问题；利用系统整体相关概念及多目标规划方法，可以较好地处理多元目标系统优化问题；利用模型模拟和马尔可夫方法、系统动力学方法可帮助动态系统的预测和控制等问题。

（3）促成了管理新模式的出现。对管理历史的考察表明，现代管理中广为采用的全面质量管理、目标管理等新模式的出现，与系统论的应用有直接关系。

五、管理数量学派

数量学派是新理论、新方法与科学管理理论相结合逐渐形成的以定量分析为主要方法的学派。数量学派的理论渊源可以追溯到泰罗的"科学管理"，科学管理主张用最好的方法、最少的时间和支出使工作效率最大化，而反对凭经验、直觉、主观判断进行管理。这与数量学派的"最优化"主张不谋而合，但是，数量学派的研究范围要比科学管理宽泛得多，而不仅仅是"操作方法"与"作业研究"。

1．数量学派的主要代表人物

数量学派的主要代表人物是布莱克特、丹齐克、丘奇曼、拉赛尔·阿考夫、贝尔曼、埃尔伍德·伯法等。布莱克特是一位物理学家，诺贝尔奖获得者。他领导的运筹学小组在第二次世界大战中曾发挥了重要作用。丹齐克于 1947 年在研究美国空军资源配置问题时，提出了求解线性规划问题的一般方法——单纯形法，自此以后，运筹学在美国逐渐运用到军事领域。

2．数量学派的主要观点

数量学派注重定量模型的应用，以求得管理的程序化和最优化，认为管理就是利用数学模型和程序系统来表示计划、组织、控制、决策等职能活动的合乎逻辑的过程，而且随着情况的变化，要对模型进行修正。数量学派从系统观点出发研究各种组织各部分的功能关系，系统的观点要求从系统整体效果出发进行理论考察、分析和解决问题，其目的是使整体效果最优。数量学派应用了多学科交叉配合的方法，例如，除了计算机和数学方法外，根据研究对象的不同还要应用经济学、管理学、心理学、行为学、会计学、物理学、化学等学科的知识和方法。该学派认为组织是由作为操作者的人同物质技术设备所组成的追求经济利益的有机系统，其中人是理性的动物，是"经济人"，会因经济利益的激励为达到组织的目标而努力工作，并在工作过程中获得满足。组织也追求经济利益，不过是追求整个系统的利益最大化。人们在对组织这个有机系统进行投入产出分析时，要建立相应的数学模型。组织的管理决策还可以应用模型来进行，因为组织的决策具有结构性，并形成决策的网络模型。

随着计算机技术的发展，数量学派的数量特点得到进一步发挥，被广泛应用于研究城市的交通管理、能源分配和利用、国民经济计划编制等一些大型的、复杂的经济与管理领域。但有些学者对数量学派持批判态度，一方面，认为数量并不能真正解决管理问题，而且有些管理学价值注重定量技术而根本不了解管理中存在的问题。另一方面，对管理对象中人的因素无法进行定量分析。

六、权变理论学派

20 世纪 60 年代以后，资本主义国家在科技、经济、政治等领域发生了剧烈变化，企业职工队伍构成及文化技术水平也发生了很大变化，在这种环境下，权变理论应运而生。权变理论同系统管理理论有密切的联系。可以说，系统管理理论是权变理论的前提，而权变理论则是系统管理理论发展的必然结果。

权变理论在一定程度上适应了当前世界科技迅速发展和经济政治形势复杂多变的情况。同时，因为以前各种管理学派都自称能够解决各种管理问题，但事实证明都未能完全达到目标，因而在总结西方以前各种管理学派理论的基础上形成的权变学派认识到，没有一种包治百病的良药，任何一种管理理论都有其适用的范围。因此，权变理论与以前各学派对管理问题的极端观点比较，是一个进步。该学派出现时受到西方一些管理学者的高度评价，认为它比其他管理学派更有前途，是解决在环境动荡不定情况下如何进行管理的好方法，能使管理理论走出丛林。其至今在管理界还有很大的影响。

1. 权变学派的主要代表人物

权变学派的主要代表人物是弗雷德·卢桑斯。

费雷德·卢桑斯（Fred Luthans，1939—），美国管理学家。1973 年发表了《权变管理理论：走出丛林的道路》一文，1976 年出版了《管理导论：一种权变学说》，系统地介绍了权变管理理论，提出了用权变理论可以统一各种管理理论的观点。

除了卢桑斯以外，美国的管理学者约翰·莫尔斯、杰伊·洛希、赫弗莱德·E. 菲德勒等也都对权变理论作出了贡献。

2. 权变学派的主要观点

权变学派认为，企业管理中要根据企业所处的内外部环境条件的变化而随机应变，没有一成不变、普遍适用的最好的管理方法。该学派认为，以往的理论有两个方面的缺陷：第一，只侧重于研究加强企业内部的组织管理，忽视了外部环境的影响。如泰罗的科学管理，法约尔和韦伯的一般行政管理理论。第二，以往的理论大都带有普遍真理的色彩，追求理论的普遍适用性、最合理的原则、最优化的模式，但真正解决问题时却往往显得无能为力。权变理论的出现，在管理理论与实践之间架起了一座桥梁，使管理理论向实用主义迈出了一大步。

权变学派的主张适应了科技、经济、政治上的剧烈变动及职工队伍中文化科技水平变动的要求，因此，在 20 世纪 70 年代曾风靡一时。

权变理论对管理的研究，主要体现在以下几个方面。

（1）对企业结构模式的研究。权变理论对组织结构模式的研究出现了两种不同的思路。

第一，把组织的任务和完成任务所需要的技术作为组织结构的重要决定因素。英国女学者琼·伍德沃德在 20 世纪 60 年代曾研究了工艺技术对组织结构的影响，她发现，成功的企业都具有与其技术水平相适应的组织结构。近年来的其他研究也表明，技术对结构的影响在小企业中最大，在大企业中则对较低层次的组织的影响较大。

第二，以环境因素为依据对组织结构进行设计。这以劳伦斯和洛希为代表，他们认为，没有一种最好的组织方法，一切以环境因素而定，他们用"分化"一词来表示一个企业适应于外部环境而划分为各个小的单元的程度。用"整体化"来表示协调和所达到的统一。分化程度越大，则组织越复杂。分化程度大的情况是：变化速度快；情报确定性低；反馈时间间隔较长。整体化程度大的情况是：运用正式的权利等级制度的管理、计划、程序、规则以及其他较为正式的管理措施；运用跨职能部门的工作队或队长更自由式的信息交流、以知识专长而不是以正式权威为依据的影响力，以及其他较为正式的工作协调手段。分化程度越大，对整体化的要求就越强。

美国的赫里格尔（Don Hellriegel）和斯洛坎姆（John W. Slocam）根据这两个方面的影响，把企业分为四种模式。

① 外部环境因素变化快，内部各产品之间工艺技术差别大，组织设计按产品划分为各个事业部；

② 外部环境因素变化快，内部产品品种多但工艺差别不大，采用矩阵式组织结构，各组织之间存在较多的正式和非正式联系；

③ 外部环境较稳定，产品品种简单，工艺技术较稳定，采用直线职能式组织结构；

④ 外部环境非常稳定，产品单一，采用高度集权式组织结构。

（2）对管理方式的研究。美国的麻省理工学院教授麦格雷戈曾于 1957 年提出了 X—Y 理论。美国学者莫尔斯和洛希通过实验却发现，两种理论都不是灵丹妙药，因此提出了一种"超 Y 理论"，其要点是：

① 人们是怀着不同的动机和需要加入工作组织的，有人需要正规化的组织结构和规章条例，而有人却需要更多的机会参与决策和承担更多的责任；

② 组织形式和管理方法要与工作性质和人们的需要相适应；

③ 组织机构和管理层次的划分、职工的培训、工作的分配、工资报酬、控制程度等的安排都要视工作的性质、目标、职工素质等方面而定，不能千篇一律；

④ 当一个目标达到后，可以继续激发起职工的胜任感，使之为达到新的目标而努力。

根据超 Y 理论，企业应当：

① 使工作、组织和人密切配合，使适当的人承担适当的工作；

② 根据工作目标，考虑管理层级的划分、工作的分派、酬劳和控制程度的安排；

③ 以工作的性质、人员对象的不同，各种管理理论和方法均可尽其用，关键是要激励员工使其产生胜任感。

（3）对领导方式的研究。权变理论认为，不存在一种最好的普遍适用的领导方式，一切以任务、个人和小组的行为特点、领导者和职工的关系而定。关于领导理论的权变观点，最为著名的是菲德勒的"有效领导权变模式"、罗伯特·豪斯的途径—目标理论，以及施米特和坦南鲍姆的领导方式的连续统一体理论。

① 菲德勒的"有效领导权变模式"。菲德勒认为，没有什么固定的最优领导方式，要根据领导者的个性及组织环境的不同，采取不同的领导方式。菲德勒假设了以下两种主要的领导方式。

一是任务导向型：追求工作任务的达成，并从工作成就中获得满足。

二是关系导向型：领导者倾向于追求良好的人际关系，并从中获得地位、尊重的满足。

菲德勒认为，领导者的个性和组织的环境条件决定着领导方式的类型，他曾用最不喜欢与他人合作（Lest Preferred Coworker，LPC）指标对领导者的个性进行测定，结果表明，LPC 得分低的人往往把不予协作者排除在外，因而属于任务导向性。LPC 得分高的人，即使遇到难以协作的对象，也能善意相待，因而属于人际关系型。同时，他认为，组织的环境条件情况包括以下三个方面。

第一，工作任务结构：工作任务的明确程度。单纯的常规性的任务明确程度较高，相反，非常规的任务明确程度低。

第二，领导者拥有的职位权力：领导者正式职位权力强弱程度。有明确职位权力的领导者比没有明确职位权力的领导者更容易使下属人员追随。

第三，集体的气氛：领导者与下属人员之间的关系。指领导者与其下属人员之间是否相互信任，下属人员是否欢迎该领导者。

菲德勒按照上述这三种因素，把领导者所处的环境从最有利到最不利分为八种类型，如表 5-3 所示。

表 5-3　菲德勒的有效领导权变模式

对领导者是否有利 ＼ 因素的情况 ＼ 三种因素	非常有利			中间状态			非常不利	
	1	2	3	4	5	6	7	8
领导者同下属的关系	好	好	好	好	差	差	差	差
工作结构	高	高	低	低	高	高	低	低
地位权利	强	弱	强	弱	强	弱	强	弱

资料来源：李兴山. 中外管理理论研究[M]. 北京：中共中央党校出版社，1998，277.

② 罗伯特·豪斯的途径—目标理论。途径—目标理论是由加拿大组织行为学教授罗伯特·豪斯（Robert House）和美国心理学教授特伦斯·米切尔（Terence R. Mitchell）于 20 世纪 70 年代提出的。该理论认为，领导者的效率是以他所鼓励下属达到组织目标并在其工作中得到满足的能力来衡量的，关键是领导者要努力协助下属找到最好的途径，确定富有挑战性的目标，并消除在实现目标过程中出现的重大障碍。

③ 领导方式的连续统一体理论。该理论由美国管理学家罗伯特·坦南鲍姆（Robert Tannerbaum）和沃伦·施米特（Warret H. Schmidt）提出。认为存在着多种多样的领导方式，形成一个连续统一体，两个极端是专制的领导方式和民主的领导方式，中间是领导者权利同下属权利的多种不同的结合方式。领导方式的好坏取决于领导者、被领导者和环境因素——任务性质、职权关系和团体动力等，如图 5-1 所示。

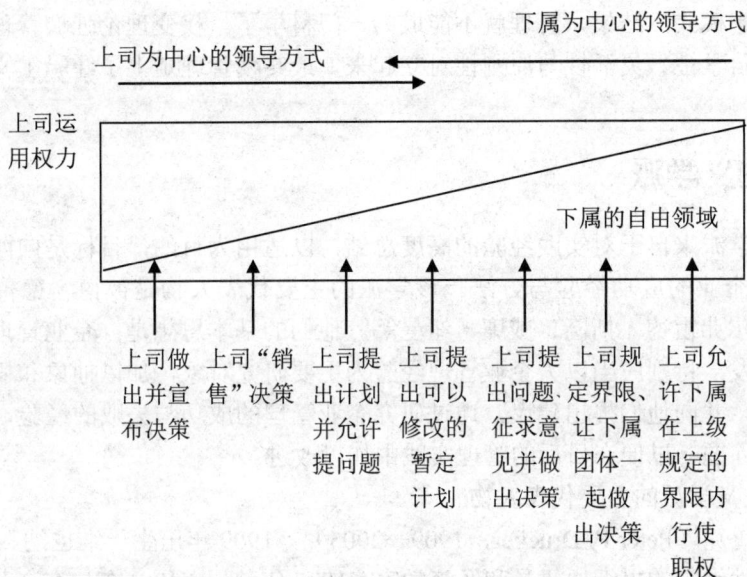

上司运用权力

上司为中心的领导方式

下属为中心的领导方式

下属的自由领域

上司做出并宣布决策

上司"销售"决策

上司提出计划并允许提问题

上司提出可以修改的暂定计划

上司提出问题、征求意见并做出决策

上司规定界限、让下属团体一起做出决策

上司允许下属在上级规定的界限内行使职权

图 5-1　领导方式的连续统一体

资料来源：李兴山．中外管理理论研究[M]．北京：中共中央党校出版社，1998，284．

3．对权变理论的评价

权变理论是在系统理论的基础上发展起来的，首先，我们可以肯定地说，系统理论为我们分析和处理各种组织管理问题提供了一种十分有用的方法，让我们要从整体观念出发，要清楚地了解组织的各个分系统、各相关部门和单位在组织中的地位和作用，以及它们之间的相互关系。同时，管理者不仅要分析组织内部的因素，而且还要注意解决组织与外部环境之间的相互关系问题。但是系统理论也具有一定的局限性，现代组织面临的环境十分复杂多变，系统理论却试图用系统的一般原理和模式来解决复杂的现实问题，这往往是很难奏效的。而且有很多学者认为，系统管理理论过于抽象，实用价值不大。系统管理理论的主要代表人物卡斯特和罗森茨韦克，也在他们的后期著作中，将系统理论与权变理论结合在一起。

权变理论认为，没有通用的有效的管理模式，只能根据组织所面临的具体条件和面临的环境，采取相应的组织结构和领导方式，灵活地处理各项具体事务。该理论把管理者的视线转移到对现实情况的研究上来，并根据具体情况进行具体分析，制定出相应的管理对策。管理理论中的权变与随机制宜的观点无疑是应当加以肯定的。但是，权变理论本身也带有一些根本性的缺陷。它缺乏理论分析，否定了管理的一般原理、原则对管理实践的指导作用。权变理论始终没有提出统一的概念和标准，每个管理学家都可以根据自己的标准确定自己的理想模式，结果，管理就不能成为一门科学了。权变理论强调管理的艺术性，并将艺术性与科学性、灵活性与原则性对立起来，最终使管理走上了经验主义与实用主义的道路。

七、经验主义学派

经验主义学派来自于对实践经验的高度总结，以适用为目的，目标是向西方大企业的经理提供管理企业的成功经验与方法。该学派的主要代表人物是彼德·德鲁克、欧内斯特·戴尔、艾尔弗雷德·斯隆、威廉·纽曼等。他们的基本思想是：企业管理理论的研究应当从实际出发，特别应当以大企业管理经验为主要研究对象，加以抽象和概括，然后传授给企业经理，并向他们提出建议，通过研究企业管理的成功与失败的经验，就能够发现管理中存在的问题，以便在日后的管理实践中加以改进。

1. 经验主义学派的主要代表人物

彼德·德鲁克（Peter F. Drucker，1909—2005），1909 年出生于维也纳。1929 年成为英国一家国际性银行的报纸通讯员和经济学家。1937 年移居美国，在一家企业集团做经济学者，后来任美国通用汽车公司、克莱斯勒公司、国际商用机器公司等大企业的顾问。1942—1949 年任佛蒙特德本宁顿大学哲学和政治学教授。1952 年任纽约大学管理学教授。一生著作颇丰，并且都具有很大的影响。主要著作有《管理实践》、《有效管理者》、《管理：任务、责任与实践》、《动乱时代中的管理》等。

欧内斯特·戴尔（Ernest Dale，1917—1996），美国管理学家，欧内斯特·戴尔协会主席，并担任一些美国和国际性大公司的董事和顾问。主要著作有《公司组织结构的计划与发展》、《伟大的组织》、《组织中的参谋工作》等。

艾尔弗雷德·斯隆（Alfred Sloan，1875—1966），美国高级经理人员，曾长期担任美国通用汽车公司的总经理和董事长。斯隆是事业部管理体制的创始人之一，1921—1922 年期间，他提出了"集中政策控制下的分散经营"组织机构模式，这是事业部的雏形。他的最大贡献是设计出了一种组织模式，使集权和分权在当时的条件下得到了很好的平衡。在他的领导下，通用汽车公司迅速发展成为国际性大公司。斯隆在 1963 年出版了《我在通用汽车公司的年代》一书，书中介绍了他在该公司的工作经验。

2. 经验主义学派的基本观点

经验主义学派认为管理只是同生产商品和提供各种经济活动的工商企业有关，而管理学则是由管理一个工商企业的理论和实际的各种原理、原则组成。经验主义学派反对把"管理"这一概念宽泛化，认为管理工商企业的技巧、能力、经验不能移植到其他组织机构中去。

管理活动有其特殊的内容，是一种同所有的其他活动（工程、技术活动等）在性质上有所区别的活动，是所有各种领导技能的主要组成部分，管理侧重于实际应用而不是纯粹的理论研究。管理的任务是使企业具有生产性，取得经济成果，并妥善处理企业与社会的关系，承担起社会责任。

德鲁克提出了三个更为广泛的管理职能：管理一个企业；对管理人员进行管理；管理工人和生产。德鲁克认为，经理人员在做每一项决策时首先要做经济上的考虑，只有能获得经济成果的决策才是成功的，虽然管理决策可能会产生一些非经济的效果，如快乐和社区福利的增进，但是，这只不过是以经济绩效为重点的副产品。管理一个企业要求经理人员要具有开辟新市场、开发新产品的冒险性格和创新精神。对于第二个职能，德鲁克提出了目标管理的概念，并对其基本原理进行了全面概括。

（1）企业的目的和任务必须转化为目标，经理人员通过这些目标对下级进行领导并以此来保证企业总目标的实现。

（2）目标管理是一种程序，是一种使组织中上下各级管理人员联合起来制定共同的目标，确定彼此的责任并以此项责任来作为指导业务和衡量各自贡献的标准。

（3）组织中每个管理人员和工人的分目标就是企业总目标对他的要求，也是他对企业总目标的贡献。

（4）管理人员和工人是依靠所要达到的目标进行自我指挥、自我控制的，而不是由他的上级来指挥和控制。

（5）企业管理人员对其下级的考核和奖惩也是依靠这些目标。

对经理的第三个职能，德鲁克认为，要把人当作公司中最重要的资源，使工作适合于工人，使工人对其职务有更多的控制，并使职务富有挑战性和完整性。此外，德鲁克还对企业的组织结构进行了分析，他把企业的组织结构分为五种类型：集权的职能性结构、事业部结构、规划—目标结构、模拟分权制结构、系统结构。

此外，德鲁克还对管理的任务、服务性部门的管理效率、企业同社会的关系、有效管理的方法、管理人员的工作和技巧等方面都有论述。

八、经理角色学派

1. 经理角色学派的主要代表人物

经理角色学派是 20 世纪 70 年代在西方出现的一个管理学派，该学派的创始人是亨利·明茨伯格。

亨利·明茨伯格（Henry MintZberg，1939—），1939 年出生于加拿大多伦多，1968年在美国麻省理工学院斯隆管理学院获博士学位，后在加拿大麦吉尔大学管理学院任教授，1975、1978 年两度获《哈佛商业评论》最佳文章麦肯锡奖。1978 年被任命为麦吉尔大学管理学教授，1988—1989 年曾任战略管理协会主席。明茨伯格著作丰硕，影响很大，是国际著名的管理大师。主要著作有《经理工作的性质》、《组织的结构：研究的综合》、《组织的内外权力》、《组织战略的形成》等。

2．经理角色学派的主要观点

明茨伯格在对 5 位经理的工作进行了仔细研究后发现，管理者的工作不像当时流行的说法，即管理者是深思熟虑的思考者，在做决策之前总是仔细地和系统地处理信息，相反，他们几乎没有时间静下心来思考，他们的工作经常被打断，有半数的管理者活动持续时间少于 9 分钟。明茨伯格的结论是，管理者扮演着 10 种不同的但却高度相关的角色，如表 5-4 所示。

表 5-4　明茨伯格的管理者角色理论

角　色	描　述	特 征 活 动
人际关系方面		
1．挂名首脑	象征性的首脑，必须履行许多法律性的或社会性的例行义务	迎接来访者，签署法律文件
2．领导者	负责激励和动员下属，负责人员配备、培训和交往的职责	实际上从事所有下级参与的活动
3．联络者	维护自行发展起来的外部接触和联系网络，向人们提供恩惠和信息	发感谢信，从事外部委员会工作，从事其他有外部人员参与的活动
信息传递方面		
4．监听者	寻求和获取各种特定的信息（其中许多是即时的），以便透彻地了解组织与环境；作为组织内部与外部信息的神经中枢	阅读期刊和报告，保持私人接触
5．传播者	将从外部人员和下级那里获得的信息传递给组织的其他成员——有些是关于事实的信息，有些是解释和综合组织的有影响的任务的各种价值观点	举行信息交流会，用打电话的方式传达信息
6．发言人	向外界发布有关组织的计划、政策、行动、结果等信息；作为组织所在产业方面的专家	举行董事会议，向媒体发布信息
决策制定者		
7．企业家	寻求组织和环境中的机会，制定"改进方案"以发起变革，监督某些方案的策划	制定战略，检查会议决议执行情况，开发新项目
8．混乱驾驭者	当组织面临重大的、意外的动乱时，负责采取补救措施	制定战略，检查陷入混乱和危机的时期
9．资源分配者	负责分配组织的各种资源——事实上是批准所有重要的组织决策	调度、咨询、授权，从事涉及预算的各种活动和安排下级的工作
10．谈判者	在主要的谈判中作为组织的代表	参与工会进行合同谈判

资料来源：斯蒂芬·P. 罗宾斯. 管理学[M]. 第 4 版. 北京：中国人民大学出版社，1997，9.

经理工作的六个特点是：工作量大，节奏紧张；活动短暂、多样且琐碎；把现实的活动放在优先地位；爱用口头交谈方式；重视同外部和下属的信息联系；权力和责任相结合。

就如何提高经理的工作效率，经理角色学派提出了以下十项要点。

（1）与下属共享信息。

（2）自觉地克服工作中的表面性，正确地区分重要和不重要的工作、自己要亲自处理和不用亲自处理的工作，这样才不致陷于日常琐碎事务之中，抓住重点，集中精力。

（3）在信息共享的基础上，由两三个人分组分担经理的职务。通过这种办法能够克服经理负担过重的现象，但是，这种方法的基础是领导小组中能够真正做到信息共享，并且领导小组的各成员能够密切协调配合。

（4）经理要尽可能地利用各种职责为组织目标服务。

（5）摆脱非必需的工作，腾出时间进行战略思考。

（6）以当时、当事的角色为重点。经理要承担不同的角色，但是在不同的场合时，这些角色不应发生混乱，应以适应当时具体情况的角色为重点。

（7）要同时具有局部和全局的观点。经理要做好一项工作必须掌握事物的具体细节，同时还要有全局的观点，要做到既见树木又见森林。

（8）充分认识自己的言行在组织内部的影响。

（9）处理好与组织有关的对组织有影响的人和机构的关系。

（10）利用管理科学家的知识和才能。环境的复杂性使得经理能否站在战略的高度思考问题，并为组织的发展提出有意义的战略方案，成为决定企业竞争成功的关键，但是，经理要处理许多日常琐碎的工作，因而没有足够的时间和精力进行战略思考。在这方面，各类科学家尤其是管理学家可以提供帮助。所以，经理要和各类科学家处理好关系，利用他们的知识使自己更好地完成管理工作。

本章小结

管理思想的发展同生产力的发展密切相连。二战后，随着生产力及科学技术的发展，管理思想也呈现出百花齐放、百家争鸣的繁荣景象，出现了现代管理理论丛林。本章第一节介绍了西方现代管理理论产生的历史背景。第二节介绍了西方现代管理理论丛林的八个主要学派，并对各学派的主要代表人物及观点作了叙述。

思考题

1．试述西方现代管理理论丛林产生的原因。

2. 现代管理理论丛林的主要学派有哪些？

3. 试述现代管理理论丛林各学派的主要观点。

关键词

现代管理理论丛林　管理过程学派　社会系统学派　决策理论学派　系统管理学派
管理数量学派　权变理论学派　经验主义学派　经理角色学派

案例　　　　　　　　　查克·斯通曼的一天

查克·斯通曼真的相信那句老话"早鸟得虫"。这一天是星期二，清晨，他比往常早
一个小时就起来了。先是作20分钟原地不动的骑车运动，接下来是洗澡、穿衣、吃早饭、
快速地浏览晨报，当查克驱车上路时，他看了一眼手表，5:28！从家里开车到上班地点只
需15分钟。查克是勒那食品公司奥马哈工厂的经理。勒那公司生产牛肉和猪肉产品，以私
有商标卖给60～70家大型超级市场连锁店。

一边开着车，查克的思绪一边回到昨天晚上。昨夜，查克和他的妻子安妮外出吃饭，
庆祝它们结婚15周年纪念日。他们回忆起他们初次约会（那是由双方的朋友安排的），他
们俩事先都没有多大希望。他们还谈起一些老朋友，他们之间已经多年没有通过信了。昨
天晚上的谈话使查克萌生出一种怀旧感，他的思绪开始漫游。他想到他是怎么最后来到奥
马哈，经营一家肉类加工厂，手下管着650名工人的。

查克1979年毕业于伊利诺伊大学，获商学学士学位。毕业后他进入勒那食品公司，一
直干到今天。开始是在芝加哥工厂做生产计划助理，在后来的12年中，他逐级晋升——高
级生产计划员、生产领班、轮班工长，以及堪萨斯城工厂的经理助理。1991年，他被提升
担任了现在的职务。图5-2中所示的简化的组织图，表明了查克在勒那公司的等级结构中
所处的位置以及他的直接下属。查克和安妮喜欢奥马哈，打算在这里把他们的两个儿子抚
养成人，安妮最后利用她的统计学学位在奥马哈投资公司找到一份保险统计员的工作。

查克今天早上的心情特别好，最后的生产率表明，奥马哈工厂超过了堪萨斯城工厂和
伯明翰工厂，成为公司人均劳动生产率最高的工厂。经过10个月的经营，奥马哈工厂已成
为公司所属工厂中获利最多的工厂。昨天，查克在与上司的通话中得知，他的半年绩效奖
金为23 000美元，而过去，他最多只拿到8 500美元。查克决定今天要把手头的许多工作
清理一下，像往常一样，他总是尽量做到当日事当日毕。除了下午3:30有一个幕僚会议以
外，整天的其他时间都是空的，因此他可以解决许多重要的问题。他打算仔细审阅最近的
审计报告并签署他的意见，并仔细检查一下工厂TQM计划的进展情况。他还打算开始计

划下一年度的资本设备预算，离申报截止日期还有不到两个星期了，他一直抽不出时间来做这件事。查克还有许多重要的事项记在他的"待办"日程表上：他要与工厂厂长讨论几个雇员的投诉；写一份 10 分钟的演讲稿，准备邀请在星期五的商会议上致辞；审查他的助手草拟的贯彻美国职业安全健康法（OSHA）的情况报告，工厂刚接受过安全检查。

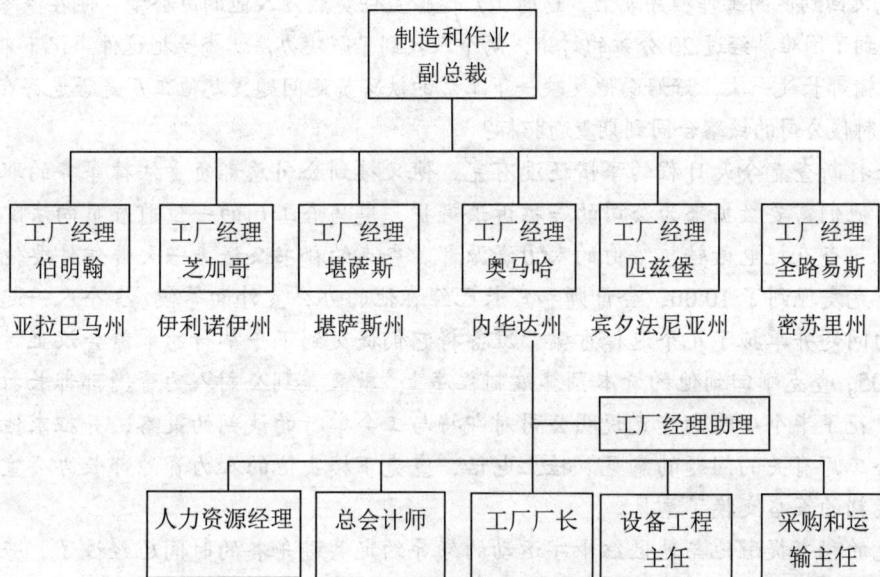

图 5-2　勒那食品公司组织图摘录

查克到达工厂的时间是 5:45，他还没有走到自己的办公室，就被会计总监贝斯拦住了，查克的第一个反应是：她这么早在这里干什么？很快他就搞清楚了。贝斯告诉他工资协调员昨天没有交上来工资表，贝斯昨晚一直等到 10 点，今天早上 4:30 就来了，想在呈报的最后期限到来之前把工资表造出来。贝斯告诉查克，实在没有办法按时向总部上报这个月的工资表了。查克做了个记录，打算与工厂的总会计师交换一下意见，并将情况报告他的上司：公司副总裁。查克总是随时向上司报告任何问题，他从不想让自己的上司对发生的问题感到突然。

最后，在他的办公室，查克注意到他的计算机在闪烁，一定是有什么新到的信息。在检查了他的电子邮件后，查克发现只有一件需要立即处理。他的助手已经草拟出下一年度工厂全部管理者和专业人员的假期时间表，它必须经查克查阅和批准。处理这件事只需 10 分钟，但实际上占用了查克 20 分钟的时间。

现在首先要办的事是资本设备预算，查克在他的计算机的工作程序上，开始计算工厂需要什么设备及每项的成本是多少。这项工作刚进行了 1/3，查克便接到工厂厂长打来的电话。电话中说在夜班期间，三台主要的输送机有一台坏了，维修工要修好它得花费 45 000 美元，这些钱没有列入支出预算，而更换这个系统大约要花费 120 000 美元。查克知道，他已经用完了本年度的预算。于是，他在 10:00 安排了一个会议，与工厂厂长和工厂会计师研究这个问题。

查克又回到他的工作程序表上，这时工厂运输主任突然闯入他的办公室，他在铁路货车调度方面遇到了困难，经过 20 分钟的讨论，两个人找到了解决办法。查克把这件事记下来，要找公司的运输部长谈一次，好好向他反映一下工厂的铁路货运问题，其他工厂是否也存在类似问题？什么时候公司的铁路合同到期重新招标？

看来打断查克今天日程的事情还没有完，他又接到公司总部负责法律事务的职员打来的电话，他们需要数据来为公司的一桩诉讼辩护，奥马哈工厂的一位前雇员向法院起诉公司歧视他。查克把电话转接给他的人力资源部。查克的秘书又送来一大叠信件要他签署。突然，查克发现到了 10:00，会计师和厂长已经在他的办公室外面等候。3 个人一起审查了输送机的问题并草拟了几个选择方案，准备将它们提交到下午举行的幕僚会议上讨论。现在是 11:05，查克刚回到他的资本预算编制程序上，就又接到公司人力资源部部长打来的电话，对方花了半个小时向查克说明公司对即将与工会举行的谈判的策略，并征求他对特别与奥马哈工厂有关的问题的意见。挂上电话，查克下楼去他的人力资源部长办公室，他们就这次谈判的策略交换了意见。

查克的秘书提醒他与地区红十字运动的领导约定共进午餐的时间已经过了，查克赶紧开车前往约定的地点，好在不过迟到了 10 分钟。

下午 1:45，查克返回他的办公室，工厂厂长已经在那里等着他。两个人仔细检查了工厂布置的调整方案，以及通道面积是否符合专为残疾雇员制定的法律要求。会议的时间持续得较长。因为中间被三个电话打断。现在是 3:35，查克和工厂厂长穿过大厅来到会议室，幕僚会议通常只需一个小时，不过，讨论劳工谈判和诉讼系统问题的时间拖得很长。这次会议持续了两个多小时，当查克回到他的办公室时，他觉得该回家了。他和安妮今晚要在家中招待几位社区和企业的领导人。

开车回家的时间对查克来说仿佛用了 1 个小时而不是 15 分钟，他已经精疲力竭了。12 个小时以前，他还焦急地盼望着一个富有成效的工作日，现在这一天过去了，查克不明白："我做成了哪件事？"当然，他知道他干完了一些事，但是本来有更多的事他想要完成的。是不是今天有点特殊？查克承认不是的，每天开始时他都有着良好的打算，而回家时都不免感到有些沮丧。他整日就像置身于琐事的洪流中，中间还被不断地打断。他是不是没有做好每天的计划？他说不准。他有意使每天的日程不要排得过紧，以使他能够与人们交流，使得人们需要他时他能够抽得出时间来。但是，他不明白是不是所有管理者的工作都经常被打断和忙于救火，他能有时间用于计划和防止意外事件发生吗？

思考题：

1. 与典型的管理者的工作相比，你怎么看查克的工作？
2. 用明茨伯格的管理者角色理论评价查克的活动。
3. 用系统方法评价查克一天的活动。
4. 查克要成为更好的管理者应当做什么？

资料来源

斯蒂芬•P. 罗宾斯. 管理学[M]. 第 4 版. 北京：中国人民大学出版社，1997，50-52.

第六章　西方当代管理理论的新发展

学习目的与要求

1. 了解西方当代管理理论新发展产生的历史背景
2. 清楚西方当代管理理论新发展中较为突出的几种理论
3. 掌握新发展的几种理论的代表人物及其思想观点

20 世纪 80 年代以来，市场竞争愈趋激烈，企业外部环境更加复杂多变，企业应如何适应充满危机的国际经济环境，获得竞争优势，并不断谋求发展，成为管理学界研究的重点。西方管理理论随着企业实践的发展不断发展，其中较为突出的是托马斯·彼得斯的管理理论、战略管理理论、质量管理理论、企业再造理论、知识文化管理理论。

第一节　西方当代管理理论新发展产生
的历史背景

20 世纪 70 年代末，世界经济发生了结构性的变化，东西两大板块在不断地碰撞与交融，在这样的历史背景下，西方当代管理理论有了新的发展。

一、世界经济的结构性变化

20 世纪 70 年代后期到 80 年代初期，世界国与国之间的竞争从以军事实力为基础转变到以经济实力为基础，在这个转变的过程中，旧的世界格局慢慢解体，新的世界格局逐渐形成。世界经济在这一段时期发生了结构性变化。

1. 原材料经济（初级产品经济）与工业经济脱钩

科技的发展，以及 20 世纪 70 年代世界能源危机的影响，使人们对充分利用自然资源有了更深刻的认识，提高资源的价值和附加值成为工业和科技发展的主要标志。

2．加工工业经济内部生产与就业脱钩

主要指制造业的生产与制造业的就业脱钩。发达国家经济发展呈现出的趋势是：制造业中，科学技术日益成为发展的主要力量，纯体力劳动因素的影响越来越小；相反，在非制造业中，尤其是在服务业中，纯体力劳动因素的影响越来越大，形成了新的竞争领域。

3．资本的流动成为世界经济发展的动力

资本流动与商品和劳务贸易的联系越来越松散。资本在世界经济中起着极为重要的作用。世界上一切参与竞争的资本主要是实力，而实力大小的标志就是资本量的大小。世界经济的竞争已经从有形向无形转变，从实际性竞争向象征性竞争转变。在竞争中，知识和技术含量越来越大，运用智力、资本的能力成为竞争的主要标志。

二、东西板块的频繁碰撞

进入 20 世纪 80 年代以后，东西方两大板块在不断地碰撞、交融和渗透。由于意识形态和传统文化的差异，使得整个世界格局处于一种动荡不安的状态。

（1）价值观西化，强调个性成为人类社会的主流。人本身的发展也是管理思想发展的主要因素之一，人无论是作为管理主体还是管理客体，都是决定因素。人本身随着社会的发展、受教育程度的提高、文化交流的普及以及信息沟通手段的便捷，也在不断地发生着变化，强调个性成为人类社会发展的主要特征之一。

（2）传统文化与外来文化的交融，使得社会文化呈现出多样化，社会发展的不确定性增加，市场变得越来越难以捉摸。随着科技、交通和通讯技术的发展，我们居住的地球变得越来越"小"。经济发展过程中，形成了很多区域经济圈，圈内和圈外、圈与圈之间的交融，形成了不同文化的融合。人们的传统习惯不断被打破，新的概念在不断形成，从而大大影响了人们的行为方式，给企业的发展增加了压力。

（3）在巨大的竞争压力下，生产要素不断重新分化、组合、凝结、再分化、再组合……，循环往复，呈现周期性的变化。进入 20 世纪 80 年代以后，西方资本主义国家中企业兼并浪潮此起彼伏，企业为了生存和发展，都在不断地寻求生存发展的空间，企业兼并也由敌对性向协作性发展。

（4）知识经济的到来，人们的生产和生活方式发生了改变。生产组织形式是形成新的管理思想的主要来源，如农业经济的生产方式，决定着传统的管理思想，并决定着当时的管理过程；工业经济的大生产的生产方式，决定着古典管理思想以及相应的经济规律。所以，当生产力的发展使人类社会进入知识经济时代时，就会形成适应知识经济时代的管理思想和经济规律。

第二节 西方当代管理思想的新发展

一、托马斯·彼得斯的管理思想

1. 托马斯·彼得斯

托马斯·彼得斯（Thomas J. Peters，1942—），美国最负盛名的咨询大师，最为著名的管理学传道大师之一，《洛杉矶时报》曾经在一篇评论中称他为"后现代企业之父"。彼得斯于1942年出生于美国巴尔的摩市。在斯坦福大学学习期间，遇到了许多有影响的著名人士，对他产生了重要影响。1974年，从斯坦福大学毕业，然后进入麦肯锡工作。1977年被分配去从事关于"卓越公司"的调研计划。5年后，托马斯·彼得斯和罗伯特·沃特曼根据其研究成果，出版了《追求卓越》一书。彼得斯的其他比较著名的著作包括《乱中取胜》（1987年）、《渴望卓越》（1989年）、《管理的革命》（1992年）、《"哇"的追求》（1994年）。

2. 彼得斯的管理思想

彼得斯在《追求卓越》一书中，提出了具有创新精神的优秀公司所具有的八条原则。

（1）崇尚行动：偏好行动而不是沉思。

（2）贴近顾客：从顾客身上学习，并提供无与伦比的高质量、优质服务和信用卓著的可靠产品。

（3）自主创新：鼓励自治和放松，而不是紧密监督。通过组织的力量培养领导者和创新人才。

（4）以人促产：尊重个人，鼓励雇员的生产力，避免对立情绪。

（5）价值驱动：以一种被称为"走动式管理"的方式，保持与大家的紧密接触。

（6）不离本行：在自己所熟知的领域扩展，避免进入未知领域。

（7）精兵简政：组织结构简单，人员精干。

（8）宽严并济：既集权又分权，对目标同时保持松紧有度的特性。

这些基本原理的提出，很大程度上影响了全球企业的管理和运营，直到今天，这些原则仍然是许多企业提升业绩和盈利能力的有效方法。

彼得斯注重挖掘人的潜力，他在构建管理思想时应用了大量的心理学研究成果，他认为，人不是环境的奴隶，迫切需要活得有意义，为了实现这种意义，人们愿意付出极大的牺牲；人们通常将成功看作是自由身的因素，而将失败归因于体制；所有的人都以自我为中心，对来自他人的赞扬感到快慰，有普遍趋于认为自己是优胜者的趋势；多数人在寻求安全感时好像特别乐于服从权威，而另一些人在利用他人向他们提供有意义的生活时，又特别乐于行使权力。彼得斯还对人性进行了归纳，认为人们需要有意义的生活，需要受一定的控制，需要受到鼓励，使人的行动和行为一定程度上形成态度和信念，而不是相反。

二、战略管理理论

根据战略大师钱德勒的观点，战略管理就是"决定企业的基本的长期目标与任务，制定行动方案，配置必要的资源以实现这些目标"。

系统的战略思想可以追溯到 2 500 年前的《孙子兵法》，现代企业的战略思想出现于20 世纪 60 年代的美国。

1. 战略研究的四个学派[①]

战略研究的历程开始于 20 世纪 50 年代末，1957 年，塞尔兹尼克（P. Selznick）研究了制度承诺的重要性，提出了"独特竞争力"这一概念，构建了现代战略的雏形。有学者把此后战略管理思想的发展归纳为四个学派：战略规划学派、适应学习学派、产业组织学派和资源基础学派。

（1）战略规划学派。战略规划学派盛行于 20 世纪 60 年代至 70 年代。20 世纪 60 年代，安索夫、安德鲁斯、克里斯滕森奠定了战略规划的基础，他们重点阐述了如何使公司资源与商业机会更好地匹配，并论述了战略规划的作用。20 世纪 60 年代，安德鲁斯和克里斯滕森在哈佛商学院使用单向法形成了战略规划的基本理论体系。当时的战略规划包括四步：第一，研究外部环境条件与趋势及公司的内部独特能力。第二，分析外部环境机遇与风险及公司内部资源的优势与劣势，并把他们结合起来。第三，通过评估决定机遇与资源的最佳匹配。第四，做出战略选择。

战略规划思想适应了当时企业所面临的环境，但是，随着环境的不断变化，其本身所具有的致命弱点，即单向性，日益显现。环境多变，战略规划同样应当不断加以调整以适应变化了的环境，因此战略规划应当是一个循环往复的过程而不应当是单向的。明茨伯格在《战略规划的衰落与复苏》一书中对战略规划思想进行了猛烈的抨击，指出了战略规划的三种谬误：预测是可能的；战略具有可分离性；战略是明确的、详细的、常规性的未来计划。

尽管战略规划思想存在许多缺陷，但是它适应了 20 世纪 60 年代的经济环境，有其存在的理由，具有一定的进步性。战略规划学派的代表性的分析工具有 SWOT 分析、波士顿矩阵、SPACE 矩阵。

（2）适应学习学派。20 世纪 60 年代后期，市场环境发生了变化。1973 年的石油危机，使人们逐渐认识到，战略规划并不能预测未来，未来具有极大的不确定性，现时的战略往往是不断试错的结果。理论与实践的巨大反差开始动摇战略规划的垄断地位，适应学习学派产生。20 世纪 70 年代是适应学习学派的时代，战略越来越把环境的不确定性作为研究

[①] 周三多，邹统钎. 战略管理思想史. 上海：复旦大学出版社，2003，1-11.

的重要内容，更多地关注企业如何适应环境。并在研究的过程中引进了脚本分析。该学派著名的代表人物有奎因、明茨伯格、伊丹敬之、西蒙、查菲、柯林斯与泼拉斯。

适应学习学派的分析工具远没有战略规划学派与产业组织学派丰富，该学派的分析多集中在环境上，它关注的是环境的不连续与不确定，代表性的分析方法有 SMFA 法、战略不确定性评估矩阵、脚本分析。

（3）产业组织学派。从战略规划学派与适应学习学派到产业组织学派，这个演变过程没有严格的逻辑关系，产业组织学派的诞生是一个飞跃，是当时生产方式演变的必然结果。产业组织学派的核心思想是：企业的竞争战略必须同其所处的环境相联系，而行业环境是与企业经营最直接相关的，行业结构决定了企业的竞争范围，决定了企业的潜在利润水平，企业战略的核心是获得竞争优势，因而，企业要选择盈利潜力大、有吸引力的行业，同时在行业中争取好的相对地位。

产业组织学派内部又分为哈佛学派和芝加哥学派，前者认为市场结构决定企业行为，这些行为又决定了企业的业绩，并提出了著名的 SCP 分析框架，即结构（Structure）—行为（Conduct）—绩效（Performance）框架，如图 6-1 所示。后者则主张用价格理论来分析产业组织问题。芝加哥学派否定了哈佛学派的市场集中度有利于提高企业绩效的观点，恰恰相反，该学派认为市场集中度是经营高绩效的结果而非原因。

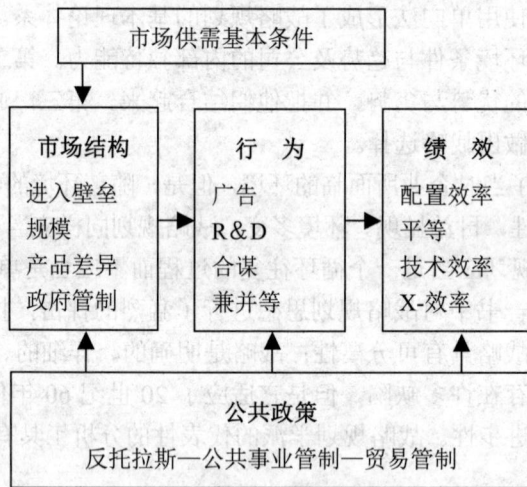

图 6-1　哈佛学派的分析框架

资料来源：周三多，邹统钎. 战略管理思想史[M]. 上海：复旦大学出版社，2003，75.

产业组织学派的代表人物是梅森、贝恩、谢勒、迈克尔·波特、施蒂格勒（J. S. Stigler）、德姆塞茨（H. Demsets）、布罗曾（Y. Brozew）、波斯纳（R. Posner）等。

产业组织学派的分析工具是所有战略管理学派中最丰富的，如 SCP 分析范式、PIMS（Profit Impact of Market Strategy）分析框架、五力模型、价值链等。

（4）资源基础学派。20 世纪 80 年代后期，企业间的混合兼并浪潮回落，回归主业成为新潮流。实践证明，行业吸引力无法保证好的经营业绩。同时，日本企业的成功使人们感觉到企业内因在竞争中有重要作用。经济理论的新发展（如契约理论、激励理论、信息理论和战略联盟理论）使理论工作者们更多地从内部寻找影响企业业绩的原因。知识在企业中的作用日益受到重视。

资源基础学派从企业内部来寻找企业成长的动因，用资源和能力来解释企业间存在差异的原因。该学派认为，如果企业间无法有效仿制或复制出优势企业产生特殊能力的资源，企业间的效率差异状态将永远存在下去。企业的内部能力、资源、知识的积累是企业获得超额利润和保持竞争优势的根本所在。

资源基础论的基本假设是：企业具有不同的有形和无形资源，这些资源可以转化为独特的能力；资源在企业间不可复制且难以流动；这些独特的资源和能力是企业持久竞争优势的源泉。也就是说，企业所具有的有价值的、独特的、不易复制、难以替代的资源是企业竞争优势的源泉。资源基础论有两个分支，一个是强调资源的作用，另一个是强调能力的作用。

资源基础学派的著名代表人物是沃纳菲尔特、格兰特、柯利斯、蒙哥马利、普拉哈拉德、哈默尔。

资源基础学派的分析工具相对来说比较匮乏，没有能被人们所普遍接受的分析工具，因此，资源基础学派的理论操作性较差，但它给人们提供了一种分析思路，即从企业内部寻找影响企业获利能力的原因。

2. 迈克尔·波特的竞争战略理论

迈克尔·波特，1947 年 5 月生于密歇根的安阿伯。1969—1977 年在美国陆军后备役服役，任上尉。1969 年在普林斯顿大学获科学工程学学士学位，1971 年在哈佛大学获工商管理硕士学位，1973 年在哈佛大学获哲学博士学位，1973 年起在哈佛大学任教，1983—1985年任总统企业竞争委员会成员。主要著作有《品牌间的选择、战略和双向市场的力量》、《竞争战略》、《竞争优势》、《全球产业竞争》、《国家竞争优势》等。

波特的战略思想主要由几个概念组成：行业的五种竞争力量、企业的三种基本竞争战略、价值链分析方法。

（1）行业的五种竞争力量。五种力量决定了该行业的竞争程度，一般来说，五种力量会导致如下结果：强大的购买者将为自己争得价值；强大的供应商将为自己争得价值；替代品为产品的价格确定最高上限；新竞争者的进入通过低价格将价值转移到消费者身上或者通过提高竞争成本导致价值损失；现有竞争对手的作用与潜在竞争者的作用相同。

  五种力量反映出的一个事实：一个产业的竞争大大超越了现有参与者的范围。顾客、供应商、替代品、潜在进入者均为该行业的"竞争对手"，并且依据情况或多或少地显露出其重要性，这种广义的竞争被波特称为"拓展竞争"。这五种力量共同决定产业竞争的强度以及产业利润率，最强的一种或几种作用力占据着统治地位，并且从战略形成的观点来看起着关键性作用。

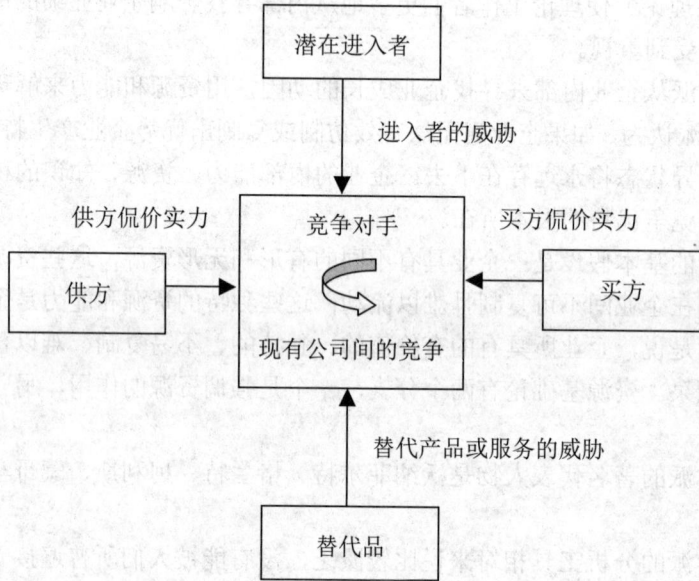

图 6-2 五力模型

资料来源：迈克尔·波特．竞争战略[M]．陈小悦，译．北京：华夏出版社，2005，3．

  （2）企业的三种基本竞争战略。成本领先战略又称低成本战略，即企业的全部成本低于竞争对手的成本，甚至是同行业中的最低成本。其核心就是企业加强内部成本控制，在研究开发、生产、销售、服务和广告等领域把成本降到最低，成为产业中的成本领先者。

  差异化战略就是通过提供与众不同的产品或服务，满足顾客的特殊需求，从而形成一种独特优势。这种不同于行业内竞争对手的产品的特色能给产品带来额外的加价。如果一个企业的产品或服务的溢出价格超过因其独特性所增加的成本，那么拥有这种差异化将给企业带来竞争优势。

  重点集中战略又称专一化战略，是指企业把其经营活动集中于某一特定的购买群体、产品线的某一部分或某一地区市场上的战略。三种竞争战略之间的关系，如图 6-3 所示。

竞争优势

被顾客觉察的独特性　　低成本优势

全行业范围	差异化	成本领先
特定细分市场	集中化	

战略目标

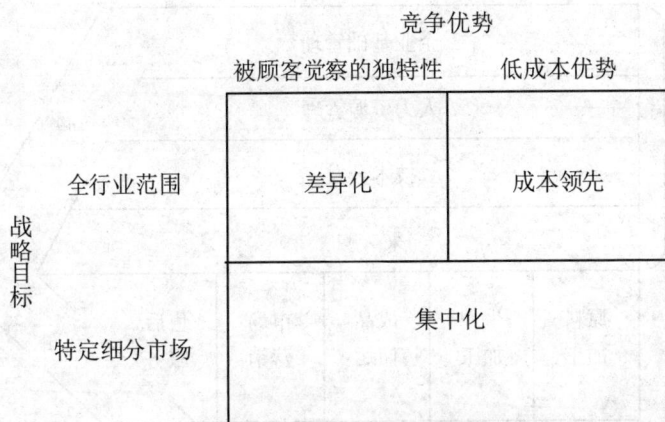

图 6-3　三种基本竞争战略

这些战略是根据产品、市场以及特殊竞争力的不同而形成的，如表 6-1 所示。企业可根据自己的生产经营情况，选择所要采用的竞争战略。

表 6-1　基本竞争战略组合

	成本领先战略	差异化战略	重点集中战略
产品差异化	低 （主要来自价格）	高 （主要来自特殊性）	由低到高 （价格或特殊性）
市场细分化	低 （大市场）	高 （众多的细分市场）	低 （一个或一些细分市场）
特殊竞争力	制造及物料管理	研究开发，销售等	任何的特殊竞争力

（3）价值链分析法。波特认为，企业的每项经营活动就是其为顾客创造价值的经济活动，那么，企业所有的互不相同但又相互关联的价值创造活动叠加在一起，便构成了一个创造价值的动态过程，即价值链。若企业创造的价值超过其成本，就能盈利；如果超过竞争对手创造的价值，就具有竞争优势。因此，分析竞争地位时必须使用价值，而不是成本，所以，应采用价值链分析方法。

波特认为企业的活动可分为两大类：主体活动和支持性活动。波特所说的企业价值链，如图 6-4 所示。

波特用价值链分析方法揭示了企业的内部活动的秘密，把企业竞争的内涵通过价值链反映了出来。通过价值链深入地分析了每一个活动的价值及对其他活动的影响。

波特的竞争战略理论体系是很完整的，从行业结构开始到具体战略构想的制定都作了全面的分析，为西方在进入 20 世纪 80 年代的企业竞争方面提供了有利的思想武器，现已成为竞争战略方面的经典管理理论。

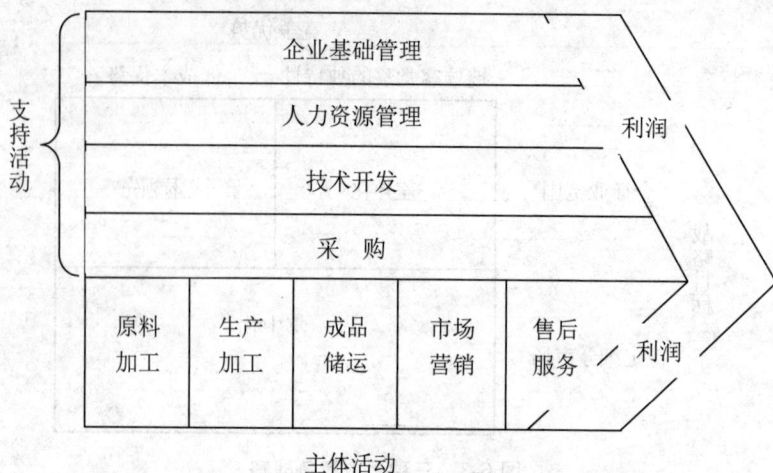

图 6-4　企业价值链

3．哈默尔与普拉哈拉德的核心能力理论

核心能力理论应该说是起源于 1957 年塞尔兹尼克提出的"独特竞争力"（Distinctive Competence）概念。本质上，核心能力理论脱胎于资源基础论，其战略思想的精髓没有超出资源基础论的范围，它们之间的细小差别是核心能力理论认为企业是能力的集合体，能力决定企业的发展方向。而传统的资源基础论把能力也当作一种资源，并没有突出强调能力的作用。

1990 年，哈默尔与普拉哈拉德在《哈佛商业评论》上发表了一篇标志性文章《公司核心能力》，在文中首次提出了"核心能力"一词。在以后十年多的时间里，核心能力问题得到了管理学和经济学研究者和实践者的广泛响应。关于核心能力的著述也层出不穷，在学者们对核心能力进行分析的同时，许多中外企业也纷纷亮出自己的核心能力，如表 6-2 所示。

表 6-2　中外企业核心能力例举

序　号	公司名称	核　心　能　力	出　　处
1	索尼	微型化技术	普拉哈拉德和哈默尔（Prahalad and Hamel，1990）
2	3M	黏合剂、基质、涂覆、先进材料研制	
3	佳能	精密仪器研制、光学、成像和微处理控制方面	
4	惠普（分立前）	电子仪器研制——MC2：测试仪器、电脑、通讯	
5	本田	小型发动机设计、开创性的市场营销和分销能力	
6	NEC	数字技术——C&C：计算机和通讯、特别是 VLSI 和系统集成技能	

序　号	公司名称	核　心　能　力	出　　处
7	松下	开发无与伦比的加工技术和大规模生产产品的分销能力	李建民（1998）
8	耐克	优越的市场营销和分销能力及在运动服装领域的产品设计能力	李建民（1998）
9	微软	优秀的软件	高群耀（2000）
10	GE	以前是技术，现在则是管理，尤其是人力资源培训	查德克（2000）
11	戴尔	直销能力	梅清豪（2001）
12	海尔	市场的整合力，通过企业与市场机制及产品功能与用户需求的整合实现	张瑞敏（1999）
13	长虹	技术吸收、创新能力，低成本扩张能力	康荣平（1999）
14	中兴	致力于全面创新，涉及产品和管理的创新	许庆瑞（1999）
15	江苏春兰	管理体制与技术优势	宋洋州（1999）
16	上海家化	核心创造力，其中心是技术创新，外层为经营理念、企业文化	葛文耀（1999）
17	正广和	营销网络	周夏斌（2000）
18	携程旅行网	CTMS，管理团队，CTRIP 理念，3C 商务模式，商业联盟与风险融资能力	范徽、范敏（2001）

资料来源：王伟等. 管理创新原理与实务. 北京：中国对外经济贸易出版社，2002，160

所谓核心能力，哈默尔与普拉哈拉德的定义是组织的累积性学识，特别是关于如何协调各种生产技能和整合不同技术流方面的知识。其后又认为，核心能力是能使企业提供附加价值给客户的一组独特的技能和技术。

核心能力观念的兴起是企业战略管理思想的一次巨大变革。它克服了传统战略管理模式的内在缺陷，强调以企业所拥有的特定资源和能力为出发点，制定和实施企业的竞争战略。这一思路的提出将战略管理的重心由过去关注企业与环境的匹配转到关注企业内部能力、资源和知识的积累，认为企业之间的竞争本质上是核心能力的竞争。核心能力具有难模仿性、不可完全流动性、不可交易性、不可替代性、技术经济性、价值优越性、异质性、延展性等特征。

三、质量管理理论

质量管理理论最著名的代表人物是威廉·爱德华·戴明和约瑟夫·M.朱兰，戴明提出了全面质量管理的概念，朱兰则对其实施作了进一步探索。

1. 戴明及其管理思想

威廉·爱德华·戴明（W. Edwards. Deming, 1900—1993），1900 年 10 月出生于爱荷

华州的苏欧克斯市，1928 年获得耶鲁大学数学物理博士学位，1939 年进入国家人口统计局。二战期间，在美国给经理和工程师授课，战后被麦克阿瑟将军邀请到日本担任人口统计顾问。戴明是世界著名的质量管理学家，他对世界质量管理发展作出的贡献享誉全球。虽然 20 世纪 50 年代在美国并不太出名，但是到了日本，很快成为国家英雄，1960 年，日本天皇授予戴明杰出人才奖，表明了对他的高度承认，这是戴明所欣赏的奖励。20 世纪 80 年代初，西方世界才开始真正认真地对待戴明的管理思想。

戴明的主要观点是"十四要点"，是本世纪全面质量管理（TQM）的重要理论基础。

- 创造产品和服务的改善是持久的；
- 采纳新的管理理念；
- 停止依靠大批量的检验，因为检验出来已经太迟，且成本高而效率低，正确的做法是改良生产过程；
- 废除"价低者得"的做法；
- 不间断地改进生产及服务系统；
- 培训必须有计划，并建立在可接受的工作标准上；
- 督导人员必须要让高层管理者知道需要改善的地方，管理当局知道后要采取行动；
- 驱走恐惧心理；
- 打破部门间的围墙；
- 取消对员工发出计量化的目标；
- 取消工作标准技术量化定额；
- 消除妨碍基层员工工作尊严的因素，同时消除不知什么是好的工作表现；
- 建立严谨的教育及培训计划；
- 创造一个每天都推动以上十三项的高层管理结构。

戴明最先提出了 PDCA 环，又称"戴明环"，如图 6-5 所示。

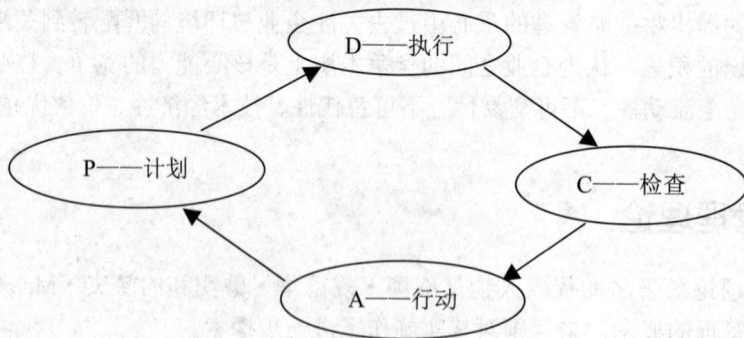

图 6-5　"戴明环"

PDCA 四个英文字母代表的意义是：

P（Plan）——计划；

D（Do）——执行；

C（Check）——检查；

A（Action）——行动或处理。

PDCA 环，有四个明显的特征：周而复始；大环带小环；阶梯式上升；统计工具。

戴明理论反映了全面质量管理的全面性，说明了质量的改进不是个别部门的事情，要有高层管理者的推动才有效。

2. 朱兰及其管理思想

约瑟夫·M. 朱兰（Joseph Juran，1904—2008）是世界著名的质量管理专家。1904 年生于罗马尼亚布莱勒，1912 年移民美国，曾获得明尼苏达大学电子工程学学士学位，后又获芝加哥洛约拉法大学法学博士学位。从事过多种职业：工程师、企业管理者、政府官员、大学教授、劳动仲裁人、公司董事、管理顾问。最后的工作岗位是西部电气公司的一名管理人员，40 岁时，成为一名自由职业者。在他的职业生涯中，先后写了 12 本关于质量管理方面的书。1951 年首次出版的《质量管理手册》至今仍是质量管理领域重要的国际性参考书，被称为当今世界质量控制和质量控制科学的名著，为奠定全面质量管理的理论基础和基本方法作出了贡献。他曾给上千家企业开办培训班、提供咨询，同时还创造了国际性的培训课程。曾三十余次获得奖章、名誉称号、名誉成员等荣誉，1981 年，日本的裕仁天皇颁发给他圣贤勋章，以表彰他对日本所作出的贡献。1979 年，"朱兰学会"成立，至今仍由朱兰本人担任名誉主席。

朱兰博士所提出的"突破历程"综合了他的基本学说，突破历程的七个环节为：

（1）突破的势态。管理层必须说明突破的急切性，然后创造环境加以突破。最能说明突破急切性的莫如质量成本。为了获得充足的资源推行改革，要把预期的效果用货币的形式表达出来，以投资回报率的形式加以展示。

（2）突出关键少数项目。利用帕雷托法分析，在众多的问题中找出关键性少数，然后集中力量优先处理。

（3）寻求组织上的突破。成立两个不同的组织："指导委员会"和"诊断小组"去领导和推进变革，前者由来自不同部门的高层人员组成，负责制定变革计划、指出问题的原因所在、授权作试点改革、协助克服抗拒的阻力及贯彻执行解决方法。后者则由质量管理专业人士及部门经理组成，负责寻根究底、分析问题。

（4）分析诊断。诊断小组研究问题的表征、提出假设，通过实验找出问题的真正原因。同时要确定不良品的责任人，是操作人员还是管理人员的责任。若是操作人员的责任，则必须同时满足以下三项条件：操作人员清楚他们要做的是什么，有足够的资料数据明了他们所做的效果，有能力改变他们的工作表现。

（5）克服变革的阻力。首先要让抗阻人员明了变革对他们的重要性，并让他们参与决策制定变革的内容。

（6）进行变革。所有要变革的部门必须通力合作。每一个部门要清楚地知道问题的严重性，变革的成本、预期的效果、变革对部门员工的冲击和影响。必须给予足够的时间进行酝酿和反省，并提出适当的训练。

（7）建立监督系统。在变革的过程中，必须有适当的监督系统定期反映变革进度及有关的突发情况。正规的跟进工作异常重要，足以检查整个过程及解决突发问题。

朱兰还提出了他的"质量环"，即产品质量是在市场调查、开发、设计、计划、采购、生产、控制、检验、销售、服务、反馈等过程中形成的，同时这个过程又是一个不断循环、螺旋提高的过程，称为质量进展螺旋，即质量环。

朱兰在大量实际调查和统计分析的基础上，尖锐地指出了质量责任的权重比例问题，他认为所发生的质量问题中，20%来自于基层操作人员，而有 80%的质量问题是由领导者的责任所引起的，这就是著名的"80/20 原则"。在国际标准 ISO9001 中，与领导职责相关的要素所占的重要地位在客观上证实了朱兰的"80/20 原则"所反映的普遍规律。

朱兰还认为，现代科学技术、环境与质量密切相关，社会工业化引起了一系列的环境问题，影响了人们的生活质量。随着全球经济与科技的发展，质量概念必然会拓展到生活的各个领域，包括环境质量、卫生保健质量及人们的精神需求和满足程度等。朱兰的生活质量观正反映了经济发展的最终目的是为了不断满足人们对物质文化生活的需要。

3．杰克·韦尔奇及 6σ 理论

6σ 在 20 世纪 80 年代诞生于摩托罗拉公司，它是一项以数据为基础，追求接近完美的质量管理方法。希腊字母 σ 在统计学上用来表示统计的标准差，即数据的分散程度。对于连续的可计量的质量特性，用 σ 来表示质量特性总体上对目标值的偏离程度。σ 的个数用来表示品质的统计尺度，任何一个工作程序或工艺过程都可以用 X 个 σ 来表示，6σ 表示在 100 万个机会中出错的机会是 3.4 个，合格率是 99.99966%。

6σ 理论的代表人物是被称为"全球第一 CEO"的杰克·韦尔奇（Jack Welch）。杰克·韦尔奇并不是 6σ 理论的创造者，GE 也并不是第一个实施 6σ 管理的公司。但是，6σ 在 GE 的实施是最成功的。6σ 在通用电气的实施始于 1995 年，到了 1997 年，6σ 给该 GE 带来的收益已经开始大于其当初实施该管理方法的巨额投资了，2000 年，6σ 管理给通用电气带来的年收益更是高达 25 亿美元，营业利润从 1995 年的 66 亿美元飙升到 1999 年的 107 亿美元。在此期间，也有很多的国际著名跨国公司纷纷通过 6σ 来强化管理水平，降低成本，提高顾客忠诚度，增加企业的销售业绩，提高其核心竞争力。

6σ 管理方法的重点是将所有的工作作为一种流程，采用量化的分析方法来分析流程中影响质量的所有因素，找出关键因素并加以改进，从而实现更高的客户满意度。

6σ 理论的六个主题是：

- ⇉　真正关注顾客；
- ⇉　以数据和事实驱动管理；
- ⇉　针对流程采取相应措施；
- ⇉　预防性管理；
- ⇉　无边界合作；
- ⇉　力求完美但容忍失败。

开展 6σ 管理有三个基本途径：业务变革；战略改进；解决问题。

6σ 理论实际上是从全面质量管理（TQM）演变而来的，只是 TQM 涉及面广，包括了公司所有的人和事而失去了聚焦点和冲力，相反，6σ 管理更有针对性，要求企业将重点放在客户最关心、对企业或机构影响最大的方面。6σ 近年来正在取代全面质量管理，被更多的企业所效仿和关注，而且也已经有许多被证明的解决方案是通过 6σ 完成的。

四、企业再造理论

企业再造也称"公司再造"、"再造工程"，这是 20 世纪 90 年代，由西方发达国家兴起的一场企业革命，被喻为"从毛毛虫变蝴蝶"的革命。

1. 理论产生背景

进入 20 世纪 90 年代以后，经济环境变化剧烈，科技的进步、社会的发展、人们的行为方式和心理的变化都要求企业做出相应的变化。传统的分工理论已经开始受到顾客（Customers）、竞争（Copmpetition）和变化（Change）三种力量的挑战，顾客正在变得更为挑剔，在买卖关系中逐渐占据了上风。企业之间竞争的方式和种类增多，程度也更为激烈，交易和竞争正在变得无国界。变化成为唯一不变的因素，变化本身的性质也在变化。各方面的压力促成了企业再造理论的出现。

2. 代表人物及其思想

1993 年，迈克·哈默（M. Hammer）与詹姆斯·钱皮（J. Champy）合作编著了《再造企业——管理革命的宣言》，书中总结了过去几十年来世界成功企业的经验，阐明了生产流程、组织流程在企业参与市场竞争中的决定性作用，提出了应对市场变化的新方法——企业流程再造。

按照该理论的创始人原美国麻省理工学院的教授迈克·哈默（M. Hammer）与詹姆斯·钱皮（J. Champy）的定义，所谓企业再造是指为了飞跃性地改善成本、质量、服务和速度等重大的现代企业的运营基准，对工作流程进行根本性的重新思考与重新设计。也就是说，企业为了能够适应新的竞争环境，必须摒弃已成惯例的运营模式和工作方法，以工作流程为中心，重新设计企业的经营、管理及运营方式。

企业再造就是重新设计和安排企业的整个生产、服务和经营过程，使之合理化。通过对原来的生产经营过程的各个方面进行分析，对其中不合理的地方进行彻底的变革，以达到企业生产经营各方面质的飞跃。

企业再造的核心思想是：顾客是变革的着眼点；按照组织目标设计并整合工作程序；把权利和责任下放，组织重构以支持一线员工的工作。

哈默和钱皮对组织结构的研究有两个重要发现：一是基于细碎化、专门化的功能组织越来越难以适应当今快速发展变化的市场需求；二是少数按过程而不是任务来设计组织的企业在经营上获得了巨大的成功。

企业再造工程出现的根本原因是传统的企业组织模式已不适合企业发展的需要。大多数企业，特别是中小型企业在过去的许多年中都按一种方式组建企业，这种方式就是职能性结构，职能性结构有一些其他组织结构所不具有的优点，如资源利用率高、员工掌握技能深入、各部门内协调容易等，但是，由于在职能组织中工种太细、部门太多，结果容易造成部门内部协调好、工作效率高，但部门间工作效率低。完成一项工作要经过许多部门，各部门如果协调不好就会导致失误。各部门独立后，很容易脱离中央的控制，部门间的合作也更加困难等。职能性结构的这些缺陷是其本身所固有的，要解决这些问题只有转换思路，按顾客需要进行组织结构设计，顾客满足是衡量组织结构是否合理的首要指标。职能组织与再造组织的特征对比，如表 6-3 所示。

表 6-3　职能性组织结构与再造组织结构的典型特征对比

职能性组织结构	再造的组织结构
生产线（强调整体）	强调个人
零碎的工作	"整个"工作
少量的顾客接触	广泛的顾客接触
人适应体制	扁平的组织
无数差错	高质量个性化服务
多层重叠的管理	最少量的管理
反顾客的态度	良好的顾客关系

企业再造工程的主要程序是：

（1）对原有流程进行全面的研究分析，发现其中存在的问题与不足；

（2）设计新的流程改进方案并进行评估；

（3）制定与流程改进方案相配套的组织结构、人力资源配置方式和业务规范等方面的改进计划，形成系统的企业再造方案；

（4）组织实施与持续改善。

企业再造工程的六项原则是：

（1）围绕结果而非任务组织工作。让一个员工负责任务的全过程，一方面可以减少因人员转手所导致的时间浪费，另一方面可以让员工控制工作的全过程，使工作内容丰富化。

（2）在工作现场一次性收集数据。

（3）进行现场决策。改变过去那种经理做决策，员工执行，管理者又监督员工执行决策的做法，员工有权根据现场的情况做出决策，这样可以保证员工能对顾客的要求做出快速反应。

（4）员工按过程进行工作。

（5）平行工作而非次序工作，然后整合结果。

（6）把地理上分散的资源当作一个整体。

企业再造工程在欧美企业中受到了高度的重视，得到迅速推广并带来了显著的经济效益，但是根据钱皮的计算，虽然美国有一半以上的大公司宣布采用企业再造工程，但是只有5%～10%的公司能够真正成功，原因是忽视或低估了人的因素，同时，经理人员的行为和态度没有改变，他们讨厌再造他们自己的工作。所以，改变过程和体制较容易，但是要成功地实现企业再造最关键的是改变人的态度和行为。

五、知识文化管理

1. 知识管理理论

随着知识经济的到来，知识的生产、传播、交换和利用将成为推动经济增长的重要力量。据世界经济合作组织的一项研究报告估计，在发达国家，以知识为基础的行业的产值已占到国内总产值的50%以上。专家预言，随着全球信息高速公路的全面开通，知识对经济增长的贡献率将可能由20世纪初的5%～20%提高到21世纪初的80%。[①]知识经济的兴起，一方面对整个经济社会尤其是企业的经营管理产生了深刻而全面的影响，另一方面，在知识经济面前，企业将面临巨大的挑战与机遇，企业应当加强知识管理，抓住机遇迎接挑战，这样才能在竞争中立于不败之地。

知识经济时代的企业管理模式发生了变化，表现在以下几个方面。

第一，突出全球化的"现代意识管理"。重视培养员工的国际化、知识化等现代思想意识；加强"现代意识型"人才的开发和应用，以改善人才结构，带动现代意识管理水平的提高。

第二，突出知识化的"智力资本管理"。增加员工的知识面，扩大其掌握的知识量，提高知识和技术才能，以追求知识资本对企业带来的巨大收益。

第三，突出网络化的"模块组织管理"。将过去的紧密型超大企业集团和大公司改建为许多"模块式"的企业群，使企业既具有"航空母舰"抗风浪的优势，又有"快掉头"的能力。

第四，突出产销一体化的"生态营销管理"。将客户、供应商、主要生产厂家及其

---

① 叶茂林，刘宇，王斌. 知识管理理论与运作[M]. 北京：社会科学文献出版社，2003，1.

他相互配合生产商品和服务方面组成的群体进行有效管理，使各方相互作用、相互连接、相互依存。突出创新化的"技术开发管理"。如微软提出的"不断淘汰自己产品"的公司口号。

第五，突出竞争化的"人才激励管理"。在管理层普遍设立CKO（首席知识官）；实施人才开发计划，包括终身教育、人才破格提拔任用制度；改善分配和鼓励制度，以更加倾向于人才效益的发展。

（1）知识管理产生的时代背景。知识经济的到来对管理提出了新要求。知识经济是与农业经济、工业经济相对应的一个概念。按照经济合作组织的定义，知识经济是指建立在知识的生产、分配、使用上的经济，是一种新型的、富有生命力的经济。在知识经济中，知识成为决定企业成功和经济发展的关键变量。经济合作组织1996年在《技术、生产率和工作的创造》报告中指出，今天，各种形式的知识在经济过程中起着关键作用，无形资产投资的速度远远快于对有形资产的投资，拥有更多知识的人获得更高报酬的工作，拥有更多知识的企业是市场中的赢家，拥有更多知识的国家有着更高的产出。[①]

知识经济对社会和经济的影响是广泛的。现有的管理方式、生产方式、生活方式、思维方式、教育方式等无不受到知识经济的影响。信息数字化的到来，使管理的时空范围更加广泛，管理的对象将更加分散，各种产业间相互结合将更加紧密，管理者需要有更多的专业知识方能胜任管理工作。

总之，随着时代的巨变，管理思想也发生了翻天覆地的变化。传统的管理思想以及技术创新、全面质量管理、财务控制系统、业务流程重组等管理方法已经不能保证企业获得持久的竞争优势。知识管理作为一种全新的管理思想应运而生，并被管理界称为第五代管理。

（2）知识管理产生的客观必然性。

① 知识管理的产生是适应资源环境变化的必然结果。随着世界经济发展由工业经济向知识经济的逐步演进，传统意义上的稀缺的经济资源，如土地、原料等物质资源，在人类要求加强环境保护、人与自然和谐发展的呼声中更显得日渐稀缺。对一个企业乃至一个国家来说，经济的持续发展不可能更多地寄希望于这些稀缺的物质资源，而应当依靠企业的知识资源，即企业拥有和可以反复利用的，建立在知识基础之上、能给企业带来财富增长的资源。企业的知识资源通常表现为企业创造和拥有的无形资产、相关的信息以及智力资源。

相对物质资源，知识资源更为丰富，突出地表现为20世纪后20年整个人类知识生产的速度超过了以往任何时期，科学技术的突飞猛进以及在世界范围内的迅速和广泛的传播，使得企业可以利用的智力资源的知识素质在迅速提高，企业创造并拥有的以知识为基础的

---

① 洪名勇. 知识经济与企业的知识管理[J]. 经济问题，1998（7）：26.

无形资产在迅速增长，与企业生产经营活动相关的信息更是浩如烟海。而且企业的知识资源可以反复利用。与此同时，科学技术的不断进步还使得知识资源对物质资源的杠杆作用不断加大，单位产品新创造价值中知识价值的比重越来越大，知识资源越来越成为一个企业财富增长的决定性资源。

企业作为营利性经济组织，面对资源环境的变化，面对如此丰富的知识资源，面对知识资源在企业生产经营活动中的无以替代的巨大作用，要在激烈的市场竞争中生存与发展，自然地会由过去注重实物资产和金融资产的管理转变为更加注重对知识资源的管理。

②　知识管理是近年来科学技术飞速发展的产物。20 世纪的后 20 年是人类科学技术突飞猛进的 20 年。一方面，科学技术的进步使得知识作用相对于物质作用而言更加丰富，使人类有可能从由于物质资源的稀缺对经济发展的羁绊中解脱出来。另一方面，科学技术的进步使得知识在企业经济活动中的作用日益突出，企业正在依靠知识不断地减少单位产出对物质资源以及时间等的要求，即企业提供的产品或服务中的知识含量正在大大增加。在许多高科技企业中，其产品价值的 60%以上来自于知识资源。此外，科学技术的进步还为企业对知识资源的合理开发和有效利用创造了条件。以信息为例，当今社会进步，信息化是显著特征。企业从事生产经营活动离不开与之相关的信息，而且信息也是企业知识资源中的一个重要组成部分。面对近年来呈爆炸性增长的信息，企业若用原始的方法从中搜寻对自己有用的内容，其工作量之大、效率之低是我们今天所难以想象的。但借助于信息技术，对有关的信息进行收集、分类、存储以及利用则是可以很高效地做到的。

因此，科学技术的发展既促进了知识与经济的一体化，使产品或服务中的知识含量大大增加，使企业的竞争优势逐渐地建立在知识基础之上，又对知识资源的丰富以及对企业的知识资源的有效开发和利用提供了可能和保证。所以，知识管理是伴随着 20 世纪末科学技术的日新月异而日渐重要的一项企业必不可少的管理活动。

③　知识管理是企业参与市场竞争的需要。现代商战之激烈程度不亚于兵战。市场成为企业生存发展的基础，成为企业的生命。如今的市场，一方面，消费者由于知识、文化以及收入水平的提高，对产品提出了更高的要求，消费偏好越来越转向知识含量高的产品或服务，而且要求越来越多，期望越来越高。新的需求特点导致了产品的生命周期越来越短，产品更新换代的速度越来越快，企业面临着前所未有的产品创新压力。另一方面，技术进步的日新月异及在世界范围内的迅速扩散，使企业进入新的市场从技术的角度来说更加容易。此外，全球经济一体化的到来，企业面对的将不再是以往那种受一定保护的区域性市场，而是全球市场，企业面临的竞争压力与开拓市场的难度也空前加大。

在如此激烈的市场竞争中，企业靠什么去赢得市场？只能是靠不断的创新。而企业创新的源泉不是实物资产也不是金融资产等物质资源，而是企业的知识资源。因此，加强知识资源的充分开发和有效利用，开展全方位的企业知识管理，从而增强企业创新的能力，已经成为许多企业意识到的当前企业管理中最为重要的管理问题。

（3）知识管理的涵义。知识经济时代的到来，企业将主要通过知识而不是金融资本或自然资源来获得竞争优势。知识将成为同人力、资金等并列的、企业所不可或缺的重要资源。

对于知识管理，目前尚未有统一定义。不同学者对知识管理的理解不同。

美国生产力和质量中心认为知识管理应该是组织有意识采取的战略，它保证能够在最需要的时间将最需要的知识传送给最需要的人。这样可以帮助人们共享信息，并进而将知识通过不同的方式付诸实践，最终达到提高组织业绩的目的。

巴斯认为，知识管理是指为了增强组织的绩效而创造、获取和使用知识的过程。

奎达斯等则把知识管理看作"是一个管理各种知识的连续过程，以满足现在和将来出现的各种需要，确定和探索现有和获得的知识资产，开发新的机会"。由此出发，知识管理的功能为：建构一个面向全企业的开发、获取和应用知识的战略政策，以开发、获取和应用知识；在组织内其他部门及各方面力量的帮助下，实施知识战略；通过知识的研究开发、使用，改进企业经营过程，提高企业经营绩效；测试、评估与知识有关的管理活动。

还有人认为，所谓知识管理，就是为企业实现显性知识和隐性知识共享提供新的途径。显性知识易于整理和进行计算机存储，而隐性知识则难掌握，它集中存储在雇员的脑海里，是雇员取得经验的体现。知识管理不是一门技术，而是各种可行解决办法的一种综合，它作用于一个单一系统，能够满足整个成员的具体需要。

总结学者们的观点，知识管理就是对一个企业集体的知识与技能的捕获，而不论这些知识和技能是存在于数据库中、被印刷于纸上或者是存在于人们的脑海里，然后将这些知识与技能分布到能够帮助企业实现最大产出的任何地方的过程。知识管理的目标就是力图能够将最恰当的知识在最恰当的时间传递给最恰当的人，以便使他们能够做出最好的决策。知识管理是知识经济时代的必然要求。

（4）知识管理的目标与内容。企业管理的内容取决于企业管理的目标。正如工业经济社会的管理主要面向生产过程一样，知识管理的目标则是面向知识。国内学者柳卸林在《知识经济时代的企业管理》一文中认为，对于一个企业而言，企业的知识管理目标应该为：构建一个企业开发、获取和应用知识的战略决策；在企业各方面力量的帮助下实施这一知识战略；利用知识以改善企业的日常生产、经营活动；检测和评价企业的各项管理活动。

与知识管理目标相关的内容有：知识的公开以使企业职员都能利用与企业目标相关的知识；确保知识在某一地点是可得的；确保知识在需要时是可得的；推动新知识的有效开发（研究开发与学习）；支持从外面获取知识并提高消化吸收知识的水平；确保新知识在企业内能及时扩散；确保企业所有职员能知道知识在哪儿。

而维格认为，知识管理的内容主要涉及四个方面：自上至下地监测、推动与知识有关的活动；创造和维护知识基础设施；更新组织和转化知识资产；使用知识以提高其价值。

法拉普罗认为，知识管理应有外部化、内部化、中介化和认知化四种功能。外部化是指从外部获取知识，并按照一定的分类将它组织起来，在这一体系中，最下层是技术，这是一种解决问题的办法。上一层次的外部化是将知识加以分类，甄别出相同性，找到不同知识之间的联系。外部化的目的是想拥有知识的人拥有通过内部化、中介化而获得的知识。内部化需要发现与特定用户有关的知识，这项工作是要从外部知识库中筛选人们想得到的知识，其职能如同一个图书馆管理员。如果说内部化是关注可表述知识的转移，中介化则是意会知识（Tacit Knowledge）的经纪人，它为知识寻找者找到知识的最佳来源。如在一家制药公司中，研究开发小组发现了药的副作用，如何处理这种现象？此时，中介人可使研究人员找到另一个国家对这种副作用有相当了解的研究人员。认知化是将以上三种功能获得的知识加以应用，这是知识管理的终极目标。

为了更好地进行知识管理，美国及欧洲的一些知名企业中都开始设立知识经理或首席知识官（CKO）。其职责是：确定企业现在拥有的意会知识和可表述的知识；开发一种适当的机制，以生产知识、维护知识和分享知识；确定与最好的企业相比的差距及弥补这种差距的机制；管理和确定对信息、知识的投资。

马斯认为，知识管理是一个系统地发现、选择、组织、过滤和表述信息的过程，目的是改善雇员对特定问题的理解。

归纳起来，知识管理的内容为：① 过程方面。利用信息网络技术，实现企业经营过程的创新。② 组织结构、激励机制和文化方面。包括能促进知识扩散的组织和活动，使企业成为创造知识的企业。③ 评价方面。通过对知识的检测、评估，利用和管理好知识。④ 人员方面。培训已有员工、聘用有创造性的新员工，激励员工的创造性。⑤ 技术方面。通过先进的技术手段，包括超媒体和数据库、专家决策支持系统等以获取知识和使知识扩散，建立一个有效的企业的知识基础设施。

（5）知识管理理论的现实意义。借助知识管理可以有效提高企业对市场的适应能力和企业的竞争力。

① 通过数字化和知识化将大量的无序信息有序化，为员工提供知识共享的环境，提高其工作效率和创新能力。

② 提供适当的工具和环境辅助员工同相关客户和工作伙伴进行直接或间接交流，从所处网络中接受知识，形成"干中学"的终生学习机制。这种机制不仅对员工有很强的吸引力，而且决定了企业在今后的经营管理中能获得的增值知识的多少。不同的企业由于学习能力的不同，对类似的经营活动，获得的经验教训也不一样，而且这些经验教训大都是方法类的知识，属于核心能力的范畴，能够让企业在类似的经营活动中获得竞争优势，所以，对企业的发展会产生重大影响。如杜邦公司，该公司曾经经营染料业，并从中学到了燃料合成和使用的知识，并相信其有能力解决尼龙的燃料着色问题，从而开始着手尼龙开发并获得了巨大的成功。

③ 增加知识储备，将个人的知识和信息提升为组织的知识和信息，减少因员工休假、

离职所造成的损失。企业在平时的工作中要注意收集与各员工工作紧密相关的各种有价值的知识和信息，并加以整理，存入企业知识库，新员工进入企业后让其能够根据这些知识和信息很快熟悉前人的工作环境，并投入到工作中去，这样企业就能减少因员工休假、离职等所造成的损失。企业所收集的信息不仅限于印刷型资料，也要包括各种工具、设备、特殊的应用软件等。

④ 分析外部环境的机会和挑战，获取相关资料，调整企业战略，领导市场潮流。当今世界，企业所面临的市场环境激烈动荡，经济不平衡状态加强，这种不平衡状态既意味着巨大的机会，也意味着巨大的威胁，只有那些善于捕捉新机会，规避威胁，并将机会转化为新产品的人才能成为市场经济的弄潮儿，才能迅速创造财富。聪明的企业往往能够敏锐地感知外界环境的变化，并适时调整自己的战略，以适应外界环境的发展。

⑤ 从现有的数据挖掘出有用的知识，增强企业的商务职能。信息化的发展时期也积累了大量的数据，企业要走向知识管理，首先要建立充分利用这些数据的意识，并从凌乱的数据中，通过总结、分类、聚类和关联规则挖掘出有用的知识。数据的总结、分类和聚类只是信息的加工处理，关联规则则具有很强的智能性，最为典型的是人们发现了顾客在购买婴儿尿布时，60%的人也购买了啤酒。利用这条发现，零售连锁店提高了其啤酒的销售额。

⑥ 知识地图能够帮助人们将知识和拥有这种知识的人联系起来，帮助人们获知知识来源，降低知识扭曲。信息和知识在传播的过程中很容易受到外界因素的干扰而发生扭曲现象，而且很多隐性知识只能通过面对面的直接交流方能传递。知识地图能有效地组织企业内部的知识和专长信息，员工在需要时能够很方便地找到专家，进行直接交流，从而降低了知识扭曲，使员工能够高效优质地完成任务。

⑦ 知识管理能够方便后继者轻松获取前人积累的知识，以此为基础不断创新，实现企业的可持续发展。新思想的产生都要经过四个过程：第一，从极其广泛的资源中捕捉好的思想；第二，讨论和使用这些好的思想；第三，通过交流使人们相互影响，使这些好的思想保持活力；第四，把有前景的概念变成真正的产品、服务、过程或商业模式。新思想的产生往往是以旧思想作为基础和根本的，所以，企业进行知识管理能够为后继者提供进行创新的基础原料，使新思想不断涌现，实现企业的可持续发展。

总之，通过知识管理，企业能够有效地利用现有的和潜在的知识资源，促进企业的学习、进化与合作的过程，使企业向知识型企业发展。

2．企业文化理论

（1）理论产生背景。20世纪80年代以后，整个世界的经济形势发生了巨大变化，西方管理学者开始对传统的管理理论进行思考。同时，日本在二战后短短的几十年内，从一个几乎成为废墟的战败国一跃成为世界第二位发达的资本主义国家，这引起了人们对日本管理方式的思考与研究，有些学者认为，日本的飞速发展与其文化对企业的影响是分不开的。因此，进入 20 世纪 80 年代以后，西方企业界掀起了一股企业文化风潮。

（2）代表人物及其思想。企业文化理论的代表人物有吉尔特·霍夫斯泰德、威廉·大内（William G. Ouchi）、阿伦·A. 肯尼迪（Allan. A. Kennedy）、特伦斯·E. 迪尔（Terence. E. Deal）、艾德加·沙因（Edgar H. Schein）等。

霍夫斯泰德，1928 年生于荷兰，在布鲁塞尔的高级管理学欧洲研究所和在荷兰的马斯垂克特市的林堡大学工作，现任林堡大学组织人类学和国际管理学名誉教授，是林堡大学不同文化间合作研究所的创始人，同时还是 IBM 公司的首席国际员工心理学家。霍夫斯泰德对企业文化的研究颇有建树，著有《文化的重要性》。

企业文化理论的著名著作还有威廉·大内的《Z 理论》、迪尔和肯尼迪的《企业文化：现代企业的精神支柱》、沙因的《组织文化和领导》等。

所谓企业文化是指企业在自己的历史发展中，在长期的生产、建设、经营管理中逐步培育形成的占主导地位的，并为全体员工所认同和恪守的共同的价值观、信念和假设。企业文化表现为企业成员的精神风貌、共同的价值标准、统一的行为准则、一定的道德规范和文化素质等。企业文化影响并代表着企业的整体形象及待人处事的一些独特的方法，对于本企业的员工来说可能习以为常，但是对于企业以外的人来说，企业文化具有明显的特征，他们能够感觉到该企业的文化氛围是温暖的还是冰冷淡漠的、是朝气蓬勃的还是死气沉沉的、是富有创新精神的还是循规蹈矩的。

企业文化的基本内涵表现在三个方面：讲求经营之道；培育企业精神；塑造公司形象。通过这三方面的建设，可以提高职工的思想道德素质和科学文化素质，从而提高企业的总体素质和综合实力，增强企业的凝聚力以及在市场竞争中的生存力和发展力，促进企业持续、快速、健康的发展。

霍夫斯泰德在研究后得出结论：过去，理论家和企业家都忽视了文化与管理的关系，这是一大弱点。事实上，文化渗透于管理和组织的全过程，因为管理不是处理具体的东西，而是处理对人有意义的"信号"，而这种信号是在特定的文化背景下形成的。现代管理产生于美国，可是美国有独特的文化，因此，它的管理经验和方法对其他国家不一定适用，盲目地引进会造成人、财、物的重大损失。因此，要想真正管好一个企业，管理者必须有"文化敏感性"。

迪尔和肯尼迪认为企业文化的组成因素是多方面的，包括：

① 企业的环境。企业的环境指企业经营所处的极为广阔的社会和业务环境，包括市场、顾客、竞争者、政府、技术等状况。企业环境是形成企业文化的唯一的而且是最大的影响因素。

② 价值观。价值观是一个组织的基本概念和信仰，是企业文化的核心。一个企业的价值观越鲜明，即企业的信念越强烈，就越能吸引企业中每个人的注意力，从而能把大家的力量都集中到企业目标上来，反之，大家的注意力必定分散。

优秀的价值观不是凭空捏造出来的，它是企业在长期的经营实践中的总结和概括，而且与企业领导者的工作和灌输是分不开的。形成并增强价值观是企业领导者的最重要的工作。

③ 英雄人物。在企业中有两种类型的英雄，一种是和公司一起诞生的"共生英雄"，另一种是公司在特定的环境中精心塑造出来的"情势英雄"。共生英雄对企业的影响是长期的、深远的，这种英雄数量很少，多数是公司的缔造者。情势英雄对企业的影响是短期的、具体的，只以日常工作中的成功事例来鼓舞企业员工。

英雄在企业中有重要作用，他们使企业获得成功并合乎人情，为其他员工提供角色模式，建立行为标准，向外界展示公司形象，提供把整个组织聚合起来的"粘合剂"以及"在组织中持久的影响力"。

对于哪些人能够成为英雄，迪尔和肯尼迪提出了四个标准：一是英雄是企业价值观的化身，是人们所公认的最佳行为和组织力量的集中体现，是企业文化的支柱和希望。二是英雄有着不可动摇的个性和作风，他们所做的事情是人人想做而不敢做的，因而当人们遇到困难时，英雄会成为他们都想依靠的对象。三是英雄可以使人们在个人追求和企业目标之间找到实在的联系。这是因为英雄所做的事情虽然超乎寻常，但是离常人并不遥远，这就向人们展示出成功是人力所能及的。四是英雄通过在组织内传播责任感来鼓励雇员，他们的鼓舞作用不会因为其本人的去世而消失。

④ 习俗与仪式。习俗与仪式指在企业的各种日常活动中经常出现、人人知晓但是没有明文规定的东西。习俗与仪式是有形的表现出来的程式化了的并显示内聚力程度的文化因素，是企业价值观的体现。其形成离不开企业领导者的提倡，也离不开反复执行、历代相传、积久而成的自发力量。

⑤ 文化网络。文化网络指企业内以轶事、趣闻、故事、机密、猜测等形式来传播消息的非正式渠道，是和正式的组织机构相距甚远的隐蔽的分级联络体系。文化网络具有对消息做艺术加工、依据口头表达进行传播的特征，它对消息含义的解释与正式渠道的解释往往不同，能从本质层次说明问题。

文化网络是企业内部的传递消息的非正式渠道，管理者要灵活地掌握并运用它，充分认识它的重要性，使其对传播企业的价值观产生积极作用。

本章小结

20 世纪 80 年代以来，企业所面临的外部环境更加多变，为了在新环境中赢得竞争优势，要求相应的理论指导实践。在这种背景下，西方管理理论获得了新的突破。本章第一节介绍了西方管理理论新发展产生的时代背景。第二节对几种新发展的西方管理理论作了论述，即战略管理理论、质量管理理论、企业再造理论、知识文化管理理论。

思考题

1. 简述西方管理理论新发展的历史背景。
2. 20 世纪 80 年代后西方新发展的管理理论是什么？
3. 简要介绍西方新发展的管理理论的代表人物及思想观点。

关键词

战略管理　竞争战略　核心能力　价值链　营销管理　质量管理　戴明环
80/20 原则　6σ 理论　企业再造　企业文化　知识管理

案例　　　　　　　　　　沃尔玛的核心能力

1969 年，萨姆·沃尔顿在美国阿肯色州创办了沃尔玛公司，经营折扣商店业务。建立之初的沃尔玛公司，由于地处偏僻小镇，几乎没有哪个专业分销商愿意为他的分店送货，沃尔玛的各分店不得不自己向制造商订货，然后再联系货车送货，效率非常低。在这种情况下，沃尔玛为使公司获得可靠的供货保证及成本效率，决定大手笔投资建立自己的配送组织。

1970 年，沃尔玛建立第一家配送中心，中心占地 6 000 平方米，负责供货给 4 个州的 32 家商场，集中处理公司所销售商品的 40%。随着公司的不断壮大，配送中心的数量也在不断增加。到 2000 年，沃尔玛已经拥有 29 家配送中心，分别服务于美国 18 个州、超过 2 500 家商场，配送中心占地面积约 10 万平方米。整个公司销售 8 万种商品，年销售额 1 300 多亿美元，其 85% 的商品由这些配送中心供应，而其竞争对手大约 50%～65% 的商品采用集中配送方式。

配送中心完全实现了现代化。每种商品都有条码，有十几公里长的传送带传送商品，有激光扫描器和电脑追踪每件商品的储存位置及运送情况。繁忙时，传送带每天能处理 20 万箱的货物。配送中心的一端是装货月台，可供 30 辆卡车同时装货，另一端是卸货月台，可同时停放 135 辆大卡车。每个配送中心有 600～800 名工作人员，24 小时连续作业，每天有 160 辆货车开进来卸货、150 辆装好货开出去，许多商品在配送中心停留的时间总计不超过 48 小时。

沃尔玛发展到今天，在美国已经拥有完善的物流系统，配送中心只是其中的一部分。其物流系统，如图 6-6 所示。

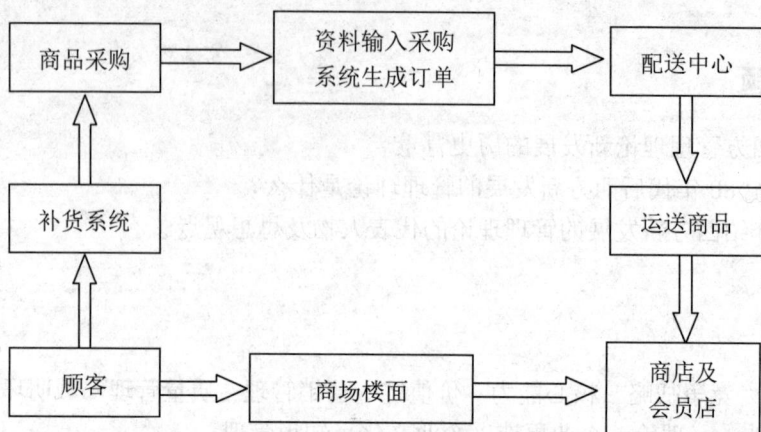

图 6-6　　沃尔玛的物流系统

沃尔玛的自动补货系统采用条形码（UPC）技术、射频数据通讯（RFDC）技术和电脑系统自动分析，并建议采购量，使得自动补货系统更加准确、高效，降低了成本，加速了商品流转以满足顾客需要。

许多大连锁公司，包括凯马特和塔吉特，都是将运输工作包给运输公司，以为这样可以降低成本，但沃尔玛一直坚持拥有自己的车队和自己的司机，以保持灵活和为一线商店提供最好的服务。沃尔玛通常每天一次为每家商店送货，而凯马特平均 5 天一次；沃尔玛的商店通过电脑向总部订货，平均只需两天就可以补货，如果急需，则第二天即可到货。这使得沃尔玛在其竞争对手不能及时补货时，其货架总是保持充盈，从而赢得了竞争优势。

沃尔玛的车队采用电脑进行车辆调度，并通过全球卫星定位系统对车辆进行定位跟踪。沃尔玛的车队还采用了一系列科学合理的运输策略，如满车（柜）运输、散装货车、晚间送货、按预约准时送货等，同时降低了沃尔玛和供应商的运营成本。

有效的商品配送是保证沃尔玛达到最大销售量和最低成本的存货周期及费用的核心。

思考题：

1. 核心能力是否是企业获得并保持竞争优势的充分必要条件？
2. 企业识别核心能力有哪些方法？
3. 中国企业应当如何建立自己的核心能力？

资料来源

王伟，等. 管理创新原理与实务[M]. 北京：中国对外经济贸易出版社，2002，180-182.

第二篇　东方管理思想发展史

开篇故事：小黑羊①

农夫家里养了三只小白羊和一只小黑羊。三只小白羊常常因为有雪白的皮毛而骄傲，而对那只小黑羊则不屑一顾："你自己看看身上像什么，黑不溜秋的，像锅底"；"依我看呀，像炭团"；"像盖了几代的旧被褥，脏死了！"

不但小白羊，连农夫也瞧不起小黑羊，常常给它吃最差的草料，时不时还对它抽上几鞭。小黑羊过着寄人篱下的日子，也觉得自己比不上那三只小白羊，常常独自伤心流泪。

初春的一天，小白羊与小黑羊一起外出吃草，走得很远。不料寒流突然袭来，下起了鹅毛大雪，它们躲在灌木丛中相互依偎着……不一会儿，灌木丛和周围全铺满了雪，雪天雪地雪世界。它们打算回家，但雪太厚，无法行走，只好挤做一团，等待农夫来救它们。

农夫发现四只羊羔不在羊圈里，便立刻上山找，但四处一片雪白，哪里有羊羔的影子哟。正在这时，农夫突然发现远处有一个小黑点，便快步跑去。到那里一看，果然是他那濒临死亡的四只羊羔。

农夫抱起小黑羊，感慨地说："多亏小黑羊呀，不然，羊儿可都要冻死在雪地里了！"

其实在管理领域也是一样，人们普遍存在着一种偏见，认为西方的管理思想是阳春白雪，是集万千宠爱于一身的"小白羊"，所以在管理过程中注注乐于选择西方管理思想解决一切难题，而将传统的东方管理思想看成是下里巴人，是不屑一顾的"小黑羊"，在管理过程中通常会遗忘还有这样一个学派、这样一种思想。但是无数的实际案例已经证明，东方管理思想同样可以解决现代管理难题，是时候打破"小白羊"和"小黑羊"的偏见了，是时候将目光转向东方管理思想的研究和应用了。

随着时间的推移，东方文化、东方管理思想在对东方世界发生影响的同时，也越来越大地影响着西方世界，日益引起西方世界有识之士的关注。世界著名的管理大师德鲁克

---

① 田戈. 改变世界的 100 个管理故事. 北京：朝华出版社，2004，183.

（Peter F. Drucker）曾在 1997 年预言："过去十年内，'日本管理哲学'之类的书盘踞西方书市；未来十年内，相信与'中国管理哲学'有关的书将会成为畅销书。"哈佛商学院列出的 MBA 必读的 10 本书中有四部来自中国，它们是《孙子兵法》、《论语》、《中庸》和《道德经》。近年，许多西方学者和企业家开始对《论语》、《道德经》等古典东方智慧着迷，作为东方人，探索、研究东方管理思想更是我们义不容辞的神圣使命。

第七章 东方管理思想概述

学习目的与要求

1. 理解文化与管理的关系
2. 掌握东方文化的产生和特点
3. 熟悉东方管理思想研究的历史

第一节 东方文化

"管理是文化的产儿"[①]，即管理首先是文化的产物，是一种文化现象，任何管理理论的提出都离不开特定的文化背景。作为人类群体活动的目的性和依存性的重要体现，管理实践活动必然与群体所在区域内各民族的发展和进步紧密相联，体现出独特的民族精神与特色。每个民族都有自己的管理文化，研究文化是研究管理思想的前提和基础，因此，学习东方文化是了解东方管理思想史的起点。

一、东方文化的产生

东方文化是多种文明的组合，其产生具有多源性，从文化发展史的角度看，东亚、南亚、西亚和北非是东方文化的三个中心。早在 5 000 年前，东方就已成为人类文明的发祥地，诞生于北非、西亚、南亚和东亚的埃及、巴比伦、印度和华夏四大文明古国，在公元前 6 世纪，就已经哲人辈出，焕发出东方文化的智慧之光，形成了东方文化的三大文化圈：中国文化向周边的朝鲜、日本、越南和东南亚各国扩散，形成以中国文化为中心的东亚文化圈；印度文化向周边的南亚和东南亚各国扩散，形成以印度文化为重心的南亚文化圈；阿拉伯文化在继承并融会西亚、北非的古老文明的基础上兴起并向周围扩张，形成以阿拉伯文化为中心的西亚、北非文化圈。

在东方文化产生和发展的历史进程中，中国文化、印度文化和阿拉伯－伊斯兰文化这三种文化起着举足轻重的作用，三大文化圈决定了东方文化的产生和发展方向，成为东方

[①] Daniel A. Wren. The Evolution of Management Thought. John Willey & Sons, Inc., 1994.

文化多源性的基础。

东方文化是东方背景的产物。日本人富田道夫笔下的东方背景是：居处于湿林的农耕民族，善于冥想与思索，他们认为世界是无限的，世界在无始无终地循环着。在这无限之中，个人是有限的，变化运动是无穷无尽的，顺乎自然的东西就是美德，故主张顺应自然，爱好自然。伦理道德上以公益为优，克己而无公害。提倡理智聪明地生活，发掘精神等方面的调养。在东方背景下仰观天文、俯察地理、中傍人事是合乎逻辑的行为。张理在《大易象数钩深图》中用"仰观天文图"、"俯察地理图"来说明东方文化的产生方式。

《周易·系辞传》有"圣人仰观天文"之说。古人把从地球上看到的北天极的一片天空分为紫微、太微、天市三部分，称为三垣。把黄道上的星空分为四方，二十八宿，并将其按时间、方位排列下来。古代的历法即以此为基础。圣人作《易》也由此为基础。天球黄道二十八宿，分为四方，每方七宿。东方为苍龙，有角、亢、氐、房、心、尾、箕七宿；南方为朱雀，有井、鬼、柳、星、张、翼、轸七宿；西方为白虎，有奎、娄、胃、昴、毕、觜、参七宿；北方为玄武，有斗、牛、女、虚、危、室、壁七宿。二十八宿相加共为周天365.25度，每天运行一度，合一年365.25天。

中间北斗星象是古人对时间划分的基础，从斗柄的指向来看月建，即把周天分为十二个月，每一月与斗柄所指的方向相等。古人认为日月在牵牛宿时为日月合璧，就是日月运行同在一个起点上，又有称此为天地之心。艮卦就在此位置上。艮卦是停止的意思，也是过去的停止、新的开始的意思。后天卦以天体运行为基础，也就是说古人对天体、自然界的观念，总结出了一年一度、寒来暑往的自然规律。

《周易·系辞传》又有"圣人俯察地理"之说。古人有天圆地方的地球中心说，故"仰观天文图"为圆形，"俯察地理图"为方形，把天地之间的自然关系总结出来。把天体星宿与地上州郡结合起来，并配以天干、地支、五行来说明地球上的时间方位。图中部为九州，是取自天球黄道的二十八宿分野。《汉书·天文志》记载的二十八宿分野大致是：角、亢、氐：兖州；房、心：豫州；尾、箕：冀州；牛、女：扬州；虚、危：青州；室、壁：并州；井、鬼：雍州；翼、轸：荆州；奎、娄、胃：徐州；觜、参：益州。图以后天卦代表各州的方位：南离卦代表扬州，北坎卦代表冀州，东震卦代表青州，西兑卦代表梁州，东南巽卦代表徐州，东北艮卦代表兖州，西北乾卦代表雍州，西南坤卦代表荆州。图的最外圈为天干、地支，用以说明方位、时间、五行所属。东方甲、乙、寅、卯为木，南方丙、丁、巳、午为火，西方庚、辛、申、酉为金，北方壬、癸、亥、子为水；地支丑、辰、未、戌为土，中间天干戊、己为土。

"仰观天文图"与"俯察地理图"反映了中国古人对自然变化非常关注。人们在注意自然现象的同时，对自己的心灵、对人际关系亦非常重视。印度的佛教、瑜珈术，中国的道教、气功都要求人们注意心理上的修炼，即心理调节。人们要在心理上用功夫，加强修持，才能觉悟。人有多种多样的本能欲望，必须进行调心方面的修炼方可达到恬淡虚无、精神内守等境界。东方人不喜动，活动范围较小，良好的人际关系对于自己的生存和发展都意义重大，于是人情、面子、关系网受到普遍关注。例如儒家提出君臣、父子、夫妇、长幼、朋友的"五化"观念，要求人际交往遵守一定的规则："父子有亲、君臣有义、夫妇有别、长幼有叙、朋友有信。"[①]

二、东方文化的概述

1. 文化

关于文化，至今未有一个公认的权威定义，有人说文化的定义多达一百多种、二百多种，甚至还要多。理论上，文化涉及文化学的理论前提，即文化学的对象、性质和范围问题，只有对象清楚、性质明确、范围确定，才能科学地界定文化。实际上，文化涉及文化学以及文化史的研究状况，只有在进行大量、透彻的研究之后，才能确定文化的内涵和外延。

在中国古代，"文化"不是一个单一概念，而是指与武力征服相对应的"以文教化"，即所谓的"文治武功"，也有单指用"文化"去教化、感染和熏陶对象的，如"以文化之"、"以文化成"等。

《美利坚百科全书》认为："文化作为专门术语，于19世纪中叶出现在人类学家的著述中。"[②]19世纪开始，许多学者都定义过"文化"，但至今为止仍没有形成统一的看法。德文、英文、法文的"文化"一词均来自拉丁文 Culture，从字源上看，Culture 有多种含义：① 耕种；② 居住；③ 练习；④ 留心或注意；⑤ 敬神。

文化学奠基者泰勒认为"文化或文明是一个复杂的整体，它包括知识、信仰、艺术、道德、法律、风俗以及作为社会成员的人所具有的其他一切能力与习惯。"[③]

《大英百科全书》（1973—1974）将"文化"概念分为两类，第一类是"一般性"的定义，即"文化"等同于"总体的人类社会遗产"；第二类是"多元的相对的"文化概念，即"文化是一种渊源于历史生活结构的体系，这种体系往往为集团的成员所共有"，它包括这一集团的"语言、传统、习惯和制度，包括有激励作用的思想、信仰和价值，以及它们在物质工具和制造物中的体现"。

我国学者任继愈认为，"文化"有广义和狭义之分，广义的"文化"包括文艺创作、宗教信仰、哲学著作、风俗习惯等，狭义的"文化"专指能够代表一个民族特点的精神成果。[④]

梁漱溟认为："文化，就是吾人生活所依靠之一切。……俗常以文字、文学、思想、学

---

① 《孟子·滕王公上》

② 维克多·埃尔. 文化概念[M]. 上海：上海人民出版社，1988，5.

③ 泰勒. 原始文化[M]. 杭州：浙江人民出版社，1988，1.

④ 任继愈. 民族文化的形成与特点[J]. 中国文化研究集刊（第二辑）. 上海：复旦大学出版社，1985，1.

术、教育、出版等为文化，乃是狭义的。我今说文化就是吾人生活所依靠之一切，意在指示人们，文化是极其实在的东西。文化之本义，应在经济、政治，乃至一切无所不包。"[1]

我们认为"文化"有广义与狭义之分，广义的"文化"指人类在长期的生产生活中，通过脑力和体力劳动创造并积累下来的所有成果，包括物质文化、精神文化、社会文化和习俗文化四个层面；狭义的"文化"指社会生活中与政治、经济和军事等并列的文化事业。管理思想史研究的文化主要是指精神和社会层面的文化，前者指社会意识形态，包括价值观念、哲学思想、宗教信仰、文学艺术等，后者指社会形态、人的社会关系、政治法律制度和经济体制等。因此，精神和社会层面的文化更能体现东方文化的本质。

2. 东方文化的界定

作为一个整体概念，"东方"是伴随着欧洲人对亚洲的扩张而产生和发展的，具有历史内涵。"东方"的概念具有相对性、多歧性和不确定性，它既是地理的，又是民族的和文化的，甚至还是政治的。因此，在使用"东方文化"概念时，其含义显得更加复杂和模糊，有的学者认为"东方文化"仅指中国文化，有的学者认为"东方文化"应该包括整个亚洲和非洲文化，有的学者认为"东方文化"还包括俄罗斯和东欧文化，还有学者认为根本不存在一个具有同一性的"东方文化"。然而，日常生活中和学者著述中频繁使用的"东方文化"概念说明，人们心中存在一个普遍认同的"东方文化"，因此，可以将"东方文化"限定为相对于古希腊文化和基督教文化为传统的欧美文化的亚洲和非洲的文化。[2]

有学者预言，21 世纪将是东方文化的世纪，[3]东方文化将再度辉煌，并在人类文化发展中发挥更大的作用。从管理思想史研究的角度看，我们认为东方文化是指黄河流域孕育出的中国文化体系、印度河—恒河孕育出的印度文化体系以及两河流域孕育的属于闪族的阿拉伯文化体系。这三大文化体系广泛受到佛教、儒教、伊斯兰教、道教的影响。其中，中国文化是以儒家文化为主流，儒、道、法、佛互补，关注人与人之间的关系，强调积极入世和实践理性；印度文化是以印度教文化为主流，印度教、佛教、耆那教互补，关注人与自然之间的关系，强调超然出世和奇思妙想；阿拉伯文化是以伊斯兰文化为主流，伊斯兰教、拜火教、基督教、犹太教和希腊文化互补，关注人与最高存在者之间的关系，强调终极关怀和理想主义。

3. 东方文化的特征

（1）多元性。东方文化的源头是上古的四大文明，到中古时期，在几个发达强盛的古老文明带动下，经过各民族文化的交融互动，形成了东亚、南亚、西亚与北非三大文化圈，每个文化圈都有自己的历史渊源、社会构成和文化特质，具有鲜明独特的个性，因此，无

---

① 梁漱溟. 中国文化要义[M]. 梁漱溟全集（第三卷）. 济南：山东人民出版社. 1990，9.

② 侯传文. 东方文化通论[M]. 济南：山东教育出版社，2002，2.

③ 季羡林. 再谈东方文化[M]. 北京：北京经济日报出版社，1997，8.

论从起源还是发展过程看，东方文化均具有多元性。

（2）统一性。由于共同生产方式的制约，以及三大文化圈之间的交流和互动，使东方文化具有许多共同特点和内在统一性。从传统产业方面看，东方各国都以农业为主，而且是灌溉农业，需要修筑水利工程，可以统一于"治水文明"。[①]从宗教精神方面看，东方是世界诸大宗教的发源地，包括西亚地区的犹太教、基督教和伊斯兰教，南亚地区的印度教、佛教、锡克教，东亚地区的儒教、道教等，宗教在文化中的主导地位以及多种宗教并存互动成为东方文化的重要特色。从社会超稳定结构方面看，东方封建社会形成很早，长期延续，但最终都未能自己走入资本主义。

道家有"红花白藕青荷叶，三教原来是一家"的妙语。佛家曾有人立下这样的遗嘱：死后入殓时，须左手执《孝经》、《老子》，右手执《小品法华》。儒家中有人总结大家之间的关系："初若矛盾相向，后类江海同归"，东方文化也是如此。东方文化的统一性表现在：

① 直觉顿悟。印度佛教、中国禅宗都重视直觉思维的重要性。《迦塔奥义书》在解释"梵"时说："它是不能用言语、不能用思想、不能用视觉来认识的。"中国禅宗中记载了许多突然顿悟的故事。

② 整体宏观。中国古人思考问题时，习惯将自然、社会、个人联系在一起进行把握。印度佛教哲学具有人生观、宇宙观、认识论和伦理学四者的密切结合、高度统一、浑然一体的特色。

③ 崇尚道德。儒家提倡仁义礼智信；佛家倡导"诸善奉行、诸恶莫作"；穆罕默德曾说，人应有三种品德：为人正直，向一切穆斯林道安问好，在穷困时仍要慷慨大方。谁融会了它们就完备了信仰。

④ 中庸之道。儒家倡导"中庸之道"，反对过与不及。阿拉伯哲学家法拉比认为："万事中为上"，过度与不及都是有害的，鲁莽和怯懦都是不可取的。

⑤ 等级观念。印度、中国、日本等国家的等级观念较强。中国的宗法制度为每一个人都设计了他的地位，这种制度强调血缘关系等先天性因素。日本社会中的企业、学校等机构中，当今仍然存在着人与人之间明确的上下等级关系。

⑥ 心意功夫。大乘瑜珈行派认为，世界上的一切现象都是由人们的精神总体或作用——"识"所变现出来的，因而主张"万法唯识"、"一切唯识"。中国儒家倡导"正心"、"诚意"，道家炼内丹的行为，其实就是一种心理修炼。

⑦ 人情面子。中国人都熟悉这句话：天时不如地利，地利不如人和。人情、面子、关系网得随时留心。日本企业里倡导"和为贵"，许多企业家重视情感投资。

⑧ 解脱超越。印度人自古就认为轮回的世界在本质上是痛苦的，从痛苦中摆脱出来或

---

① 卡尔·魏特夫. 东方专制主义——对于极权力量的比较研究[M]. 徐式谷，等，译. 北京：中国社会科学出版社，1989.

从轮回的世界中摆脱出来就解脱。印度的主要宗教或哲学流派中除顺世论之外，都是解脱之说。中国的老庄之说，希望人从忙忙碌碌、紧张纷争的世界中超脱，作"逍遥游"。

⑨ 神秘主义。西方哲学中也有神秘主义，但与佛教、道教、伊斯兰教的苏菲神秘主义相比，显然不够神秘。中国人、日本人对于宗教的信仰多采用"有用才信"的实用主义，但对于民间传存下来的神秘文化却有着浓厚的兴趣。

第二节　东方管理思想研究史

作为人类文明的重要发祥地，东方各国在其历史发展进程所流传下来的管理成就和管理思想，对于解决当前的管理难题，仍具有重要的借鉴意义。中国、日本、美国、德国等国家的学者也针对博大精深的东方管理思想，提出了许多挖掘、整理、提高、发扬东方管理思想的见解，真可谓仁者见仁、智者见智。这些学者及他们的研究被尊称为"东方管理学派"，尽管受知识结构、生活经历等的影响，学者们的见解有一定分歧，出现"东方管理理论丛林"现象，但这正显现出"东方管理学派"强大的生命力。

一、东方管理学

国内对东方管理学的研究较具代表性的学者是苏东水、胡祖光、孙耀君等，他们倡导创立东方管理学。

苏东水教授从 1976 年开始对中国传统管理文化产生兴趣，发表研究中国古代管理思想的文章，后来设想建立有中国传统文化特色的东方管理理论。1986 年，在《文汇报》上发表《现代管理学中的古为今用》一文。同年，苏东水在日本参加现代化国际研讨会，会上专门介绍了中国现代管理中古为今用的事例，引起了与会专家、学者、企业家的高度重视，他们提出了要与苏东水共同合作研究，建立管理的东方学派。1990 年，苏东水在日本东京的国际学术交流会上发表《中国古代行为学派研究》的演讲。苏东水等人探索、研究东方管理思想已经二十余年，取得了许多独具魅力的成果，受到广泛关注。苏东水主编的《国民经济管理学》印行三百余万册；苏东水、芮明杰等人编撰的《中国管理通鉴》、《中国企业管理现代化研究》、《管理心理学》、《东亚经济发展模式研究》等著作在国内外也有广泛影响。1997 年，苏东水主持召开了 IFSAM "97 世界管理大会"，会议主题为"面向 21 世纪的东西方管理文化"，三十多个国家的 350 位专家、学者、教授参加了这次盛会，中央电视台、人民日报等四十余家新闻机构对大会进行了报道。这次盛会进一步扩大了东方管理文化在全球的影响。国际学者评论：这是一次国际管理学界的盛会，是东方管理文化复兴的燃点，是东方管理文化在世界的叫响。IFSAM 第一届主席野口佑教授说："中国将会在世界管理史上留下光辉的一页。"这次会议成立了 IFSAM 中国执行委员会，推选苏东水为执行主席，以苏东水教授为代表的东方管理研究学者群被媒体首次称为"东方管理学派"。1998 年，苏东水在上海主持召开了"首届东方管理学术研讨会"，150 位专家、政府官员、企业家参加了这次会议。1999 年 6 月 6 日，复旦大学成立了东方管理研究中心，160 余位专家学者、政府官员、企业家参加了这次盛会，这是东方管理学发展史上的里程碑。2005 年 9 月，筹备八年之久由苏东水教授主编的"东方管理学派著系"第一卷——《东方管理学》终于在复旦大学出版社出版了。

苏东水认为东方管理文化学可包括三部分：一是治国学；二是治生学；三是治身学或称人为学。从传统观点而论，治国学主要是关于社会人口、田制、生产、市场、漕运、人事、行政和军事等方面的管理的学问；治生学主要是有关农副业、工业、运输业、建筑工程、市场经营等方面的学问；人为学主要是研究谋略、人为、为人、用人、选才、激励、修身、博弈、奖惩、沟通等方面的学问。关于东方管理文化的要素，苏东水概括为"道、变、人、威、实、和、器、法、筹、谋、术、勤、圆"等十三个方面。

关于东方管理文化的本质，苏东水教授认为"以人为本、以德为先、人为为人"是东方管理的本质属性。"以人为本"，苏东水教授认为，体现在中国传统中的管理哲学是以人为核心的。例如孔子的主要思想是仁，仁者爱人。"以德为先"，苏东水认为，东方管理学强调伦理道德的作用。儒家管理思想的逻辑起点是"修己"，即自我管理；其归宿是"安人"，即理想化的社会管理及最终的天下大同。"修己安人"包含了带根本性的管理方法。"修己"就是让管理者作为道德示范，在无形中影响被管理者的行为，从而达到"安人"的目的。"人为为人"，苏东水认为，东方管理文化的本质可以用最简短的方式概括为"人为为人"的"人为学"。每个人首先要注意自身的行为修养，"正人必先正己"；然后从"为人"的角度出发，控制自己的行为，创造一种良好的人际关系和激励环境，使人们能够持久地处于激发状态下从事工作，并使其主观能动性得到充分的发挥。

胡祖光等人出版了第一本"东方管理学"专著。杭州商学院的胡祖光，于 1994 年在电子工业出版社出版了《管理金论——东方管理学》；胡祖光、朱明伟于 1998 年在上海三联书店出版了《东方管理学导论——一套全新而可供实践的理论》。他们认为，亮出东方管理学的旗帜，"才能使以中国为首的东方国家经过两千多年时间演进形成的丰富管理文化在全球管理学界占有重要地位，才能推动有中国特色的管理学理论的形成，才能有利于中国特色的管理理论在中国的广泛应用。"《东方管理学导论》将管理者的管理要务归纳为纳言、用人、治法、处事、教化和修身六个方面，每一个要素对应于不同的东方管理学原理而展开，一共论述了二十六条原理。

(1) 以天下之目视，则无不见也；以天下之耳听，则无不闻也；以天下之智虑，则无不知也。

(2) 治国之道，劝之使谏，宣之使言，然后君明察而治情通矣。

(3) 主道利明不利幽，利宣不利周。

（4）贤主劳于求贤，而逸于治事。

（5）治平沿德行，有事赏功能。

（6）智者取其谋，愚者取其力，勇者取其威，怯者取其慎。

（7）令之以文，齐之以武。

（8）杀一人而三军震者，杀之；赏一人而万人悦者，赏之。

（9）令行禁止，王者之事毕矣。

（10）公正无私，一言而万民齐。

（11）智者先胜而后求战者，暗者先战而后求胜。

（12）谋贵众，断贵独。

（13）因任而授官，循名而责实。

（14）治众如治寡，分数是也。

（15）圣人治吏不治民。

（16）威不两措，政不二门。

（17）人君贵明不贵察。

（18）用人必考其终，授权必求其当。

（19）善政，民畏之；善教，民爱之。善政得民财，善教得民心。

（20）道常无为而无不为。侯王若能守之，万物将自化。

（21）道之以政，齐之以刑，民免而无耻；道之以德，齐之以礼，有耻且格。

（22）圣人处无为之事，行不言之教。

（23）身修而后家齐，家齐而后国治，国治而后天下平。

（24）公生明，廉生威。

（25）博学之，审问之，慎思之，明辨之，笃行之。

（26）圣人为而不恃，功成而不处。

孙耀君主编了《东方管理名著提要》，该书于 1995 年由江西人民出版社出版。该书简要评价了《周易》等东方经典著作中的管理思想。中国社会科学院韩岫岚在她主编的《MBA管理学方法与艺术》中用 50 页的篇幅探讨了"东方管理思想"，内容涉及孔子的管理思想、老子的管理思想、韩非子的管理思想、《孙子兵法》的管理思想，以及日本的管理思想。另外，南京大学的赵曙明于 1995 年在中国人事出版社出版了《东西方文化与企业管理》。

1995 年，上海师范大学的陈荣耀在上海社会科学院出版社出版了《追求和谐——东方管理探微》；1996 年又在解放军出版社出版了《东方文明与现代管理》。赵耀明、陈荣耀对东方管理文化进行了有益的探讨。他提出了东方管理的十大要决：自强；务实；创新；中庸；内协外争；用人、理财、重销售；严规、亲人、重价值；形儒、内道、重法；明法、重人、服务、卓越；执五柄（利益机制、角色正位、法制规范、思想工作和道德力量）。其中，内协外争是东方管理的本质；严规、亲人、重价值是东方管理的基本模式；明法、重人、服务、卓越是东方管理的宗旨。

二、中国式管理模式研究

1．概述

一批管理学研究者及企业家，在研究中国管理思想和管理实践的过程中，希望建立中国管理学，创立中国式管理模式。

潘承烈等人于 1985 年在云南人民出版社出版了《中国古代思想与管理现代化》。虞祖尧、沈恒泽主编的《中国传统管理思想的新探索》于 1988 年在企业管理出版社出版。潘承烈主编的《传统文化与现代管理》于 1994 年在企业管理出版社出版。潘承烈、虞祖尧主编的《振兴中国管理科学——中国管理学引论》于 1997 年在清华大学出版社出版。主编者在"中国管理学引论"中明确地提出："我们日益感悟到，我们的目标是建立具有中国特色的管理科学：中国管理学"。潘承烈等人认为，建立有中国特色的管理科学应该包括五个方面的内容：

（1）在管理哲学方面，应正确解决变革和稳定、管理和服务、可持续性发展战略与近期开发利益等一系列相互发展的辩证关系。

（2）在管理的基本范畴上，应明确在两个文明建立的全部过程和全部领域都存在着管理活动。

（3）在管理对象上，坚持以人为本、以事为经、以物为纬，三者亦不可偏废。

（4）在管理的机制上既要强调改革，更应注意相对的稳定性。在管理文化上应注重情、理、法三者的结合和统一。

（5）建立和推行现代企业制度是当前国家经济管理工作的一个重点。

此外，人民出版社于 1999 年出版了尹毅夫教授的《中国管理学》。尹毅夫的著作从"执经达权"的国民性，循着"情、理、法"的常道，提出了中国式管理的独特见解。2005 年 10 月，李学峰在中国人民大学出版社出版了一本面向 MBA 教育的中国管理学精品课教材——《中国管理学——融通古今的管理智慧》。2006 年 1 月，北京大学的周建波副教授在北京大学出版社出版了《儒墨道法与企业经营》一书，将中国古代四大家的管理智慧与当今企业管理联系在一起进行了详细的解析。

我国香港、台湾地区的管理学者及企业家喜欢用"中国式管理"这个名称。香港中文大学闵建蜀教授、香港城市大学游汉明教授对中国式管理进行过较多的研究。闵建蜀教授到复旦大学专门主讲过"中国传统文化与现代管理"等专题，游汉明教授在香港城市大学建立了"华人管理研究中心"，主持召开了"华夏文化与现代管理"国际学术研讨会。陈国钟于 1995 年在台湾永庆出版公司出版了《中国式经营哲学与管理艺术》。徐伟于 1987年在香港星联出版社出版了《中国式管理的现代化》。杨国枢、曾仕强主编的《中国的管理观》于 1988 年在台湾桂冠图书公司出版。香港大学高伟定教授于 1990 年在英国出版了《海外华人企业家的管理思想——文化背景与风格》专著。王永庆编著的《王永庆谈中国式管理》于 1998 年由内蒙古文化出版社出版。台湾政治大学张润书教授于 1992 年在《中国式管理浅释》中认为：中国式管理的基本原则主要有人格尊重的原则、相互利益的原则、积极激励的原则。他认为中国式管理的基本内涵是仁、义、礼。仁就是人性的管理体制，各种管理办法必须合宜适当，无任何阻碍难行之处；礼就是制度化的管理，任何组织应制定完备周详的法律规章，人们据此认真执行，对不合时宜的法规则不断地加以修订。

国内外一些学者对中国历史上的管理思想进行了大量的研究。中国农业部乡镇企业管理干部学院的潘乃樾，自 1994 年开始，陆续在中国经济出版社出版了《孔子与现代管理》、《韩非子与现代管理》、《老子与现代管理》等著作。许倬云著的《从历史看领导》于 1994 年由北京三联出版社出版。单宝著的《中国管理思想史》于 1997 年由立信会计出版社出版。1988 年，陈德述主编的《中华儒学文化与现代管理丛书》由西南财经大学出版社出版。1999 年，熊礼汇主编的《经营管理智慧丛书》由学林出版社出版，这套丛书有《老子与现代管理》、《孔子与现代管理》、《韩非子与现代管理》、《墨子与现代管理》、《孟子与现代管理》、《庄子与现代管理》等。中国古代的管理思想极其丰富，上述著作除了论述经济管理思想外，还探讨了中国古代的行政管理、人事管理、军事管理等内容。探讨中国古代管理思想的著作还有：解恒等编著的《中国古代管理百例》（辽宁人民出版社，1985 年）；《中国古代管理思想》编写组编写的《中国古代管理思想》（企业管理出版社，1986 年）；李安松、刘应主编的《中国古代管理文选》（湖南文艺出版社，1987 年）；何奇等编著的《中国古今管理思想选萃》（企业管理出版社，1987 年）；王海粟的《中国古代领导艺术》（安徽人民出版社，1988 年）；杨宗兰的《文韬武略——博大精深的中国古代管理思想》（国际文化出版公司，1989 年）；郭济兴的《中国传统文化的现代管理价值》（北京经济学院出版社，1989 年）；李躬圃的《传统文化与现代管理》（新华出版社，1991 年）；樊国华编著的《先秦诸子与管理哲学》（新华出版社，1991 年）；杨洪益的《孙子兵法与管理》（西南交通大学出版社，1992 年）；苑广增主编的《中国古代管理思想荟萃》（科学技术文献出版社，1992 年）；孙奎贞编写的《古代智慧与现代领导》（中国广播电视出版社，1993 年）；刘源沥、曲波的《统御之道》（蓝天出版社，1994 年）；黎红雷的《东方的管理智慧——中国儒家思想与现代管理》（中山大学出版社，1996 年）。国外也出版了一些探讨中国管理思想的著作，如《Tao of Leadership》、《Early Chinese Management Thoughts》、《Das Tao-Management》等。

2. 主要思想流源

（1）中国经济管理思想史。北京大学赵靖编著的《中国古代经济管理思想概论》于 1986 年由广西人民出版社出版。该书首次试图以"富国之学"和"治生之学"的发展为线索，为中国古代经济管理思想史这门学科建立一个理论模式。1991—1998 年，北京大学出版社出版了赵靖教授主编的《中国经济思想通史》第 1～4 卷，并于 2002 年出版了四卷合一部的修订版——《中国经济思想通史》。

1988 年，赵靖主编《中国近代民族实业家的经营管理思想》由西北大学出版社出版；何炼成主编的《中国经济管理思想史》也由西北大学出版社出书；刘念若主编的《中国经济管理思想史》由黑龙江人民出版社出书；滕显间编著的《中国历代经济管理反思》由海洋出版社出书。1990 年，叶世昌主编的《中国古代经济管理思想》由复旦大学出版社出版。1996 年，杨承辉编著的《中国古代经营管理思想研究》由南开大学出版社出版。上述中国经济管理思想史著作，或者按朝代顺序，或者根据人物，或者根据经济管理专题来编撰。另外，国内还出版了许多根据古代管理思想演绎而成的"经商谋略"读物。

（2）华商管理研究。在当今世界经济的发展中，分布于 90 多个国家的华人企业家是一支不可忽视的重要力量。香港大学的 Redding、复旦大学的苏东水等人对华人企业家的管理模式进行了研究。他们认为，海外华人企业具有以下共同特征。

① 所有权、控制权与家庭三者关系密切。

② 重视人情、面子、关系网在公关等活动中的作用。

③ 华人企业一般规模小，组织结构相对简单。

④ 家庭式管理，家长式的组织氛围，缺乏民主意识。

⑤ 等级观念明显，偏人治。

⑥ 通常集中于一种产品和一个市场。

⑦ 具有吃苦耐劳精神。

⑧ 缺乏开拓精神，创新能力不够。

⑨ 忽视制度管理。

（3）自导式管理思想。中国科技大学的张顺江教授于 1993 年在辽宁大学出版社出版了《自导式管理——儒家的管理心理研究》。自导式管理以"法元论"为研究方法和手段。"法元论"是对老子、孔子、佛教、伊斯兰教、信息论、控制论、系统论等思想的继承。张顺江认为管理管人在于管思想：教化与感应。提倡人与环境相和谐。指出实现管理最高境界的方法和手段是在上不骄、在下不卑。提倡人从盲目被管中解放出来，成为自觉的、自为的、自导的向着预定的目标前进的人。

（4）无为管理思想。东北财经大学战殿学教授等编著的《管理新论——无为管理学》于 1997 年由东北财经大学出版社出版。无为管理学以"无为"起论，融会了中国传统的无为论精华，也吸收借鉴了西方各管理学派的进步理论，具有以人天整体观为基础，以无形组织和无形教育为保证，以人为中心的管理特点。无为管理的基本内容包括无极主体管理、太极两仪管理、皇极成果管理等。无极图是无极管理的统一模型。无为管理的基本方法是无极图法。无为管理的过程是生、化和返三个阶段。

（5）周易管理思想。在研究古代管理思想的过程中，人们对称为"群经之首"的《易经》花的功夫很多，目前已经形成一门周易管理学，或称管理易学、管理易。吴铁铸在1994年发表的《周易的管理哲理》一文中，明确地提出了周易管理学的理论体系。他认为周易管理思想的理论体系包括太极原理、天道原理、人道原理、变易原理、领导原理、决策原理、革新原理、协调原理、八卦原理法则、六十四卦管理原则、周易管理之道之法等，他还绘制了一幅"周易管理学理论体系图"。

管理易学方面的著作还有：程振清的《周易太极思维与现代管理》（漓江出版社，1993）；贾志岱、张毅的《易经与当代企业家》（山东人民出版社，1993）；廖墨香、秦涵的《周易与现代经济预测》（内蒙古人民出版社，1994）；张建智的《易经与经营之道》（上海三联书店，1997）；余敦康主编的《易学与管理》（沈阳出版社，1997）等。我国台湾地区的曾仕强出版了《管理易行》、《21世纪的易经管理法》等著作。还有许多管理易学的内容散见于其他著作中。

（6）混沌管理思想。袁闯于1997年在浙江人民出版社出版了《混沌管理》。他认为，中国传统文化在本质上是混沌的、模糊的、综合的、整体的，而以混沌最能代表其特征。混沌管理是建立在中国传统文化基础上的。混沌管理的管理哲学是组织人文主义。混沌管理的本质是一种特殊的人本管理，以组织稳定为目标的管理。混沌管理的方法论特征是非规范性、非优化、不确定性等。混沌管理的理论基础是整体论哲学、自然主义的"无为而治"、文化伦理主义等。混沌管理的策略方法有修己安人、"中"与"和"等。

（7）柔性管理思想。郑其绪于1996年在石油大学出版社出版了《柔性管理》专著。郑其绪认为，柔性管理的本质是对管理对象施加软件控制；柔性管理的职能是教育、协调、激励和互补；柔性管理的特征在质的方面表现为模糊性，在量的方面表现为非线性，在方法上强调感应性，在职能上表现为塑造性，在效果上表现为滞后性；柔性管理的基本原则是内在重于外在、直接重于间接、心理重于物理、个体重于群体、肯定重于否定、身教重于言教、务实重于务虚、执教重于执纪。

（8）"7S"模式与"11C"模式。1981年，斯坦福大学的巴斯卡和哈佛大学的雅索士出版了《日本企业管理艺术》。"7S"是取自七个单词的第一个字母：Strategy，Structure，Systems，Staff，Skill，Style，Super-ordinate goals。巴斯卡等用了3S管理模式（策略、结构、制度）来代表美国的企业管理模式，认为日本企业的管理模式是7S模式（3S+4S：策略、结构、制度+人员、技巧、作风、最高目标）。他们把增加的4S称为"软性管理"，认为软性管理是日本7S管理模式中起关键作用的因素，是日本企业优于美国企业的关键所在。巴斯卡等得出的结论是："软性管理"优于"硬性管理"。

佩格尔斯于1984年在《日本与西方管理比较》著作中提出了11C模式。他用11C来说明日本成功企业的管理风格和企业文化。11个关键词的词首都是C，统称为11C模式：Culture（文化）、Communication（信息联系）、Concept（观念）、Concern（关心）、Competitiveness

（竞争）、Cooperation（协作）、Consensus（协商）、Coalition（结合）、Concentration（集中）、Control（控制）、Circles（小组）。文化指企业文化；信息联系指人与人之间以及企业内部门之间的信息沟通；观念指焦点对准企业的观念，工作的目的是生产出销路好质量高的产品或提供优质服务；集中指把企业全体人集中到公司的目标上；竞争指同生产同类产品或者提供同类服务的企业竞争；协作指内部协作；协商一致指做决策时要一致；结合指决策制定好后，大家结合起来完成目标；关心指管理人员关心自己与职员的关系；控制指对质量、成本、生产、库存、销售等提出要求；小组指质量管理小组，质量管理小组提倡并要求协同工作。要执行好 11C，企业必须有一个合适的组织机构，以及合适的产品和战略管理。参见张广仁等翻译的 11C 模式图。

佩格尔斯是在探讨了 7S 模式之后提出 11C 模式的，他希望用 11C 模式代替 7S 模式。他希望西方管理人员在学习了 7S 模式、11C 模式后改变管理风格。

（9）道家管理思想。张绪通于 1992 年在四川大学出版社出版了《道学的管理要旨——人生的智慧与成功的大道》中文版。《道学的管理要旨》曾受到美国前总统卡特、里根的好评。张绪通博士将道家管理比喻为"水式的管理"。水式的管理能忍人之所不能忍的气，能受人之所不能受的苦，能做人之所不能做的事，然后，能成人之所不能成的功。水的特性有：无所不到，除了自己流动之外，还会带动其他物体行动等。张绪通探讨了道的进化论、道的矛盾论、道的心态论、道的职责论、道的五行论、道的心理能动论、道的领导原理、道的策原理、道的辞说原理等内容。

（10）C 理论。夏威夷大学成中英教授曾在 1997 世界管理大会上介绍 C 理论。C 理论以易经哲学为基础，以阴阳五行为主干，融合中国古代哲学的诸子百家，同时综合东西方管理理论与学说而形成。土在五行中居于中心地位，可用英文 Centrality 表示，土具有统合一切的功能，在管理上代表决策、思考、计划、统合的作用，道家体现了土的决策功能；金具有控制性，可用 Control 表示，法家体现了金的控制功能；水具有变化性，可用 Contingency 表示，兵家体现了水的应变功能；木具有创造性，可用 Creativity 表示，墨家体现了木的创造功能；火具有协调性，可用 Coordination 来表示，儒家体现了火的协调功能。

（11）论语加算盘模式。涩泽荣一创立过五百多家企业，被称为"日本企业之父"、"空前绝后的创业家"。1994 年九州图书出版社出版了涩泽荣一的《论语与算盘——商务圣经》中文本。《论语与算盘》一书集中表达了儒家的经营理念与儒商的处世之道。荣一认为，追求经济利益应当以《论语》为原则，获得财富最根本的东西是依靠仁义道德。《论语》伴随着由它产生的经济效益才真正体现了孔子思想的价值。他将自己的想法称为"经济道德合一说"。荣一认为，工商兴邦是富民益民的立国之本，"士魂商才"是儒者内圣外王的生命追求，义利合一是工商活动的基本原则。《论语》的道德训诫代表东方文化，算盘的有效性代表西方文化，荣一使二者圆融无碍地结合了起来，创造了一个东西合璧的成功管理模式。

思考题

1. 东方文化是如何产生的？
2. 什么是文化？什么是东方文化？它具有什么特征？
3. 东方管理思想研究的代表人物和代表作有哪些？

关键词

文化　东方文化　东方管理学　华商管理　自导式管理　无为管理　周易管理
混沌管理　柔性管理　"7S"模式　C 理论　"11C"模式　论语加算盘模式

第八章 中国古代管理思想史

学习目的与要求

1. 理解中国古代思想的产生
2. 掌握儒、法、道、兵家的管理思想
3. 熟悉中国古代的统御术与统御谋略
4. 了解中国古代管理思想在现代企业管理中的应用

观今宜鉴古，无古不成今。由于文化的发展变化性，任何管理理论和管理思想都是发展变化的，没有永恒不变的管理文化，"世界潮流，顺之者昌，逆之者亡。"因此，顺应历史潮流、勇于创新才是管理文化的精髓，而管理文化创新的关键是在立足于民族本位、时代本位的基础上，大量吸收当前别的民族管理文化优秀的东西，更重要的是积极向历史学习、向前人学习，从古人的管理思想、管理实践上吸取智慧，丰富我们对现代管理实践的理解。

第一节 中国古代管理思想的产生

中国是世界上历史最为悠久的文明古国之一，中华民族上下五千年的文明史同时也是一部管理史。虽然古代中国没有"管理"一词，但"治"、"治理"等词就表达了"管理"的含义。

一、中国古代管理思想的发展历程

中国古代管理思想萌芽于原始社会部落联盟时期，即尧、舜时期。从那时起，就有了专管经济的官员，并产生了一些管理的思想和观点。但作为具有中国传统特色的古代管理思想却是产生于春秋时期，初步形成于战国时期（公元前 475 年—公元前 221 年），成熟于西汉中期（约公元前 1 世纪中），如表 8-1 所示。

表 8-1　中国古代管理思想的发展历程

中国古代思想的发展历程			
原始社会部落联盟时期	春秋（公元前 770—公元前 476）	战国（公元前 475—公元前 221）	西汉中期（约公元 1 世纪中期）
萌芽	产生	初步形成	成熟

二、中国古代思想产生的时代背景

春秋时期是中国古代从奴隶社会向封建社会过渡的时期，铁制农具的使用、牛耕技术的发展以及农田水利的兴修，使得生产力有了很大的发展，尤其是在农业方面进步较大。此时，奴隶制生产关系日益不能适应这种新兴生产力的发展要求，奴隶社会中的阶级斗争日趋激化，奴隶逃亡和斗争事件此起彼伏，使土地国有和奴隶国有的井田制越来越难以维持下去，大片井田成为荒草地。同时，代表新的生产方式的地主阶级，由于能够适应新生产力的发展而日益显示出其优势，随着井田制的瓦解，奴隶制国有工商业和奴隶主贵族文化垄断也逐渐解体，整个奴隶制陷入了"礼崩乐坏"的局面，工商业领域日益成了私人工商业者的天下，文化学术也散入民间，成为私人的事情。

"奴隶制的衰落，使得奴隶主贵族对国家的统治不断削弱，由'礼乐征伐自天子出'下降为'自诸侯出'，而在各诸侯国内则逐渐下降为'自大夫出'和'陪臣执国命'"。这种权力的下移，越来越具有自奴隶主贵族向地主阶级政治势力权力转移的性质。

生产力、生产关系的变化致使意识形态也发生了变化。当时，中国社会意识形态十分混乱，孔子就曾描述道，"君不君，臣不臣，父不父，子不子"[①]。在对待利益问题上，人们没有是非感、荣辱感，没有价值评判标准，君王不像君王，臣下不像臣下，父亲不像父亲，儿子不像儿子。在这种环境下，统治阶级无法统治，被统治阶级无法生活。

中国的传统管理思想正是在这种历史形势下产生的，以孔丘为代表的儒家学派树立起了自己的旗帜，拉开了先秦学术领域百家争鸣的帷幕。

第二节　中国古代管理思想流派

中华传统文化是东方文化的渊源，它对东方管理文化的价值观念、伦理道德和行为模式有着深远影响。在中华民族五千年悠久灿烂的文化史中，历代哲人、学者及管理实践者对于如何有效地管理人、社会以及人的实践活动，都有不同的见解。中华传统文化可归纳为以儒、法、道、兵家为核心层，以墨、农、佛、纵横、阴阳家等为次级层的多元文化体

---

① 《论语·颜渊》

系。这些流派除了佛家来源于印度以外，其余各家均来源于中国古代春秋战国时期，而作为中华传统文化核心的儒、法、道、兵四家，不仅对中国历史发展起着举足轻重的作用，对整个东方管理思想的发展更是功不可没。

一、儒家的管理思想——仁政德治论

儒家文化是中华传统文化的主流，在管理思想上，儒家强调"柔性管理"或"情感管理"，而这种"柔性管理"的实质就是"仁政德治论"。因此，"仁政德治论"构成了儒家管理思想的核心。

1．发展历程

儒家由孔子开创。孔子提出了整体思维框架，后经由孟子、荀子进一步补充，最终形成了一门完整的学派——儒家。儒家学说一开始并非中国的正统理论，秦始皇一统中国后，彻底否定儒家思想，实行了残酷的焚书坑儒。直到汉武帝时期，董仲舒对《春秋》进行了深入研究。他在融会贯通孔孟之道的基础上，应用五行相克的理论来解释封建王朝的更替，认为当天对现行受命者不满意时，会先予以警告，如果仍执迷不悟，天就将另外受命于其他新朝。他所提出的这种儒学新观点适应了当时统治者的需求，与原有的儒学理论融为一体，为儒学提供了理论依据，使其有了可依托的根基。于是，就有了汉武帝时代的"罢黜百家、独尊儒术"。自此，儒家思想成为中国 2 000 多年封建王朝进行统治的思想工具，中国封建历史的进程就是儒家思想不断实践发展的进程。宋代朱熹的理学对儒学又做了进一步完善。

2．代表人物

孔子（公元前 551—公元前 479），名丘，字仲尼，鲁国（今山东曲阜）人，儒家学派的创始人，中国春秋末期著名的思想家和教育家，是殷人后裔。孔子早年丧父，由其母抚养成人，幼年极其艰辛。他精通六艺，博学多能。年轻时曾做过管吏（管仓库）、乘田（管繁殖牲口），三十多岁到齐国未得到齐君重用，后又回到鲁国聚徒讲学，五十多岁时，由鲁国中都宰（都城行政长官）升任司寇（掌管刑狱、纠察等事）。后又周游宋、卫、蔡、齐、楚等国，宣扬其政治理想，但却未受到各国重视。孔子一生致力于教育事业，首次提倡有教无类、因材施教，打破贵族垄断知识的局面，首开私人讲学之先河，广收门徒，旨在为社会培养德才兼备的管理者。孔子收的学生不分贫富贵贱，打破了过去那种按血统、出身而不是品德、才能选拔官员的世卿世禄制度。《史记·孔子世家》记载，"仲尼弟子三千，贤能者七十二"。晚年专心从事古代文献的整理与传播工作，整理了《诗》、《书》等古代典籍，删修《春秋》，其学生将其思想言行记录在《论语》之中，后人尊称其为"万世师表"、"至圣先师"，历代帝王封其为"大成至圣文宣王"。

孟子（公元前 372—公元前 289），名轲，字子舆，一字子车，邹（今山东邹县）人，战国前期儒家学派主要代表人物，是中国古代著名的思想家，著有《孟子》一书。孟子是鲁国贵族孟孙氏后裔，幼年丧父，家庭贫困。西汉韩婴的《韩诗外传》和刘向的《烈女传》记有孟母"三迁"和"断织"的故事，孟子少年时代其家庭虽已失去贵族地位，但他却受到传统贵族子弟所必要的严格家庭教育，早年"受业子思之门人"。①子思是孔子的孙子，曾参的学生，是儒家学派的一个主要代表人物。孟子师承子思，在他的生活时代，百家争鸣，"杨朱、墨翟之言盈天下"，孟子在儒家的立场上，对其进行了猛烈的抨击，并在继承和发扬孔子思想的基础上，形成了一套完整的思想体系，对后人产生了极大影响，成为仅次于孔子的一代儒家宗师，有"亚圣"之称，与孔子并称为"孔孟"。

孟子门徒众多，他游说诸侯时，"后车数十乘、从者数百人"。①与孔子的四处碰壁不同，孟子受到一些诸侯国君的礼遇，在齐国曾一度位于"三卿之中"，①但"不任职而论国事"。①抱负甚高的他希望能实现自己的政治理想，但由于当时各国诸侯认为他的学说"迂远而阔于事情"，①因此其思想始终没有得以真正实行。晚年退居讲学，"序《诗》、《书》，述仲尼之意，作《孟子》七篇"。

3．基本思想

以孔子、孟子等人为代表的儒家管理思想包括政治、军事、行政、司法、教育和经济等各方面，基本理论范畴包括"仁、义、礼、忠、恕、和、信、教、均、道"，核心部分是仁政德治论。

（1）仁政。"仁"是儒家的核心学说，是孔子道德哲学的最高范畴。孔子第一个提出以"仁"为人生理想，提倡"爱民"、"养民"、"惠民"、"裕民"，认为人是最根本的，在人的管理上，必须实行"仁"、"爱"。那么，何为"仁"呢？孔子说："仁者，爱人。"又说"仁者，人也。"①其中"仁"是指"能行五者于天下者，为仁矣。"这五者是指"恭、宽、信、敏、惠。恭则不侮，宽则得众，信则人任焉，敏则有功，惠则足以使人。"②孔子认为只有庄重的人才不会受人侮辱，宽厚的人才能受人爱戴拥护，讲信用的人才能得到重用，勤奋机敏的人办事才有成效，能给人恩惠的人才能指挥别人。孔子之所以主张以"仁政"，是因为他认为只有"仁"、"爱"才能缓和管理者与被管理者之间的矛盾，有利于二者之间建立一种和谐的关系，形成亲密的情感联系，产生强大的内聚力和整体力，从而有助于实现管理目标。孟子继承和发扬了孔子的仁政学说，将"亲亲"、"长长"的原则运用于政治，以缓和阶级矛盾，维护封建统治者的长远利益。

儒家的仁政包括三层含义：首先，管理者应该以身作则，身体力行，提高自身素质和修养，成为一个有"恭、宽、信、敏、惠"的人，成为一个品德高尚的"仁人"；其次，无论是管理者还是被管理者，都必须有一种爱人之心，"爱人"是成为"仁人"的前提，

---

① 《孟子·告子下》
② 《史记·孟子荀卿列传》

"仁人"是"爱人"的结果；更重要的是，人是属于社会，属于集体的，因此，具有集体主义精神的"仁"才是真正的"仁"，以个人的爱出发，最终形成人类的爱，以达到"修身、齐家、治国、平天下"的目标，"仁"是最高境界，是人在社会上立身处世的标准。孔子的仁学奠定了儒家以民为本的人本思想和仁政学说的理论基础。

仁政的内容具体包括以下几个方面。

① 信民。即取信于民，这是治国的头等大事，信民才能治民。孔子提出三点要求：足食、足兵、足信，他认为必不得已时，兵与食皆可去，唯民信不可去。

② 富民。孔子认为只有让人民富裕起来，才能巩固统治。

③ 爱民。即统治者要节用爱民。孔子要求统治者要节俭，并推崇大禹的"菲饮"。

④ 教民。统治者对民要进行教化，用道德来引导他们，用礼制来规范他们的行为，若对子民不进行教育，在他们犯错时就施以暴刑则是虐待，不对人民进行劝戒则是暴政。

⑤ 制恒产。孟子主张要给民"制恒产"，即给予人民稳定的生产资料，以使民有"恒心"（即正常的道德意识），有恒产才能有恒心，否则，民就会违法乱纪，无所作为。统治者不能保障人民的稳定生活来源，若犯了罪再去惩罚他们，就是在陷害人民。

（2）德治。儒家推崇德治管理，认为"德治"是管理的最高境界。"德治"思想的形成源于对古代王朝更迭与兴衰的反思。孟子说，"桀纣之失天下也，失其民也；失其民者，失其心也。"[1]他认为得民心者得天下，失民心者失天下，而得失民心的关键在于是否实行"德治"。孟子强调将伦理和政治紧密结合，强调道德修养是搞好政治的根本，他认为"天下之本在国，国之本在家，家之本在身。"

在比较德治管理和刑法管理的基础上，孔子认为，以刑法命令去约束民众，他们会因为害怕刑法而暂时避免犯罪，但内心并无对犯罪的羞愧感，但若以道德教化来教导百姓，用道德规范去约束他们，他们就会有羞耻感，从而自觉遵守规矩。因此"德治"区别于刑法管理的根本之处在于"德治"将民众看作是有一定独立人格和意志的人，认为管理要在尊重被管理者人格和意志的基础上，用引导、教育的方法，使其在思想上和行动上心悦诚服地接受管理，主动自觉地实现管理目标。孔子认为，得人心是"德治"的出发点和归宿，"德治"能深得人心，能在管理者与被管理者之间形成巨大的吸引力和向心力，他把"德治"的管理模式想象得如同宇宙间天体运行一样和谐有序、合乎自然。

德治的具体内容包括以下几个方面。

① 德治可以征服人们。儒家认为，国家行政、军事强力、法律刑罚虽然能够起到维护统治的作用，但只能触及皮毛，不能征服内心，只能取得一时的效果，不能实现永恒的大治。

② 德治可以防止社会堕落和衰落。儒家反对用物质利益引诱的政策来统治国家，认为

---

[1] 《孟子·离娄上》

物质利益的引诱会导致人欲横流，道德沦丧，人心不古，造成社会的堕落和衰败。

③ 以德的标准选拔管理人才。即以道德水平的高低来选拔统治者。

④ 道德之威。孔子认为威性有三种：道德之威、暴察之威和狂妄之威。道德之威是靠修身养性、讲究礼仪和等级分别而树立起来的威望；暴察之威是指不修礼乐，以暴力建立起来的威望；狂妄之威是指没有仁爱之心，不做有利于百姓的事，让小人当道，靠镇压百姓而建立起来的威望。儒家认为只有道德之威才能真正建立起威望。

⑤ 七教三至——德治的措施。七教，即上敬老，则下益孝；上尊齿，则下益悌；上乐施，则下益宽；上尊贤，则下择友；上好德，则下不隐；上恶贪，则耻争；上廉让，则耻节。三至，一是'教至'，即为上者要当好表率；二是'道至'，即为上者以身作则、身体力行，为下者极力效法；三是'政至'，即为上者要施仁政，做到以上'七修'，则民心就会归附。

（3）礼制。孔子把"礼"与"仁、义、智、信"相提并论，认为"仁"是内在的道德意识，"礼"是仁德的外在表现。孔子认为教化不是万能的，"仁政德治"必须与外在的刑法制度结合起来，才能发挥管理的作用，"仁政德治"必须以必要的制度管理为补充，而这种制度化的管理就是儒家的"礼治"。儒家认为，"礼"的本质是讲"和"，即以和为贵。实行"礼制"的方法是正名分，即确定君、臣、父、子、夫、妇的关系并加以规范，严格地分等级，不能以下犯上。

那么什么是礼呢？礼在我国古代社会中，是人们在各种社会活动中制度化了的行为规范，它几乎包括人们生产生活的一切方面，通过成文和不成文的方式，制约着人们的行为。总体说，礼包括典章制度、道德规范和行为准则三个方面。早在西周初年，周朝统治者就已经在吸取夏商两代礼制成果的基础上制定了一套完整的礼制——"周礼"，即以奴隶贵族等级和奴隶主贵族血缘关系为纽带的宗法制度，具体包括君仁、臣忠、父慈、子孝、妻顺、兄爱、弟悌。到了春秋时期，王室衰退，诸侯争霸，礼崩乐坏。在这种形势下，孔子认为恢复和维护礼制在社会生活中十分必要，否则就会造成人们思想行为悖乱无序，破坏人际关系的和谐，引起社会动乱，他还提出要把"礼制"建立在"德治"的基础上。孔子说，"人而不仁，如礼何？"[①]"礼云礼云，玉帛云乎哉。"[②]他认为只有合于仁的礼和礼仪的规定，才能起到调节人伦之间、人与社会之间的各种关系，道德教化与法制约束二者缺一不可，礼与法是相通的，只有将"仁政德治"与"礼制"很好地结合统一起来，才能有效地达到管理的目标。

（4）和谐。孔子强调"和为贵"[③]，认为古代圣王完美地管理国家之道就在于实现了

① 《论语·八》
② 《论语·阳货》
③ 《论语·学而》

"和谐"。孔子认为要想保持国家的兴盛和社会的稳定，就要处理好社会各阶层、各成员之间的关系，儒家认为，要处理好这种关系的最高原则就是保持和谐，而要实现"和谐"，就必须遵循"宽猛相济"的原则，即宽以修猛，猛以修宽，将两种相对应的不同管理政策有机结合起来，恰当运用，就可以成为政治上实现"和"的手段与方法。

孟子也十分强调"和谐"管理的重要作用，他提出"天时不如地利，地利不如人和。"[①]认为物质条件与"人和"因素相比，是第二位的，得到人们的拥护才是有效管理的根本。这里的人和是指管理的最高境界——协调人与人、人与自然、人与社会的关系，创立管理主体所需要的人际和谐环境，以实现管理的目标。

（5）中庸。"中庸"是儒家管理思想的精髓，孔子首先提出"中庸"的概念，"中庸之为德矣！其至也乎！"朱熹解释为"无过无不及"，孔子说，"不得中行而与之，必也狂狷乎！狂者进取，狷者有所不为也。"[②]"狂"就是过，"狷"就是不及，"狂"和"狷"都不好，只有"中行"最好。

孔子认为事物发展过程中有一个"度"，他认为要做到"中庸"，就要能够"时中"，即合乎时宜。而要达到"时中"的境界，必须学会"权变"。中庸的"中"不是一成不变的，而是一个动态的概念，是灵活变化的，只有将原则性和灵活性结合起来，才能时时处处做到"中庸"。综上所述，"中庸"的内涵可以表述为：中——时中——权，其实质是如何认识、掌握和运用事物的"度"。

总之，儒家的管理思想作为中国封建社会 2 000 多年来治国指导思想的基础，成功地经受住了社会实践的检验，赢得了社会各阶层的普遍信赖，必然具有其他各家学派无法比拟的优势。

儒家提出"君君，臣臣，父父，子子"的观念，对于统治者来说，有利于稳定社会秩序；对于被统治者来说，有利于稳定家庭关系。

儒家极力主张的"中庸"之道、文武之道以及统治手段上"宽猛相济"的观点，使统治者的政策具有多种选择，能应对不同情况，协调不同关系，解决不同问题；对被统治者来说，可以更好地解决家庭关系和邻里关系。

因此，无论是统治者还是被统治者都接受儒家的基本思想，并将其作为思想武器，自觉地规范自己和对方的行为，儒家思想还有助于缓解人与人之间争夺资源的矛盾冲突，有助于社会和谐目标的实现，促进了社会的进步。

作为极具东方管理特色的管理思想，儒家思想的终极目标是治国平天下，前提是管理者自身修养的提高（正己），管理手段是强化对人的内外控制，并教之以德，使之转化为心悦诚服的臣民。但是，综观儒家学说的整个理论体系，从头到尾均是论述如何做好统治

---

① 《孟子·公孙丑下》
② 《论语·子路》

者、如何成为管理者、如何统治、如何管理，可以说儒家学说是一套如何为官从政的理论体系。受儒家思想的影响，中国国民长期以"官本位"思想评判人生的成败与价值，对中华文化造成了一些不良影响。此外，儒家学说还很少提到发展生产和提高生产力，在儒家思想的影响下，中国的管理实践中存在人际关系严重影响执行力的倾向。至今为止，中国企业中接受和执行任务往往受人际关系的制约，致使"人情网"成为中国管理的一大"特色"，这也是儒学作为中国主导文化的一大缺陷和遗憾。

二、法家的管理思想——法治刑治论

1. 发展历程

法家管理思想产生于战国前期，发展于战国中期，到战国末期，特别是秦始皇统一天下时达到顶峰。后来，随着秦王朝被推翻，法家地位也由国家主流意识形态下降到一个普通学派，到汉武帝时期"罢黜百家、独尊儒术"时，法家被儒家成功改造，实现了儒法合流。

法家代表新兴地主阶级，特别是新兴地主阶级中中小地主的利益，他们以各国官员为主，其目的是为了借助法律的力量强制推动个体经济的发展。

从学术渊源来看，法家源自儒家，许多法家代表人物都受过儒家思想的教育。孔子在世时，培养了很多学生，他去世以后，这些学生们分散到各地做官或办学。孔子的高徒子夏创立了西河学派，该学派是法家政术思想的先驱，而子夏正是春秋战国时期孔门中由儒学礼治思想过渡到法家政术思想的一位关键人物。战国时一批著名的政治家、军事家均出于子夏门下，如李悝、吴起、商鞅等，荀子、韩非、李斯等则是其隔代的再传弟子。

战国前期，李悝成为魏国宰相，这些受过儒学教育的学生一旦当上官员，必然希望利用政权的力量强行推动社会变革，使儒家的基本思想变为现实，但是，由于站在官员的角度思考问题，加上处于各国争霸的时代，他们往往认为教育的功效太慢，于是开始使用暴力，逐步走上以暴力推动社会变革、维持社会秩序的道路，法家由此产生。因此，可以说法家是由儒家那些获得官权的学生，在实践儒家管理思想的基础上产生的。而真正第一次正式打出法家理论旗帜，宣称自己为法治人士的是韩非，《韩非子》一书的完成标志着法家的最终建立。

从春秋争霸到秦国统一六国的过程中，法家思想就政治层面而言对其他各家影响较大，直到西汉景帝时的晁错，仍然代表法家在政治舞台上起着重要的历史作用，西汉武帝"废黜百家，独尊儒术"之后，法家的影响逐渐变小，可以说作为严格意义上的法家从中国政治和历史舞台上逐渐消失了。现代学者在描述传统政治特点的时候，曾经有几种说法：儒表法里、儒法互补、儒道互补，由此可见法家思想对中国历代封建统治者管理思想的巨大影响。

2．代表人物

商鞅（约公元前 390—公元前 338），卫国人，是卫国国君庶出的后代，故称卫鞅，又称公孙鞅，后封于商，后人称之为商鞅，是历史上著名的思想家、政治家、改革家、军事家，战国中期法家代表人物。商鞅年少时就开始钻研法治，曾做过魏国宰相公孙痤家臣，公孙痤死后，商鞅听说秦孝公雄才大略，选贤任能，于是通过宦官景监四次游说秦孝公，畅谈变法治国之策。公元前 359 年，任左庶长，开始变法，后升为大良造，其变法在秦国获得了空前的成功，史称商鞅变法。商鞅执法敢于不避权贵，在秦国振动颇大，当时太子犯法，商鞅刑其师傅公子虔、公孙贾。商鞅变法符合当时历史发展的方向和人民的愿望，受到群众的拥护和欢迎，为商鞅变法奠定了牢固的阶级基础。公元前 340 年，他率秦军打败魏国，因功封于商（今陕西商县、河南西峡一带），被称为商君。商鞅变法毕竟是地主阶级自上而下的改革运动，有其时代与阶级的局限性，因此，公元前 338 年，秦孝公驾崩，旧贵族立即反攻倒算，商鞅被其继承者车裂而死。商君身死法未败，秦国还是继续沿着商鞅的法治路线继续前进。商鞅不仅是先秦法家中变法最有成效的政治实践者，也是法家思想体系的奠基者。

韩非（约公元前 280—公元前 233），韩王室后代，出生于韩国贵族家庭，是荀况的学生，战国末年著名的思想家、哲学家，法家后期著名代表人物，法家学说集大成者。当时韩国很弱，常遭到邻国欺凌，韩非多次上书要求改革，韩王不用，韩非报国无门，转而埋头于写作，希望通过著书向各国君主传播自己的思想，写出了《说难》、《备内》、《孤愤》、《定法》、《显学》等十余万字的作品，韩非以秦晋法家思想为基础，广泛吸收先秦各派思想家的学说，总结春秋战国时期的经验教训，评论各国时蔽及政策得失，提出自己关于统一中国的政治思想和经济思想，提出了君主专制中央集权的理论，主张"事在四方，要在中央；圣人执要，四方来效"[①]，国家大权要集中在君主一人手中，君主必须有权有势才能治理天下，他将法、术、势的思想融为一体，大大丰富了法家思想的内涵。这些作品传到秦国后，受到秦王嬴政的高度重视，赞叹道，"嗟呼！寡人得见此人，与之游，死不恨矣。"[②]公元前 234 年，韩非作为韩国使臣来到秦国，上书秦王，劝其先伐赵缓伐韩。爱才的秦始皇留下韩非，准备重用，但是，时任秦国宰相的李斯是韩非的同学，他知道韩非的才能高于自己，十分嫉妒韩非，于是他向秦始皇进谗诬陷韩非，秦始皇听信谗言，将韩非投入监狱，将其毒死。韩非虽死，但他的思想为秦国统治集团所采纳，秦利用他的学说，集中力量迅速实现了兼并六国、一统天下的目标，并大刀阔斧除旧布新，创基立业。秦国的主要当权人物——秦始皇、李斯等都是韩非的学说的推行者。他的学说在秦王朝是统治思想的最高理论权威。韩非的主张，反映了新兴封建地主阶级的利益和要求，为结束

---

① 《韩非子·物权》
② 《史记·老子韩非列传》

封建割据，建立统一的中央集权封建国家提供了理论依据。

3．基本思想

以李悝、商鞅、韩非子等为代表的法家思想具有重法治、崇强力的特点，其管理方略对中国历史的发展有着重要意义，具体包括以下内容。

（1）推崇君权专制。为何要推崇君权呢？法家认为：第一，君王与天道同格同位，即皇帝是天子，君与天合二为一；第二，只有君王才能拯救人民于水深火热，人民处于种种社会矛盾中而不能自拔，只有立君之后，才能改变这种状况；第三，立君是为了天下和国家百姓，君主是人民的生命和生活的根本保障。第四，君主还是国家的心脏和灵魂。

（2）行法治。法家主张用法制来约束人民的行为，管理国家，认为上至君主下至百姓不论贵贱都应严格地遵守法律。法家以法治国的方略主要包括：

① 权势是统治的物质基础。君之所以能成为君，是因为他的权势和地位，权势是君主地位的保障，也是君主保持威严的基础和统治力量的源泉。

② 法治是治国之宝。法治主要是指以法律制度来治理国家，主张以法为本，以法为教化的手段。在实行法制时，主张执法要公平正直，官吏们要做好表率守法，并推行对人们有利的法律，赏罚分明。认为道德只能指导人们的行为，而法律则可以强制性地统一人们的自由。

（3）提倡刑治。法家的法治主要是突出刑罚的主要功能，并辅之以赏。第一，主张治民要严刑重罚，使人民不敢违法，从而可以保证国家安定而不起暴乱。第二，主张罚赏相结合，因为刑罚不足以使人民畏惧，杀戮不足以使百姓心服口服，只要罚与赏相结合，才能令行禁止。第三，主张赏罚要得当，必须依据事实，做到公正。

（4）弄"术数"。术数主要是指任免、考核、监督和赏罚各级官吏的方法和手段。术，即方法。法家精于玩弄术数，把它视为管理官吏大臣的工具。

"术"的主要内容包括：

① 按照官职的名称来检查官员的真实活动和实际政绩。法家认为，君与臣之间存在着不可克服的利害关系冲突，臣不可能完全忠于君，因此必须对各官职的官员进行考查。

② 根据各官员的能力来考查他的政绩，主张官员的言辞要与其才能相符，要求做到功、事、官相当。

③ 无为无不为。处理国家的许多管理事务，只靠君主一人是不行的，要靠群臣的共同努力，做到君道无为而臣道有为，只有君道无为，才能做到尽臣之能收到无不为的效果。即君王的主要职能是用人而不是做具体的事。

（5）尚功利。法家主张功利，反对儒家的一味追求道德价值的做法，其尚功利的主要内容是：

① 功利是赏罚的标准。即计功行赏，犯了过错就要惩罚。

② 强调公利。此公利是与私利相对。法家要求民和臣要为君主国家的公利效劳，并把

为公利还是为私利作为区分善恶的标准。

③ 要求树立功利价值观。法家反对人民等待君主的恩惠和赏赐，要求人民通过自己的力量进行功利的追求以实现自己的富贵理想。

（6）用强力。强力即强大的物质力量，包括国力、兵力、臣力、民力等，这是实现功利目标的方法，法家用强力的思想主要包括：

① 力是人们生存的条件，必须用强力才能养足。

② 国兴于力，即追求功利，即国家的兴旺富强不是靠德教言谈，而是靠经济和军事实力。

③ 功立于力，即追求功利，依赖于力量。君主尽力为政，臣尽力事立，家夫以力得富，战士以力立功。

④ 德生于力，即道德以实力、强力为基础，道德是力量的产物和从属。这里的力主要指刑罚所体现的强制力和暴力。人们的仁义道德不是简单地靠教化来实现的，必须以强大的强制力作后盾。

有些学者认为，如果中国不是以儒学为主导文化理论，而是以法家为正统文化的话，那么中国可能早在13世纪就进入了工业革命时期，综观法家的思想体系，其对社会的认识、对人的认识和对人的管理思想，在某种程度上与西方某些管理思想不谋而合。如此说来，法家似乎是较先秦诸子各家学说更为先进的思想了，那法家思想是否真的适合当时的中国？历史告诉我们：不是。法家管理思想虽然帮助秦始皇统一中国，但是将法家思想奉为治国宝典的秦王朝却二代而亡，相反，致力于德治的周王朝却延续了数百年的统治。其本质原因就在于：中国古代不具备法家管理思想成功实行的主客观条件。法家的管理思想是以法律高于一切为主旨，提倡愚民政策，强调雷厉风行的作风和严肃无情、激烈强制的手段，其核心是以奖惩的强制性来求得公平以实现最高的社会理想。这种奖惩的公正来源于客观可靠的资料，但是在信息技术极其不发达的古代中国，无法获得可靠的资料，因此越想公平就越不公平，人们在这种高压的作用下，变得毫无人情味，长此以往，人们极易对法律本身的公正性产生怀疑，并由此对种种措施和管理手段引发心理对抗，使得本来极有效率的组织变得腐败无能。因此，法家管理思想在短期内可以获得很好的管理效果，但是如果长期实行，或实行得不够彻底的话，其反面效果会逐渐暴露，甚至产生破坏性。所以，法家管理思想奏效的前提在于整个体系的完整、科学与高效，特别是监督执行和考察环节的完善与否更是决定着管理是否能够成功。

法家的管理思想忽略了对社会的教化和引导，背离了仁爱原则，希望依靠严刑峻法达到天下大治，在这一思想的指导下，社会上甚至出现了残害至亲、忘恩负义、以德报怨的现象。但是法家思想也有可借鉴之处，如"废私立公"的道德追求，将中国民族的"利他"精神推向了及至，法家所说的"四维"——"礼、义、廉、耻"，作为四大传统美德对现代有着十分重要的意义。

法家和儒家是战国时期在治国主张、管理思想上最为对立的两个学派，他们的共同点在于都希望建立以才能、品德选官的制度，打破传统的按血统、出身选官的世卿世禄制；希望推进个体家庭生产方式，打破传统的集体生产方式。其不同点在于实现目标的手段和方式上，以及对未来理想社会的规划上。儒家更偏重长远利益，更强调社会成员之间利益的统一性，在管理手段上更偏重文，看重教化的作用，力主以文武之道来"扬善抑恶"、协调社会成员在利益问题上的冲突。而法家更偏重眼前利益，更强调社会成员之间利益的对立性，在管理手段上更偏重于武，即暴力的作用，力主以国家暴力的力量、以暴力的手段强制推动封建生产方式的发展。

三、道家的管理思想——无为而治论

1. 发展历程

道家思想是中国传统文化的重要组成部分，它对于中国社会和中华民族的影响不亚于儒家思想。在中国几千年封建历史的发展进程中，道家思想也曾受到某些朝代统治者的推崇，而成为国家的主导思想。有些历史学家经研究发现，凡是道家学说占统治地位的时期，中国社会都得到了巨大发展。

道家思想创立于先秦时期，是与儒家思想同时产生并行发展的一个学派。道家结合《易经》学说，形成了一个比较严谨、逻辑性极强的完整理论体系。道家思想最早可以追溯到黄帝和周易，到了春秋战国时代，由老子所著的《老子》和庄周所著的《庄子》成为道家的经典著作。儒家创始人孔子，曾不远千里来到洛阳，问礼于老子，足见当时道家影响之大。在战国时期，道家思想得到较大的发展。黄老之学在汉初曾受到统治者推崇而盛极一时，但到西汉时，由于汉武帝"罢黜百家，独尊儒术"，道家遂不行于世。东汉时，黄老术兴，王公大夫炼丹以求长生。顺帝年间，张道陵在四川鹤鸣山倡导"五斗米道"，奉老子为教祖，以《道德经》为主要经典，被称为道教。

一般认为，道家思想及其学派是由老子创立，而后被庄子发扬光大。道家思想的发展大致经历了三大阶段：以老子、庄子为代表的先秦道家阶段；以秦汉新道家、魏晋玄学、隋唐道家为代表的前期封建社会阶段；以宋元时期的道家为代表的封建社会阶段。

2. 代表人物

老子（公元前571—公元前471），姓李，名耳，字伯阳，谥曰聃，楚国苦县（今河南省周口市鹿邑县）厉乡曲仁里人，是中国先秦时代的思想家、哲学家，道家学派的创始人。老子幼年牧牛耕读，聪颖勤快，曾做过周朝的守藏史（管理国家藏书），孔子曾向他学习礼法，晚年在陈国居住，后出关赴秦讲学，在他西出嘉峪关时，幸被关令尹善叫住，留下千言《道德经》才放行。死于扶风。老子遗留下来的著作仅有这部《五千文》，即《道德经》，也叫《老子》。它是老子用韵文写成的一部哲理诗，是道家的主要经典著作，开创了中国古代哲学思想的先河，被美国《纽约时报》列为世界十大古代作家之首。老子的哲学思想和由他所创立的道家学派，不仅对我国古代思想文化发展做出了重要贡献，对我国2 000 多年的管理思想的发展也产生了深远影响。

庄子（约公元前 369—公元前 286），名周，字子休，宋国蒙（一种说法是今河南省商丘县东北，另一种说法是今安徽蒙城县）人，战国时期道家著名代表人物，同时也是一位优秀的文学家、哲学家、思想家。早年曾在蒙做过漆园吏，后一直隐居，生活贫困，但淡泊名利，一生清静修道，追求精神自由，视名利、地位如粪土，楚王曾派使者以千金聘他为相，却被他拒绝，他说，"我宁游戏污渎之中自快，无为有国者所羁，终身不仕，以快吾志焉。"宁愿在脏水沟里自由嬉戏，也不愿意受权贵的羁绊。从此终身不复仕，隐居于抱犊山中。庄子学识渊博，所著《庄子》一书，继《老子》之后阐发了道家思想的精髓，进一步发展了道家学说，对后世哲学、文学产生了深远的影响。唐玄宗时追号南华真人，《庄子》得称《南华真经》。宋徽宗封微妙元通真君。[①]

3．基本思想

道家是以老子"道"的学说为中心的学派，道家以道为核心，用道来说明宇宙万物的本质、构成和变化，主张道法自然，天道无为，万物自然化。在管理国家上主张秉要执本、虔敬清静无为、守雌守柔、无为而治、顺天则、任自然、居静行简、省欲节用，绝圣弃智、绝仁弃义等，老子提出的"为无为，则无不治"[②]的"无为而治"的管理理论，与儒家的"仁政德治"论交相辉映，成为中国古代传统管理思想宝库中的一颗夺目的珍宝，对现代管理理论产生了极其深远的影响。其主要思想包括：

（1）自然无为。道家认为，治国之道应是自然无为，即遵循天地运行的状态，不加人为干涉。其原因如下：

① 道法自然。法，即法则。自然，是天地的运行状态，指毫无勉强，不受外在制约的自由自在的必然状态。无为，是指不强作妄为，不贪求私欲、顺其自然的状态。

② 无为而治。正因为是天道自然，人道就要天为，治理国家就要天为而治。天为而治的具体做法包括：坚持大道，不怀私欲；顺应民性，不加干预等。

③ 无为才能无不为。认为只有实行无为而治，才能使天下大治，达到无所不为的效果和境界。行无为之道，万物就会按其本性自然成长，自由发展，人也会实现自己的一切愿望。

④ 去欲去智。认为欲和智是假、恶、丑的根源，人民之所以难制服，是因为他们的智慧多的缘故，所以主张弃圣弃智的愚民政策，只有这样才能达到"无为"，进而达到"无不为"。总之，顺应事物发展的客观属性，顺民性，不怀私欲，不用私智，不固执，不干

---

① 《史记·老庄申韩列传》
② 《老子》第三章

预，不强制，不妄为，任其性命之情，才能使百姓安居，天下大治。

（2）柔弱胜强、以反求正。道家认为，治国的方法应该是柔弱胜强、以反求正，将无为而治落实到具体的治理方法就是要以柔弱胜刚强，以反道求正道。

① 以柔弱胜刚强。老子认为，柔弱不争是道的根本特征，柔弱是生命的本质。认为兵强则灭，木强则折，坚强处下，柔弱处上。例如，水柔弱而胜万物，江海处下而能纳百川。

② 以反求正。道家认为，要想以柔弱胜刚强，必须以反求正，欲取先予。道家善用事物转化之术来达到自己的目的，为防止事物向不利的方向转化，可预先容纳反面状态和不利因素，无论什么事物，只有容纳其反面因素，才是最完备、最理想的状态。并认为"祸兮福之所倚，福兮祸之所伏"。

（3）至德之世。道家探讨治国之道的目的是要追求其社会的理想境界，即小国寡民式的至德之世。至德之世的特点是：

① 自然。道家理想社会的基本特征是自然之义，没有政治、经济、文化、军事机构，不需要技术、文化设施，不知道什么是知识、道德和艺术。

② 素朴。即民情素朴，无知无欲，无私无为，完全依靠常性本能生活。认为保持素朴常性的自然之民，便会形成纯朴的民风，从而能相爱、朴鄙、不争。

③ 平等。即人们在自然面前一律平等，这是自然之世、自然之民必须形成的人际关系。因此，贵贱、智愚、上下、尊卑不分。

④ 自由。在至德之世，人人自由，不受社会规范的约束，并且不受自己内心私欲和追求左右。

⑤ 安宁。人们相安无事，基本生活需求能够得到满足。一方面，人们能够恬淡知足，没有奢望，这是一种心理上的安宁；另一方面，人与自然的关系和谐，不相为害，这是外界的一种安宁。

总之，实现自然、素朴、平等、自由、安宁的社会生存状态，人们无需为避害而远徙，无需为趋利而奔走，形成邻国相望，鸡犬之声相闻，民至老死不相往来的小国寡民社会就是道家追求的社会的理想境界——至德之世。

道家管理的宗旨就是通过"无为"最后达到"无不治"的管理效果。道家的基本精神是："道可道，非常道，名可名，非常名"，它具有超常性，要求摆脱常规、常见、常名而对世界做出新的解释，超常性集中表现在视角的转换，即从事物的反面转向正面，"正言若反"，"反者道之动"。从整体内容来看，道家学说以"道"为中心和纲领，从"道"出发，然后根据具体的实际情况因时、因地、因人、因势、因需要，向外展开，因此，道家学说就可以将中国古代的各学派通过矛盾的对立统一规律融合在一起。与儒家思想相比，道家思想具有不同的思维方式、心理框架和价值系统，它们相互刺激、相互吸收，共同推动着中国民族精神的演进，许多学者甚至认为儒道两家共同构成中国传统文化的主流。儒、道两家的"互补"表现在：阳刚与阴柔的相反相成，进取与退守的互为补充，庙堂与山林的各得其所和互为补益，群体与个体的相别与相济，恒常和变动的背离与结合，肯定与否定的悖反及其互为表里。[①]

由于老子所处时代的历史局限性，老子道家代表着那些已经衰落但还保留着相当力量，或虽已没落但仍不甘心失败的社会阶级的利益，他们已不能同对手进行当面的激烈较量，只能承认现状，因而主张以弱胜强、以退为进，幻想通过统治者的寡欲崇俭、轻徭薄赋来化解矛盾，并形成一种人人无知无欲、知足知止的风气，使社会退回到"小国寡民"的状态，以此来阻止使贵族衰退灭亡的社会变革。老子的这种思想是反社会历史进步的消极主张，因为国家的政权活动可能对生产力和技术进步的发展有一定的影响，但是生产力发展的动力来自于人类生存发展的欲望，技术的进步和工具的改进是人类同自然界不断斗争的结果，统治阶级的"无为"、"不积"、"寡欲"和"崇俭"等措施在一定历史条件下有可能对生产力的恢复和发展起着积极作用，从而导致与老子道家思想的愿望相反的结果。正是看到了老子思想的这一巨大缺陷，战国末期至西汉初期的道家，才结合历史发展需要，将先秦道家的"无为"思想改造成为一种对经济发展起着积极作用的思想。

四、兵家的管理思想——竞争方略

1. 发展历程

兵家是中国古代先秦和汉初研究军事理论、从事军事活动的一个学派。中国古代春秋战国时期是一个战火纷争的时代，是一个比实力、比智慧、比谋略的时代。军事上的胜与败是一国的大事，打仗必须讲究兵法，因此，兵家思想在中国古代受到了统治者的高度重视。《汉书·艺文志·兵书略》将兵家分为四类：侧重军事思想和战略策略的兵权谋家、专论用兵之形势的兵形势家、以阴阳五行论兵并杂以鬼神助战之说的兵阴阳家、以兵器和技巧为主要内容的兵技巧家，兵家的著作有《孙子兵法》、《孙膑兵法》、《吴子》、《六韬》、《尉缭子》等。这些著作都是当时战争和治兵经验的总结，其中含有丰富的军事辩证法的思想和治兵作战的哲理。

2. 代表人物

孙武（约公元前545—约公元前470），字长卿，春秋末年齐国乐安（今山东惠民）人，齐国贵族、将门之后，孙凭之子，孙书之孙，后人尊称其为孙子、孙武子、"兵圣"，中国古代著名军事家。孙子年轻时曾阅读过古代军事典籍《军政》，了解黄帝战胜四帝的作战经验，后为避齐国内乱到吴国，受到吴国国君的重用，打败楚国。"西破强楚，入郢，北威章、晋，显名诸侯"。他主张改革图强，亩大税轻，"士少"、"富民"，鼓励发展小农经济，以求富国强兵。从公元前512年至公元前418年，他在吴三十年，战功显赫，使吴国崛然而起，夺取晋国的霸主地位。其著作《孙子兵法》，又称《孙子》、《孙武兵法》、《吴孙

---

① 李宗桂. 中国文化导论[M]. 广州：广东人民出版社，2002，167.

子兵法》，对中国古代军事学产生了深远影响，是我国也是世界上最古老的军事理论著作，是我国古代军人必须研读的一本军事著作，许多著名的军事家都对此书进行过注解，汉代时被确定为兵学教范，南北朝以后尊崇为"兵经"，唐代又称为"武经"，宋朝并钦命以"武经"正式颁布，作为考试武学的依据，明清两代相沿不改。《孙子兵法》思想的影响超越了兵法，是一部博弈策略的经典著作，不仅仅在世界军事领域发挥着重要的影响，被誉为"东方兵学鼻祖"、"世界古代第一兵书"和"兵学圣典"，还对政治、经济、商业管理等一切与博弈相关的领域都有指导意义。

孙膑（生卒年代不详），战国时期齐国阿、鄄之间（今山东阳谷东南）人，孙武的后世子孙，早年曾与庞涓师从鬼谷子学习兵法，是中国古代著名军事家，兵家学派的主要代表人物之一。孙膑自幼学习兵法，聪颖好学，深得先祖孙子兵法真传，遭到已做魏国将军的同门庞涓的嫉妒，因此被骗至魏国惨遭陷害，被处以膑刑。后孙膑逃回齐国，经田忌推荐，受到齐威王重用，被任命为齐国军师，帮助齐国打胜了著名的桂陵和马陵之战。其著作《孙膑兵法》又称为《齐孙子》，是兵家学派的代表作之一，《史记》称其为"世传其兵法"，"孙子膑脚，而论兵法"。《汉书·艺文治》著录有"《齐孙子》八十九篇，图四卷"。《孙膑兵法》中认为战争有一定的规律，在战略战术上贵"势"，即根据一定条件占据主动和优势；突破前人速战速决的理论，提出了持久战的作战思想；适应战国经济的发展，强调攻城；认为只有覆军杀将方为全胜，开创歼灭战的理论；阐述了野战中军垒的运用、阵法的研究和将领必备的条件。

3．基本思想

兵家的管理思想来源于中国古代长期而频繁的战争实践，其基本思想主要包括以下几方面。

（1）计篇：五事七计

五事是指：一曰道，即正义；二曰天，即天时，时机问题；三曰地，即地理优势；四曰将，即将领统率，士兵团结；五曰法，即法令。

七计是指：① 主孰有道？战争双方哪一方是为正义而战？② 将孰有能？即哪一方的将帅有才能？③ 天地孰得？即哪一方占据了天时和地利条件；④ 法令孰行？即哪一方更能有效地推行军中法令；⑤ 兵众孰强？即哪一方的军队力量更强？⑥ 士卒孰练？即哪一方的士兵有更好的操练？⑦ 赏罚孰明？即哪一方的军队中赏罚分明？

若要想取得战争的胜利，必须首先弄明白上述情况，并将自己与对手的情况加以对照，再制定策略，才能战胜对手。

（2）谋攻篇：知胜之道

孙子认为，知己知彼者才能取胜，至少要十分了解以下五方面才能成为胜者：

① 知道可以战与不战的人是胜者；

② 知道兵在多和少时分别如何有效地运用的人是胜者；

③ 军中上级和下级同心协力、思想一致的是胜者；

④ 精心准备的成为胜者；

⑤ 将帅很能干并且君主用他而不怀疑他，这样的军队是胜者。

这五者便是知胜之道。所以孙子说，知彼知己者，百战不殆；不知彼而知己者，一胜一负；不知彼知己，每战必殆。

（3）势篇：任势择人

即根据不同的形势和人确定具体的竞争策略。善于用兵和战斗的人，往往借助于形势的优劣，即使战败了也不责怪人的过错。善于借助有利的形势指挥作战，定能胜利。

（4）九变篇：趋利避害

智者在考虑运用何种战术时，必须要一分为二地看问题，看待问题的利与弊。只看到有利的一面而看不到不利的一面，则此策不可信；在不利时看到有利之处，则患难可以解除。总而言之，目的是为了趋向利处，而尽量避免不利。

（5）九地篇：九地之策

用兵的策略在不同情况下，应采用不同的策略。孙子说，用兵之法，有散地（毫无地理优势），有轻地（不足为争之地），有争地（必争之地），有交地（道路四通八达之地），有衢地（接壤之处），有重地（中心、关键地段），有圮地（道路艰难之处），有围地（容易受包围之地势），有死地（无退路）。在不同地势情况下，选择的战斗策略不同：散地则无战（不交战），轻地则无止（不停留），争地则无攻（己占领），交地则无绝（前后方保持联系），衢地则合交（达成联盟），重地则掠（夺取），圮地则行（快速经过），围地则谋（想办法突围），死地则战（决一死战）。

第三节　中国古代管理思想应用

一、中国古代的统御术

中国古代的统御术包括对人性的假设、正人先正己、识人、用人和制人五方面内容。

1. 对人性的假设

中国古代管理思想很重要的一个根源在于对人性的假设，主要有法家的性恶论、儒家的性善说和道家的人性自然论三种。

（1）人性本恶。法家主张人性恶，所以认为必须礼法并重，才能治理好国家。认为人与人之间是"用计算之心相待"[①]，因此，聪明的君主治国，要用法律制度来约束和教化百

---

① 《韩非子·六反》

姓，使百姓的言谈举止不违法。于是法家主张，管理应从人性本恶为出发点，采用法制的方式，要求官吏们做好表率作用，并采取将奖励和惩罚相结合的管理方法。法家的管理思想与西方泰勒的经济人以及麦格雷戈的 X 理论相类似。

（2）人性本善。儒家则主张人性本善，认为人有仁慈之心、恻隐之心、羞恶之心、辞让之心和是非之心。在此假设的基础上，儒家的管理模式主张从人性本善的角度和基点出发，采取人治的管理方式，即采取实施仁政和靠伦理教化百姓的管理方法。儒家的管理思想与西方的社会人假设以及麦格雷戈的 Y 理论相似。

（3）人性自然论。道家认为，人性应该是"见素抱朴，少私寡欲"[①]，主张"圣人之治，虚其心，实其腹，弱其志，强其骨，常使民无知无欲"[②]。因此，道家的管理是一种以人性自然为出发点，实行无为而治的管理模式并采用绝圣弃智、清心寡欲的管理方式。

2．正人先正己

古人认为，正人应先正己，己不正则人才不集；己正，人才望而归矣。即作为领导者和管理者，要想招贤纳士广揽人才，必须自身正派，人格高尚，能为人表率，具有极大的人格魅力，并且所作的事业具有吸引力，正人先正己的思想内容具体包括：

（1）欲正人，必先正己。古人认为：只要领导者修其身，正其人，那么他不用下命令，下面的人也会服从，向他学习；反之，则虽下了命令，下边的人也不会执行、守法。

（2）明主必须为人表率。即管理者要以身作则，做好模范带头作用。

（3）人主应处事为公。即身为人主，不能因喜欢某个臣民就私自赏赐他，这样会失德；也不能因为讨厌某个臣民，就私自处罚他，这样会失去威信，应根据法律和制度规定做出适当决定。

（4）出言与行事应慎重。即明君说话不能违背民意，不能违背理义，所说所做要谨慎，切莫信口开河或胡作非为。

（5）爱民亲民，民方可为用。若国家不爱护百姓，不对百姓有利，那么要想用人并让臣民为国家而死是不可能的；臣民不为国家所任用，不愿为国家而死，只是求助于军队的强劲和地域的牢固，最终是不可能安国的。

（6）立公心，招贤才。认为管理者必须公正，这样才可吸引贤才。

（7）信义，是人君最为宝贵的东西。古人认为，国家要靠人民来保全，而人民又是靠信义来保全，所以君主没有信义就无法趋使和使用人民，没有人民的支持也就没法守国。因此君主将信义看得最为重要。

（8）天时、人心、技能、势位是管理的必备条件。古人认为，要对国家进行有效的管理必须具备这四项必备条件。

[①] 《老子》第十九章
[②] 《老子》第三章

3．识人

管理主要是对人的管理，管理者需要人的辅助，因此识人用人之术是管理者必备的能力。中国古代识人之术甚是丰富，在中国最早的兵书《六韬》中的《龙韬·选将篇》便已提出了识人的"八征法"：一曰，问之以言，以观其详；二曰，穷之以词，以观其变；三曰，与之间谍，以观其减；四曰，明白显问，以观其德；五曰，使之以财，以观其廉；六曰，试之以色，以观其贞；七曰，告之以难，以观其勇；八曰，醉之以酒，以观其态。八征皆备，则贤不肖别矣。除此之外，韩非子、诸葛亮等人也提出了各自的识人之术，这些对我们今天招聘人才仍有很大的帮助，具体说，要注意以下几点：

（1）要善察、明察。这也是古人提出的识人之术之中的第一步。

（2）处事应信息畅通并决策果断。古人很重视广纳民荐，保持信息畅通，并能根据所得信息，果断行事。

（3）必须做到耳聪、目明、心公，并善于区别善与不善。

（4）贤才就在身边，要善于挖掘人才。

（5）要让忠信正直之人施展才能。

（6）选人的标准是德、才、劳。有才无德不可，人才必须德才兼备。

（7）识人要至公至明，要能区别君子与小人。

（8）识人要重德，看是否有真心。

（9）知人长短，不以己之长短而度人之长短，才能用好人。

4．用人

识人的目的在于用人，用人就是将不同才能的人安排到适当的位置上，使人尽其才，才尽其用。管理者本人并不一定需要拥有全面的才能，关键在于善于用人。古人用人的技术非常丰富，具体包括：

（1）居安思危。

（2）失贤则亡，有贤才，事方兴。

（3）爱惜重用有用之人，这是管理之本。古人认为，国之不祥往往在于有贤不用。

（4）礼贤下士，广招贤才。

（5）心诚方能用贤。

（6）用人要排除个人爱憎，内举不避亲，外举不避仇。

（7）德、功、能兼备，方可委以重任。

（8）量才而用，并任职量其能，俸禄称其功。

（9）高官要精简，权责要明确。

（10）用人不可排资论辈。

（11）识人、用人，还要信人，用人不疑。

（12）要学会用私人之才。

（13）处事不可感情用事。

（14）时刻要警戒小人之害，喜听群小之言，必坏大事。

（15）亲君子，远小人。

5．制人

识人、信人、用人，使其建功立业，但在此过程中，难保有人会因私欲而违纪。因而，还要制人。古人关于制人方面有着丰富的经验。

（1）制人应以法令为重，管理要依靠法律制度，而不是个人的聪明。

（2）治国要壹刑、壹赏、壹教，三者分别有统一的标准。

（3）赏罚二术、君之利器。

（4）赏罚必须循名责实，考察其功实，并且要赏罚得当。

（5）立心为公，赏罚才能分明。

（6）不能让仆欺主。

（7）君子斗不过小人，须慎察。

二、中国古代的统御谋略

1．统御谋略释义

（1）谋略的基础——五事、七计

《孙子兵法·计策》："兵者，国之大事，死生之地，存亡之道，不可不察也。故经之以五事，校之以计，而索其情：一曰道，二曰天，三曰地，四曰将，五曰法……故校之以计，而索其情：主孰有道？将孰有能？天地孰得？法令孰行？兵众孰强？士卒孰练？赏罚孰明？吾以此知胜负矣。"

（2）谋略的核心——审势攻心

攻心，是指征服人心，得到众人支持。得道多助，失道寡助，诸葛亮在《兵苑》中讲，"势"有兵势、地势、情势、击势、将势、战势。审势是把握客观规律，审势和攻心二者是谋略的核心。

（3）谋略的手段——法、术、势

商鞅变法，认为："法也者，民之命也，为治之本也。"申不害则重术，认为："君如身，臣如手；君若号，臣如响；君设其本，臣操其末；君治其要，臣行其详；君操其柄，臣事其详。"慎到重势，认为："贤不足以服不肖，而势位足以屈贤。"韩非则将三者统一："君无术，则弊于上；臣无法，则乱于下"，"抱法处势，则治；背法去势，则乱。"

2．谋略在管理中的运用

在管理过程中重视谋略的运用，是东方管理的重要特色之一，因此，学习、研究东方管理学，有必要了解东方管理谋略。

　　谋略，古代主要是兵家、军事上用得多。后来，谋略被广泛应用于社会生活的各个方面。目前《厚黑学》、《厚黑管理学》、《厚黑心理学》、《糊涂学》、《吃亏学》、《关系学》、《人生兵法》、《夫妻兵法》、《办公室兵法》等介绍为人处世、经商管理方面的谋略的书出版得越来越多，这表明人们对谋略十分关注，谋略广泛地影响着人们的心理与行为。西方有些管理者觉得中国人难于管理，重要原因之一是他们不明白中国人在为人处事方面有许多谋略、技巧。许多谋略、技巧是做得说不得，要靠深入体悟方能明白。合资企业里的西方管理者要经历一定的管理实践后才会逐渐意识到文化差异对管理活动产生的多方面影响。当他们了解了多种谋略的妙用后，也会有意无意地使用这些谋略开展管理活动。

　　谋略盛行有着多方面的社会原因，例如官本位、人治重于法治、论资排辈、重人情面子、重关系网等传统文化的影响，以及谋略实施者暂时力量弱小、处境艰难，使用常规方法难于在竞争中取胜等。例如在官本位社会里，你心里看不起某位领导，但你表面上却得装出崇拜他的样子，你本来比他聪明，你却得装出比他愚笨。官的作用很重要，他高兴的话，"说你行，你就行，不行也行"；他讨厌你的话，"说你不行，就不行，行也不行"。

　　谋略的特征，可以用心、奇、变、诡、阴、险、效等字来概括。设计一个谋略，最好攻心为上，不战而屈人之兵。要揣摸对方的心思，尤其是担心对方识破自己的计谋。诸葛亮七擒孟获，主要是攻心。奇，计谋一般都是不同凡响的，突破常规框架，如草船借箭、围魏救赵等。变，周易全书都贯穿变的思想，谋略多是变幻莫测的；诡诈，是战争中普遍应用的谋略，阴谋诡计，兵不厌诈已作为成语。阴，指谋略的设计者、实施者一般都在暗处进行。险，实施谋略要冒风险。黄盖扮演的苦肉计，如果被识破，便有杀头的危险。效，人们设计谋略、实施谋略都是为了一定的利益。

　　谋略的种类，根据不同的标准有多种分类方法。著名的三十六计中的三十六，也只是借用太阳六六之数，表示诡计多端而已，并不是说只有三十六个计谋。后来又有人写续三十六计，新三十六计，也只是套用一定数量而已。我们根据管理工作的需要，将东方管理谋略分为自我保护谋略、决策谋略、治人谋略、竞争谋略、害人谋略类。害人之心不可有，防人之心不可无。介绍害人谋略，主要为管理者提高警惕、增强识别能力服务，不轻易被对手、小人暗害。岳飞、袁崇焕等人都是聪明人，但却缺少防人之心，所以遭人暗算丧命。因为谋略的种类较多，受篇幅所限，这里就不予以解释意义及举例说明，多数谋略，能从字面上看出其大义。

　　（1）自我保护谋略。中国有一句俗话："人怕出名猪怕壮"。人出名之后，关注的人会很多，有人崇拜你，同时也会有人嫉妒你、想陷害你；猪长肥壮之后，喂养它的人就将把它杀死吃肉。管理者较其他人出名、醒目，要增强自我保护意识。

　　自我保护方面的谋略有谨小慎微、大智若愚、与民同乐、居安思危、乐不忘忧、隐忍待机、随机应变、以身作则、和为贵、以仁为本、荣辱自省、委曲求全、慎重交友、以诚待人、善始善终、狐假虎威、因人施语、巧言妙语、善言通融、入乡随俗、明知故昧、以屈求伸、外圆内方、外柔内刚、以忍为上、密藏不露、假痴不癫、吃亏是福、德力兼用、以迂为直、自污保身、韬光养晦、以退为进、狡兔三窟、功成身退、急流勇退、自圆其说、分身术、审时度势、见微知著、让功避祸、装聋作哑、遇变不惊、毛遂自荐、扬长避短、骑墙术、金蝉脱壳等。

（2）决策谋略。决策谋略，包括制定策略和实施策略时都涉及谋略。决策方面的谋略有计中计、将计就计、出奇制胜、深谋远虑、识在人前、先利其器、慎用信息、权衡利弊、因地制宜、量财投资、重点经营、有备无患、知己知彼、合利而动、量权揣势、事预而立、亡羊补牢、杂于利害、因形用权、因事为制、坐收渔利、远交近攻、因事循理、瞒天过海、同中求异、异中求同、积微制胜、谋出于实等。

（3）治人谋略。孟子说："劳心者治人，劳力者治于人"，管理工作，主要是与人打交道，所以，熟悉治人谋略尤为重要。治人谋略有量才用人、用人不疑、恩威并行、软硬兼施、赏不逾时、丢卒保车、攻心计、笼心计、擒贼擒王、先发制人、后发制人、以柔克刚、请君入瓮、杀一儆百、杀鸡儆猴、和气生财、投其所好、藏垢纳污、分化瓦解、激将计、因势利导、欲擒故纵、欲取故予、取人之长、推己及人、广纳贤才、礼贤下士、择人任势、求贤若渴、无为而治、使人可陈、示之以利、先损后益、动之以情、察言观色等。

（4）竞争谋略。竞争表现在多方面，人与人之间、组织之间都存在竞争，"官场如战场"、"商场如战场"。竞争谋略有知己知彼、瞒天过海、围魏救赵、以逸待劳、趁火打劫、声东击西、暗渡陈仓、隔岸观火、李代桃僵、顺手牵羊、打草惊蛇、借尸还魂、调虎离山、抛砖引玉、釜底抽薪、浑水摸鱼、关门捉贼、假道伐虢、偷梁换柱、指桑骂槐、反客为主、反间计、苦肉计、先声夺人、以夷制夷、投石问路、缓兵之计、破釜沉舟、一箭双雕、虚张声势、里应外合、引而不发、引蛇出洞、以长击短、奇货可居、市场细分、扶摇直上、重点经营、迎风搏雨、独辟蹊径、借力制胜、得寸进尺、兵不厌诈、奇正互变、避实击虚、兵贵神速、守司门户、积弱为强、待价而沽、虚实相间、移花接木、反客为主、以假乱真、内外夹攻、坐山观虎斗、倚玉雕玉、草船借箭、以全求新、借船出海、借鸡生蛋、捷足先登、赠物促销、抬价促销、削价促销、巧取豪夺、巧用合同、示假隐真、心照不宣、渔翁之利、弄巧卖乖、化害为利、识诈用诈、对症下药、各取所需、步步为营、离间计、以毒攻毒、顺水推舟、乱而取之、借石攻玉等。

（5）害人谋略。知道坏人怎样整人、害人，我们平时多留心便可识破其阴谋诡计，或则以其人之道还治其人之身。害人谋略有借刀杀人、两面三刀、口蜜腹剑、无中生有、莫须有、笑里藏刀、美人计、嫁祸于人、屈打成招、落井下石、上楼抽梯、过河拆桥、假公济私、背信弃义、捕风捉影、暗箭伤人、趁火打劫、溜须拍马、曲意逢迎、媚上欺下、阳奉阴违、二桃杀三士、巧设圈套、小题大做、假手于人、混淆黑白等。

学管理的学生，若只学习一些专业知识，则只能做一个管家，很难成为一个管理者或领导者。所以，应多看一些描写中国人真实生活的杂书，包括《厚黑学》、《孙子兵法》、《三十六计》、《菜根谭》等。一些大学生刚参加工作，不懂人情世故、不懂处世谋略，须多次碰壁之后才省悟。人生活在一定环境中，学会适应环境之后，才有可能改变环境。对于管理谋略，许多管理者的心情也像刚步入社会的大学生一样：使用起来感觉勉强，又不得不为之。人都有希望简单、轻松的天性，不希望为人处事、行走坐卧都要劳神费思。然而，生活迫使人复杂。面对如此多的谋略，如何运用、怎样变通、何时使用，很难有固定的答案，人对同一件事也会有不同的评价。我们称赞诸葛亮三分天下的设想很英明，歌颂刘备入主四川是英明决策，可是苏辙等不以为然，苏辙在《三国论》中说："弃天下而入巴蜀，则非地也"；邹长蘅在《诸葛亮论》中，认为主攻方向应放在荆襄："孔明之失，在不能守荆州，荆州不守，而克食中原之机去矣。"

另外一个例子是人们对诸葛亮的空城计也有不同的评价。一般人都把空城计作为象征诸葛亮聪明过人、司马懿胆小多疑的典型事例加以辅陈演义。台湾邱毅不这么简单地看，邱毅认为，拥有 15 万雄兵的司马懿，之所以没有攻击身边只有 2 500 个老弱残兵而在西城虚张声势的诸葛亮，是因为老谋深算的司马懿深知鸟尽弓藏可能给他本人带来灭顶之灾，所以，他故装糊涂胆小，假装被诸葛亮吓退。仁者见仁，智者见智，如何运用谋略，使用谋略后的效果怎样评价，并不是一件简单的事，"运用之妙，存乎一心。"

三、中国古代思想在现代企业管理中的应用

中国古代管理思想源远流长、内涵丰富，对现代企业经营管理具有重要的指导与借鉴意义。日本京瓷株式会社董事长——稻盛和夫，就把源于中国儒家的经营智慧"以心为本"作为企业成功的秘诀。中国古代管理思想在现代企业中的应用主要体现在以下几个方面。

1. 经营之道

传统的经营之道和军事谋略包含了丰富的经营管理思想和经营方法，特别是兵家的竞争方略常常被商家视为现代商场竞争的宝典。如孙子的"知己知彼，百战不殆"思想，范蠡的"贵出如粪土"、"贱取如珠玉"思想，都值得现代企业借鉴和应用。司马迁在《史记·货殖列传》中记载了许多从春秋末年到西汉初期货殖家的经营之道，如提倡市场调查、强调市场预测重要性的经营思想——"旱则资舟，水则资车，夏则资皮，冬则资烯"；提倡"人弃我取，人取我予"的经营策略；"贵上极则反贱，贱下极则反贵"、"论其有余不足，则知贵贱"的商品价格变化规律；提倡"财币欲其行如流水"、"货勿留"、"无敢居贵"的资金和商品周转思想；强调精通业务、"诚壹获得奇胜"、以奇取胜的经营策略等。

围魏救赵
➤ 历史典故：

魏伐赵，赵急，请救于齐……齐威王乃以田忌为将，而孙子为师，居辎车中，坐为计谋。田忌欲引兵之赵，孙子曰："今梁、赵相攻轻兵锐卒必竭于外，老弱罢于内。君不若引兵疾走大梁，据其街路，冲其方虚，彼必释赵而自救。是我一举解赵之围而收弊于魏也。"田忌从之，魏果去邯郸，与齐战于佳陵，打破梁军。[①]

➔ 现代企业应用案例：[②]

1918年，中国第一个制碱企业——永利制碱公司在范旭东的努力下诞生了。经过多次尝试，1920年永利制碱公司终于生产出优质的"红三角"牌纯碱，并很快行销海内外。

"红三角"的成功引起了"世界碱王"——英国卜内门公司的注意，它像一头狮子一样，绝不允许任何企业从自己口中夺取食物。为了把"红三角"扼杀在摇篮之中，卜内门公司花巨资抢占世界各地市场。范旭东冷静分析了敌我双方的形势之后，深深感觉到不能和敌人硬碰硬，最后决定将"红三角"推向日本市场，以解国内市场的危机。

当时，日本的三菱和三井财团在日本商界竞争异常激烈，三菱有自己的碱厂，而三井没有，只能依靠进口，而这正是范旭东希望看到的。于是，他与三井协商，委托三井在日本以低于卜内门的价格代销永利产的"红三角"牌纯碱。占卜内门在日本销量10%的红三角纯碱，宛如一支奇兵，通过三井财团遍布全日本的庞大销售网络，向卜内门在日本的碱市场发起了猛烈的攻击。卜内门为保住日本市场，不得不随之降价，但由于卜内门在日本的销售量远远大于永利，因此，这次降价使卜内门的元气大伤。结果，卜内门首尾难顾，权衡利弊，发现保住日本市场远比在中国进攻永利重要得多。于是，卜内门通过在华经理李德利向永利表示，愿意停止在中国生产的碱价倾销，希望永利在日本也相应停止行动。

范旭东乘机提出条件，规定永利在中国市场销售量为55%，卜内门不得超过45%，并要求卜内门今后在中国的碱价如有变动，必须先征得永利同意。李德利无奈做出了承诺。昔日趾高气扬、不可一世的"世界碱王"，终于不得不在范旭东面前低下了头，这就是成功运用古代管理思想——"围魏救赵"的一大商战创举。

兵非益多

➔ 历史典故：

兵非益多也，唯无武进，足以并力、料敌、取人而已。夫唯无虑而易敌者，必擒于人。[③]

➔ 现代企业应用案例：[④]

作为中国改革开发的风云人物，鲁冠球这个名字比他创立的公司更具有知名度，他创造了一个令西方人折服的现代企业，获得了当代中国企业家几乎所有的最高荣誉，美国《国际商业周刊》称他是"中国最成功、最雄心勃勃的企业家之一"。《华尔街》杂志评价他

[①] 《史记·孙子吴起列传》
[②] 王元平. 绝对中国制造的58个管理智慧[M]. 北京：京华出版社，2004，3-4.
[③] 《孙子兵法·行军篇》
[④] 王元平. 绝对中国制造的58个管理智慧[M]. 北京：京华出版社，2004，125-126.

为"国家式的英雄人物"。

鲁冠球成功的关键原因就在于运用"兵非益多"的经营管理思想，创造出自己的品牌——"钱潮"万向节。

鲁冠球的农机厂最先实施的是多元化战略，没有自己品牌的产品，产品五花八门，常常是什么能赚钱就生产什么。虽然船小好调头，但是技术水平总是无法提高，这种经营策略将鲁冠球折腾得精疲力竭。终于，有一条消息触动了他的神经："国家计划将汽车的货运指标升到 5.4 亿吨。"鲁冠球意识到今后一段时间内，汽车肯定会大量增加，而修理汽车需要万向节，大企业往往不愿意生产这种精确度要求高、利润薄的汽车零件。"兵不在多，而在精"。于是，鲁冠球决定以万向节为主打产品，创立品牌打进市场。

通过深入调查，鲁冠球觉得进口汽车的万向节市场前景良好。他毅然决定将价值 70 万元的其他产品全部调整下马，成立了萧山万向节厂，集中力量生产进口汽车万向节。他将自己生产的万向节带进汽车零部件订货会，得到了各汽车厂家的一致好评，很快打开了市场。在国内市场站稳脚跟之后，他又将万向节打入国际市场，与美国通用汽车公司建立了往来，获得了巨大的成功。

2．企业文化

企业文化是西方 20 世纪 80 年代以来开始重视的一个管理新问题，是企业形成和保持的一种反映其独特精神面貌的信念和价值准则，它渗透在广大职工之中，当一个企业形成自己的文化之后，即使企业领导人更换，这种文化仍然能够发挥作用。企业文化的存在和延续是许多优秀企业长盛不衰的重要原因。而中外管理实践都证明，传统文化对企业文化的形成具有较强的影响作用，我国古代管理思想中的伦理价值观对我国企业文化的形成有着积极的意义。如《论语·为政》中说道："为政以德，譬如北辰，居其所，而众星拱之"，对现代企业经营的意义在于，只有"以德为先，以人为本"，领导层才能得人心，就像众星围绕北极星旋转一样，对员工产生吸引力，这个企业才能能人云集、群贤毕至。企业文化体现的企业上下团结一致、努力奋斗的精神力量，类似于我国古代的"道"，《孙子兵法》对"道"的定义是："道者，令民与上同意也，故可以与之死，可以与之生，而不畏危"，"上下同欲者胜。"

3．用人之道

较之西方管理思想重物不重人的特点，我国古代管理思想自始至终都十分重视人在管理中的作用。如孟子就提出"天时不如地利，地利不如人和"，《吕氏春秋·求人篇》也强调了人的重要性："得贤人，国无不安，名无不荣；失贤人，国无不危，名无不辱。"在重人的同时，中国古代管理思想也十分重视识别能人的眼力和能否真正任用能人的能力，明朝政治家张居正在写给皇帝的《陈六事疏》中说道："贡不患无才，患用之无道。如得其道，则举天下之士，唯上之所欲为，无不应者。"中国传统管理思想认为，能否使能人施展才华，在很大程度上取决于领导者的素质与修养，取决于领导者是否有用人之道，这些对现代企业管理都有十分重要的借鉴意义。

事在四方，要在中央

▶ 历史典故：

事在四方，要在中央。圣人执要，四方来效。[①]

▶ 现代企业应用案例：[②]

比尔·盖茨深谙"事在四方，要在中央"的道理，他认为人才的使用，重要的就是合理授权，以让其充分显示自己的才能。

1981年，"微软"已经控制了PC机的操作系统，并决定进军应用软件这个领域。盖茨决定将微软公司发展成为不仅开发软件，而且还具有营销能力的公司。为此，盖茨从肥皂大王尼多格拉公司挖来了一个大人物——营销副总裁兰德·汉森。汉森在软件方面一窍不通，但是，他对市场营销却有丰富的知识和经验。于是盖茨授权给他，让他负责微软公司的广告和产品服务，以及产品的销售和宣传，并任命他为营销副总裁，而不存丝毫怀疑。

盖茨对汉森大胆放手，听任其便，而汉森也不负众望，在他的建议下，微软公司决定，所有微软公司的产品都以"微软"为商标，以期产生光环效应。现在，"微软"这一品牌在美国、欧洲乃至全球，都是家喻户晓的名牌。这是汉森的成功，是"微软"的成功，更是盖茨"事在四方，要在中央"合理授权管理思想的成功。

除此之外，中国古代管理智慧还有很多原理被现代企业所运用，源远流长的中国传统文化所孕育的博大精深的古代管理思想，是现代企业经营管理的资源宝库。在西方管理思想略显单薄的时代，"东方管理智慧"拯救管理学的时刻已经到来了。

思考题

1．中国古代思想的发展历程是怎样的？请简要分析中国古代思想产生的时代背景。

2．中国古代的管理思想有哪些流派？其中对中国传统管理思想起着核心决定作用的有哪几派？他们各自的代表人物和管理思想分别是什么？

3．中国古代的统御术和统御谋略有哪些？请结合实际进行阐述。

关键词

中国古代管理思想　儒家　法家　道家　兵家　统御术　统御谋略

[①] 《韩非子·物权》

[②] 王元平. 绝对中国制造的58个管理智慧[M]. 北京：京华出版社，2004，19-20.

案例

思科与华为

2003 年春，"思科诉华为案"成为一个全球性事件，受理案件的美国得克萨斯州马歇尔联邦法院一时间成为中外媒体的聚焦点。这件被称为"中国入世后海外知识产权第一案"的跨国纠纷，历时一年半，最终以和解方式落幕。

2003 年春天，善"爬北坡"的华为在大洋彼岸遭遇"洋对手"——思科公司。总部位于美国加利福尼亚州圣乔斯市的思科系统公司与思科技术公司，比华为早四年成立，到 2001 年在同行业内已经攀升至全球市值第一，在短短时间内做到了很多公司难以做到的事情，成为世界领先的互联网设备供应商。

2003 年 1 月，思科在美国提起诉讼，指控华为非法抄袭、盗用包括源代码在内的文件和资料。思科的这次出手，是有备而来，所使用的招数跟《孙子兵法》里的"以逸待劳"不谋而合：先到战场等待敌人，从容镇定地调动对手。起诉时间定在中国人的传统节日——春节；起诉地点选择了以速审速决闻名的得克萨斯州马歇尔联邦法院，该法院适用一种美国非常特别的司法管辖原则——长臂管辖，也叫"长臂法"，它不必考虑外国被告是否同意、是否在美国有经营地点等因素即拥有对案件的管辖权；而最最要命的是，思科打击的部位是令中国公司乃至中国政府头疼的知识产权。来自思科的诉状显示，对华为的指控多达 8 大类 21 项诉请。包括专利侵权、版权侵权、商业秘密侵权、普通法侵占、违反商标法的虚假陈述、不正当竞争等。其核心是专利侵权之诉。在权利主张部分，思科的起诉书虽然详细罗列了 5 项美国专利，却没有具体说明被侵权的究竟是哪些，只是含糊其辞地称：对这些专利中的"一个或数个权利请求构成了侵权"，或对这些专利中"包含的发明构成了侵权"。而且，在长达 55 页的证据部分，没有提供任何相关专利证书以及被侵权的具体权利请求。在最后的请求补救部分，思科请求认定华为侵犯专利权，判给思科足够的损害赔偿金。

思科的"战争"号令一吹响，华为立即设法应对。华为在向法院递交了答辩状后，让国内的专利代理人向外界透露，华为不会采取后退的态度，在适当时候，他们甚至会提出反诉。此后，华为着手与思科的劲敌美国 3COM 公司联手，成立合资企业，将华为控股总部设在香港。此举被业界称为用"围魏救赵"之策全球反击思科。据报道，华为在思科起诉之前，就主动从美国市场撤回了涉及争议的软件源代码的产品；在该案的弥漫硝烟中，又着手与 3COM 公司战地联姻；然后，筹划由合资企业用 3COM 品牌按 OEM 模式在美国市场上推出华为高端产品，同时，以 3COM 公司名义和华为公司名义分别向马歇尔联邦法院请求裁决高端产品没有侵害思科知识产权，为这些产品进入美国市场扫清"专利地雷"和打破知识产权封锁线。2003 年 3 月 24 日，《华尔街日报》刊登了关于"华为承认拷贝部分思科软件"的文章。华为表示，《华尔街日报》的报道中有偷梁换柱的嫌疑，华为只是在答辩词中提到某个软件中可能包含思科的一些代码，但是，这并不代表华为承认拷贝了思科的软件。3月25日，在诉讼案第二次开庭的时候，3COM公司的CEO为华为作证，称华为没有侵权行为。

2003年6月7日，马歇尔联邦法院发布一个初步的禁止令，对思科的几项诉讼请求表示支持，但是这纸禁止令并不像思科要求的那样广泛。思科在诉状中要求全面禁止华为使用任何思科的路由器软件，而审理此案的法官认为，思科缺少足够的证据。有趣的是，这一纸临时禁令竟博得个满堂欢喜。思科与华为在网站和报刊中各自宣称这是"双赢"的结果。据《华尔街日报》称："双方对法院判决都满意"，"一纸判决，两张笑脸"。思科副总裁兼法律总顾问马克·钱德勒表态称："裁决是思科重大胜利，我们对法院在全球范围内保护知识产权给予重视表示感谢，通过这一裁决，法院认定华为对思科知识产权公然抄袭的特殊性，应当给予思科相应的救济。"而华为的新闻负责人宣布，法院要求"停止销售其已经停止销售了的产品"的临时禁令，对华为没有实质上的影响，因此感到很高兴。同时，这位负责人还发表了三点声明：华为对法庭就临时禁令的裁决表示满意；该裁决是一个"有限"的禁止令，只涉及到华为在美国已经停止销售的产品，与思科广泛的要求相去甚远，对华为全球的业务和与3COM的合资企业没有实质性影响；涉及的主要是EIGRP部分，仅占华为VRP软件平台旧版本的1.9‰，在新版本中已经删去。

2004年7月28日，华为公司、思科公司、3COM公司向马歇尔法院提交了终止诉讼的申请，法院遂签发法令，终止了思科对华为的诉讼。此案从开始到最终画上句号，用了整整一年半时间。

同意修改命令界面、用户手册和部分源代码；同意停止销售诉讼中所提及的产品，并且同意在全球范围内只销售经过修改后的新产品等。从这些"不平等条约"中我们可以看出，思科高高举起的知识产权大棒并没有轻轻落下，这绝不是一场没有胜负的官司。虽然法院最后要求案件的诉讼费用由华为和思科各自承担，但华为毕竟曾经被迫修改了有争议的相关产品。

显然，这场官司的和解对思科方面更有利，华为并非大赢家。但是，一个是全球最大的网络设备制造商，一个是中国年轻的网络设备制造商，思科占据着全球垄断性地位，市值1 000多亿美元，年收入近200亿美元，几乎比华为高一个数量级，而且战场不在中国。上海大学知识产权学院院长、上海知识产权研究会副理事长王金元评价说："在中国企业打国际知识产权官司中，华为是最聪明的一家，他们走出的每一步都非常明智。"

在这场全球化的残酷对决中，华为孤军作战且创造了"神话"，和解其实就已经是胜利。同时，一个全新的判例也随之诞生，思科今后不得再就此案提起诉讼或就相同事由提起诉讼。

硝烟已逝，和平相处当然好，但是，对"你死我活"的两家竞争企业来说，商场就是战场，只要对手存在，就永远没有"放马南山，刀枪入库"的一天。

一场官司的输赢只是对过去的结束，未来的输赢由市场决定。据称，此案结束后，华为公司在很短的时间内累计申请了 2 700 多项专利，成为发展中国家申请国际专利最多的企业之一。2007 年年初，思科首席执行官约翰·钱伯斯在接受外国媒体采访时表示，思科最大的竞争对手在亚洲，尤其是中国的华为。

思考题：

根据本章所学知识，讨论在思科与华为的商战中，他们各自采用了哪些策略？

📚 **资料来源**

人民法院报．http://oldfyb2009.chinacourt.org/public/detail.php?id=110241.

第九章　中国古代管理思想的继续发展

学习目的与要求

1. 理解并掌握中国封建时代土地管理的三种模式
2. 学习并理解中国封建时代管理思想的主要代表人物及其管理思想

第一节　中国封建时代的管理思想

土地是古代社会最基本的生产资料，因而土地的占有和使用方式就成为一个决定生产发展的重要因素。在中国古代奴隶制时代，实行井田制，土地全部归奴隶主阶级国家所有，但到了奴隶社会后期，奴隶制经济陷入了衰落，而封建土地私有制由于能够在一定程度上调动农民的生产积极性，促使各国纷纷变法，建立土地私有制，如著名的商鞅变法等。

封建土地私有制比奴隶制的井田制更能促进生产力的发展，但也有消极的一面，即土地主和官僚利用他们在经济上和政治上所拥有的强大势力，通过合法购买或暴力掠夺等各种手段，把大量农民的土地攫为己有，而广大农民逐渐失去了自己的少量土地，土地兼并日益严重，迫使百姓造反，危及封建阶级的统治，激化了封建社会的内在矛盾。尤其是进入了西汉以后，由于土地兼并所引起的各种矛盾日益尖锐，使国家管理的难度大大地加大，因此就出现了关于如何限制大地主土地私有制的恶性膨胀、抑制土地兼并的封建土地管理思想。封建社会时期出现的限田、井田和均田三种典型的主张，构成了中国封建社会前期的土地管理思想的三种基本理论模式。

一、限田

西汉思想家董仲舒（公元前 179—公元前 104）的"限田"思想，虽只有"限民名田，以澹不足"[①]的寥寥数字，却在此后一千余年中启发出许多土地改革方案，并经常被人们奉

[①] 《汉书·食货志上》

为足资借鉴的原则。所谓限田，就是要求封建国家对私人占有土地的数量规定一个最高限度。董仲舒通过分析土地私有制的弊端后，认为一切问题的根源都在于土地私有制，于是提出了限田的主张，这些弊端主要有：

（1）土地私有制条件下的土地自由买卖，是土地兼并和贫富对立的经济根源。

（2）在土地私有制的条件下，地主阶级对农民进行残酷的地租剥削。

（3）农民不仅受地主剥削，而且承受着封建国家加在他们头上的沉重的赋役负担和残酷的政治压迫，更加重了人民的痛苦。

总之，土地的兼并集中加上高额的地租和沉重的赋役，以及残酷的镇压，这一切使人民无法生活，加剧了封建社会的阶级矛盾。所以，董仲舒提出改革的主张，但由于私有制已是难以改变的现实，所以他认为只能通过限制私人占有土地的数量，限制土地兼并的进一步发展，使百姓保住自己的土地，以缓和阶级矛盾。

但对于董仲舒的限田主张，汉武帝根本不予理睬。后来，到了汉哀帝时期，大司马师丹又提出限田问题，他的建议被丞相孔光接受，并拟定了一个具体的限田方案，规定从官僚贵族到地主豪强，占有的土地数量不能超过三十顷，并规定在三年期限内把土地数量减少至规定数额，否则要追究法律责任。这是自董仲舒后提出的第一个较为详尽的限田方案，但由于此方案遭到占有大量土地的官僚地主的极力反对，所以没有得到真正执行。

在董仲舒的限田主张提出之后，也不断有人提出限田主张，如东汉的荀悦、仲长统、唐朝的陆贽，宋朝的李观、苏洵，甚至宋仁宗，直至清代，限田主张仍不断地有人提出，但由于地主阶级的反对和阻挠，一个也没能实现。

限田主张与改革的失败，根本原因在于限田思想与土地私有制的原则相矛盾。限田主张从根本上触犯了大地主阶级的利益，而大地主阶级又是封建统治的主要社会基础，这些人掌握着国家的政权，他们制定的法律肯定是为他们自己的利益服务，即帮助其扩大自己的土地数量，而不可能限制自己的土地数量。若建立在土地私有制基础之上的封建之法触犯或侵害了这种私有制，那么就违背了它作为封建社会的本性，也就不成为封建社会了。所以，封建社会不可能对土地兼并有所作为。

二、井田

井田被古代思想家认为是解决土地兼并的理想化模式，最初是由战国时期的孟轲提出来的。在奴隶社会向封建社会过渡的过程中，战争频繁，人们流离失所，这不利于人们安居乐业和统治阶级的统治，于是孟轲主张在国有荒地的基础上按井地方式安置流民，他认为百姓只要有了井地上的百亩之田后，就可以安定下来，既可使人民富足，又有利于发展生产，巩固统治。孟轲的井地主张不同于奴隶制时代的井田制，对土地兼并，也不否定大土地所有权，而是一种人身依附性很强的类似农奴制的带有封建性质的土地国有制。

　　孟轲的井田被后世的思想家当作是解决封建土地问题的灵丹妙药，原因在于："第一，后代思想家都认为孟轲的井地论就是夏、商、周奴隶制时代的井田制度，是商鞅变法所毁掉的三代圣王之制。第二，在孟轲的井地论中，农民所拥有的土地都是相等的百亩之田，这和封建土地发展起来的'富者田连阡陌，穷者无立锥之地'的情况正好形成鲜明的对照。在孟轲的主张即井田论没有土地占有上的贫富对立"。[①]

　　王莽是第一个不仅在理论上，而且在实践中用井田方案解决封建土地问题的改革者，王莽篡权后，决定在全国实行"公田口井"制度，即井田制，宣布土地为国家所有，对百姓实行计口分田。规定男夫八口以下的家庭，可以占有九百亩即一井的土地，交纳十分之一的实物税，并规定一家一井，因为当时一般农民一家人口祖、父、孙三代的男人有七个左右，每家给一井之地，灵活性大，不必因以后家庭男夫的增减而屡作土地的收授，并且一家一井的土地正好适合一家所能耕作的规模。对于男口不足八人的家庭，必须无偿地将超出九百亩以上的土地交给九族及邻居或乡人，这显然是对占有大量的土地但劳动力又很少的兼并地主之家的一大打击。同时规定，土地不得买卖，为的是杜绝土地兼并的发展。总的来说，王莽的井田制强调土地国有，不得买卖，每户占有的土地数量相等。

　　然而，王莽的井田制却在实践中失败了，究其原因，主要有以下几点。

　　（1）土地私有制虽然会引起土地兼并，有种种弊端，但它当时仍能适应封建社会生产力发展的要求，比土地国有制更能推动社会的发展，所以在这种情况下，想要消灭私有制是办不到的。

　　（2）土地私有制是顺应人民愿望建立起来的，它虽然有弊端，但当时仍为人民所拥护，若违背人民的利益要求，最终是行不通的。

　　（3）王莽的井田制直接触犯了地主阶级的利益。王莽企图将土地变为国有，必然遭到大地主、大官僚们的反对，他们决不会自动交出已占有的大量土地。

　　（4）普通农民和小地主也不拥护井田制。因为禁止土地的买卖，使小地主和富裕的农民无法买入土地；而破产的农民也不能在面临天灾人祸时出卖土地以应付局面。所以，王莽的井田制颁布后，全国人民从上到下都反对，井田制只能以失败告终。

　　自从井田制的这次失败以后，仍有不少人追求这种理想的土地管理模式，如东汉的何休、唐代的白居易、宋朝的张载以及明朝的诸儒等都力行井田，遗憾的是，没有一个能够真正实行井田制，这也说明在封建土地私有制的社会里，实行井田制是不现实的。

三、均田

　　均田制是中国封建时代解决土地问题的第三个基本模式，魏晋南北朝时期由于长期的战乱频繁，社会经济活动遭到严重破坏，学术思想一般不甚繁荣，但也产生了一些非常可

[①] 赵靖. 中国经济管理思想史教程. 北京：北京大学出版社，1993，37-38.

贵的经济思想。其中北魏李安世的均田思想，不仅曾付诸实行，还断续地推行了三百年，宋明以来还经常为人们所称道，甚至还有人试图恢复，足见其影响之深远。

均田制是北魏政权于孝文帝太和九年（485 年）开始颁布实行的，以后的北齐、北周、隋、唐也都曾实行均田制。均田制的管理思想是把国有土地按规定的数量授予无地和少地的农民耕种，受田的农民要在规定的期限内按国家的要求使用土地并承担一定的赋税，受田的农民对土地只有使用权而无所有权，使用期限满后将土地归还给国家。

均田制提出"均给天下之田"的原则，即使人们的劳动力与他们所拥有的土地之间达到互相适应，它不是针对土地占有上的贫富不均，而是要解决由于土地兼并所造成的劳动力与土地相分离的这一基本农业生产问题。这是均田制与限田和井田思想的根本区别，也是均田思想超越各种土地管理主张的优越所在。

均田制的思想特点主要反映在其具体的各项规定之中。

（1）土地的授予完全根据每户农民劳动的状况而定，首先受田者必须要有劳动能力，失去劳动能力以后，要归还所受之田。

（2）受田不仅要看有无劳动能力，还要看劳动力的强弱情况，一般男性劳动力强的，授田 40 亩；女性劳动力弱一些，所以授田 20 亩。

（3）奴婢也是劳动者，均田制规定授田时奴婢和一般男女一样。

（4）授田还可考虑百姓所拥有的劳动资料的状况，由于当时最主要的农业生产工具是耕牛，所以均田制规定耕牛也授予田，这样可以充分发挥生产条件优越的农户的生产能力。

由以上规定可以看出，均田制并非是人们在土地占有数量上的绝对平均，而是按百姓的实际生产能力标准授予耕田，根据规定，一个人可以占有 40 亩露田，40 亩或 80 亩倍田和 20 亩桑田，但拥有大量奴婢和耕牛的大地主则可以占有大片耕地，这不违反均田制的原则，反而正是均田制实施的必然结果，从此也可看出，均田制在一定程度上保护了地主阶级的利益，这也是均田制得以实施的根本原因。但总的来说，均田制不仅是一个发展农业生产的有效方案，也是一个限制土地急剧兼并的可行方案；既照顾了大地主阶级的既得利益，又满足了农民的土地要求，得到社会各个阶层的接受，是一种在当时很利于生产力发展的进步的土地管理思想。

第二节　中国封建时代管理思想的主要代表人物

一、贾思勰

贾思勰，生卒年不详，北魏（公元 386—543 年）时人，曾任高阳太守。所著《齐民要术》为我国人类文化史尤其是科技史上一部划时代的巨著，达尔文在其名著《物种起源》中盛赞它为"中国古代的百科全书"。任北魏高阳太守时，贾思勰亲自参加农业生产的实践。他通过农业实践进行总结，借鉴古代农书有关的农业技术和生产经验，写出了一部自古以来最早、最完整的农书——《齐民要术》。《齐民要术》全书20余万字，共十卷，"起自耕农，终于醯醢，资生之事，靡不毕书"。《齐民要术》作为一部科学技术名著，经历约1500年的时间，仍被人们奉作古农书的经典著作。农史学家称颂《齐民要术》中旱地农耕作业的精湛技艺和高度理论概括，使中国农学第一次形成精耕细作的完整体系。从事农产品加工、酿造、烹调、果蔬贮藏的技术工作者都可以从书中找到古老的配方与技法，因而食品史学家对《齐民要术》也颇为珍视。

经济史学家将《齐民要术》视为是封建地主经济的经营指南。还有人提出应该称它为全世界最早、最完整的封建地主的家庭经济学。因此，《齐民要术》也是地主治生之学产生的标志，这部农书规模宏大，涉及的范围广泛，而且内容丰富多彩，总结了北魏及北魏以前的农业技术和生产经验，其中所记载的农业、畜牧业等方面的内容，至今仍受到人们的高度重视。其中有大量的农业、手工业技术方面的内容，但也涉及不少经营管理思想，主要包括：

（1）强调农业生产的重要性，主张以农来治生，认为农业生产是生活所必需的条件，也是治国安民的根本。

（2）要使个人或家庭脱贫致富，除了生产力因素之外，还必须重视勤俭。同时，从富国的角度强调统治集团要节用。

（3）人天生有惰性，劳动者不可能自觉勤劳地生产，认为必须靠封建政权和教化改变农业劳动者的懒惰状况。这一思想与西方管理学家后来提出的X理论（人性恶假设）不谋而合。

（4）在总结集约耕作的实践经验、继承前人关于集约经营利益认识的基础上，提出了耕田"少好"胜"多恶"的论点，把集约经营同粗放经营的优劣问题作为一个农业经济学的原则性问题加以提出。他主张精耕细作，使土地保持湿度和肥力，并提出使用绿肥和制作堆肥的方法。

（5）主张在从事粮食生产的同时，兼营商品性农作物，让农民在从事粮食生产之余，利用自己的优势，种植蔬菜或种植林木，以弥补粮食生产的不足，为农民开辟一条从农治生的新途径。

（6）贾思勰在《齐民要术》中还涉及到了如何管理劳动者的问题，他认为要提高使用雇工、仆人的劳动生产率，首先要为他们提供合适的工具和健壮的畜力；其次还要重视人的因素，即关心、信任他们，使他们保持良好的精神状态，并以经济利益刺激，促进劳动者的积极性。

二、李世民

李世民（公元 599—649 年），是唐朝建立者李渊的次子，于 626 年发起玄武门之变，杀死太子和三弟，成为太子，并于次年登上皇位，改为贞观，在位二十三年。"贞观之治"使中国发展到了封建经济的鼎盛时期，国力强盛，且同外部世界的联系远超过汉代，这都离不开李世民的战略家胸怀、英明决策，以及其内容丰富而具特色的政治、经济管理思想。

他的管理思想主要包括：

（1）安人宁国。他清楚地认识到"国以民为本"，君是舟，民是水，"水能载舟，亦能覆舟"，要做到"安人宁国"，必须"安诸黎庶"，使其"各有生业"，于是他实行了"省徭赋"、"务积于人"的政策。还采取一些限制奢侈、厉行节俭以及"恤民"的措施，深得民心。

（2）唯才是举。他强调"为政之要，唯在得人，用非其才，必难致治，今所任用，必须以德行、学识为本"，他的任人原则是"不分亲疏、不避仇嫌"，并建立了一套较完整的科举制度以选拔人才。在对人才的管理上，他任人唯贤，使人尽其才，避免了用人不当的祸害。

（3）兼听纳谏。他广开言路，乐于接受谏净，并且思短改过，避免居高偏听之弊。懂得"明主思短而益善，暗主护短而永愚"的道理。赞同魏征提出的"兼听则明，偏听则暗"。

（4）以法治国。他以安人宁国为前提，在法律的制定和实行方面十分重视，在立法上确定了力求宽简的原则。他主张执法划一，严禁徇私，避免了天法和毁法之乱。

（5）重视经济发展。他重视对农业的管理，以安定国家为目的，减少国家的干预，施行放任主义为特征的管理方式。推行均田制，并采取"以农为本"、"不夺农时"、"与民休息"、"轻徭薄赋"的政策。

（6）在对边疆地区少数民族的管理上，他主张以和为主，使华夷同安，从而避免了边界互相侵扰的事件发生。

三、刘晏

唐朝的刘晏（公元 718—780 年），字士安，曹州南华人（今山东省东明县），8 岁时便有"神童"之誉，在唐朝地方和中央任职长达五十四年之久，曾任唐朝宰相，主管负责财政经济管理，刘晏一生经历了唐玄宗、肃宗、代宗、德宗四朝，长期担任财务要职，管理财政达几十年，效率高，成绩大，被誉为"广军国之用，未尝有搜求苛敛于民"的著名理财家。刘晏是个财政经济管理方面的实干家，极重视多种官办经济单位的兴办和管理筹划，并在这方面积累了丰富的实践经验。为了改造"安史之乱"后唐朝财政系统腐朽低能的问题，刘晏对经济管理制度进行了改革，主要是改革国家粮食管理制度、食盐运销管理制度、市场贸易管理制度以及更新了经济人事管理制度。除此之外，刘晏还把传统的治生之学的一些原理和方法纳入了国民经济的管理系统，在负责国家财赋期间，将加强管理作为振兴国家财政的主要手段。由于他对盐铁、漕运、赋税、常平、和籴、货币的整顿和改革，使国家的财政收入有了明显的增加，从而使富国之学的领域别开生面，他在这方面的思想主要表现在：

（1）在理财过程中，要注意精打细算。

（2）重视产品的质量，对生产进行技术指导。

（3）在官府组织的经济活动中实行激励的办法，提高工作积极性。

（4）改官府独营的经营方式为官商分别经营。

（5）把全程直运的运输方式改为分段接运。

（6）要求重视生产的安全性，减少事故损失。

（7）对唐代的漕运进行了全面彻底的整顿和改革。

（8）在户税和地税的管理上进行了整顿和改革。对地税的整顿有两点：一是对地税的征收额有所提高；二是规定大土地私有者的田庄每处都要交纳地税。对户税的管理有四点：一是加重了官僚的户税；二是加重寄庄户的户税；三是整顿各种浮客户的户税；四是减轻了商贾的户税。

四、王安石

北宋时期的王安石（1021—1186 年），字介甫，临川（今江西临川县）人，在宋仁宗统治时，曾任知县、判官、知州、知府等官；在宋神宗时，任翰林学士兼侍讲，后提升参知政事，实行变法，年余后再次提升为宰相，两次被罢相，最后退出政治舞台，流传后世。

王安石是一位政治改革家，对经济管理体制也进行了系统和全面的改革。由于较长时期接触了解社会现实，"慨然有矫世变俗之志"。嘉佑三年（1058 年）《上仁宗皇帝言事书》，系统地提出了变法主张，要求改变北宋"积贫积弱"的局面，抑制大官僚地主的兼并和特权，推行富国强兵政策。在他任参知政事和宰相期间，取得神宗的支持，抓住"理财"和"整军"两大课题，积极推行农田水利、青苗、均输、方田均税、免役、市易、保甲、保马等新法，史称"王安石变法"或"熙宁变法"。由于受到以司马光为代表的大官僚大地主集团的坚决反对，神宗后来也动摇、妥协，革新派内部又产生裂痕等，新法终被全部废止。王安石变法，虽然归根结底是为加强皇权、巩固封建地主统治地位，但在当时对生产力的发展和富国强兵，确曾起了推动的作用，也在一定程度上减轻了人民的负担，在历史上有其进步的意义。伟大革命导师列宁称誉王安石是"中国 11 世纪改革家"[①]。

王安石经济管理思想一方面是关于农业方面的管理思想，另一方面则是关于工商业方

---

① 《列宁全集》第 10 卷第 152 页。

面的管理思想。在农业管理思想上，主要体现在王安石新法中的青苗法、免役法、方田均税法和农田水利法等；在工商贸易管理思想上，主要体现在均输法和平易法之中。从王安石对经济管理体制的改革中就可以看出：

（1）注重生产与流通统一的思想，并把理财放在生产发展的首位。

（2）主张"干预"与"放任"并存。

（3）主张"抑商"与"宽商"相结合，他对富商大贾的打击是有节制的，并在市场法中很注意利用私商的积极性。

（4）强调行政手段与经济手段同时并举。

五、忽必烈

孛儿只斤·忽必烈（公元 1215—公元 1294 年）是成吉思汗之孙，成吉思汗幼子拖雷的次子，他于 1260 年继承蒙哥为蒙古帝国大汗，1271 年改国号为大元，并于 1279 年灭了南宋，统一中国，建立元帝国，这也是中国历史上第一个由少数民族统治的王朝。忽必烈继承了祖先数代积累起来的统治经验，面对蒙古在经济、文化比大陆的许多民族落后的现实，他勤政好学，深入了解和学习汉文化，注意钻研统治国家的历史经验。并聚集了一大批有才识的儒臣，如姚枢、许衡、叶李等。

忽必烈要治理这么一个多民族的大国，所面临的经济、文化问题异常复杂繁多，他关于国民经济的管理思想主要体现在以下几方面。

（1）主张"重农"，并为此设置了专门的农业管理机构和官员，实行各种优惠政策，鼓励农民开荒，保护农耕，改善农业的生产条件。

（2）忽必烈对蒙古以外的其他少数民族地区，维护原来当地的生产方式和经济习惯，并因地制宜给予不同的扶助或优惠政策，改善其与全国其他地区的经济联系与交流。

（3）忽必烈在"重农"的同时，并不"轻商"，一向对商业和商人采取保护政策，并且对海上的对外贸易也采取积极的态度，使元代陆路和海路贸易又趋昌盛。

（4）忽必烈在全国范围内统一使用铸币，其纸币管理思想卓有成就。

（5）他在经济人事管理方面具有卓越的才能，首先他善于发现人才，并能不拘一格地加以提拔；其次，他注意对经济管理官员进行考核，完全以实际管理的成绩作为依据。

（6）对中央和地方的行政机构进行改革。在中央设立中书省为最高的行政机构。在全国各地设立了行中书省，简称"行省"，在全国各地共设立十个行中书省，正式作为地方最高的行政机构。元朝行省制度的建立，加强了中央与行省、行省与行省之间的联系，使元朝中央对边疆少数民族地区的管理比以前任何朝代都有效，有利于多民族统一国家的稳定和发展。这是忽必烈的一项创举。元朝创设的行省制度一直沿用到今天，但在辖区的数目与大小等方面已有很大的变化。

六、朱元璋、朱棣

朱元璋（1328—1398 年），字国瑞，其先世本为沛（今江苏沛县）人，后辗转至濠州（今安徽凤阳县）。他少年饥苦，后因在起义中表现出了非凡的军事才能，当上了农民起义领袖的副元帅，直到 1368 年，朱元璋称帝，国号大明，并遣军北伐，逐走元朝皇帝，1368 年建立明朝，定都南京，建元"洪武"，成为明朝开国皇帝，他是杰出的地主阶级政治家和军事家，史称明太祖。是中国历史上唯一一个出身微贱的皇帝，是一个从历史的夹缝中钻出来的英雄。

朱棣（1360—1424 年），是朱元璋的第四子，1402 年，他从自己的侄儿朱允炆手中夺得帝位。朱棣的性格、才略和作风，都很类似他的父亲，以铁腕继续推行明太祖（朱元璋）建立的一套制度和做法，保持了明初所建立的政策和体制的长期连续性和稳定性。

明帝国的经济管理体制是由明帝国创始者朱元璋及其儿子朱棣共同逐步完善起来的，他们的管理目标是要在封建社会晚期各种矛盾更加深化的情况下，努力求得新建立的帝国的稳定、繁荣和强大。朱元璋、朱棣父子的统治思想，总的来说是"儒法并用，宽猛兼施"。具体表现在：

（1）在农业生产的管理方面，鼓励垦荒，并运用法律手段强制推广经济作物的种植；注重水利建设；解放奴婢和限制人民出家为僧。

（2）编制人丁状况的册籍，根据各民户承担赋役的能力征收赋役；在田赋制度中实行粮长制度，让地主代替胥吏直接向民间征收田赋。

（3）在对工商业的管理方面，对工商业的管理规定了较为严密的政策、办法，但对民营手工业的控制和管理比较宽松；对于同边区少数民族的贸易，朱元璋采取了比较宽松的政策，但在对外贸易方面，却实行闭关政策。

（4）改革中央的、地方的行政机构。废除丞相制，设立六部，直接由皇帝负责。调整军事机构，推行科举制度，加强法制。加强了中央集权。

七、康熙

康熙（1655—1722 年），原名玄烨，姓爱新觉罗，满族清世祖福临之子，七岁继承皇位，改元康熙。他是中国封建社会最杰出的君主之一，在位六十一年，不仅平定了吴三桂、耿精忠的叛乱，收复了台湾，完成了各民族国家统一的大业，挫败了沙皇俄国的侵略活动，而且在经济上进一步发展了封建经济，奠定了"康雍乾盛世"的基础。由于康熙一生勤于改革，崇尚节俭，有雄才大略，所以在他的统治时期，取得了卓越的功绩，其中，对国民经济的管理是康熙功绩的重要组成部分。

在农业生产的管理上，康熙奖励开荒，兴修水利，重视农业生产；在土地和赋役制度的管理上，废除了"圈地令"（圈地是指清严正声明入关后为维护满族贵族的特权地位和保障八旗士兵们的生活，前后三次进行了三次大规模的圈地，夺取了大量的土地和劳动力，使被圈地的人民流离失所），实行"更名田"（把前明藩王的田产改为民产，改为更名田，交给农民耕种），并进行赋役改革，规定以康熙五十年全国的人丁户口数字为准，此后到达成丁年龄的，概不承担丁役；在工商业的管理上，康熙重农而不轻商，推行了一系列有利于工商业发展的政策，如对工矿业采取开放政策，革除了一些病商之政，开放海外贸易等。但在康熙晚年，由于民族、政治等原因，禁止对外贸易，中断了同西方的交往。

关键词

限田　井田　均田　贾思勰　李世民　刘晏　王安石　忽必烈　朱元璋　朱棣　康熙

思考题

1. 中国封建时代土地管理的基本模式有哪些？它们各自的特征是什么？

2. 中国封建时代管理思想有哪些主要代表人物？他们各自的管理思想是什么？请简要论述。

第十章 中国近现代管理思想

学习目的与要求

1. 理解并掌握中国近代管理思想的发展历程、特点、意义和代表人物
2. 理解并掌握中国现代管理思想发展的五个阶段及其特征

第一节 中国近代管理思想

鸦片战争（1840—1842 年）之后，中国社会由封建社会逐步转变为半殖民地半封建社会，社会性质发生了重大变化，经济管理思想领域也产生了很大的变化。但中国近代并未形成自己具有时代特色的比较成熟的管理思想，只是有一些处于转变时期新旧冲突、新旧交替的管理思想。虽然资本主义性质（振兴实业、开放主义）的国民经济管理思想取代了封建性的"富国之学"，但由于地主、买办资产阶级的压迫以及帝国主义殖民地的掠夺，使得中国近代资本主义的发展步履艰难，在国民经济中所占的比例不超过 10%。在这样恶劣的环境下，中国近代资本主义经济仍能够生存下来并发展壮大，实属不易，一些民族企业还在国外设立分厂或在与国外的竞争中占了上风，并在长期的实践探索过程中积累了许多有益的经验和思想，为以后的社会主义建设留下了宝贵的历史遗产。

一、中国近代管理思想的发展历程

1. 从"求强"到"先富后强"的观念转变

在两次鸦片战争之后，面对丧权辱国的不平等条约，中国人认为是由于西方军事力量比中国强大的原因，因而认为只有学习和引进西方的军事技术才可以强国，并把"求强"作为奋斗目标。后来，王韬、郑观应等人批判了这种看法的片面性，认为这种看法颠倒了富和强之间的关系，并提出"先富而后强"的管理目标，此认识主要基于以下几点。

（1）从对西方的认识来看，西方资本主义国家都远比中国富裕，并极力在扩大国外市场。

（2）认为通商致富不仅可以增加国家的财政收入，而且可以给国民带来财富。

（3）认为通商可以带动整个国民经济的发展，推动社会进步。

（4）认为振兴商务是历史所趋和时代的要求。

后来，在振兴商务的基础上，人们进一步认识到要把工业放在首位，以大工业来改造整个国民经济的技术基础，使中国变成工业国，进而才能实现富和强。

2. 从"保商"到"纵民为之"的管理模式的变化

在管理模式方面，甲午战争前主张"保商"，即允许、鼓励商民按资本主义方式投资经营新式工业和商业，并由国家实行一定的保护和进行调整，以利于私人工商业的经营和发展。这种微观放开和宏观保护调控是基于中国近代民族资本主义工商业在发展之初处于弱势，而外部环境十分恶劣的情况下提出的，但是，后来由于洋务派的官僚也打着"保商"的旗号，进行垄断，牢牢地把经营权控制在手中。针对这种情况，郑观应、王韬等人痛斥"官督商办"，并向清政府提出了宏观保护和调控的要求，主要有以下几方面的主张。

（1）主张取消协定关税，实行关税自主，要求废除其他危害中国商务发展的不平等条约。

（2）取消"厘金"（处处设关卡对华商征收的钱物），便利商务流通。

（3）改革货币金融制度，创建现代银行，痛斥货币制度落后对振兴商务的阻碍。

（4）主张适当地举借外债，积极利用外资。因为要振兴商务，需要大量资金，利用外资是善举。

（5）主张大力发展教育事业，培养各方面人才。认为教育是致富之本，振兴商务需要大量精通现代生产、流通等新时代人才，这是中国传统的培养和选举制度无法做到的。

（6）要求从政治上保护商人而设商部；开设议院，吸收部分商人为议员；奖励在工商业中有成就的人士，以鼓励振兴商务，使中国富裕和强大起来。

二、中国近代管理思想的主要内容

中国近代管理思想是伴随着中国民族资本主义工商业的成长而发展起来的，中国近代实业家管理实践的历程就是中国近代管理思想的发展史，主要包括以下几方面的内容。

1. 融资

由于没有官僚垄断资本那样优越的条件，也没有外国资本那样雄厚的实力，因此，中国近代实业家在创业阶段的融资环境异常恶劣，他们投资办企业的创业资本只能依靠自身解决，其融资途径主要有：

（1）采取多种集资方式。如招股、添股、借贷等。

（2）与金融资本保持紧密联系，甚至自己开展储蓄业务，将获得的存款放在钱庄吸取高额利息，开拓融资渠道。

（3）投资联号企业或附属企业，相互协调资金，保持资金的充分利用率和高周转率。

（4）采取少发股息、少分红利的滚雪球方式加快自有资金积累，快速增强企业实力，不断扩大生产规模。

2．市场营销

中国近代实业家在市场营销方面十分精明：一是注重实事求是的广告宣传，如上海中国国货公司经理李康年就曾说过："广告是重要的，也是有用的，但却必须实事求是，切忌夸大。宣传超过实际，就成为虚伪欺骗了，会产生相反的效果，败坏商品的信誉。"；二是善于采取各种推销妙术占领市场，如上海金星笔厂的周子柏就曾精心策划了一条"三管齐下"的妙计，将自己的产品打入被各种外国商品占据、以经营"环球百货"著名的永安商场；三是建立产品代销制度以巩固市场地位，如上海三友实业社就建立了一套比较完备的代销制度：只要销售员交纳一笔保证金后，就可以从实业社提取产品在市场上销售，报酬是销售额的 2%，代销店可拿到 5%的折扣，但不得推销其他厂商的同类商品。

3．成本和质量管理

近代中国实业家将降低成本、提高质量作为企业生存的根本。正是这样的经营之道，才使得近代中国实业家生产出张裕葡萄酒、天厨味精等一大批闻名于世而又价廉物美的名牌产品。

4．人力资源管理

中国近代实业家在人力资源选拔上坚持"唯才是举"，为了使人事管理制度化，设置机构，进行层层节制和分级管理是近代中国实业家们的普遍做法。如冠生园的创办人洗冠生在坚持"唯才是举"的前提下，还规定了选拔重用的六字标准：勤奋、灵敏、听话。主张管理部门中的行政管理人员在职工中的比例必须控制在 3%左右，主张管理上的"精兵强将"。

5．劳资关系的协调

近代中国实业家们十分重视同工人和下级之间关系的协调，普遍有两种做法：一是精神教化，如民生公司的"民生精神"，要求员工"捏紧拳头、裹紧肚皮、渡过难关"，卢作孚提出"公司问题，职工解决；职工问题，公司解决"的口号；二是重视与员工的感情联络，以缓解劳资矛盾，如南京李顺昌服装企业的老板李宗标，逢年过节都要请员工吃饭，对个别骨干还要递送相当于几个月工资的"红包"，遇上重大决策，还要向关键的工人骨干征求意见，以取得工人的理解和支持。

三、中国近代管理思想的特点

近代中国实业家的崛起是中国特定历史时代的产物，近代中国实业家的管理思想尽管已经渗入了资本主义的因素，但是，从本质上来说是中国几千年历史文化沉积的产物，是西方文化撞击下的中国古代管理思想的延伸和发展，是具有很强的中国文化特色的文化遗产。中国近代经济管理思想主要有以下特点。

（1）近代经济管理思想反映了部分商人、地主以及官僚等人向新式工业投资的强烈愿望和要求。"先富后强"成为这一时期国民经济管理的总目标。

（2）改革实业家们希望在清政权下通过"变法"（自上而下的改革），使国民经济的管理同发展资本主义经济的需要相适应。

（3）外国资本主义和清朝政府对中国民族资本主义企业的压迫，阻碍了民族资本主义经济的发展，为此，民族实业家们进行了坚决的斗争、揭露和抨击。

（4）中国近代的民族企业家们善于运用自己的优势，创造名牌产品。首先，中国近代民族企业有在国外经济侵略的威胁下求生存、求发展的决心和毅力；其次，尽量利用自己的资源、市场和优势发展企业；同时，还重视创新和科技的作用，舍得为科研投资。

（5）中国近代企业家善于采用"避实就虚"的战略技术，从而能在国外经济列强的压迫下求得生存和发展。

四、中国近代管理思想的意义

中国近代民族资本主义企业的经营管理思想，对我国当前社会主义建设主要有以下三方面的意义。

1. 中国民族资本主义企业的"以弱敌强"之道

中国民族资本主义企业同外国企业相比，在总体上处于劣势，但并不排除在某些局部上可以有优势，要善于在竞争中抓住对手的弱点，充分利用自己的优势以攻击对手，从而在局部取得胜利。这与道家所说的"以弱胜强"的管理思想有异曲同工之效，这对我国发展中华民族的管理科学具有重大的借鉴意义。

2. 中国近代民族资本主义企业在结合中国国情的基础上引进西方管理的尝试

中国近代的新式企业，其管理制度和管理方法大多是从西方国家引进而来的，通过努力试验和推行西方的科学管理，并使之能在中国行得通、中国化，民族企业曾为此作出了不懈的努力，但它们的努力并不都是成功的，因为不可避免有时代和阶级局限，而且结合中国实际引进和学习西方的经营管理是一项长期任务，不可能一蹴而就。我国目前的对外开放，也面临学习和引进西方先进管理思想的问题，也同样要注意与中国国情相结合的问题，需要考虑中国实际的消化能力和承受能力。

3. 中国近代民族资本主义企业在经营管理方面所进行的改革

近代的许多民族实业家都曾积极地致力于企业经营管理的改革，我们通过分析这些改革的具体做法，在经营管理方面的进步和经验积累，并将其成功与不足之处进行比较和总结，以作为我国目前的社会主义建设的借鉴。

五、中国近代管理思想的代表人物

1. 曾国藩

曾国藩（1811—1872 年），字伯涵，号涤生，原名子城，派名传豫，清湘乡县荷叶塘（今双峰荷叶乡）人。咸丰二年（1852 年）十二月，曾国藩奉命在湖南帮办团练以抗拒太平军，创办以"忠义之气为主"的湘勇，咸丰四年（1854 年），湘勇练成水陆两军 17 000多人，成为镇压太平军、维护清王朝统治的重要支柱。曾国藩历尽艰辛为清王朝平定了天下，被封为一等勇毅侯，成为清代以文人而封武侯的第一人，后历任两江总督、直隶总督，官居一品，死后被谥"文正"。曾国藩所处的时代，是清王朝由乾嘉盛世转而为没落、衰败，内忧外患接踵而来的动荡年代，由于曾国藩等人的力挽狂澜，一度出现"同治中兴"的局面，曾国藩正是这一过渡时期的重心人物，在政治、军事、文化、经济等各个方面产生了令人注目的影响。这种影响不仅仅作用于当时，而且一直延至今日。从而使之成为近代中国最显赫和最有争议的历史人物。曾国藩治学严谨，崇尚儒学，其学术思想以程朱理学为主体，把中国封建文化归纳为"义理、词章、经济、考据"四门学问，有独特见解，对当时和以后均有一定影响。他提出"早、扫、考、宝、书、蔬、鱼、猪"的"八字家训"，反映了曾"修身、齐家"的封建道学思想。其著述多收入《曾文正公全集》，计 128 卷；今辑有《曾国藩全集》。

曾国藩对"乾嘉盛世"后清王朝的腐败衰落，洞若观火，他说："国贫不足患，唯民心涣散，则为患甚大。"对于"士大夫习于忧容苟安"，"昌为一种不白不黑、不痛不痒之风"，"痛恨次骨"。他认为，"吏治之坏，由于群幕，求吏才以剔幕弊，诚为探源之论"。基于此，曾国藩提出了他的管理思想。

（1）在人力资源管理上，主张"行政之要，首在得人"。危急之时需用德器兼备之人，要倡廉正之风，行礼治之仁政，反对暴政、扰民，对于那些贪赃枉法、渔民肥己的官吏，一定要予以严惩。

（2）在关系国计民生的财政经济管理上，曾国藩认为理财之道全在酌盈剂虚、脚踏实地、洁己奉公，"渐求整顿，不在于求取速效"。

（3）重农。曾国藩将农业提到国家经济中基础性的战略地位，他认为，"民生以稼事为先，国计以丰年为瑞"。他要求"今日之州县，以重农为第一要务"。

（4）受两次鸦片战争的冲击，曾国藩对中西邦交有自己的看法，一方面他十分痛恨西方人侵略中国，认为卧榻之旁，岂容他人鼾睡，并反对借师助剿；另一方面又不盲目排外，主张向西方学习其先进的科学技术。

（5）在军事管理思想方面，曾国藩提出"用兵动如脱兔，静如处子"，主客奇正之术，"扎硬寨，打死仗"，水师不可顺风进击，善择营地，"先自治，后制敌"，深沟高垒，地道攻城之术，水陆配合，以静制动，"先拔根本，后翦枝叶"等战略战术，十分值得今人借鉴。

2. 张謇

张謇（1853—1926 年），本名吴起元，是中国近代一个重要的民族资本集团（大生集团）的首领，是中国近代民族资产阶级上层的典型代表人物。他白手起家，几经奋斗，终于取得了成就，在企业成功后，他又积极致力于举办教育事业，创办了中国近代第一所师范学校——通州师范，还创办了警察学校、纺织学校、农业专科学校、医学专科学校等教育机构。

张謇在经营企业的实践中，不断地对中国国民经济的管理问题和企业的经营管理问题进行探讨，总结经验，并结合中国的实践，逐渐形成了一整套管理思想，其主要内容有：

（1）利润的积累是企业生存发展的一个重要前提。张謇认为，利润的积累是工商业的命脉，在经营中占重要地位。没有利润的积累，那么企业生产技术水平的提高、机器设备的更新以及生产规模的扩大都无从说起。这本是实业经营的常识，但对于中国近代企业要处理好这个问题却并非易事，因为在短期内，积累和分配是互相矛盾的，积累多了，可分配的利润就会相应减少，必然会引起股东的不满，因此，张謇提出把利润的分配保持在合理的限度之内，这一主张对中国近代的企业经营管理有着特殊重要的意义。

（2）成本管理思想。张謇认为成本是产品价格的决定性因素，它直接关系到企业的经营效益和利润水平，所以成本管理在企业管理中处于十分重要的地位。具体来说，成本管理的重要性来自两方面的原因。

第一，中国民族企业的产品与外国产品竞争时，要想抵制外货，就必须首先降低生产成本。

第二，要想获得更多的利润，也必须降低成本，成本和利润之间存在反方向的变动关系。

他还对成本管理制度做了具体归纳，主要包括成本计算制、生产要素消耗的计划统计制度、节约开支制度等。并认为可以通过提高机器设备水平和技术水平来降低生产成本。

（3）供销方面的管理思想。张謇认为企业的再生产过程表现为产、供、销几大环节，生产环节固然重要，然而供销两个环节也会关系到企业的生死存亡，因此企业管理应重视供销管理。张謇的思想与实践相结合，概括出以下做法。

① 选择有利于供销的厂址，即在选择厂址时要考虑原材料的供给和产品的销售问题。

② 重视供销效率，杜绝积压。张謇认为，销售部门的首要问题是迅速地把产品卖出去，为了达到这个目标，甚至可以适当浮动产品价格，不能库存积压。

（4）人事管理思想。张謇深知封建人浮于事的人事制度的弊端，反对因人设官的作法，主张把有真才实学的人放到适当的位置上以发挥其作用。在此管理思想的指导下，他制定了一系列的人事管理制度，如岗位责任制，定期对各方面的工作进行检查；实行物质待遇与工作成果相适应原则，以不同的报酬达到鼓励上进和刺激积极性的目的；建立考工制，以质和量两个方面把工作职能同职工的劳动联系起来，并每天预先计划好一天中要使用的人工数，统计出实际使用人工数以及总工资，从而避免了劳动力的浪费和闲置。

（5）文化管理思想。张睿在企业管理中，比较重视人的作用，认为人是不自觉的，光靠奖惩、纪律的约束是远远不够的，因此，他希望用道德精神（即企业文化）来弥补规章制度的不足。他认为，道德精神既有规章制度不能具备的特殊作用，又能从深层次激发人们的精神力量，使人们自觉主动地工作，这才是企业真正宝贵的资源，所以在实践中，他身体力行，在企业中提倡"仁"、"义"、"礼"、"信"等规范，重视儒家的道德规范主张，以诚信对待顾客和竞争对手，是一个讲诚讲信的儒商。

第二节　中国现代管理思想

从 1949 年中华人民共和国成立之后，通过没收帝国主义在华企业以及国民党官僚资本企业等一系列改造活动，逐步建立起了社会主义的经济基础。在此同时，中国的现代管理思想有了较快的发展，尤其体现在企业管理思想方面。在学习和引进西方先进管理思想的同时，结合中国的国情，逐渐形成具有中国特色的管理思想。

回顾中国现代管理思想的发展，可分为五个阶段。

一、第一阶段——经济恢复时期的管理思想

第一阶段（1949—1952 年）为了迅速恢复生产，国家实行了民主改革和生产改革，建立了工厂管理委员会制度和职工代表会议制度，并建立了广泛吸收工人参加企业管理的制度，极大地调动了职工的积极性。这个时期，工人的生产热情高涨，在各项劳动竞赛活动中，不断地突破新的生产记录，加速了生产的恢复和发展，为社会主义经济建设奠定了物质基础。这个时期对工厂的管理基本沿用了革命根据地对公营企业的政策和管理思想，来对被没收的官僚资本企业和公私合营企业进行改造和管理，具体措施如下。[①]

（1）加强民主管理。各工厂普遍建立工厂管理委员会，500 人以上的工厂建立职工代表会议制度。

（2）普遍进行了工厂企业化。在工厂中实行严格的经济核算。建立了成本会计制度、各种责任制度以及产品检验制度、奖罚制度。

（3）贯彻按劳分配原则，改革工资制度。计件奖励工资制度被各工厂普遍采用。

（4）加强对职工的思想教育，开展立功运动。

---

① 周三多，等. 管理学——原理与方法[M]. 第 4 版. 上海：复旦大学出版社，2003，98-99.

二、第二阶段——第一个五年计划时期的管理思想

第二阶段（1953—1957 年）从 1953 年起，我国进入了大规模的、有计划的社会主义经济建设时期，开始了发展国民经济的第一个五年计划。为了集中全国的人力、财力、物力建设好 156 项重点工程，客观上要求实行科学的管理，于是我国开始全面学习和引进苏联的企业管理制度和方法，在国营企业中，普遍建立了生产技术财务计划、生产技术准备计划和生产作业计划，实行了计划管理，组织了有节奏的均衡生产，建立了生产责任制度、原始记录和统计工作，确立了正常的生产秩序。建立了技术工作秩序、经济核算制度，并实行"各尽所能、按劳分配"的等级工资制度，建立和健全了企业的管理机构，克服了企业管理工作的混乱状态，使我国的企业管理走上了科学管理的轨道。

在这个时期，国民经济高速发展，人民生活不断改善，社会安定团结。然而也有不足之处，主要是管理权过于集中在企业主管机关，企业缺乏自主权；在学习苏联的管理思想的过程中，出现了盲目照搬和盲目放弃自己优良传统的现象。

三、第三阶段——社会主义建设探索时期的管理思想

第三阶段（1958—1965 年）针对照搬苏联及国外管理思想和方法的现象，这一时期，我国重点是探索适合我国企业发展的管理模式和管理方法，创建具有中国特色的社会主义管理模式。在"鼓足干劲、力争上游、多快好省"的指引下，广大职工解放思想，开展了加速社会主义建设的大跃进运动，出现了"左"的思想错误，不尊重客观规律，片面追求产量和速度；片面夸大群众的作用，忽视管理的重要性；一概破除了第一个五年计划建立起来的规章制度，导致管理混乱和巨大的浪费。

由于这次"大跃进"的失误，再加上自然灾害以及中苏关系的恶化，使我国国民经济陷入到了极度困难的境地。对此，党中央针对企业管理中普遍存在的问题，从正反两方面总结了经验，制定了适合我国国情的管理政策，强调按照客观规律办事，强调民主管理、专家作用以及管理制度重要性。尤其是"工业七十条"，推动了"三老四严"和"四个一样"的好经验，这对今天的管理仍有极大的指导意义。所谓"三老"是指当老实人，说老实话，做老实事；"四严"是指对待工作，要有严格的要求，严密的组织，严肃的态度，严明的纪律；"四个一样"是指对待革命工作要做到黑夜和白天一样，坏天气和好天气一样，领导在和领导不在一个样，没有人检查和有人检查一个样。

四、第四阶段——文化大革命时期的管理思想

第四阶段（1966—1976 年）从 1966 年开始的十年"文化大革命"时期，是我国政治大动乱、经济大倒退的十年。在这期间，"四人帮"全盘否定建国十几年来积累的行之有

效的管理经验，破坏"工业七十条"，以阶级斗争的方式取代企业管理，撤销管理机构，销毁管理资料，废除企业管理制度，将管理人员和专家下放到车间劳动，而一些"政治"挂帅，不懂生产和管理的人被派到各个管理岗位，完全无视客观规律乱指挥。这一反革命举动使我国企业管理遭受了一场空前的灾难，生产力遭受严重的破坏，给社会主义经济建设造成了难以估计的重大损失。

五、第五阶段——十一届三中全会以来改革开放新时期的管理思想

文化大革命之后，以十一届三中全会为标志，我国的经济建设走向改革开放和实现四个现代化的道路，中国现代管理思想也进入了一个新的发展阶段。

（1）党中央颁发了一系列改革管理制度，搞活企业的经营，使企业成为真正自主经营的经济实体。

① 整顿企业，按现代化管理的要求，建立经济责任制，加强企业管理工作，提倡以经济效益为重点，以提高技术水平为目的，加强企业领导班子的建设以及领导干部革命化、年轻化、知识化和专业化。

② 扩大企业自主权，推行经济责任制和利改税。通过对 2 000 多个管理基础较好的大中型企业进行试点，扩大企业经营自主权，使企业成为自负盈亏，自我发展的经济实体。

③ 在扩权试点的基础上，推进企业经营方式的改革，探索和创造有中国特色的社会主义企业管理制度。

④ 推行各种经营责任制，如承包经营责任制、租赁经营责任制，实行所有权与经营权的分离，理顺国家与企业的关系，改革企业内部经营机制，搞股份制试点，改革企业组织机构等。

⑤ 理顺产权关系，转换企业经营机制，搞活国有大中型企业。不断推进国有企业改革，将建立"产权清晰、权责明确、政企分开、管理科学"的现代企业制度作为国有企业改革的方向。

⑥ 不断总结改革开放的经验，肯定全面贯彻"三个代表"重要思想，提出完善社会主义市场经济体制，推动经济结构战略性调整，实现工业化和推进信息化的战略任务。

⑦ 总结历史经验，把改革成果用法律形式固定下来，制定一系列企业管理的法律制度。

（2）在这一时期，我国的管理水平从总体而言还比较落后，但已有了很大进步，主要有以下几方面的巨大变化。

① 企业的管理模式由封闭式生产管理向开放式生产经营管理转变，逐步树立起市场意识、效益意识和竞争意识。

② 企业的经营管理机制由靠政府推动向让企业责、权、利相结合的方式转变，打破了

吃大锅饭的现象，极大地调动了生产积极性和提高了生产效率，增强了企业的自主经营、自负盈亏的能力。

③ 企业组织由单一形式向多元化转变，随着市场经济的成熟和改革开放的深入，企业的组织形式有了大的改革，从单一的职能型金字塔式变为灵活多样的矩阵式、事业部制、团队型、虚拟型等，使企业能更好地适应市场的变化，增强了企业活力。

④ 管理的重心从"以物为主"向"以人为本"的转化。今天的管理越来越注重企业文化和柔性管理，更关心人的成长，以人为中心设立管理制度和管理模式，靠发挥人的创造性、凝聚力来发展企业。

⑤ 由单纯的质量检验管理向全面质量管理转变，不断增强企业产品的质量意识和质量改进意识。

⑥ 企业的管理技术从传统型向科学化、信息化、现代化转变，在学习、借鉴国外先进管理经验的基础上结合企业的实际，不断融合、创新管理方法，大胆尝试，不断完善。

⑦ 企业管理从过去只考虑国内市场向国际化发展，开始学会在 WTO 框架下，在全球范围内优化资源配置，在管理上与国际接轨。

⑧ 从盲目照搬西方的管理思想向立足本国、研究和学习中国古代管理思想转变，把中国古代管理思想的精髓运用到企业管理中，继承和发扬优良传统。

关键词

中国近代管理思想　　张謇　曾国藩　中国现代管理思想

思考题

1. 中国近代管理思想有哪些特点？其代表人物的管理思想有哪些？
2. 中国现代管理思想分为几个阶段？每个阶段有哪些特征？

案例　　　　　　　　沈太福兴衰记

身高不到一米六的沈太福是吉林省四平市人。他自小爱好科技发明，是一个十分聪慧好学的青年。1984 年，30 岁的他从四平水库的工程局辞职，与两个兄弟办起了吉林省第一家个体科技开发咨询公司。他们相继研发出很多新颖的产品，如吸塑包装机、双色水位计及一种特别的读卡机。他的企业在当地以善于创新而小有名气。1986 年，沈太福进京，用30 万元注册了集体性质的长城机电技术开发公司——直到 1988 年，北京市工商局仍然不受理私人性质的高新科技企业注册。长城公司的产权性质最后成为沈太福案最致命的一环。1992 年前后，沈太福和他的科技人员研发出一种高效节能电机，据称比同类产品性能高出很多。可是，沈太福并没有足够的资金来投入生产，银行也对这个有风险的项目没有兴趣，这时候，沈太福想到了民间融资。邓小平同志视察南方之后的 1992 年和 1993 年是投资热情极其高涨的年份，人们对各种有新意的建设项目充满了热情。由于中央金融管制，发生在民间的各种集资行为便一直非常活跃，利息也是水涨船高。在沿海很多地方，民间拆借资金的年利息基本在 16%～20%之间。一位资深的证券公司总经理曾回忆说："在那年，证券公司不知道自己真正该做什么，几亿的资金，拆借出去就起码有 20%的收益，还用自己费什么心？"。便是在这样的火热背景下，沈太福的集资游戏出台了。

长城公司发明的新型电机属于节能项目，当时国内能源紧张一直是瓶颈，因此凡是有节能概念的新技术都颇受青睐。而沈太福又是一个善于包装和炒作概念的高手。1992 年 5 月 28 日，他的电机技术在钓鱼台国宾馆通过了国家级科技成果鉴定。根据报道，国家计委的一位副主任在他的项目鉴定书上批示："属节能的重要项目，应尽可能给予指导和支持。"沈太福更是对外宣称，长城公司几年来先后投入近 5 000 万元，研制成功了这种高效节能电机，据能源部门测算，在运行的风机中如果仅有 1/3 换上这种节能电机，一年就可以节电 400 亿千瓦，其前途的宏大让人充满想象。

沈太福的集资规则是这样的：投资者与公司直接签订"技术开发合同"，集资金额的起点为 3 000 元，高者不限。投资者可随时提取所投资金，按季支付"补偿费"，年"补偿率"达 24%——当时，银行的储蓄利率为 12%左右，沈太福开出的利率高出一倍。他的第一轮集资活动是 6 月份在海南展开的，广告前一天刊出，第二天公司的门口就排起了长龙，仅 20 天，就集资 2 000 万元。初战即告大捷的沈太福当即加快集资步伐，他先后在全国 17 个城市开展了类似的活动，长城公司的集资风暴迅猛席卷全国，它很快成为当年最炙手可热的高科技企业。

在此次集资活动中，各地的媒体记者起到了推波助澜的作用，其中最活跃的是《科技日报》记者孙树兴。当沈太福在海南开始集资时，孙树兴在报纸的头版头条发表长篇通讯《20 天集资 2 000 万》，对长城公司的集资业绩大加鼓吹。在随后的几个月里，孙树兴又相继发表了《用高科技和我们百年不懈的改革开放筑起新的长城》以及《为了千百万父老兄弟》等长篇报道，对长城公司的集资给予高调的追踪报道。正是在数百家媒体的热催下，沈太福跑马圈地，战无不胜。在这期间，沈太福先后给了孙树兴两万多元辛苦费以及密码手提箱、"皮尔·卡丹"西服和日本产"美能达"全自动照相机等物品。孙树兴后来因此被判处有期徒刑 7 年。

在孙树兴的牵线下，沈太福又幸运地结识了曾经担任过《科技日报》总编辑、时任国家科委副主任的李效时。在沈太福案中，李效时扮演了一个很关键的角色。当《科技日报》

对长城公司大加报道的时候，他便对这个节能项目深信不疑。为了表示支持，他专门到长城公司去考察，还留下了"愿长城目标早日实现"的题词，被沈太福用在所有宣传文本上。李效时还借出差的机会到各地为长城做宣传。在海南，他对媒体记者说，"我从深圳到广州到海南，宣传了一路的'长城'。我觉得'长城'所办的科技实业，是一个充满希望的科技实业！"由于他的官方身份实在特殊，因而成了长城公司最具说服力的宣传员。为了报答李效时，沈太福以李效时三儿子的名字签订了一份4万元的北京长城公司"技术开发合同书"。第一次，李效时拒绝了，第二次，沈太福派人把它从李效时办公室的门缝里塞进去，这次，李效时没有退回，他心领神会地将之锁进办公室的一个铁皮柜里。就为了这份合同，李效时一年后被认定犯有受贿罪、贪污罪，判处有期徒刑20年。

如果说孙树兴和李效时为长城公司效劳夹有私利因素的话，那么，在当时确实有一些专家和学者对沈太福的集资模式表示由衷的赞赏，其中便包括老资格的社会学家、全国人大副委员长费孝通。在1993年1月，费老撰文《从"长城"发展看"五老"嫁接》，对长城模式进行"理论"上的论证。他所谓的"五老"是老大（国有企业）、老乡（乡镇企业）、老九（知识分子）、老外（外资企业）、老干（政府官员）。费孝通认为，长城公司在高新技术成果的委托加工、成果转让、搞活民间金融、对外合作以及发挥老干部余热等方面都做出了值得称道的成绩。

到1993年初，沈太福先后在全国设立了20多个分公司和100多个分支机构，雇用职员3 000多人，主要的业务就是登广告、炒新闻、集资。到2月份，长城公司在不到半年的时间里共集资10亿多元人民币，投资者达10万人，其中个人集资款占集资总额的93%。集资款逾5 000万元的城市有9个，北京的集资额最多，达2亿多元。随着集资泡沫越吹越大，沈太福讲的故事也越来越离谱，他宣称拥有300多项专利技术，"其主导产品高效节能电机已在各生产领域应用，已握有15亿元的订货量"，同时，"在全国数万家民办科技企业中，长城还是唯一一家纳入国家行业管理的"。事实上，在这段时间里，长城公司只售出电机50多台，价值仅600多万元。为了制造经营业绩良好的假象，沈太福把3.2亿元集资款变成公司的营业销售收入，然后向税务部门缴纳了1 100多万元的税款。与此同时，沈太福在人际公关上大下工夫，他先后聘请了160多名曾经担任过司局长的老同志担任公司的高级顾问，由此构筑起了一个强大的官商关系网。

事态演进至此，商业骗局的气息已经越来越浓烈，沈太福铺天盖地的集资风暴引起了国务院副总理朱镕基的高度关注，这位对金融风险怀有本能警觉的中央决策人意识到，如果"长城模式"被广泛效仿，一个体制外的、缺乏制度控制的金融流通圈将庞大而可怕地出现，中央的金融管制政策将全面失效，于是，他下令终止长城公司的活动。

思考题：
利用所学知识，分析沈太福的闹剧揭示中国现代企业管理的哪些特征？对现代企业管理有何启示？

资料来源

吴晓波．激荡三十年[M]．北京：中信出版社，浙江人民出版社，2007.

第三篇　东西方管理思想的比较与融合

开篇故事：弥勒佛与韦陀①

去过庙的人都知道，一进庙门，首先是弥勒佛，笑脸迎客，而在他的北面，则是黑口黑脸的韦陀。但相传在很久以前，他们并不在一个庙里，而是分别掌管不同的庙。

弥勒佛热情快乐，所以到庙里来上香的人非常多，但是他什么都不在乎，丢三拉四，没有好好管理财务，所以依然入不敷出。而韦陀虽然掌管财务是一把好手，但整天阴着脸，太严肃，到庙里来上香的人就越来越少，最后香火断绝。

佛祖在查香火的时候发现了这个问题，就将他们俩放在同一个寺庙里，由弥勒佛负责公关，笑迎八方客，于是香火大旺；而韦陀铁面无私，锱珠必较，则让他负责财务，严格把关。在两人的分工合作中，庙里一派欣欣向荣的景象。②

东方管理和西方管理就如同弥勒佛和韦陀一样，一个重"人"重"情"，一个重"物"重"法"，管理者就应该如同佛祖一样，了解东西管理的区别。在管理中将二者合理融合，才能达到管理的最高境界。

不同历史背景、不同时代、不同文化背景下形成的人类的管理活动具有不同的风格和模式，因此，管理具有民族性。与此同时，管理经验可以通过相互学习在不同国家和民族之间交流和传播，现代的生产规律也使得管理具有许多共性。管理的这种趋同和存异并存的现象是当代企业管理的一种世界性倾向。③孕育于世界两大文化体系——东方文化和西方

---

① 吕国荣. 影响世界的 100 道管理鸡汤[M]. 北京：中国经济出版社，2005，63.

② 田戈. 改变世界的 100 个管理故事[M]. 北京：朝华出版社，2004，67.

③ Harpaz, I. The importance of work goals: An international perspective, Journal of International Business Studies, 1990, 21(1): 75-93.

Laurent A. The cross cultural puzzle of International human resource Management, Human Rexource Management, 1986, 25(1): 91-102.

Hofstede, G. Yx Bond, M. H. The confucious connection:From cultural roots to ecrmomic growth; Organizational Dynamics, 1988, 16(4): 4-21.

文化下的东方管理思想和西方管理思想，同样存在着趋同和存异的倾向。在世界经济全球化、一体化的今天，东西方的交流日趋频繁，研究东西管理思想的比较与融合是创新管理理论、指导管理实践的前提和基础。

第十一章 东西方管理思想的比较

学习目的与要求

1. 学习并理解东西方管理思想产生的时代背景差异
2. 理解并掌握东西方管理对象的差异
3. 理解并掌握东西方管理文化的差异
4. 理解并掌握东西方管理思想性质的差异

管理思想是管理实践的根基，是来自于管理实践中的经验。管理是一种文化现象，无论何种层次、何种规模的管理实践都离不开特定的历史条件和民族文化背景，因此，管理思想无不深深镌刻着民族文化的印记。不同的文化孕育不同的管理思想，人类的管理思想主要有两种类型：一类是源于古希腊文化的西方管理思想；另一类是源于华夏文化的东方管理思想。本章将对东西方管理思想进行全方位的比较分析。

第一节 东西方管理思想产生的时代背景比较

著名管理学家彼得·德鲁克（Peter F. Drucker）曾经说过，"管理是以文化为转移的，并且受其社会的价值观、传统与习俗的支配。"东西方管理思想之所以具有如此巨大的差异，其关键就在于各自产生的不同时代背景。时代背景是指历史条件和社会背景，包括地理环境、物质生产方式和社会组织形态三方面内容。比较东西方管理思想产生的时代背景，是历史、科学、综合的比较和评价东西方管理思想的起点。

一、东西方地理环境的比较

英国著名科技史家李约瑟曾经说过，"地理因素当然不只是背景，它实是构成中国与欧洲文化间模式之差别及其所包含的一切意义之要端。"①管理实践是管理思想的根基，而古代人们的管理实践就是监督和指挥劳动，因此，作为劳动前提的地理环境，也就在一定

---

① 李约瑟. 中国之科学与文明（第 1 册）[M]. 台北：台湾商务印书馆，1980，105.

程度上影响着管理思想的性质和特征。

1. 东方地理环境

东方管理思想的基础——华夏文明的发源地是东亚大陆，它处于四面屏障性地势保护之中：南面是长江和亚热带丛莽地带；西部是有世界屋脊之称的喜马拉雅山山脉和青藏高原；北部是瀚海荒漠，崇山峻岭；东面是太平洋。[①]这种三面陆路、一面临海的自然环境，使得东亚对外交通极其不便利，但内部回旋余地却相当大，这就导致东方管理实践具有典型的大陆民族的管理模式。这种管理模式有以下特点。

（1）强调统一。东亚大陆封闭性的地理特点，使管理实践获得了一个完备天然的隔离机制，这就造成东方人强烈的民族意识和民族凝聚力，东方统治者的管理都是以这种思想感情和心理因素上强大的向心力为基础的，以如何加强中央集权这一主题展开，力求实现"协和万邦"、"四夷宾服"的理想。这种强调集中、强调统一的管理思想，成为东方管理实践的基本原则。

（2）追求和谐。东亚大陆封闭性地势使得东方管理实践和管理思想具有很强的融合能力，几千年来仍保持着自己的特点和体系，在管理实践活动中重视人与人、人与物以及人与自然的关系，管理思想主张一种和谐、协调的总体观念。

（3）以人为本。在东亚大陆北纬30度至40度的黄河中下游地区，年降雨量在500毫升以上，充足的雨水使雨水农业成为当地肥沃的黄土河谷台地和冲积平原最常见的生产方式。雨水农业是一种典型的定居农耕生产方式，在这种生产方式下，先进部落不断取代落后部落，吸收落后部落人群，不断丰富发展着自身文明，逐渐形成民族内聚力。民族生活较安定，血缘宗法关系非常紧密，因此管理实践的中心是"人"，是一种以伦理关系为基础，以教育和道德为核心的以人为本的管理。

2. 西方地理环境

西方管理思想的基础——古希腊文化的发源地是古希腊，它有漫长的海岸线，内陆交通却极不方便，因此，古希腊人的商业和航海业较为发达，以向外拓展求发展。这种地理环境特点导致西方管理实践具有典型的海洋民族的管理模式。这种管理模式有以下特点。

（1）外向征服。航海业的发达造就了古希腊人外向型的民族心理特征，内陆交通的极不方便使得古希腊人积极对外掠夺和征服，以获得财富和资源，求得发展。因此，以地中海为走廊的几个文明古国发生过规模巨大的文化融合，其管理实践经验和管理思想经过多次相互交流后，在一定程度上形成了一个浑然一体的系统。

（2）民主创新。古希腊的地理特征使得各国建立了城邦形式的复杂的奴隶制民主管理制度，"城邦提供了自由讨论的实践经验，并证明了我们称之为协商式管理的机制。"[②]对

---

① 李躬圃. 传统文化与现代管理[M]. 北京：新华出版社，1990，5.
② 克劳德·小乔治. 管理思想史[M]. 北京：商务印书馆，1985，19-20.

知识、智慧的追求，标新立异的精神是古希腊文化的一种主要特征，这使西方管理的管理实践和管理思想具有民主创新的特点。

（3）追求功利。古希腊的地理特征使得商业十分发达，人员之间的交流也由于航海业的发展而频繁，因此，古希腊人的管理实践一开始就极少关心血统和亲缘关系，他们追求现实的成功，重利益、讲功效，为实现最大的经济利益，他们很早就提出用统一、标准化的概念进行管理的思想。因此，以古希腊文化为基础的西方管理思想是一种科学主义的管理思想。

二、东西方物质生产方式的比较

物质决定意识，经济基础决定上层建筑，物质生产方式决定管理思想，因此，东西方管理思想的差异在很大程度上取决于二者物质生产方式的差异。

1. 东方物质生产方式

东方管理思想以儒家文化为核心，而儒家文化的发源地就是中国，中国自古以来就是实行以定居农耕、农业生产为基础的社会结构和生活。这种"以农为本"的农业社会管理实践所决定的管理思想具有以下特点。

（1）管理体制——专制与民本共存。农业社会的特征是，到处分散着小型的以自然经济为主体的村落城镇，商品交换关系不发达，这种社会结构的维持需要一种专制的集权管理体制和万众臣服的管理思想。这种保证东方社会稳定的"东方专制主义"的管理体制，在组织上强调层级森严、上下有序，在领导上强调绝对服从、抹煞个性，在控制上强调整体效果、忽视个体利益。这种专制的管理思想在农业社会历经 2 000 多年而长期存在，在一定程度上促进了东方农业生产的发展和社会的进步。中国统治者在宣扬"专制"的同时，还意识到"民为水、君为舟"、"水能载舟亦能覆舟"的道理，因为农业劳动力的安居乐业是农业社会存在和发展的前提和基础。于是，"民为邦本"、"民贵君轻"等民本思想就成为东方管理思想的重要内容。专制与民本并存的管理体制是中国农业社会的管理基础，也是东方管理思想的重要特征。

（2）管理原则——中庸思想。一家一户的农业生产、自给自足的自然经济，导致中国人凡事都避免过与不及，反对冒险、力求稳定，以保持适中状态。这就使中国的管理实践力求保持中和、适度、协调、平衡，因此，"不偏不倚，无过不及"成为中国管理控制过程的原则和规范。

（3）管理方法——经验与理性并存。章太炎曾经说过，"国民常性，所察在政事日用，所务在工商耕稼、志尽于有生，语绝于无验。"[①]也就是说，农业生产必须注重经验、注重实际、注重应用，农业社会需要这样一种经验理性的方法，将管理实践放在实实在在的人

---

① 章太炎. 章太炎政论选集（下）[M]. 上海：上海人民出版社，1981，689.

间实务上，保持一种清醒理性的态度：重视德育，轻视宗教；崇尚经验，无视神权；尊崇王权，压抑神权。注重在实际经验基础上的切实领会和直觉顿悟，注重的是随即行动本身，而不重言论和思辨。善于从长远、整体的角度看问题，以采用恰当的、系统的管理措施和长远的战略规划。这种经验与理性并存的管理方法，更多地应用兵、医、农、艺等四大实用文化来进行直观性的类比，做出决策和计划，而不依据不切实际的幻想，也不重视严格的逻辑判断来决策。

2. 西方物质生产方式

西方管理思想以古希腊文化为核心，而古希腊就是一种典型的商品经济社会，因此，西方管理实践和管理思想的目的就是为了使资本家和工商业主获得更大的利润。这种"以商为本"的物质生产方式决定了西方管理思想的以下特征。

（1）管理体制——法制、民主与创新并存。商品经济和市场经济的发展，要求管理实践一方面必须具有严密的形式，另一方面必须具有民主和创新的精神。因此，西方管理将管理活动纳入严密的机械式体系之中，依靠明确细致的法律条文和规章制度进行统一管理，对每个部分的责权利进行了严格的规定。同时，不断发展的市场经济生活，使得管理实践不得不经常超越和打破自己的管理规范，不断进行管理思想和创新，形成了"管理理论的丛林"阶段。不同于中国管理思想的强大继承性，西方管理实践的这种民主与创新因素，导致在西方管理思想史上没有一种管理理论能够保持长期的主导地位。

（2）管理原则——重物与重利并存。在历史上相当长的时期内，西方管理者都有一种重物不重人、重利不重义的倾向，他们把人看成"机械人"、"经济人"，这就使得西方管理实践注重企业微观管理，而不重视社会宏观管理；注重知识个体劳动技能最大限度的发挥，而不重视群体之间的协调和心理状态的适应；重视短期效益和单个经济单位利益，而不重视社会整体长远发展，这在管理实践过程中表现为以重物和重利作为控制的原则和规范。

（3）管理方法——经验论与反理性并存。西方管理善于思辨，重视逻辑推理和科学试验，这使西方管理思想"具有经验论的传统，但又不局限于直观经验，而是把管理理论建立在感性丰富、知性清晰的管理试验基础之上"①，同时，西方管理思想还具有反理性的传统，宗教观念在西方管理思想史上有极其重要的影响，他们将管理的最高目标和理性建立在"乌托邦"和虚无缥缈的天国之上。因此，西方的管理思想就是在这种经验论和反理性的分裂与对立的管理方法中不断发展起来的。

三、东西方社会组织形态的比较

除地理环境和物质生产方式以外，社会组织形态也是决定东西方管理思想差异的重要

---

① 官鸣. 中西管理文化比较论纲[J]. 厦门大学学报（哲社版），1995（1）：58.

原因。

1. 东方社会组织形态

东方管理思想的核心——儒家文化的发源地中国，保持了两千多年的封建宗法制度，宗法血缘关系渗透到社会生活的各个层面，并形成一种极为强固的文化结构、心理力量和组织形式。在这种以宗法血缘关系为核心的基本社会组织形态下形成的东方管理实践和管理思想具有以下特征。

（1）以家族血缘关系为基础的组织网络。中国历代社会组织的基本目标就是"天下一家"，传统管理思想的中心是"仁政"、"礼制"，"仁政"就是维护家族血缘关系，"礼制"则要求具有层次分明、秩序井然、分工专职的金字塔型组织结构模式。自汉代董仲舒开始，中国的社会组织管理逐步形成了一个由"孝悌"、读书出身和经由考核、推荐而构成的人才管理和文官体制，而这个体制就是家族血缘关系和人情关系网的体现。

（2）以伦理关系作为管理调节关键机制。中国传统管理思想的"齐家"思想，以"父义、母慈、兄友、弟恭、子孝"为基础，从纵横两个方面将血缘关系和管理等级制度联系起来，《孝经·广扬名》中就曾说道，"君子之事亲孝，故忠可移于君；事兄悌，故顺可移于长；居家理，故治可移于官"。因此，东方管理实践和管理思想是以伦理关系作为关键调节机制的。

（3）以情感和心理管理达到管理目标。由于受血缘宗法社会基础的制约，中国传统管理十分强调在管理过程中的情感和心理因素，主张以"德治"的方式和"内圣外王之道"等情理渗透为原则，以人道、仁义和群体为中心，以心理情感为纽带，依靠领导者"言传身教"的力量和道德感召力来影响和调动全体群众，达到管理的目标。

2. 西方社会组织形态

西方社会自克里斯提尼改革以后，血缘关系瓦解、氏族残余消亡，取而代之的是发达的航海业、工商业和频繁的征战和掠夺，这使得西方的管理实践是以获取利益为核心进行组织的。近代工业文明兴起之后，整个西方社会更是以金钱和利润为目的。西方管理实践以明确的权利和利益关系作为管理组织的纽带，以经济利益作为管理的动力，其管理法律条文重于道德教化，实际利益重于心理情感，职责分解重于整体效益，这使得西方管理思想发展成为以明确的计划、组织、控制等为主要内容，以经济效益为标准的西方各种管理理论和管理学派。

第二节　东西方管理对象的比较

东西方管理理论有各自不同的特点，在管理实践中形成了不同的风格。

一、东方管理对象

东方管理思想以儒家思想为基础,在管理的各个层面都体现了儒家文化的精神。

1. 团体主义至上

这一点在日本和韩国的企业中表现得尤为突出。企业就像一个大家族,个人意识绝对服从团体意识,少有发表个人意见的机会。个人的成功也主要是靠团体主义,而不是靠个人的能力。

2. 上下等级制度分明

在日本、韩国的一些企业中,人们按一定的资格排出高低顺序,上下尊卑、等级分明,下级的意见很少能够影响和左右上级的决策。

3. 终身雇佣制和按资历晋升的制度

日本的企业采取终身雇佣制,韩国的企业采取准终身雇佣制。日本的雇员忠诚于公司,而韩国的雇员主要忠诚于企业董事长或雇主,雇员承担义务的程度取决于雇员与董事长或雇主和谐的人际关系持续的时间。在这些企业中,职员的晋升不是按能力,而是按资历和年龄。

4. 以感情激励为主的软管理方式

以儒家思想为基础,东方管理思想充分体现了儒家的强调"和协"的思想。日本企业强调"家内和合",企业被看作是一个大家庭,雇主与雇员之间被看作是"父子关系",雇员之间是"兄弟姐妹关系",雇主除了关心生产之外,还要关心员工的生活。韩国企业也强调"软性"管理,并在"情治"上做得相当成功。

5. 提倡"勤俭节约"的思想

勤劳、节俭、向上是东方民族共同的优良传统。在东方各国的企业中,人们把劳动看成是光荣的事情,并极力倡导把劳动与实现个人的人生价值结合起来。

二、西方管理对象

西方管理思想在"个人本位"主义思想的支配下,在组织、领导、经营和人际关系等方面形成了自己的特色。

1. 组织上,具有严密的组织结构和控制手段

公司具有明确的发展目标、标准化的操作方法以及严格的奖惩制度。这都是西方社会崇尚独立、个性自由的结果。因此,团体的组建不是靠个人感情,而是靠严密的组织结构和健全的控制手段。

2. 领导上,雇员拥有独立平等的人格

个人不能侵犯大家的权利,大家也不能剥夺个人的权利。领导权利的运用有严格的范围和标准，在职权之外不得滥用权力。公司职员可以随时发表自己的意见，甚至可以对领导直呼其名。公司对雇员实行雇佣合同制，合同期满后，雇主可以解雇员工，员工也可以随意离开公司。

3．经营上，敢于面对风险，鼓励创新和竞争

西方企业非常重视创新，在企业中，从领导到基层员工，人人都在钻研，勇于创新。公司内部甚至引入了竞争机制，鼓励各部门之间、人与人之间进行竞争。西方管理思想的人性假设注重"人性恶"的方面，主张用法律和契约来约束人的行为。同时表现在经营实践中，形成了信守合同的经营思想，即用合同来规范企业之间的行为。

4．人际关系上，保持一定的距离

西方近代文化生活认为，人的精神生活和社会生活应当存在于工作场所之外，极力反对在工作单位之内拉帮结伙，形成人与人之间的亲密关系。管理者在待人处事方面喜欢把上级与下属之间的接触看成是纯粹的工作关系。

5．对待员工个人上，突出个人的能力和作用

西方管理认为个人能力的最大发挥是企业在竞争中获胜的重要保证，美国企业鼓励员工在工作中超越别人，出人头地，在这个基础上再要求大家向企业的共同目标奋斗。80%以上的美国企业都采用了事业部制的组织结构，由个人决策并承担责任，明确反映各个责任中心独立工作的成果及各个事业部管理人员的才干。同时，为了最大限度地发挥个人的能力和作用，美国的企业一方面让职工分享一定的信息权、决策权，让职工参与管理；另一方面，对职工的奖惩、褒贬十分明确。确实有能力的职工能够得到提升，相反，对不称职的职工则要求其离开，另谋出路。

综上所述，东西方管理思想各有其优缺点。西方管理思想的最大特点是有利于发挥人的积极性与创造性，使经济发展与人的全面发展保持同步，这在一定程度上导致了西方科学理论与科技创新的活跃。同时，契约化和规范化的经营管理为人类的正确行为找到了一种刚性的尺度。在公司内部既可以防止官僚阶层的随意性，又可以激励员工积极工作，防止消极怠工现象的发生。但是，西方管理思想在具有上述积极性的同时，不免会产生下列消极性：公司内部人际关系淡薄，雇员在工作中很少能够找到归属感，不利于人的全面发展，这在一定程度上影响了企业效率；自由的雇佣制度不利于行业之间的平等竞争、不利于技术保密和社会经济效率的提高。

东方管理思想的最大特点是强调团体意志，注重组织各方面的和谐与协调，这种团结一致的思想有利于组织抓住稍纵即逝的机会，避免因个人意见不一致而延误时机；东方管理思想注重"情"的成分，人际关系的和谐在一定程度上弥补了工作单调性的不足，人们在单位中能够找到归属感，因此能充分发挥其积极性与潜力。但是，这种个人绝对服从组织的思想很大程度上抑制了人的积极性与创造性的发挥，经济增长的同时却是个人自由和人格独立的丧失，不利于人的全面发展；等级制、家长制的管理作风容易导致官僚主义、

小团体意识和裙带关系；终身雇佣制和按资历晋升制度也容易使员工形成按部就班、墨守成规的思想，缺乏创新意识。

第三节　东西方管理文化的比较

自人类产生以来，人们在共同劳动中就产生了管理。管理是一门科学，更是一门艺术，大量的实践经验表明，管理还是一种文化现象。一种管理方式，在不同的国家和地区，不同的企业和组织，与不同的文化背景相结合，就会产生完全不同的管理效应，因此，管理本质上受文化所制约，管理因文化而异，不同的管理文化就成为东西方管理思想迥异的根源。那么何谓管理文化呢？管理文化不同于企业文化，它是指一切管理活动中群体性观念模式和行为模式的总和。①从内涵来讲，管理文化包含价值观念、伦理道德和行为模式三方面的内容。

一、东方管理文化

中华传统文化是东方文化的渊源，因此，东方管理文化是一种以中华优秀传统文化为核心的、以中国为发源地的、对东方人的管理思想影响最大、最广的传统文化。东方管理学派的创始人苏东水教授认为，东方管理文化的基本精神是"人乃天"和"事人如天"。他分别从体系、要素和本质三方面对东方管理文化进行了详细的分析。

1. 体系

苏东水认为，东方管理文化是一门具有特色的学科体系，根据其发展的历史，可将东方管理文化分为三个部分：治国学、治生学和治身学（人为学）。治国学主要是指对社会人口、田制、生产、市场、财赋、漕运、人事、行政和军事等方面的管理的学问；治生学主要是指对管理农副业、工业、运输业、建筑工程、市场经营等方面的学问；治身学主要是指研究谋略、人为、为人、用人、选才、激励、修身、公关、博弈、奖惩、沟通等方面的学问。

2. 要素

苏东水认为，东方管理文化的要素主要包括道、变、人、威、实、和、器、法、信、筹、谋、术、效、勤、圆等十五个方面。他在《东方管理文化的探索》一文中将这十五个方面作了如下解释。

道，即治国之道的客观规律；变，即应变，要根据事物发展规律随机应变，采取灵活战术；人，是指做任何事都要以人为本，研究如何取得人心、得人才、用人才；威，即权

---

① 苏东水. 管理学[M]. 上海：东方出版中心，2001，171.

威，是管理的基础，要求管理者要像"飞龙乘云"一样具有权威，问题要靠权威来解决；实，是指办事要从实际出发，实事求是；和，是指以人和为贵，事物成功要靠天时、地利、人和；器，是指重器，"工欲善其事，必先利其器"，重器已经成为我国历史上国家管理的一项重要职能；法，即治国之本，包括公开性的"明法"、统一性的"一法"和稳定性的"常法"；信，是指守信、诚实，强调治理国家要取信于民；筹，即要善于运筹帷幄，认为治国、治生、治军，都要有运筹思想，制定全面长远的战略；谋，是指做任何事情都要有预见性，预谋是预测、决策的核心，"凡事预则立"；术，即运术，指管理者要讲究策略方法，认为治国有术、治生有术、治军有术而能成事，正确运术制定策略能转弱为强、克敌制胜、化不利为有利；效，是指办事要注意提高效率和效益，治国要有一套廉洁高效的班子，治生要"用财少而利多"，①即以较少的人力、物力消耗获得较多的劳动产品和利润；勤，即勤俭，民生在勤，节俭是企业家的精神，是致富的要素；圆，即圆满，中国传统管理的目标就是力求使事物处于合理最佳的圆满状态。

3．本质

苏东水认为，东方管理文化的本质特征有三条："以人为本"、"以德为先"、"人为为人"。

（1）"以人为本"。东方管理文化高度强调人在管理系统中的作用，所为"仁者仁也"②、"仁者爱人"③都体现了一种人本管理的思想。

（2）"以德为先"。东方管理文化认为"修己以安人"是根本性的管理方法，管理者通过自己道德修养的提高，使民众在其道德威望影响下自然达到管理的良好状态，与此同时，人际关系也可以通过伦理道德来加以调节。

（3）"人为为人"。东方管理文化重视人的道德和行为的可塑性，提供了人发展的可能性。"人为"是发挥人的积极性，"人为"的目的是"为人"。管理也体现了从"人为"到"为人"的过程。

二、西方管理文化

西方文化的一个显著特点是基于独立人格的人文主义，古希腊著名的智者普罗泰戈拉就曾经说过，"人是万物的尺度，是存在的事物存在的尺度，也是不存在事物不存在的尺度。"④他将个人作为评判万物的标准，将个人提高到至高无上的地位，因此，作为一个商业城邦，古希腊在其自身发展过程中，使人的个体价值得到充分的展示，形成了人类早期

---

① 《墨子·节用》
② 《礼记·中庸》
③ 《论语·八佾》
④ 普罗泰戈拉. 古希腊罗马哲学. 北京：商务印书馆，1982，138

文明独特的人文精神。而西方管理文化就是源于古希腊的人文精神，因此，与资本主义生产方式相结合的西方管理文化，形成了以追求利润和提高效率为目标，以追求自我价值的实现为动力的特征。在西方管理文化的影响下，各国为适应各个时代社会生产的需要，形成了不同的管理理论，推动着资本主义社会的发展。西方管理文化的特征主要有以下几点。

（1）突出个人主义，权利级差小；

（2）强调制度管理、规范管理和条例管理，以实现管理的有序化和有效化；

（3）重物轻人，重利轻义；

（4）崇尚自由，标新立异，自力更生。

第四节　东西方管理思想性质的比较

管理思想性质的差异也是东方管理不同于西方管理的重要原因之一，东西方管理思想性质的比较可以从人性假设、研究方法和价值观三个方面来进行。

一、人性假设不同

著名管理学家麦格雷戈认为，有关人性和人的行为的假设，决定了管理人员的工作方式。因此，东西方管理思想性质的差异首先来源于对人性假设的不同。

1．东方管理思想的人性假设

在整个东方的历史发展过程中，东方文化的核心是以儒家思想为主线，以道家和佛教思想为副线的发展历程。儒教理论在 2 000 多年的历史发展过程中，不断地得到了充实和完善，成为人类社会文化中的一个重要的组成部分，并一直影响着今天的中国、东方以至整个世界。

儒家文化的核心思想是"治人"。儒家十分重视人在管理中的地位，对人的管理和实行管理的人是儒家理论的核心，"天地之性人为贵"。

代表东方管理思想的中国古代管理思想对人性的假设分为性善论、性恶论、性无善无恶论以及性有善有恶论四种。

（1）性善论。性善论是由孟子首先提出来的，性善论认为，所有人生来都是善良的，具有一些善良的特点。现代人本主义心理学认为人具有一些优秀的潜能，这种思想与性善论不谋而合。但是性善论过分突出人的社会属性，而忽视了人的自然属性。尽管如此，孟子的性善论对后世影响深远，历代有不少思想家、教育家都以不同的形式，直接或间接地发扬了性善论。性善论在管理实践上主张"仁政"、"德治"，强调以人为本、以德为先，要求管理者与被管理者共同遵循仁、义、礼、智、信等规范和原则。

（2）性恶论。荀子、韩非等人提倡性恶论，性恶论认为，人的本性是丑恶的。荀子认为人的本性是"恶"，"人性恶"的原因是人生来就有欲望，他指出："人生而有欲，欲而不得，则不能无求；求而无度量分界，则不能无争；争则乱，乱则穷。"[①]从这句话中我们可以看到，荀子认为"乱"、"穷"是由人生而有之的欲望所引起的，荀子的礼法相济的管理思想也是在这个假设基础上建立起来的。荀子的性恶论是直接为儒家的"礼"而服务的，也就是说荀子并不是和孟子进行争论，而是在于为实现国家的管理活动提供必要的理论依据。人性是恶的，所以，作为圣人的管理者们，必须对一般的老百姓加以正确的引导、教化和管理，这样才能使他们从善，才能管理好国家。性恶论在管理实践上主张法治，强调以严厉的奖惩来约束社会成员。

（3）性无善无恶论。告子、墨子等人提倡性无善无恶论。告子认为，"性犹湍水也，决诸东方则东流，决诸西方则西流。人性之无分于善与不善也，犹水之无分于东西也。"性无善无恶论认为，人的本性无所谓善恶之分，而是在环境与教育的影响下形成的。

（4）性有善有恶论。董仲舒、扬雄、张载等人就主张性有善有恶论，这一观点包括三方面的内容：就个体而言，其本性有善良也有丑恶；就群体而言，有些人性善，有些人性恶；可以使人的本性变善，也可以使人的本性变恶。

2．西方管理思想的人性假设

西方管理思想关于人性的假设分为经济人、社会人、自我实现人和复杂人四种类型。

（1）经济人。"经济人"的假设是从所为"享乐主义"的哲学观点和亚当·斯密的经济理论出发，认为人的一切行为都是为了最大限度满足自己的私利，人都要争取最大的经济利益，获得经济报酬。美国工业心理学家麦格雷戈提出了两种对立的管理理论——X理论和Y理论，他主张Y理论而反对X理论。而X理论就是对"经济人"假设的概括。对人性假设不同，管理方法就不同，与"经济人"假设和X理论相对应的管理方法是：管理重点是任务、管理原则是实行权威督导和控制、管理者职能是充当"决策人"和"指挥人"、激励制度是实施个人奖励。泰罗制就是X理论管理风格的典型代表。

"经济人"将人视为"生物人"，它只看到了人从事劳动的物质动机，而忽视了人的社会性和精神动机，这是不符合人的现实的，是片面和错误的。但是，人的经济需求动机在社会生产、生活水平较低、经济发展水平低下的时候是客观存在的，因此，在一定的历史阶段，管理者不能否定被管理者的基本经济需求。这就是为什么在企业管理界，泰罗制主张的科学管理，至今为止仍然具有相当深远的影响。

（2）社会人。霍桑试验的主持人梅奥提出了"社会人"的假设，他认为，人是"社会人"，影响人的生产积极性的因素，除了物质条件以外，还有社会因素和心理因素。"人际关系理论"是从"社会人"假设出发，强调满足人的社会心理需要的管理观点，提倡尊重人与协调人际关系的民主管理观点。从"经济人"到"社会人"的假设是西方管理思想史上人性观的一大进步，促进了以物为中心的管理向以人为中心的管理的飞跃，使管理实践从传统管理迈上了现代管理的阶梯，具有极其深远的意义。

（3）自我实现人。心理学家马斯洛提出了"自我实现人"的概念，他认为，人的最高层次的需要就是自我实现。麦格雷戈总结并归纳了马斯洛的人性观以及其他人的类似观点，结合管理问题，提出了 X 理论和 Y 理论，二者完全对立，其中 Y 理论实际上就是对"自我实现人"假设的概括。与"自我实现人"假设相对应的管理主张是：管理重点是创造一种适宜的工作环境和条件，使员工感到满足，让员工充分发挥自己的潜能达到自我实现的满足；提倡内在激励；管理者的职能使"采访者"了解每个员工的特长、需要和愿望，从而为他们创造适宜的环境条件；提倡目标管理和自主管理。

（4）复杂人。史克恩提出了"复杂人"假设，莫尔斯、洛斯奇通过比较试验证明人性并不是一种固定的假设，管理也不能只有一个固定的模式，因而提出了超 Y 理论。该理论认为：人的需要是多种多样的，这些需要随人的发展和生活条件的变化而变化，需要的层次也因人而异；人在同一时间内有各种需要和动机，它们会相互作用并结合为一个整体，从而形成错综复杂的动机模式；人在组织中的工作和生活条件是不断变化的，因而会不断产生新的需求和动机；由于人的需要不同、能力各异，因此，没有一套适合于任何时代、任何管理者的普遍有效的管理方法。"复杂人"假设和权变理论强调了因时、因地制宜的灵活管理方法，克服了以前各种理论的片面、静止的缺陷，在实践上更接近于现实，对现代管理具有更强的借鉴意义。

二、研究方法不同

1. 东方管理思想的研究方法

东方管理思想基本上是一种经验性的产物，它的创立者是一些本身没有管理实践经验的哲学家、思想家，而且管理思想只是作为一种副产品，在论述其他问题时附带提出。因此这种理论缺乏系统性，没有形成具有规律性的理论。东方管理思想是以儒家思想为主线，以道、法、兵家思想为副线发展起来的，儒家学说用规则和说理的方式进行传播，道家则以一种辩证思维的方式使人信服。它们对人生、事物的发展规律都有自己特定的解释。

作为东方管理思想渊源的中国传统管理思想，主要来自于哲学，由于社会生产力发展水平低下，因而其发展较慢，但潜力较大。另外，中国传统管理思想中所突出表现的伦理性、权变性的特点在日本、韩国、新加坡等国家的管理实践中正越来越明显地发挥着作用，这也预示着在未来管理中，中国传统管理思想将发挥越来越重要的作用。

2. 西方管理思想的研究方法

西方管理思想的研究由偏重于由静态的规章制度的研究，到动态的事实的研究，从"定性分析"到"定性、定量"分析结合的转变。

传统的管理思想从静态的角度出发，希望建立普遍适用的原则。泰勒的科学管理冲破了工业革命以来的一直延续的传统的经验管理方法，并创立了一套具体的管理方法。韦伯在行政组织理论中讲到，组织结构中，每个成员都占有明确规定具体职权和等级的职位，组织靠规章制度加以管理，人员之间是一种非人格化的关系，管理人员必须严格遵守组织规定的法律法规，不受个人感情的影响。到了现代管理理论，研究方法有了很大的变化，侧重于具体问题具体分析。行为科学学派认为，不同的需要在不同的情况下会诱发不同的行为。系统学派认为，企业组织是社会这个大系统中的一员，企业要不断与外界进行物质和能量的交换。权变理论则认为，没有一成不变的普遍适用于所有情况的管理方法和原则，管理行为、方法和组织与所处的环境密切相关，一切应根据内外条件而变。现代和当代管理理论还为管理提供了各种分析工具，运筹学、计量学、计算机、统计学、会计学方面的发展，使管理的精确性越来越高，从"定性分析"逐渐向"定性、定量"分析转变。各种模型的运用可以使我们更清楚地了解组织的复杂性及所处的环境，可以使我们更精确地控制和管理。

近年来，东西方管理思想交融的现象越来越明显。东方管理思想也在不断地吸收西方管理思想中的精华部分，学习西方管理思想的研究方法，逐步走向科学化。

三、价值观不同

1. 东方管理思想的价值观

东方管理学是世界管理学说中的一种重要理论，其管理思想源自中国优秀的传统文化。东方管理思想的核心价值观有人本观、和谐观、中庸观和义利观等，它们是建立东方管理学理论体系的重要基础。

（1）人本观。人本观的内容包括三点。

① 以民为贵。民为贵的思想在古代思想家的著作中都有体现。孟子曾提出，"民为贵，社稷次之，君为轻"的著名观点。孔子说"君者，舟也，庶人者，水也。水则载舟，水则覆舟。"孟子在总结桀和纣失去天下的原因时说："桀纣之失天下也，失其民也；失其民者，失其心也。得天下有道：得其民，斯得天下矣。"由此可见，"以人为中心"的管理观念早在我国古代就已经提出，并成为东方管理学的重要理论基础。

② 人性本善。人性问题，是中国古代思想史上一个十分突出且极为重要的问题。战国时期的思想家就人性究竟是"善"还是"恶"，展开了激烈的论争，形成了各种派别，其中影响最大的是孟子提倡的"性善论"和荀子主张的"性恶论"。孟子提出著名的"性善论"思想，他认为，人本性是善的，因此，他认为人人都可能成为尧舜。但他同时认为，人虽先天有善性，但只是善的萌芽，必须由后天扩而充之，才能表现为善的德性。因此，要注重人自身的修养，注重对人的教育。荀子思想的关键是"性恶论"。既然人性是恶的，

荀子认为就要通过圣人的示范、老师的教育、法制的强制、环境的熏陶和自我修身来改造人性。同时，荀子告诉人们，只要努力改造，沿着仁义走，便可以成为尧舜一样的人。由此可见，两派学说可以说是殊途同归。但"性善论"对东方管理思想的影响要远远大于"性恶论"。

③ 仁者爱人。提倡"性善论"的目的，是要求当政者推行"仁政"。施行仁政，与人们生而具有的善性完全符合，从而能使民心归顺。"仁政"思想对于我们今天推行的人性化管理具有非常重要的指导意义。

（2）和谐观。"和"是我国传统文化中最典型、最基本的范畴之一。它一直是指导人们处理人与人之间关系的准则，体现了中国传统的集体伦理观，成为中国管理文化的重要特征。

① 以和为贵。在处理内部和外部关系时，坚持以"和"为贵，就能为企业的生存和发展创造一个良好的内外部环境，从而保证事业的成功。孟子的著名论断"天时不如地利，地利不如人和"、"得道多助，失道寡助"都体现了这种思想。

② 和而不同。孔子倡导"和为贵"，但他也进一步指出："君子和而不同，小人同而不和。"可见，"和"是通过各种不同因素的差异互补来寻求整体的最佳结合，这是人们处理矛盾、处理事物所采取的积极态度和方法。

（3）中庸观。中庸被儒家视为待人处世的最高原则。在现代企业实践中，中庸是一种管理哲学。

① 中正不偏。中正不偏是指在处理问题时，要把握事物度量的准确性，避免走极端。可见，中正不偏对我们的工作具有普遍的指导意义。

② 把握中度。真理和谬误往往只是一步之差，因此，如何把握这个"度"就成为问题的关键。"中度"是中庸所追求的事物最佳状态。

③ 权宜应变。"权"是在事物的变化中求得中道，是达中的最高手段。孔子认为所谓的中并不是一成不变的东西，它将随时间和条件的不同而不同，要审时度势，灵活处置。这就体现了管理方式和方法要随时间、地点、对象等因素的变化而变化的权变管理思想。

（4）义利观。如何正确处理"义"与"利"的关系，这一直是人们争论的话题，特别是在市场经济条件下的今天，处理好这两者之间的关系，对社会价值观的取向和经济的健康发展都具有非常重要的现实意义。君子爱财，取之有道。利是每个人所追求的目标，但获取利的方式是多种多样的。因此，问题不在于得多少利，而在于如何得到利。

① 以义取利。孔子在《论语》中一再强调，"见利思义"，"见得思义"，就是在面临问题时，一定要首先考虑这利本身和求利的方式是否合乎义。

② 以利行义。孔子所讲的义，其最高标准是舍己为人，他主张勇于行义。这一点对当今企业与社会的和谐发展有重要的启发作用。企业是社会这个大系统中的一员，因此，企业在制定和实施管理战略时，必须要考虑对社会的贡献，承担社会责任。

综上所述，东方管理思想的价值观是"以人为本"、"以德为先"，追求人与人、人与社会、人与自然的和谐统一，重义轻利，强调个人对家庭、社会和国家的责任感。这种价值观表现在管理上就形成了一种有别于西方的管理模式。强调企业的社会责任；对员工全面关心；员工对企业有较强的依附心理，较忠心，企业对员工有较强的吸引力；重视组织内的家庭气氛，看重员工的感情和人际交往；倾向于集体决策和对工作的集体负责，并由此产生相对平等的分配方式等。

2. 西方管理思想的价值观

西方管理科学的基础是亚里士多德、柏拉图、欧几里得为代表的古希腊时代唯理哲学，其特点是：实证主义，强调通过试验、观察、数据来验证假设，发现规律；理性主义，排除对事物认知中的情感因素，强调人行为的合理性；分析主义，强调通过分解，通过对事物构成因素的细微分析达到对事物的认识；形式逻辑，重视"量"的概念，追求建立严密的合理化的演绎体系。①这种哲学思想决定了西方管理思想的价值观具有以下特点。

（1）以个人为中心。在企业管理中，这主要表现为西方的激励和分配机制通常是以个人为对象的，鼓励个人之间的相互竞争。

（2）主张"能者为师"、"能人治理"。在企业中，无需有资历和有资本者才能担任经理。这种"能人治理"的文化促进人们追求心智的完善和才能的提高，诱导人们不断创新，打破旧的行为和思维方式。

（3）"金本位"。财富的聚集通常是西方文化中成功的标志。在商品经济高度发达的西方社会，财富不仅是人们满足各种物质欲望的手段，而且是事业成功的象征。"学而优则商"也是文人学士的普遍选择，文化素养较高的人普遍参与商业活动或许是西方经济发达的主要原因之一。

关键词

东西管理思想比较　时代背景　管理对象　管理文化　管理思想性质

思考题

1. 东西方管理思想产生的时代背景有什么不同？为什么？
2. 东西方管理对象有什么差异？
3. 东西方管理文化的区别在哪里？
4. 东西方管理思想性质在哪些方面不同？为什么？

---

① 向乃旦. 中国古代文化史稿[M]. 北京：北京大学出版社，1986.

案例　　联想与 Sony 的国际化之路

案例（一）联想收购 IBM

"要是 IBM 笔记本电脑上印着联想的 LOGO，那我肯定不会用的。"这是吉米，我的上司，一个美国佬今天在听说联想收购 IBM 电脑之后，对我说的话。看来，老外的民族情绪还挺强的。

不过，对于我们中国人，从感情上来说，联想收购 IBM 电脑业务真是挺让人高兴的。终于有中国的企业能够收购美国企业，而且还是全球最大的 IT 公司的业务了，这一点联想挺了不起的。但是从收购本身来看，前景并不是太乐观。其中，文化冲突恐怕就是一道无形的槛，要想迈过去还真是挺难的。

IBM 是一家注重平等、更高自由度等企业文化的跨国知识型企业，而联想则是以市场能力为本的中国本土强势控制力企业，两种不同企业文化的差异和冲突是此次收购的最大变数。如何处理好来自不同国度、不同文化、不同企业的员工的文化融合将是联想首先面对的问题。但联想从来没有任何国际化管理经验，也缺乏国际化管理人才，这些问题估计都会比较棘手。

举个例子，在国内聘用的经理人，企业家精神比较强，只要下达了任务指标及日程表，他们可以没日没夜地苦干，但在面对更重视生活质量的西方职业经理人时，联想恐怕一时还不知道该不该像激励国内经理那样去激励他们。联想到底该如何处理好中国文化与西方文化之间的差异？

其实文化冲突不光反映在东西方企业之间，就算是美国本地企业的合并，也存在着种种文化冲突。前两年美国在线和时代华纳的合并，到现在就成了反面教材。美国在线是现代媒体的代表，时代华纳是传统媒体的老将，两家企业的经营方式与企业文化存在较大差异。再加上集团管理层缺乏跨行业管理及整合的经验，双方一直存在着隔阂与冲突。

合并之初，美国在线的股东持有新集团 55%的股权，其管理人员在新集团中占据了主要领导位置，有如美国在线吞并了时代华纳。时代华纳的员工由此痛恨美国在线的同事，而美国在线的人开始时还能反唇相讥，其后随着美国在线亏损越来越大，他们越来越抬不起头来。内部矛盾对合并效果造成极大的消极影响。各部门根本不能从大局出发而合作，只知道为本部门的利益而争斗。结果效率低下，广告效果也不好，合同金额大幅缩减。

利益是文化的一个具象表征。从现实的利益角度来看，联想收购 IBM 电脑业务还得面临一个实际问题，例如联想多数员工的工资目前还处在每月四五千元的水平，而 IBM 员工每月的薪资可能是数千美金甚至更高。这种薪资鸿沟会导致企业内员工心理的不平衡，并进而以降薪、裁人表象化了。但是美国的劳务保障考虑很周全，估计联想要想裁掉 IBM 人员并不容易，首先 IBM 会考虑到不给自己找太多麻烦，肯定会和联想以合同方式确保现有人员的稳定；另外，即使联想万不得已要裁员，恐怕就得支出巨额雇佣违约金。况且，人事变动中联想究竟流失了多少客户关系与无形资产，似乎更难估量。

再看看 1987 年我国台湾的宏碁公司收购美国康点公司，当时收购后的康点公司发生了严重的人才断层危机，管理人员和研究人员流失严重，而宏碁公司又缺乏国际企业管理人才，无法派员填补此成长的缺口。现在的联想全是本土化人才，高层管理皆来自联想内部，完全缺乏国际企业管理人才。可以想象，在收购 IBM 电脑业务之后，联想一方面要留住 IBM 原有人才，一方面又要加强控制权，很可能派嫡系掌控 IBM。这样一来，人才冲突在所难免。

IBM 总部位于北卡罗莱纳州，北卡罗莱纳是美国大选中共和党占据相当优势的一个州，民风相对比较保守，很难想像当地 IBM 职员对突如其来的中国老板的态度。

联想最终以付出一笔高达 12.5 亿美元的天价，结束了此前沸沸扬扬关于收购 IBM 的 PC 业务的传言。联想真的赚了吗？

戏曲的一幕，一个愿打，一个愿挨，才导演了如此完美的一桩商业交易。镁光灯下，斜光交错之间，每个人肚子里打的算盘可不一样。IBM 最终选择退出 PC 业的血拼游戏，以这样的谢幕方式为 PC 工业的变革划句号，实在是耐人寻味；联想想借 IBM PC 品牌出海，真的能如愿以偿吗？

遥想 40 年前的那一幕，IBM 以开放的姿态拉了 PC 革命的序幕，从大型机时代到个人电脑时代，PC 革命的确掀起了全球 IT 工业波澜壮阔的创新潮流，由此 IT 技术走出了大型实验室，进入了商业视野，并成就了今天微软这样的软件工业巨头。最终比尔·盖茨实现了"每台桌面都有一台 PC 机"的预言。只不过现在，随着商业市场个人电脑的普及，PC 的确到了"山穷水尽"的歧路了。

互联网的登场引领了"柳暗花明"的崭新一幕。从工业界走向大众生活，互联网带动的 IT 变革潮流已经使得 IBM、微软这样的 IT 传统工业巨头难以适应，看看 IBM 急于联合索尼、东芝的"POWER 联盟"就不难看出，IBM 匆匆退出 PC 业，正在急于引导一个全新的变革潮流，"POWER 架构"的推出可以窥见 IBM 的勃勃雄心：从超级计算机到基于多媒体个人娱乐的终端消费产品，IBM 必须抛弃传统 PC 的架构。

回头再看看联想。与 IBM 的 PC 业务合并后的营业规模可望超过 120 亿美元，的确解决了联想长期每年收入在两三百亿元人民币徘徊的规模瓶颈，但是个人电脑市场的血拼使得 IBM 的 PC 业务也开始出现亏损，联想加上合并后要承担的 IBM 5 亿美元的负债，意味着收购代价将高达 17.5 亿美元，这几乎将耗尽联想目前所能承受的所有现金流。

联想业务近年来向 PC 的集中此前已经屡屡受到媒体投资人的质疑，多元业务拓展的受挫也使得联想不得不收缩战线。现金流的耗费更使得联想对于新技术研发的投入捉襟见肘，所有这些，都只会使得联想在 PC 业务上越陷越深。除此之外，还有双方融合的问题，此前，联想过于强势的企业文化在多桩并购中的表现，一直令外界印象深刻。

　　站在一个工业变革的十字路口看，一个急于退出，一个急于进入，IBM 的个人电脑业务对于联想而言是可以打开国外市场的"坚船利炮"还是食之无味的"鸡肋"，假以时日就可明朗，联想今天仍然是中国最大的 IT 企业，其国际化的雄心令人佩服，但和另外一个中国优秀的 IT 企业华为相比，一个爬南坡，一个爬北坡，路径不同全然决定了目的地的差异。如果再加上 IBM 和三星这样的跨国企业，的确令人感叹。三星花了 40 多年的时间铺就了国际化道路，而且几乎是倾国家之力，其技术积淀之深，产品线之丰富，全球视野之广，的确值得借鉴。

案例（二）Sony 进入美国

　　凡是在电子产品或家电产品领域做过销售或市场营销的，几乎没有不知道 Sony（日本索尼）的。该公司从成立到现在已经有 61 年的历史了。从其创始人井深大、盛田昭夫开始，Sony 公司就逐渐建立并形成了自己的企业文化和管理系统。这种模式不仅仅是 Sony 有，日本其他公司比如丰田汽车、松下公司等都有，这是一个民族的习惯。也就是说，日本企业的普遍文化是：企业虽然对员工要求严厉，但是对员工的福利待遇等都是非常到位的，从公司文化和战略部署及从公司的各种制度上，都在最大限度地保障员工的利益，这些综合起来，便形成了非常强大的企业凝聚力，员工普遍形成了"以企为家"的观念，群策群力，共同创造财富和价值，企业在一般情况下不会辞退员工，员工一般情况下也不会跳槽，非常稳定，所有的智力和体力都放在了企业的发展方面，因此日本企业的发展，与其企业文化战略、员工稳定程度、企业凝聚力等的综合因素是密不可分的。

　　当 Sony 公司发展到美国的时候（比如 Sony 收购了美国最大的哥伦比亚电影公司等），也把在日本执行得很成功的企业文化和战略，管理方式等搬到美国使用，可执行了一两年，问题便很快凸现出来。Sony 公司的日本高管搞不明白：公司为美国员工提供和日本员工一样优厚的待遇及福利，怎么员工的离职和跳槽事件依然持续不断地发生？难道是公司错了吗？在日本，对企业来讲，员工频繁离职是对企业的耻辱，肯定是企业出了问题。Sony 公司为此进行了大量调查研究，结果发现，这并不是自己公司的企业文化或战略本身有问题，也不是自己企业的管理和提供的待遇、福利有问题，而是美国人的习惯问题。美国员工习惯于在一个企业或一个岗位干上两三年就换工作或换企业，并且这种行为在美国文化中并没有任何对企业侮辱或否定的成分，也没有对员工否定或耻辱的成分，就是一种正常的社会现象，是一种习惯，就好比中国人习惯用筷子吃饭一样，没有为什么要用筷子的问题，也没有什么好讨论的。

　　在这种情况下，Sony 只好调整自己的战略和制度（日本企业对员工的培训许多是以员工终生服务企业为目标的），通过各种预防和改革方案，逐渐适应了美国文化，最终站在美国市场的，是一个美国版的 Sony，它具备美国化的战略、管理和习惯，对 Sony 在日本的企业文化和战略进行了本土化的扬弃，终获成功。

思考题：

联想收购 IBM 的案例中，如何体现东西方文化的差异？查询相关资料，讨论这是否是一桩成功的收购案，原因何在？比较联想与 Sony 的国际化之路，讨论谁可能更成功，为什么？

资料来源

张京宏. 从一起经典案例看企业文化移植中的冲突管理. 价值中国网，http://class.htu.cn/gljj/kejian/anlic，2007.

第十二章 东西方管理思想的融合

学习目的与要求

1. 学习并理解西方管理思想在现代中国的传播过程及原因。
2. 理解并掌握东西方管理思想融合的必然性、特点和意义。

西方管理文化和东方管理文化构成了世界两大文化主流，由于受"西方中心论"的影响，在过去很长一段历史时期内，人们都认为西方文化是最好的，而忽视自己传统的民族文化。但自 20 世纪 80 年代以来，随着东亚经济的崛起，人们开始关注东方文化，开始探索东方管理模式。纵观世界发展史，整个世界文明的发展与进步，是建立在东西方文明之间不断碰撞、不断融合与交流的基础之上的，管理学的发展也需要东西方的共同交流与促进，因此，东西方管理思想的交融成为 21 世纪企业管理发展的新趋势。

第一节　西学东渐——西方管理思想在现代中国的传播

当代中国管理学是改革开放以来市场经济发展的产物，"西学东渐"——管理学的全盘西化，是当代中国管理学界的主流。从引进西方管理学理论，到推广西方企业管理、行政管理理论和方法，再到目前各个管理学院普及的西方版本的 MBA、MPA 教育，无一不是将西方管理学融入中国管理的实践和努力，从某种意义上讲，"西学东渐"是现代中国管理学 20 多年来发展的主要特征。

他山之石，可以攻玉。中国的企业实践离不开西方的先进科学技术和一流的科学管理思想的指导。十一届三中全会以来，西方先进的管理经验和管理思想不断传入，使我国的管理无论是在硬件上还是在软件建设上，都出现了质的飞跃，特别是实现了由"封闭"型向"开放"型的转变，由"产品型"向"商品型"、由"计划型"向"市场型"的转变，企业管理的方式也逐步由过去的"计划命令式"向"科学管理式"和"现代管理式"发展。我国企业在管理方式的变化是改革开放以来逐步吸收和消化西方先进管理思想的结果。

进入 21 世纪后，知识、信息、技术的传播和应用给人类社会带来了巨大的变革。随着管理环境的变化，管理思想与管理模式也必然进行变革和调整，生产的国际化和经济全球化也会促使不同国度管理思想的相互融合。中国在迎接世界经济一体化到来的同时，也要学会吸收西方先进的管理思想，并能融会贯通到自身的管理思想中去，实现中西管理思想的整合。

一、我国改革开放前管理思想的弊端

改革开放以前，我国的企业管理基本上是奉行与计划经济体制相适应的"计划命令式"，这种管理方式适应了当时产品经济的发展。在产品经济环境中，企业毫无自主权，一切都按国家的指令行事。随着我国经济步入市场经济，"计划命令式"管理方式的弊端显而易见的。

1. 抹煞了工人在企业管理中的主体地位

在计划经济条件下，企业中尽管喊着"工人是工厂的主人"这样的口号，但这只是一个政治原则。由于整个企业的行为都是被动地执行"上级"的行政命令，工人的主人翁地位基本上不能在经济运行的有关环节中体现出来，这极大地妨碍了工人的生产积极性与创造性的发挥。

2. 扼杀了工人的人性需求

计划经济条件下，强烈的政治气氛压抑了人们对物质生活的追求。资本主义鼓励人们以金钱为生活的目的，宣扬金钱万能论，这固然是错误的。但是，完全压抑人们对物质生活的追求，则社会就会失去前进的动力。

3. 忽略了政治工作与经济工作之间的差别，违背了经济规律

在计划经济条件下，思想政治工作和行政命令是管理的主要方法，这种没有经济实惠的政治说教对芸芸众生、凡夫俗子的广大群众来说往往是收效甚微，久而久之，还会引起人们的反感，甚至会阳奉阴违，缺乏工作的自主性与积极性。

二、西方管理思想在现代中国的传播

改革开放以后，随着我国经济结构的改变以及西方管理思想在我国的传播，我国的企业管理方式逐渐摆脱了单一的"计划命令式"，开始呈现出多种管理方式相互并存、互为补充的局面。管理的标准化、质量管理、财务管理、成本管理、生产管理、系统工程管理的精确化和规范化以及管理技术和手段的现代化和自动化等，都是开放性管理的结果，建立信息畅通、观念更新、能与国际管理接轨，并迅速交流的开放性管理模式成为新的管理理念。国外各种先进的管理方法开阔了我们的视野，也丰富了我们企业管理的内容。

从目前我国企业管理形式的分布结构看，绝大多数企业采用计划管理与科学管理相结合的管理方式，其中有些企业正逐步向现代管理方式迈进。

（1）在国营大企业中，主要采用计划管理与科学管理相结合的方式。计划管理多发生在企业管理的宏观层面，而微观层面的管理活动则采用泰勒的科学管理方法。

（2）在大多数乡镇企业和三资企业中，倾向于采用科学管理方法。企业领导实行聘任制，员工实行招聘制，责任承包，按劳取酬，实行严格的计时、计件工资制，人员流动性较大。

（3）在员工文化水平及素质较高的企业中，实行"现代管理"制度。在这些公司中，如科研机构、咨询公司等，上下级之间的等级关系不是严格的行政关系，而是宽松的事务关系。在这样的企业中，每个员工的工作有较大的独立性，依靠的是自我约束，而不是严格的规章制度。员工的工作时间弹性较大，甚至没有固定的上下班时间，每个人只要能够完成自己的工作任务即可。

（4）开始重视人本管理。所谓"人本管理"，顾名思义，就是以人为本或以人为中心的管理。由于东西方文化模式和致思趋向的差异，因而对人本管理思想的理解和侧重有所不同。在对"人"的理解和侧重方面，西方管理思想侧重于对个体人的管理，而中国则强调"群体人"，个体价值要服从于群体价值，个人目标要服从组织目标，有时候甚至为了顾全组织目标、群体价值而牺牲个人目标和个人价值；从对人的重视层面看，中国重"情"，西方重"理"。中国自古以来就关注人的非理性的因素（如情感、意志）。在西方管理中，往往强调理性因素（如知识、技能）等的作用，强调"合理"的价值和意义；从对以人为本的落脚点和态度看，中国将以人为本落脚于"人是目的"之上，而西方则将以人为本落脚于"人是手段"之上。从人本管理的方式上来看，中国重引导、重教育，而不重外在的制度、规范。而西方管理思想从泰罗的科学管理开始，就强调程序化管理、规范制度化管理。在对以人为本管理的实现方式上，往往热衷于制定科学化和精密化的规章、制度，将科学管理的因素深深地渗透到人本管理中。

中西方人本管理理论由于致思趋向和文化传统的不同，其内容和形式呈现出种种差异和不同。但是，随着现代经济和科学技术的发展和中西方文化交流的加深，两种人本管理理论必将趋于同一融合，呈现出新的发展趋势。首先，对于"人"，表现为东方人格和西方人格的统一，即独立人格和群体（社会）人格的统一。这种统一在管理上就会形成一种互补效应。独立人格的存在使商品生产者能够产生利益冲动，积极参与市场竞争。从管理的效果来看，群体人格才能产生真正的管理效果。因为在社会化生产的条件下，单个人必须组合为群体才能进行生产的。这样，群体内能否形成凝聚力，能否形成群体合力，能否形成"内协外争"格局，就成为现代管理能否产生功效的关键因素。东方社会的群体人、社会人特点更有利于形成群体管理效果。因此，一个科学的人本管理理论中的"人"必定是群体人格和独立人格的人格统一。其次，在未来以人为本的管理理论中，要将人的理性因素与非理性因素有机地统一起来。一个全面完整的人是理性成分与非理性成分的集合体。

在管理中我们既要注重理性因素对工作的影响，同时也要注重非理性成分所起的作用。因此，制定的人本管理政策要"合情"、"合理"。再次，在对以人为本的落脚点上，应将人看作是手段与目的的结合体。将"法治"和"德治"有机合理地统一起来，将"经济人"与"道德人"统一起来，有效地发挥二者的合力作用。最后，从实现人本管理的方式上看，应将重制度、规范的制度管理与重引导、教育的柔性管理统一起来。中国人本管理理论要多强调制度，变柔性管理为"柔中有刚"的管理，硬性管理和软性管理相结合的管理。

当然，任何成功的经验都具有地域性，照搬照抄只会使自己陷入困境。西方管理思想是在西方的历史、经济、文化乃至宗教信仰的背景下生成的，而中国却有着与西方完全不同的历史文化环境。如果我们在吸收西方成功的管理经验时不考虑不同国家在经济、政治和文化等背景方面的不同，只是生吞活剥、死搬硬套、简单模仿，重在学习外国管理的外在形式，而忽略其实质内容，忽略企业管理立体联系中的神和魂，结果都不可避免地遇到程度或轻或重的"水土不服"。最终可能会既丢掉了自己的传统管理思想，也无法融合西方现代科学管理思想。所以，我们在学习外国先进管理模式时，要做到吸、收并进，将先进的管理思想融合到中国的现实管理世界中去，将其变为自己的东西，这才是真正的"取其所长，为我所用"。

第二节　东西方管理思想的融合

曾经有一位管理大师说过，"管理不只是工具，也不只是方法，而是文化。管理的方式，不但会改变人的生活，而且会影响人的思维。轻易接受他人的管理方式，迟早将被同化。""西学东渐"、"拿来主义"、全盘引进西方管理思想以指导现代中国企业发展的方法，使中国的企业管理逐渐走向了一条死胡同，一方面，西方先进的管理模式使中国企业在一定阶段获得了较大的发展，另一方面，西方管理与东方文化的格格不入又使这些完全采取西方管理模式的中国企业在激烈的市场竞争中夭折。而同样属于东亚文化圈的日本企业却发展迅猛，其成功模式成为美国等西方管理学界关注的焦点。究其原因就在于，日本企业真正实现了东西方管理思想的融合。

一、东西方管理思想融合的必然性

1. 全球经济一体化

东西方文化以其各自的特色自立于世界文化之林，人类社会生产力又根植于不同的文化背景，并与特定的文化紧密联系。它们相互影响，使东西方最终形成了不同的文化形态、生产力发展轨迹和各具特色的管理思想。随着世界经济的发展，知识化、信息化、全球经济一体化趋势不断加强，社会文化不断融合，在这一背景下，东西方管理文化和管理思想的不断融合，是新世纪管理发展的新趋势，也是经济发展的内在要求。

2．东亚经济的崛起

二战以来，日本和东亚四小龙依靠儒家资本主义的理念实现了现代化，而中国作为发展中的大国，正在经历着从传统封闭的农业社会向现代化的工业社会转型，从计划经济向市场经济的过渡。改革开放三十多年来，GDP 一直保持持续、快速、稳定的增长。在过去，世界经济中心先是在欧洲，后来又转移到美国，而东亚各国一直闭关锁国，在西方各国进入资本主义时代后，仍然处于封建社会。当西方各国依靠先进的武器和充足的资金打破东方各国大门的时候，也将其先进的管理思想传入东方，于是，东方各国开始了"西学东渐"的时代。但是，随着东亚经济的崛起，当今社会世界经济中心开始转移，有专家预测，世界经济发展的中心可能移向亚洲。这就迫切要求打破以前"西学东渐"的管理格局，迫切要求提升东方管理思想的地位，迫切要求融合东西管理思想，以指导管理实践。

3．科技革命的推动

随着人类的不断进步，科学技术发展的水平也达到了前所未有的高度：信息产业加速了人们之间的沟通和联系，极大地提高了人们的工作效率；基因生物技术正在通过改变人类自身和周围的各种事物，改变着人类生存的整个世界。这一系列的科技革命在带给人们惊喜的同时，也使人们遇到了更加严峻的问题：人类会被自己制造的电脑所控制吗？人工克隆、转基因动物和植物的出现是否意味着大自然没有存在的意义？人类生命的意义已经随着科技的进步而被不断改写。于是，人在管理中的地位日渐重要，团队合作也开始被人们所重视，"科技以人为本"，后工业社会呼唤与之相适应的管理理论与方法。"西方社会在经历了权威主义和个人主义的失落后，现在到了用'第三种价值观'——东方儒家学说，来拯救衰退中的欧美文化的时候了。"[①]因此，在科技革命的推动下，东西管理思想的融合已迫在眉睫。

4．可持续发展观的呼唤

可持续发展观要求对资源、环境等进行高效、合理利用的同时，对其进行合理的重建，这一观点已经成为全世界的共识。西方管理思想强调人对自然的征服，突出个人主义，主张个性的自由和张扬，认为人的一切思想和感情都取决于人的肉体感受，追求个人物质利益是人的本性，其结果必然导致人的个性过分张扬，甚至以损害他人和社会利益为代价。而东方管理思想则弥补了西方管理思想的不足，主张人与人、人与社会、人与自然的和谐、统一，强调个人对家庭、社会和国家的责任，荀子就曾经说过，"人之生，不能无群，群而无分则争，争则乱，乱则穷"[②]，东方管理思想"以人为本"、"天人合一"的观点适应了现代社会可持续发展观的要求，只有与东方管理思想融合，西方管理思想才能走出历史

---

① 苏东水．东方管理学．上海：复旦大学出版社，2005，385．

② 《荀子·王制》

的束缚，管理学界才能创新出更加适应现代经济发展的管理思想。

二、东西方管理思想融合的特点

世界经济一体化、信息文明时代的到来以及高科技的发展，使东西方管理越来越趋同化，主要表现在以下几个方面。

1．追求卓越与追求和谐的统一

西方的管理追求卓越，东方的管理追求和谐。但是，只有和谐和卓越联系起来才能达到新的管理思想高度。片面地追求卓越会导致科学主义的泛滥，社会的发展简单地演化为仅仅为了满足科学发展的需求，人类自身的价值消失了。早期资本主义的发展就处于这样的一种状态之中，社会激烈动荡，和谐遭到了破坏，同时，追求卓越的基础也遭到了破坏。新的科学成果不断向人类文明发出挑战，"科学恐慌"现象日益严重。正如 A. J. 汤因比所说："人类已经掌握了可以毁灭自己的高度的技术文明手段，同时又处于极端的政治意识形态营垒，最重要的精神就是中国文明的精髓——和谐。"[①]二战以后，西方管理思想就试图从东方文化中寻求"和谐"的基因，以使科学发展能够造福于人类，而不是给人类带来灾难。

同样，追求和谐也不能脱离卓越，否则就会出现中国封建社会产生的否定一切偏离和谐的发明、创新的现象，导致社会的落后。

只有和谐与卓越的结合，才是最佳格局，才能够达到人和自然的统一。

2．宏观调控与微观活力的统一

宏观调控和微观活力实际上是一个问题的两个方面，都是商品经济、市场经济发展的需要。从西方经济学的角度讲，宏观调控被凯恩斯称为"看得见的手"，微观调控被亚当·斯密称为"看不见的手"。从管理学的角度看，只有"看不见的手"的作用发挥到极致才能取得最大的激励效应。但同时也只有有效实现了生产与需求的平衡，社会经济的运行才会达到最少的资源配置成本的耗费。也就是说，只有宏观调控和微观活力的结合，"看得见的手"与"看不见的手"的有机结合，才构成现代市场经济和现代管理的基本条件。

3．独立人格与社会人格的统一

西方强调独立人格，东方强调社会人格。独立人格形成了西方企业家阶层的人格基础，他们追求自身价值和利益，依靠个人奋斗实现自身价值。但是，这也正是西方企业内聚力不强的原因之一，也就是人们说的西方企业只能达到"内序"而不能达到"内协"。相反，东方企业强调个人对集体所承担的义务和能力，强调个体在群体中的价值，但是，东方社会缺乏独立人格，不相信自己的价值，所以东方企业容易达到"内协"而不能达到"内序"。

---

① 陈荣耀. 比较文化与管理. 上海：上海社会科学院出版社，1999，70.

所以，管理应当把二者结合起来，既强调群体又强调个体，个体利益要服从集体利益，同时又要重视个人能力，使人尽其才，为实现共同的目标而奋斗。

4. 制度管理与柔性管理的统一

西方管理的最大特点是制度化、规范化、逻辑化与程序化，以效益为中心，建立科学的管理秩序。西方管理心理学基础是"性恶论"，具有"防范性"的特点，直接结果是导致管理者与被管理者之间的对立。东方管理是以儒家文化为基础的。儒家文化的代表人物孔子一生从事教育，传教于人，强调的是礼治和德治。东方管理在这种文化的影响下，发展成为一种柔性管理，即依靠价值准则、企业精神的管理。在管理过程中，首先向员工灌输一种基本信条和价值信念，然后用这些信条来支配员工的行为，由此达到"价值引导"、"价值管理"的目的。柔性管理变制度管理为价值管理，变外在管理为内在管理，营造出一种和谐的氛围，能够达到优化管理的结果。

未来的管理必定是制度管理与柔性管理的统一，是硬性管理与软性管理的统一。

5. 法治精神与宗法精神的统一

现代社会是法制社会，市场经济也是法制经济，没有法的规范与保证，现代市场经济将难以建立。法治精神在现代管理中的应用就是制定严格的规范秩序和制度。然而，东方民族在向现代化转变过程中，最基本的特点就是家族本位关系的延续和发展，也就是宗法伦理。人与人之间的关系更多地受制于家族本位和家族伦理的影响，形成了一种固有的民族精神凝聚力。法治精神与宗法精神的结合将会给未来管理思想带来新的突破。

6. 经济利益与社会责任的统一

西方企业以追求最大利益为根本目标，东方的日本企业在这一点上与西方企业很相似，为了追求利益可以牺牲社会利益，为了成功可以不择手段。他们的追逐利益的行为往往会破坏人与自然的和谐统一。相反，由于受儒家文化的影响，华人企业注重道德对人的经济行为的影响，认为追求利润是企业的最高目标，但是，企业存在并不仅仅是为了追求利润，还有社会目标，要承担社会责任。这样才能使社会物质文明的进步同精神文明的进步同步发展，使企业效益的递增同人类生活环境的优化同步发展。近年来，西方企业对社会责任问题也越来越重视，也正在逐步认识到，企业只有充分考虑他人、消费者和社会利益的情况下，其自身的发展才是最有效的，才能达到长期利益最大化。

三、东西方管理思想融合的意义

1. 推动了全球经济一体化进程

全球经济一体化进程就是东方文化和西方文化不断碰撞、融合的过程，企业是经济发展的关键因素，管理理所当然也就成为决定经济一体化成败的关键因素，因此，东西方管理思想的融合有助于推进全球经济一体化。

2. 克服了单一管理思想的局限

无论是西方管理思想，还是东方管理思想，如果只依靠一种管理思想来指导企业的管理实践，都具有局限性，梁启超在《东南大学课毕告别辞》中曾经说过，"东方的学问，以精神为出发点；西方的学问，以物质为出发点。救知识饥荒，在西方找材料；救精神饥荒，在东方找材料。"我们姑且不论这段话是否正确，可以看出的是西方和东方各有所长，因此，融合东西方管理思想就能克服单一管理思想的局限，创新出更好的管理模式。

3. 开拓了企业管理发展的新思路

由于受"西方中心论"的影响，西方管理思想一直是世界管理学界的圣经，但是二战以后，日本经济迅速崛起，而美国经济却出现了衰退的迹象，于是美国企业家和管理学者马上以一种不甘落后的精神，奋起直追，拼命学习日本，他们发现日本企业以传统民族文化为基础，对西方管理采取"拿来主义"，经过消化、吸收和融合，最终形成了具有日本民族特色的新管理模式。这一发现促使美国企业家和管理学者们开始将目光放到东亚管理文化上，在发扬美国企业已有优势的同时，吸收日本管理的长处，对东西管理思想进行自然的融合而不是简单而勉强的拼凑，开拓了企业管理发展的新思路。

4. 丰富和完善了管理学科的内容和体系

相对于以前单一的西方管理思想体系，东方与西方的企业家和管理学者们，在东西方管理思想融合的过程中，能够适应新时代管理的发展，糅合东西管理文化的精华，从而可以丰富和完善管理学科的内容和体系。

关键词

东西管理思想融合 西学东渐

思考题

1. 我国改革开放前管理思想有哪些弊端？为什么西方管理思想能在现代中国传播？传播的历程是怎样的？

2. 为什么东西方管理思想开始融合？东西方管理思想融合的特点和意义是什么？

第四篇 管理创新与管理思想的发展趋势

开篇故事：磨刀不误砍柴工

有两个人上山去砍柴，并且比赛中午之前谁砍得最多。

张三拿了斧子就上山去了，想抓紧时间多砍一些，而李四则不紧不慢地磨起了斧子。有人见了就数落李四："你还不快点，再耽搁只有输给人家了！"李四听了一笑置之，直到磨好斧子，时间过去一半才上山，人们都以为他输定了。

到了中午，李四兴高采烈地背了一大捆柴回来，而张三却垂头丧气，他只砍了一小捆柴，还疲惫不堪。原来张三的斧子没有磨过，很不好用，砍柴时又费劲又费时，忙了半天也只能砍下一点，而李四因为事先磨过斧子，斧子十分锋利，看起来毫不费事，很快就砍了一大堆。[①]

磨刀不误砍柴工，在管理工作中同样如此，如果管理者一味因循守旧、墨守陈规，则肯定无法获得管理的真谛，只有在继承历史的基础上不断创新、放眼世界，掌握管理思想的发展趋势，以最适合的管理思想指导管理实践，才能事半功倍，实现高效率管理的目标。

---

① 吕国荣. 影响世界的 100 道管理鸡汤[M]. 北京：中国经济出版社，2005，63、68.

第十三章 管理创新

1. 学习并理解管理创新与现代经济发展的关系
2. 理解并掌握管理创新的主体与机制
3. 理解并掌握管理创新的行为与目标
4. 理解并掌握管理创新思维及其修炼
5. 理解并掌握管理创新的方法

　　面对新世纪，我们必须十分重视和强化企业的管理创新，并视它为一项重大的战略措施，这是企业振兴、持续发展的康庄大道。

　　管理是一种生产力。现代西方的一些经济学家把管理看成与科学技术一样重要的生产力要素。从20世纪世界经济发展的进程来看，先进的管理是一些国家经济迅速发展的重要动因。管理已经成为经济发展的内生变量，而真正的有效的管理，是在不增加投入的前提下，对现有企业要素的一种新的配置，通过这种新的配置增加产出。这就要求管理不断创新，用于管理创新的投资是一种投入少、产出多的高效益投资。管理创新是企业在激烈的市场竞争中取得胜利的根本原因。企业只有通过不断地管理创新，以创新迎接挑战，提高自身的竞争力，才能在激烈的市场竞争中立于不败之地。美国管理大师彼得斯指出"不创新就灭亡"。管理创新就是要不断根据市场和社会变化，重新整合人才、资本和科技因素，以创造市场和适应市场，满足市场需求，同时达到自身效益和社会责任双重目标。

第一节　管理创新与现代经济发展

　　随着知识经济的兴起、全球经济一体化的发展，特别是随着我国加入 WTO 后，我国企业获得了走向世界、在平等竞争中求得不断发展壮大的良好机遇。但同时，我国企业也面临着更加激烈的挑战。要提高我国企业的综合素质和竞争力，就必须不断地进行管理创新，即不断地进行新思想、新观念、新战略、新制度、新方法、新技术、新产品、新市场的构想和实施。

一、管理创新的界定

管理创新是在管理基础上的进一步发展，与管理密切相关。一般认为，管理是对组织资源进行有效整合以达成组织既定目标与责任的动态创造性活动。由此可见，管理创新是创造更加有效的资源整合模式和方法，以促进组织的效率，进而更好地完成组织既定目标与责任的全过程管理。对于管理创新概念的论述，主要有以下几种。

1．保罗·罗默的概念

保罗·罗默（Paolo Romer）认为，管理创新是在创造和掌握新知识（管理知识）的基础上，主动适应外部环境，提高组织整体效能，推动生产要素在质和量上发生新的变化和新的组合过程。因此，管理创新至少包括下列五种情况。

（1）提出一种新的经营思路并加以有效实施。这种新的经营思路如果被证明是可行的，便成为管理方面的一种创新，但这种新的经营思路必须是对所有企业来说，都是新的，而非仅是对本企业而言是新的。

（2）创新出一个新的组织机构并使之有效运转。组织机构是企业管理活动付诸实施的载体，组织机构的诞生本身就是一种创新，但它必须要能有效运转，带来效率。

（3）提出一种新的管理方式方法。若一种新的管理方式方法能够提高生产效率，或使人际关系更加协调，以致能更好地激励员工等，那么就不失为一种管理创新。

（4）设计一种新的管理模式。

（5）进行一项制度的创新。制度的变革往往会带来巨大的力量，给企业带来变化和改进，有助于资源的有效整合，因而制度创新也属于管理创新。

2．熊彼特的概念

约瑟夫·熊彼特在其1912年出版的《经济发展理论》一书中，首先给创新下了定义。熊彼特认为，创新是生产手段的新组合，创新的概念包括以下五种情况。

（1）采用一种新的产品或一种产品的一个新特征。

（2）采用一种新的生产方法，也就是在有关的制造部门中尚未通过检定的方法，这种新的生产方法决不需要建立在科学上新的发现的基础之上；它可以存在于商业上处理一种产品的新的方式之中。

（3）开辟一个新的市场，也就是有关国家的某一制造部门以前曾进入的市场，不管这个市场以前是否存在过。

（4）掠夺或控制原材料或半制品的一种新的供应来源，不论这种来源是已经存在的，还是第一次创造出来的。

（5）实现任何一种工业的新的组织，如造成一种垄断地位，或打破一种垄断地位。

从熊彼特的创新概念中，我们已经看到了管理创新的部分内涵。例如，熊彼特的创新概念首先提出的采用一种新产品，可以看作是管理创新中的技术创新。而他所指出的采用一种新的生产方法，完全可以理解为采用一种对组织内部资源进行有效配置的新方式和新方法，这本身就是一种管理上的创新。

由此可以看出，熊彼特的创新概念已涉及到了管理创新的核心，并在经济学中独树一帜，令人刮目相看，因而也使管理创新获得了人们的重视。

3. 科斯及其追随者的看法

熊彼特之后涉及管理创新的人士和学派，应首推科斯等人提出的新制度经济学派。新制度经济学派的代表人物罗纳德·哈里·科斯（Ronald. H. Coase）于 1937 年发表了《论企业的性质》，在该论文中，科斯创造性地提出了"交易费用"的概念，并以此解释了企业为什么存在以及企业纵向一体化的原因，认为企业是一种经济功利性很强的组织。科斯通过交易费用理论对企业这种组织产生的客观原因进行了解释，为我们提供了观察组织产生发展以及创新的新视角。而这恰恰是传统经济学与传统管理学所不具备的视野。

科斯的追随者之一威廉姆森（Williamson）进一步发展了科斯的思想与观点，对企业组织创造作出了贡献。他认为应将现代公司理解成许许多多具有节约交易费用目的和效应的组织创新的结果，组织创新可以节约交易费用。组织创新是管理创新的一部分，因为组织从形式上来看是一群人按照一定的规则为了实现一定目的组成的一个团体或一个实体，当欲达成的目的发生变化，或既定目的未能形成时，组织就需要变动或革新。由于管理本身就是有效配置资源以实现组织既定目标，管理又是组织内的管理，也可以管理组织本身，那么组织形式的变革与创新，自然是管理创新的一部分。另外，如果从动态角度来理解组织的话，组织是将组织内拥有的各种资源按照科学规则与目标要求进行有序的结合或安置，显然这样的活动是管理活动中的一类，是有效配置资源必需的活动，如果组织创新从这种角度来理解的话，那么此时的组织创新则是资源结合和有序安置方式的一种创新与发展，当然也属管理创新的概念之中。根据上述两个方面的理解，我们可以看到新制度经济学派的经典作家们虽然未能直接讨论管理创新问题，然而他们在回答企业组织的产生与发展原因时所提出的组织创新概念本身已经涉及到了管理创新这一命题。

4. 芮明杰等人的意见

从现有的文献来看，最早提出管理创新概念的是芮明杰于 1994 年出版的著作《超越一流的智慧——现代企业管理的创新》，以及常修泽等人的著作《现代企业创新论》（1994年出版）。

常修泽教授认为，管理创新是指一种更有效而尚未被企业采用的新的管理方式或方法的引入，是组织创新在企业经营层次上的辐射。经济史中企业产权结构的每一次变迁，都相应伴随着企业管理方式的变革，管理创新的主要目标是试图设计一套规则和服从程序以降低交易费用。从常修泽教授所认定的管理创新概念来看，管理创新是组织创新在企业的经营层次上的辐射，也就是说，管理创新相当于组织创新的一个侧面；并且管理创新仅是企业引入的更有效的管理方式和方法，这种方式和方法能够降低企业的交易费用。

芮明杰教授对常修泽教授的观点进行了研究和思考，并提出了自己的见解。芮明杰教授认为，常教授对于管理创新的看法有其独到之处，但尚有不少偏颇之处。

首先，芮教授认为管理创新并不是组织创新在企业经营层次上的辐射，恰恰相反，组织创新是管理创新的一个组成部分，因为静态的组织是帮助资源有效配置的形式，动态的组织是将资源进行结合和安置，这些功能都是管理的功能之一。

其次，企业引入新的管理方式和方法，虽然可以推动资源的更有效地配置，但这不是管理创新的唯一内容，管理创新还包括其他内容，如企业组织变革等。

再次，把降低交易费用作为管理创新的目标是不妥的，因为资源的有效配置是在一定的交易费用和生产成本基础上达成更多符合社会需求的产出，以获得更好的经济效益。如果管理创新的目标仅仅为降低交易费用，那么就排除了那些能够降低生产成本的新方法。而且如果按照这样的逻辑，交易费用为零最好，此时，企业也就不复存在了，因为交易费用不可能为零。

芮明杰认为，管理创新的概念应源于管理的概念，认为管理创新是指创造一种新的更有效的资源整合范式，这种范式既可以是新的有效整合资源以达到企业目标和责任的全过程式管理，也可以是新的具体资源整合及目标制定等方面的细节管理。他认为这一概念包括五种情况。

（1）提出一种新的经营思路并加以有效实施。

（2）创设一个新的组织机构并使之有效运转。

（3）提出一个新的管理方式方法。

（4）设计一种新的管理模式。

（5）进行一项制度的创新。

二、管理创新的特点

管理创新主要有以下几个特点。

1. 管理创新空间上的不平衡性

管理创新可能发生的时空很大，但具体在什么时候发生？在哪些领域发生？却是不平衡的，或时续时断，或时高时低。管理创新不平衡性的产生是受经济、社会、科学技术等因素的影响。例如，日本从二战后经济高速发展，企业大规模地成长起来，其中很大程度上是得益于此期间出现的大量的管理创新，如全面质量服务管理、终身雇佣制、年功序列制等。然而到了近年来，日本企业在管理创新方面的发展却不如以前了，这说明管理创新在时间上的发展的不平衡性。另外，管理创新在空间上的产生也是不平衡的，如在某些管理领域或某些产业，管理创新的产生更频繁一些，而在另一些领域又会少一些。因此，管理创新在空间上的分布也是不平衡的。

2. 管理创新成果保护困难

管理创新成果难以用专利制度来加以保护，进入壁垒低，因而一项管理创新产生后，会迅速地被他人学习和模仿。相对于管理创新成果的模仿者而言，学习和模仿的成本要低得多，并且在某一管理创新的基础上进行进一步的创新也可以少付出许多精力与费用，且容易实现创新。这对于管理创新成果的广泛扩散和节约整个社会的成本和提高效益来说是有积极意义的，但是对于管理创新者来说却是极大的不公平，自己费尽心血的成果被别人不费吹灰之力就占有了，这必然会使管理创新的积极性受到严重的打击。因此，必须在一定程度上把管理创新成果作为商业秘密来进行保护，建立合理的保护制度。

3. 管理创新的全员性

管理创新是以企业家为核心、企业员工密切配合的创新活动，它不是某一部分人的任务，而是全员的努力方向；它不是孤立的发明创造，而是互相协作产生的智慧。只有企业上下都有创新思想、创新意识以及创新的动力，大家都积极参与，并为员工提供良好的创新环境和条件，形成创新氛围，这样才有利于实施管理创新。

4. 管理创新的层次性

管理创新的层次性是指在企业不同的管理层次上，创新的内容与形式是不同的。一般来说，战略级管理层着眼于企业管理系统总体创新方案的设计；业务管理层次主要进行子系统的创新方案设计；而基层管理者与员工则重点在实践管理中创新。虽然企业上下各级创新的侧重点不同，但都是一种企业管理创新活动，都是为寻找一种更好的资源组合机制而展开的智力活动。

5. 管理创新活动各环节的延续性

在企业的整条价值链体系中，某一环节的管理创新与变革必将引起其他环节的变动。各个环节紧密联系，是一种互动关系。例如，在企业生产过程中引入"流程再造"这种管理创新后，企业生产过程的变革必将引起企业组织、财务、营销等一系列环节的变动。因而，某一环节的创新往往会带动其他环节的创新。

6. 管理创新的效益性

管理创新本身就是要创造更有效的资源整合模式和方法，提高组织效率，它带有很强的效益性。因而，管理创新往往能带来生产力的巨大提高，为企业带来竞争优势，甚至是企业致胜的法宝，谁掌握了新的更有效的管理方法，谁就能使自己立于不败之地，也正因为如此，企业才日益重视管理创新。若一项管理创新不能带来效益的增加，则不能算是一项真正的管理创新，只能是失败的管理创新。

三、管理创新的类型

1. 独创型管理创新

企业根据自己的外部环境和内部条件，经过一定时间的探索，逐渐积累经验教训，并不断修正，从而形成自己的一整套独特的管理模式或制度。例如邯钢的成本倒推法，就是根据钢铁行业的特点和其特有的生产情况，加上经验的积累，在实践中形成了自己独特的成本控制方法，这种管理创新成果现已被推广，并被许多企业加以模仿和学习，都取得了不同程度的成功。

2. 融合型管理创新

首先对与自己在同一领域或不同领域的企业的管理思路、做法、程序等进行学习、思考、消化、吸收，并与自身企业的情况加以融合，形成一套完整独特的管理方法和管理思想。这种管理创新的特点是你中有我、我中有你的完美融合。例如，将世界上名牌空调企业的管理优势吸收过来，与宝洁公司的经营思路融合；或在对"麦德龙"销售渠道借鉴的基础上与本企业的经营方法相融合。

3. 借鉴型管理创新

借鉴型管理创新是指直接借鉴和套用已有的管理新方法，包括借鉴现代创新技术和借鉴古代的技术成果，古为今用。前者主要是把成功做法从一个领域应用于另一个领域，例如，商业连锁和超级市场经营模式的挪用。后者主要是把古代工程技术中的成果或管理思想应用于管理实践，古为今用。例如，日本人通过研究中国的儒家思想应用到现代企业管理中，收到了良好的效果，这也不失为一种管理创新。

4. 嫁接型管理创新

即以自己的实际情况为基础，让外来的先进技术和经验适应、成长，最后达到相互促进、共同优化、共同发展。例如，"麦当劳"的经营在国外是强调"快捷"、"方便"等特点，来到中国后，便嫁接到中国的实际情况中，并不断适应、成长，变成目前的"美食"、"娱乐"性质的"麦当劳"，即中国人不是因为工作忙、没时间才吃麦当劳，而是把它当成一种享受美食和带着小孩去玩耍的目的而吃麦当劳的。

5. 交配型管理创新

即交配两种思路、做法，从而结合成一种有创新性的模式或方法。例如，股份制与合作制的结合。

6. 扩散型管理创新

即将产品或管理经验推广运用到更广泛的领域中去。例如，激光，从武器到精密测量，到医学中的运用，再到家用电器领域的运用。"物料供应计划"或"质量控制"的思想也被推广为整个企业管理和营销的主线。

7. 多用型管理创新

即将一项大的技术或管理模式分解，用在不同的方面。例如，导弹技术，其中的制导技术可以用在飞机和轮船上，力学技术可以用在火车和汽车上等。

四、管理创新与现代企业的发展

1. 管理创新与管理理论的发展

现代企业管理与管理创新都是管理实践过程中的产物，是社会历史发展的必然结果。

（1）在产业革命初期，现代意义的工厂制度与工厂的诞生使之产生了与其相适应的大工业生产方式。由于专业化分工的加深，机器生产机器及产出的大量增加，导致整个社会生产的大规模协作方式的重大变化。这些巨大的变革使管理创新成为必要。

新的工厂制度要求打破管理上的狭隘观念，管理人员由于扩大了眼界，开始寻找改进制造技术和管理方法的途径。人与机器如何协调，劳资关系如何解决，生产流程如何改革，营销、会计核算如何进行等问题扑面而来。面对新的制度、新的组织形式、新的运作要求，唯一的办法就是管理创新。

（2）在19世纪末20世纪初诞生了现代企业，其组织形态、产权制度与以前的工厂及工厂制度有了根本性的区别。公司制度的法律化、大规模产销及经理支配、企业发展环境的重大变化等，这些变革导致管理创新的又一次大规模爆发。

现代企业对管理和管理创新提出了一系列要求，主要有两大类：一是组织与协调产供销各个环节的有效衔接，确保现代企业运作的稳定高效；二是策划与选择企业长远发展战略，并筹措与分配资源来实现这种战略。第一类管理创新问题主要由那些靠内部积聚而成长起来的企业完成。第二类管理创新问题由于牵涉面广，则由一些优秀的大型企业来承担。并多由公司的高层领导们亲自进行。许多企业的领导人和管理理论的研究者力图提出全新的观念和方法来解决这些问题。于是在管理史上出现了泰罗的"科学管理"、让社会更具有人情味的人际关系管理思想、新人际关系管理思想、行为科学、系统科学管理及知识文化管理等一系列管理创新的诞生。

① 科学管理的产生是管理从经验走向理论的标志，对管理体系的形成与发展有着巨大的贡献。其时间和动作研究、任务管理、作业人员与管理者的分工协调等，都是管理创新的成功体现。不仅如此，科学管理实际上代表着一种20世纪以来一直使用的工作模式。科学管理最关心的是那些能够最大限度提高产业工人劳动生产率的手段。科学管理在更有利于生产效率的提高和资源优化配置的基础上提出的管理人员和作业工人的协调，实际上已经涉及到企业内员工之间的人际关系协调这一内容，为以后的企业管理理论的创新与发展提出了问题。

② 行为科学理论实际就是人际关系理论，产生于著名的"霍桑实验"。霍桑实验开始

于 1924 年，在位于芝加哥郊外斯塞罗的西部电气公司霍桑工厂，进行了一系列研究项目。最主要的研究人员是哈佛商学院教授乔治·埃尔顿·梅奥。该项研究的最初目的是检验工作与产量之间的关系。从人际关系学者对霍桑研究的报告及解释中，可看出：工厂内友好宽松的管理气氛将促进劳动生产率的提高。尽管这种因果关系可能会逆转（生产的高效率会使管理气氛宽松），管理者仍会看到他们期望看到的东西。霍桑实验提出了企业管理中另一个值得重视的新领域，即人际关系的整合。之后又出现了许多行为科学的大家及理论，如马斯洛的"需要层次理论"，赫茨伯格的"双因素理论"，麦格雷戈的"X—Y 理论"，布莱克和莫顿的"管理方格理论"等。行为科学既是管理理论的发展又是管理实践的总结，它的产生与发展对管理理论及实践都有巨大的贡献。

③ 管理科学是继科学管理、行为科学管理理论之后管理理论与实践发展的结果。它源于用应用科学方法来解决生产和作业问题，其理论体系形成并正式产生于 20 世纪 50 年代。管理科学的理论特征包括四个方面：一是认为管理就是决策，给定各种决策分析模型；二是以经济效果标准作为评价管理行为的依据，为此建立量、本、利等模型经讨论行为的结果及变化；三是依靠正规数学模型来解决问题；四是依靠计算机运算。管理科学的突出贡献表现在科学技术的运用与引入、决策理论构造和管理信息系统的建立。

④ 现代管理理论产生于 20 世纪 70 年代，它是继科学管理、行为科学和管理科学理论之后，管理理论与实践创新的成果。它具有强烈的时代特征并符合现代企业发展的状况。由于现代企业管理上的新问题、新情况、新要求，人们纷纷尝试与创新相适应的管理思路、方式、方法和手段。较著名的管理学说与流派有程序学说、人际行为学说、经济管理、社会系统学说、决策管理学说、数理学说等，并主要体现在五个方面：一是管理内涵进一步拓展；二是管理组织的多样化发展；三是管理方法日渐科学；四是管理手段自动化；五是管理实践的丰富化。现代管理的最新创新思潮是公司再造和学习型组织，这一思潮将可能导致传统管理理论与实践的全面创新。

2. 管理创新对现代企业发展的效用

管理创新是由经济发展、技术进步导致企业生存与发展问题解决的需求而产生的，正如钱德勒所指出："现有的需求和技术将创造出管理协调的需要和机会。"[①]管理创新是企业进步的灵魂，是企业兴旺发达的不竭动力。现代企业要寻求发展，就必须不断地进行管理创新。

（1）管理创新与技术创新有着密切的辩证关系。技术创新是创新中的主要形态，是现代企业发展的重要力量。技术创新是一个以市场为导向，以提高国际竞争力为目标，从新产品或新工艺设想的产生，经过研究与开发、工程化、商业化生产，到市场推广应用整个过程一系列活动的总和。今天，企业竞争力的提高，很大程度取决于企业的创新能力。企

[①] 钱德勒. 看得见的手——美国企业的管理革命[M]. 北京：商务印书馆，1987，577.

业技术创新战略是企业发展战略的有机组成部分，并在很大程度上决定着企业发展战略的成败。这正是技术创新成为许多国际组织、国家和企业研究热点之一的重要原因。技术创新战略主要分为三种：自主创新战略、联合创新战略、模仿创新战略。①企业自主创新能力是国家自主创新能力的基础，这就是我国中央政府反复强调自主创新重要性的原因所在。技术创新具有高创造性、高投入、高效益、高人力资本存量、高风险性等特点。没有出色的管理，技术创新很难完成，因此，技术创新的过程不仅仅是技术问题，更是管理问题。技术创新与管理创新往往是相互联系、相互促进的，技术创新的成果转化必须有相应的管理创新与之配合。同时，技术创新达到一定阶段后，会给管理创新带来新的课题，推动管理创新的展开，从而实现企业生产方式的和谐运作和发展。因此，我国企业自主创新战略的成败在于管理创新。

（2）从制度创新的角度来看，它是企业管理创新的保证。制度创新一般是指制度主体通过建立新的制度构建以获得追加利益的活动，它包括三个方面：即反映特定组织行为的变化；反映这一组织与其环境之间的相互关系的变化；反映在一种组织的环境中支配行为与相互关系规则的变化。就最一般的意义而言，制度创新可以被理解为用一种效益更高的制度替代另一种制度的过程。制度创新在整个创新体系中居于基础和保证地位。无论在哪一种社会制度下，一切经济活动都是在一定的经济基础之上进行的。无论是技术创新还是管理创新，如果不和制度创新相结合协调运作，其结果不是有名无实就是事倍功半。如果所有制结构不合理，产权不明晰，权、责、利不匹配，分配制度不合理或者组织治理结构不明确，管理混乱，则一切创新成果都将失效。

（3）管理创新与技术创新、制度创新同样对企业的发展具有很大和多方面的作用。管理创新是市场经济发展的需要。随着企业生存环境的变化，企业管理的内涵和范围也随之发生了深刻的变化。企业管理体制从工厂制转变为公司制，使企业由依赖政府的附属物变成了自主经营、自负盈亏、自我约束、自我发展的经营实体。资金运作作为主线贯穿于企业经营活动的全过程，管理的有效性也以能否取得最大利润作为目标。能否及时捕捉瞬息万变的市场信息，洞察同行业竞争对手的经济、技术、经营信息，做到灵敏反映，及时决策，直接关系到企业的生存和发展。显然，传统的管理已经落后，取而代之的是注重企业内部核心能力的培养的管理创新。

（4）管理创新是提高企业经济效益的途径，是发展生产力的重要手段。企业管理创新是一种新的管理思想、管理方式、管理方法等的引入和利用，它能对各种生产资源进行重新配置组合，在对各种生产要素重新整合的过程中，使不变的生产要素发挥更大的作用，释放更大的效能，带来更大的社会效益。管理创新还可以使原来在企业之外的一些营业单位活动内部化，从而节约企业的交易费用。多单位活动的内部化，使商品的单位间流量得

---

① Freeman C. The economics of industrial innovation, 2nd. London: Francis Printer, 1982.

以在管理上进行协调。对商品流量的有效安排，能更好地利用生产和分配过程的设备和人员，从而提高生产率、降低成本并提高企业经济效益。

（5）管理创新对稳定企业、推动企业发展也有多方面的作用。管理创新使企业形成管理层级制，并具有持久性，也使企业发展的支撑架构稳定下来，这将有效地帮助企业长远发展。管理创新在市场营销方面则将帮助企业有力地拓展市场、展开竞争，并创造新的市场满足顾客的潜在需求。管理创新还有助于企业家阶层的形成。职业经理层的形成使其在经营管理中更注重选择能促使公司长期稳定发展成长的政策，他们是管理创新的主体，他们更关心管理创新，因为他们知道管理创新的功效。在世界经济发展史上，每一次重大的企业管理创新都推动了企业发展，都带来了经济的持续、快速增长。我国企业进行管理创新，除了有助于提高企业经济效益外，它还具有扩散效应，会带来整个社会生产力的发展和社会的进步。

3. 管理创新与我国现代企业制度改革

现代企业制度是建立在现代生产力基础上，适应市场经济要求，产权明晰、权责明确、政企分开、管理科学的新型企业制度。企业制度创新是企业发展的重要因素，企业制度创新离不开管理的配合，离不开组织结构的适应性调整，这也就是管理创新。管理创新本身将有助于制度创新目标的实现，有助于我国现代企业制度的建立。

管理创新使企业通过重组、改造、转让及股票上市等多种形式变革企业产权关系，明确资产所有者、经营者和劳动者的权利、责任和义务，为所有权与经营权的分离奠定基础。管理创新可使企业改变传统的分配关系，体现出现代企业制度下的多种分配关系。不仅有纵向的分配关系，同时有企业与投资者的横向分配关系。管理创新可使国家与企业的权责明朗化，使企业所有投资者投资形成的企业享有企业法人财产权，以及享有自主经营的民事权。这就为政企分开奠定了基础，解除了政府对企业不必要的行政干预，使企业成为真正独立的商品生产者和经营者。

管理创新使企业内部管理更加科学化。实现现代企业制度的根本着眼点是转换企业经营机制，实现企业管理科学化，按市场需求组织生产，搞好市场营销，提高经济效益，增强企业生存和发展的竞争能力。

第二节　管理创新的主体与机制

管理创新的行为与结果存在着一定的时空范围，在这一时空范围内，管理创新可以产生、运动与展示，这就是管理创新空间，也就是管理创新的可能域。在管理创新展开的活动空间中，存在着一定的活动主体。管理创新的主体及素质、管理创新的机制影响到现代企业管理创新的成就。

一、管理创新的主体及其素质

1. 管理创新的主体

熊彼特在其著作中认定企业家是管理创新的主体，即那些从事最高领导的管理者。这一看法很具有代表性，但从管理创新成果的实际情况看，管理创新的主体不应仅局限于高层的管理者，它应包括企业家、管理者以及企业员工。

（1）企业家。这里所说的企业家是指从事企业经营管理活动，并有管理支配能力的高级管理人员。虽然并非所有的企业家都能成为创新主体，但企业家能利用其管理优势以及他本身具有的特殊地位和素质，在管理创新过程中扮演着极为重要的角色，也就更容易成为管理创新的主体。创新理论的创始人熊彼特，早已将管理创新作为企业家的重要职能了，他认为企业家是对生产要素进行新的组合、建立新的生产函数的人，因而企业家必须是管理创新主体。企业家的贡献在于对旧的均衡体系进行"创造性的破坏"和跨越原有范围的开拓创新。通过企业家不断进取、不断创新和不断承担风险，能为企业带来一种超出日常工作之外的贡献，即企业家的创新利润。

（2）管理者。管理者可分为高、中、低三个层次，各自职能的侧重点和功能不同，但都是在专业分工的条件下对自己职责范围内的人员、事务和资源进行管理，处在这些管理领域的人直接面对各种管理要素，从事种种管理活动，长久积累的知识和经验，加上他们的有利条件（从事管理工作），管理者也常常能成为管理创新主体。

一个有远见的企业家应充分重视和调动企业管理者的积极创新的主动性，使其成为管理创新的主体。如果每个管理者都在力图进行管理创新，力图把事情做得更好，那么企业就可以越来越兴旺，达到长盛不衰的境界。同时，企业家应发掘和培养本企业的管理者创新主体，建立一支强有力的技术或产品创新队伍。事实上，从事某些专业领域的管理工作者可以成为很好的管理创新主体，并很有可能取得非常了不起的管理创新成果。例如，福特汽车公司汽车生产过程的创新——流水线生产就是一个非常了不起的管理创新的例子。生产流水线的创造可以说是工业革命以来足以与其他科学技术发明创造相提并论的一项管理创新。

（3）企业员工。企业员工也可以成为企业管理创新的主体，由于员工来自于企业生产、营销的第一线，对于产品的性能、特点以及市场的需求变化更加了解，这方面经验的积累经过员工的思考很可能会带来意想不到的创意，从而进一步成为管理创新成果。一些优秀的企业家正越来越重视员工的想象力、灵感、原创性与主动性的发挥，他们鼓励员工提出更大胆的新观念，创造出更独特的工作方法。素以创意闻名的美国 3M 公司即是一例，该公司有一条不成文的规定：所有的技术人员都可以把 15%的工作时间花在他们最感兴趣的研究工作上。3M 公司的一个技师为了要在教会唱诗时可以用小贴纸在歌谱上做记号，便与另一个同事合作研究，共同开发出风行全球的利贴便条纸，公司迅速采纳了他们的创意，并创造了一种新产品"利贴产品"，在 1995 年利贴产品的销售额达到 1 亿美元。迪斯尼公司也有一套开发员工创意的做法，该公司每年都举行三次"员工献宝大赛"，从动画设计员工到行政秘书，每个人只要愿意，都有 3 分钟时间轮流上台向总裁和高级主管们推销"拍什么会卖钱"的创意构想，从《美人鱼》到《大力神》，一连串为迪斯尼赚进了 50 亿美元收入的动画电影中，大部分创意来自"献宝大赛"中的员工。

2．管理创新主体的素质

作为管理创新主体，应具备以下基本素质。

（1）真知与远见。真知远见是管理创新主体心智模式的重要方面，它反映了管理创新者的价值取向和思维方式，使管理创新者对某些问题有超出常人的看法，从而容易产生新的创意。

（2）及时、准确地掌握当代最新的管理、科研成果以及知识等信息。能够随时掌握到当代最新的管理理论、洞察最新的科技动态、了解最新文化发展的趋势，并能够将这些信息与知识加以融会贯通，往往会使人对某一具体问题有着超越一般人的看法和认识的能力。因此，可以从这些新知识和信息对旧知识体系的冲击中，得到启发，使一些难题豁然开朗，找到解决的办法。例如，如果你不能迅速掌握最新知识和信息，企业在销售网络和渠道的建设中，往往不能达到预期的市场占有率和产品迅速售出的目标。

（3）系统的思维方式。管理创新者的思维方式与平常人的思维方式有些不同，一般人的思维方式是一种近似于线性的思维方式，通常遵循一种固定的模式去思考问题，其看法带有普遍性和雷同性。管理创新者的思维方式则不同，他们的思维方式带有系统性、发散性和开放性的特点。系统性思维方式即全方位地思考问题，避免局限性，并注意事物之间的联系性。如人们认为 1 加 1 等于 2 是常识，而管理创新者不但要考虑为什么"1 加 1 等于 2"，而且还会想 1 加 1 还可能等于几？他们的系统性思维往往也是辩证的思维方式，看问题不仅要看它的对立面，而且还要根据现象推其原因。系统性思维方式有助于克服学习智障，避免只见树木，不见森林的现象，有利于更全面准确地认识事物。

（4）积极向上的价值观。管理创新者的思维比较活跃，价值观有追求卓越和完美的特点，他们追求事业的成功但永不满足现状，这就使他们对事业的追求决无止境。正是由于这样的决心和价值取向，使得他们全身心投入到事业中去。满心思想取得成功，种种千奇百怪的想法他们都敢于实践，于是总保持着一种创新与改进的激情，不断攀登科学管理的高峰。

美国的李亚科卡以自己在美国福特和克莱斯勒两大公司长期工作的经验认为管理创新的关键在于人，在于那些富于激情和敬业精神的人才。激励职工的积极性和创造性，是管理创新和增强企业活力的力量源泉。

3．健全的心理素质

心理素质是指一个人的心理活动过程和个性方面所表现出来的持久而稳定的基本特

征。心理现象是我们每个人都具有的一种精神活动，根据心理现象的性质可分为心理活动过程和个性心理特征两个部分。心理活动过程包括人的认识、情感和意念，三者互相影响，相互联系，共同构成人的心理活动过程。个性心理特征则包括态度、信念、兴趣、爱好、气质、性格、能力等心理特征，它们的综合就构成了人们常说的"个性"。心理因素对成就和创新有着十分重要的影响，作为管理创新者，他们具有许多优秀的心理素质，他们的许多个性特征与一般人有所不同，其中有几组心理特征十分重要，它们是：

（1）自知与自信。管理创新者首先是有自知之明，即能够随时知道自己所处的状况，能准确评估自己的优点和短处，以及自己所处的地位，并据此而扬长避短。同时，管理创新者又是自信的，他们的自知是建立在自信的基础上的，二者完美地结合起来，适当地把握分寸，谦而不卑。一个优秀的管理创新者往往是既有自知之明，又信心十足，自知使其能够把握自我，自信则使其能持之以恒，这些对管理创新者来说都是非常重要的。

（2）情感和情绪。情感是人对事物或现象的态度体验，由此而产生的主观体验即情绪，如愉快、忧愁、愤怒等。管理创新者一般应具有以下三种情感和情绪：理智感，即管理创新者在智力活动和追求真理的过程中产生的情感体验，表现出一种锲而不舍的精神；道德感，即管理创新者通常对企业的发展和对企业员工有强烈的责任心，有约束自己行为的道德责任；美感，指管理创新者的审美感，管理创新者具有强烈的审美感，所以他们会为追求美好的东西促使大脑产生新的创意，产生更多的创新，把自己的创新工作看成是一种追求至善至美的工作和一种最大的美的享受。

（3）意志和胆识。意志是指个体自觉地确立目标，并以此来支配、调节自己的行为，从而达到预期目标的心理过程。管理创新者的意志具体表现为坚韧性、果断性、自制性、独立性以及勇敢胆大、恪守规纪、把持原则等。管理创新者在实践中即使困难重重，也会坚持到底，实施下去，克服种种阻力，直到成功。所谓胆识，是指作出决断时的胆略气魄。管理创新本身就是一件具有很大风险和挑战的事，若没有胆识与气魄，很难下决心投身于这一挑战性工作，第一个吃螃蟹的人是需要勇气的。在管理创新工作尚未取得成功时，常不为大多数人所理解，如果此时创新者没有胆识和坚强的意志去顶住种种压力，创新工作很可能会半途而废。

（4）宽容与忍耐。做事先做人，宽容是管理创新者对待他人方面的素质要求，即管理创新者对有过失误的人和反对自己的人要宽容；对比自己强的人不嫉妒。忍耐则是指要求管理创新者对创新事业、创新工作在实施过程中的条件、局势、时间等方面的心理承受。当一项管理创新必须花费长时间的不懈努力才可能成功，或当其创新工作屡遭失败却前途未卜，或当其创新工作得不到理解时，管理创新者应具备忍耐的心理素质，争取获得最后的成功。

4. 优秀的品质

管理创新者要形成良好的心智模式，离不开优秀品质的培养。日本是一个十分重视企业家德行的国家，曾提出过一个优秀企业家应具备的十项品质，即使命感、信赖感、责任感、积极性、进取性、诚实、忍耐、热情、公平、勇气等。日本索尼公司董事长盛田昭夫说："如果说日本式经营真有什么秘诀的话，那么，我觉得'人'就是一切秘诀最根本的出发点"。被人们誉为"经营之神"的松下幸之助也曾说，松下公司的口号是"企业即人"，并多次宣称"要造松下产品先造松下人"。

对于管理创新者，至少应具备以下五方面的优秀品质：勇于开拓，不断进取，敢于拼搏，不怕失败；具有强烈使命感；勤奋好学，不断创意；热情乐观，挫而不馁；诚实机敏，善于抓住机会。

二、管理创新的机制

管理创新机制是指创造一种氛围和环境，使企业自觉甚至强烈地渴望进行管理创新活动，以谋求自身的发展，这样一种包括制度、政策性法规在内的环境因素称为管理创新机制。在生产技术和经营管理上守旧，归根到底是体制与机制的落后，缺乏内在的创新活力。一位企业家说："创新机制与创新精神是企业发展的不竭之力。"要想激发企业充分进行管理创新活动，关键必须搞活管理创新的机制，有了灵活合理的管理创新机制，才能变压力为动力，化挑战为机遇，使企业迎难而上，求得发展。

1. 建立鼓励企业自主创新的激励机制

自主创新是企业发展与管理创新的核心。我国工业经济效益之所以一直不理想，其主要原因是自主创新跟不上企业的发展，产品的附加值不高，技术含量不高，科技开发的投入严重不足，投入结构也不尽合理。企业领导的主要精力不是放在技术进步与创新上，而是单纯地放在现有产品规模的扩大上。这种不管市场需求状况、盲目扩大生产的结果只能是产品积压。这些现象反映出我国企业界还没有真正建立起自主创新机制，而自主创新机制的关键又在于激励机制，为此，必须要创建和完善自主创新的激励机制。

首先，政府要利用宏观调控手段诱导和推动自主创新，使企业成为创新利益的分配主体；其次，建立自主创新运行机制，规范、引导、鼓励企业的自主创新活动；再次，为企业营造良好的创新氛围；最后，推动科研成果转化为生产力，让有科学头脑的企业家和有市场头脑的科学家紧密结合起来，加快科研成果商品化进程。

2. 建立科学、严格的管理机制

新的竞争形势对企业管理提出了更高的要求，而我国目前的粗放式管理，导致企业效率不高。在同样的市场机制和外部环境下，海尔能够发展迅猛，不断积累竞争优势，而其他很多家电企业却亏损倒闭，其中关键的一个原因是管理问题，是否建立了科学、严格的管理机制。科学严格的管理机制包括以下内容。

（1）加强以现金流量管理、成本管理为重点的企业财务管理，加快资金周转率，提高资金利用效率。

（2）加强采购管理。包括原材料的价格和质量，在某种程度上，企业与供应商的命运息息相关，采购品不仅要看价格，更重要是看质量，因为原材料的质量决定了产成品的质量和整个生产效率。

（3）加强企业产品质量管理。质量是企业的生命，任何一个成功的企业都是首先抓好质量，再谈其他的，没有过硬的质量保证，企业不可能长久地立足于竞争市场的。所以，一方面要树立全员的质量意识；另一方面要建立质量保证和追究制度，严把工艺关和产品出厂质量关。

（4）加强科学民主的决策管理。企业的成败在于经营，而经营的关键在于决策。决策对于一个企业来说至关重要，没有科学的、正确的决策，也就没有企业的盈利和发展。为了保证决策的正确性，必须建立科学民主的决策机制。首先要让员工参与决策，集思广益；其次，要组织专门的工作小组，充分地科学论证方案的可行性；最后，要让全体员工知道方案计划的每个细节，尽量协调一致，互相配合，很好地完成任务，保证决策得以科学正确地实施。

3．建立公平竞争的用人机制

在企业内部引入优胜劣汰的市场竞争机制，这既是创新的外在压力，又是创新的内在动力。企业在用人方面，应实行公平竞争，能者上的用人机制。首先，要加强员工的培训投入，建立学习型组织，用学习作为一种福利来留住人，吸引人才，重视人力资源开发和利用；其次，在员工内部实行一系列考核评比制度，以此进行选拔和提升，形成能上能下的竞争气氛，促进竞争与创新。

4．建立效率优先兼顾公平的企业分配机制

我国目前许多企业还未真正体现按劳分配，不敢拉开收入档次，在一定程度上束缚了员工的积极性。企业首先应在企业内部的分配机制上做到创新，改革传统的分配形式，探索更能激发和调动劳动者创造激情的分配形式，如采用期权、不定期奖励，放宽持股限额等方式，鼓励企业经营者和科研人才多持股、持大股，以此将他们的命运与企业命运连为一体，激励他们的创造性和积极性，使他们更主动地从事创新科研工作。另外，还可实行将知识资本作为生产要素之一列入投资中，让人力资本参与分配，这种做法有一定的创新性，可以极大地调动员工，尤其是科技人才的创新积极性和工作热情。

第三节　管理创新的行为与目标

管理创新主体从事的创新活动就是管理创新行为，管理创新行为涵盖着管理创新目标，因为任何管理创新行为都会导致一定的结果。一般来说，一定的创新刺激会引起创新动机，一定的创新动机会产生一定的创新目标，一定的创新目标会引导一定的创新行为，一定的创新行为则会导致一定的结果，这个结果可能是创新主体所希望达到的，也可能是企业变革的结果。

一、管理创新的行为

管理创新行为是管理创新主体在创新思维、创新刺激、创新动机、创新素质、创新价值等因素的作用下，采取的为实现创新目标的一系列创新活动。企业的创新主体在一定的创新价值观的指导下，在特定的环境中会引发创新刺激。这种创新刺激可以来源于市场竞争、环境变化、生产状态、奖励、提升等多方面。但并不是每个创新主体都全对这些刺激产生创新欲望。创新主体的个体差异，如知识结构、心理状态、胆略能力、创新愿望等都直接关系到刺激能否转化为创新愿望与行动，继而转变为创新成果。但从另一方面讲，管理创新的实现很大程度上又取决于企业的创新机制是否健全，有无管理创新刺激的因素。

管理创新价值观是管理创新主体价值观体系中的一部分。管理创新价值观在管理创新行为构成中起到判定和筛选管理创新意念、欲望、创意的作用，是构建管理创新目标的基础，它是管理创新主体行动的指导。由于人的价值观的形成过程的特殊性，因此，管理创新价值观一旦形成就具有一定的稳定性，但并非一成不变，它也会随着时间、内外部环境的改变而发生变化。不同的价值观会形成不同的管理创新的动因。

二、管理创新的目标

管理创新的目标是指创新所要达到的最终结果。这种目标在创新开始之时便已存在于创新主体的意识之中。管理创新的目标不一定是一个独立的目标，它往往同企业的目标体系有着紧密的联系，是企业目标体系中的核心目标之一。企业的目标体系通常包括市场目标、技术目标、成本目标、人力资源目标、生产力目标、管理创新目标、利润目标、社会责任目标等。管理创新目标的设定，关系着企业目标体系能否顺利完成。因此，对管理创新目标的设定就有一定的要求。这些要求包括目标的设定是否恰当（目标实现的可能性）、目标由谁来制定（最好由创新主体自己确定）、目标的设定要具备协调性（各方支持的力度与配合）、目标设定应具有经济性（资源与资金保障）。管理创新目标一旦设定，就成为企业创新行动的导向，每一次正确的行动都向目标迈进一步，每一次迈进又会刺激创新主体的行为。

第四节　管理创新思维及其修炼

什么样的思维方式更容易产生创新？具有怎样的心智模式的人容易产生管理创新成

果？我们应该怎样训练自己的思维，使其能在实践中不断地进行创新。为什么企业管理创新多产生在美国、日本等国家，他们的思维方式有些什么样的特点？管理创新并不是一件人人都可做的事，因为管理创新这种性质的工作复杂而不确定，工作开始之时难以看清未来之路究竟该怎样走。

一、管理创新思维

管理创新的思维是指管理创新的心智模式。所谓"心智模式"是指根深蒂固于心中，影响我们如何了解这个世界以及如何采取行动的许多假设、成见或图像。心智模式是长期逐渐形成的，与每个人的经历、生长环境、教育等密切相关，心智模式一旦形成，就会使人自觉或不自觉地以某种固定的思维方式去认识和思考事物，并用习惯的做法解决问题，往往很难跳出原有的"框框"，这就是思维定式。我们通常不易察觉自己的心智模式，以及它对行为的影响，在管理的许多决策模式中，决定什么可以做或什么不可以做，也常是一种根深蒂固的心智模式在起作用。

在管理创新中，人的心智模式（即独特的思维）是十分关键的。通过发掘内心世界的图像，使这些图像浮上表面，并严加审视，我们就能够跳出心智模式的定式，有效地表达自己的想法，并以开放的心容纳别人的想法。

1．学习智障

学习智障是指人们不利的心智模式决定了组织的设计和管理方式、员工被教育与互动方式以及决策，进而导致人们越是努力尝试解决问题，越是使问题变得更糟或努力的方向不对，这样的学习智障或多或少地发生在我们身边，常见的学习智障主要有：

（1）局限思考。当企业或组织中的人只专注于自身职务上，他们便不会对所有职务互动所产生的结果有责任感。就算对结果失望，可能也察觉不出为何如此。现代组织功能的设计往往将组织功能切割得过细，这更加深了这种学习智障。例如，美国一家大型钢铁厂倒闭了，一群心理学家应邀到该厂找出问题的结症，心理学家们发现，员工存在强烈的认同危机，这些工人说："我怎么能做其他的工作，我只是一个车床工。"。大多数工人认为自己对于整体只有很小或毫无影响力，他们只是在自己的工作岗位埋头苦干，把自己的责任局限于职务范围之内。

（2）归罪于外。当事情出了问题，人们往往倾向于归罪于外界。例如，当一个企业没有实现预计目标时，销售部门会把原因归于产品质量问题；而制造部门则会反过来指责销售部门。归罪于外实际上是由局限思考方式引起的，当我们以片段的方式来看整个事物，只专注于自己的职务，便会看不见自身行动的影响到底怎样延伸到职务范围以外，有时是自己的行动伤害了自己，还误认为是由外部引起的。

（3）专注于个别事件。我们已经养成了以片段和专注个别事件的习惯来处理周围的问题，而且对于每一个事件都以为有明显的原因。在企业，充斥着各类事件：上个月的销售额；近一个季度的销售利润；谁刚获得提升或被开除；我们新开发了什么产品等，如果过分关注于这些个别事件，会分散我们的注意力，妨碍我们以较长远的眼光看事件背后的变化形态并了解这些形态产生的原因。如果我们专注于零散的事件，最多只能够在事件发生之前加以预测，做出最佳反应，但却无法学会创新。

（4）对缓慢来临的危险的忽视。煮青蛙的故事就是一个典型的例子，它说明人们对于突然来临的威胁会产生激烈的反应，但对于缓缓而来的致命威胁却视而不见、习而不察。想一想，食品安全问题是突然出现的吗？水质是突然恶化的吗？社会是突然变乱的吗？健康是突然变差的吗？婚姻是突然变糟的吗？这些问题，当然不是突然变化的。但由于大部分事物都是处于缓慢渐变的过程，极不容易被察觉，等到人们察觉了的时候，不是为时已晚就是不知如何处理。因此，我们要学习看出缓慢、渐进的变化，并特别注意那些细微和不同寻常的变化。

（5）从经验学习的错觉。最强有力的学习出自直接的经验，我们在直接学习的过程中，往往先采取行动，再看看行动的后果，最后决定采取进一步的行动。成功的经验常常被以后借鉴和采用，然而，从经验学习是有其时空限制的，当我们的行动后果超出了这个时空范围时，再一味地按经验行事就难免出错。企业的许多经营决策的后果是无法直接从经验中得到的，因为市场是瞬息万变的，昨天的成功并不意味着今天的胜利，但人们却往往习惯于想当然，按经验办事，这不免会遭受失败。

2. 管理创新的思维

由上述几种学习智障可以看出，归根结底，这些学习智障都是由局限思维所引起的，即缺乏系统的思维。同时，我们也可以得出结论：系统思维方式是至关重要的，对管理创新来说，这种系统思维更是必需的。系统思维成为了管理创新最基础和最重要的思维方式，它可以帮助我们认清整个事物的发展形态，以及各种形态间的相互联系和原因，并有效地把握各个形态，开创新局面，实施创新。系统的思维方式是要从看部分转为看整体；从把人们看作是无助的反应者，转为把他们看作是改变现实的主动参与者；从对现状只作出反应，转为主动创造未来。系统思考提供了一种新语言，重新构建了我们的思维方式，进而纠正我们的认识偏差，指导我们的行动。

二、管理创新思维的修炼

为了培养系统思维方式，必须勤于"修炼"，学会系统的思维方法。管理创新思维的修炼主要应从以下五个方面入手。

1. 系统思维修炼法

当今世界日趋复杂，对系统思考的需要也就远远超过以前。系统思维是"看见整体"

的一项修炼，是一项看清复杂背后的结构，以及分辩解决方案是否可行的一种修炼。它是一个构架，能让我们看见相互关联而非单一的事件，看见渐渐变化的形态而非瞬间即逝的一幕。

系统思维是一套蕴含极广的原理，是从 20 世纪到现在不断精炼的成果，跨越繁多的不同学科领域。进行系统思维修炼，首先必须掌握系统的基础模型（简称基模），系统基模是学习如何看见个人与组织在生活中结构的关键所在，可以发现管理中的问题所在。只有当系统基模成为我们思考的一部分，系统思维才会发挥出巨大的功效，使我们看清行动将如何产生一连串结果，尤其是我们想要创新的结果。系统基模主要有：

（1）"成长上限"的系统基模。各种组织的成长总会碰到各种各样的限制因素的制约和瓶颈，导致大多数成长停止，这并不是因为真正达到了发展的极限的缘故，而是因为组织在成长过程中，不知不觉地触动了抑制成长的因素，这些限制因素不断加剧运动，阻碍发展，从而使成长减缓、停滞甚至下滑。

组织的成长上限常常使最初战果辉煌的组织发生变化并遭受挫折。大多数人遇到成长上限时，会尝试更努力地向前推进，希望继续成长。例如，在人际关系有问题时，你会花更多的时间与他人相处或努力改善沟通；在员工不满意时，以提升或加薪来取悦他们等。

这些解决办法刚开始也许还有些效果，但它是短期行为，你越是用力推动你所熟悉的做法，制约成长因素的反作用也越强，使你的努力越是徒劳无效。正确的做法就是，辨认并改变限制因素。例如，当公司在成长的时候，为了维持有效的产品开发速度，必须处理日益复杂的研究开发组织所带来的管理负担，有的则聘请擅长管理的人；有的则对希望能担任管理职务的工程师进行管理能力的训练。总之，在出现成长上限时，应该削弱或除去限制因素，而不要用力去推动成长，否则只会使抗拒变得更强。

（2）"舍本逐末"的系统基模。潜在问题常在症状明显出现后才会引起注意，如水质并不是忽然变坏的，当人们发现水质变坏时，说明水质已经严重变坏了，当企业效益滑坡时，管理已经出现了问题，否则人们无法察觉。此时，要解决问题就必须付出极高的代价，因而人们往往会避重就轻，采用一些简便的、立即见效的解决办法。但不幸的是，这些容易的"解决办法"常常是只能改善症状而不能改变潜在的问题。这是因为当采用了容易的解决办法后，会使症状暂消除，导致问题不再引人注意，却使系统因此丧失了解决根本性问题的能力。这就叫"舍本逐末"。例如，企业在面临国外强大的竞争时，根本的解决办法是提高企业的竞争力，但现实中往往是采用寻求关税保护的办法，虽然问题表面上得以解决，但致使企业丧失了解决根本性问题的能力。解决此类问题的方法是要非常小心，不要落入只解除症状的陷阱。

（3）"反应迟钝"的系统基模。个人或组织在具有时间滞后性的调节过程中，不断朝一个目标前进并高速地运动，如果没有意识到时间滞后这一客观事实，那么他们所采取的行动往往会过了头，或者因为在短期内一直看不到任何进展而干脆放弃。例如，调节热水器的温度，若想稍稍调高一点，采取调高一点的行动后，水温并不会立刻变高，此时会认为行动幅度不够，会再调高一点，但不久就会发现水温已远远超过了想要的温度，于是又不得不往回调低。若意识到这种时间的滞后性，就不会出这样的错了。因此，在一个动作速度原本就较为迟缓的系统中，急切的行动反而会产生不稳定的后果，面对这种情况，一定要循序渐进地调节，决不过度反应。就长期而言，其根本的解决办法是改变系统，使其能够反应迅速。

（4）"恶性竞争"的系统基模。企业为了确保自己的地位和利润，往往是建立在胜过对手的基础之上，只要一方领先，另一方就会感到更大的威胁，从而更加积极地行动，重建自己的优势。一段时间后，这又对另一方产生威胁，导致他的行动更加积极……这样就会产生一个对立形势升高的恶性循环。为此，应寻求一个双赢政策，将对方的目标也纳入自己的决策中，一方积极采取行动时，会使对方感觉到威胁降低，从而倒转对立升高的局势。

（5）"富者越富"的系统基模。当两个业绩相近的企业为了有限的资源而竞争时，若一方得到了稍多的资源，便占有了较多的优势去争取更多的资源，无意中产生了一个增强的良性循环，于是表现越来越好；而另一方会陷入资源越来越少、表现越来越差的情形，构成一个反方向的恶性循环。因此，在决定两者之间的资源分配时，除了看成绩表现这一指标外，更应重视整体均衡发展的更高目标，在某种情况下，可以消除或减弱两者使用同一有限资源的竞争关系，尤其是一些无意中造成的不良竞争关系。

（6）"共同悲剧"的系统基模。众多的个体基于个别需求，共同使用一项很充裕但有极限的资源，起初，他们使用这项资源逐渐扩展，并成长越来越快，但后来他们的收益开始递减，成长越来越慢，最后，资源显著减少或消灭。例如，一家公司负责不同辖区的几个部门，同意共用销售人员，每一个部门都由于有更大的销售力，在必要时能大力支援促销，从而业务蒸蒸日上，对于销售人员的需求也日渐增加。这造成共同销售人员的工作负担过高，导致业绩下降，以及流动率上升。不多久，销售人员因不满此情况而大量离职，使企业的每个部门都陷入销售力大减的困境。面对这种情况，可以通过教育、自我管制以及参与者共同设计的相互调节机制，来管理共同资源。

2．自我超越修炼法

自我超越是指突破极限的自我实现或技巧的精熟。自我超越的意义在于创造和创新，而不是用反应的观点来面对的生活与生命。当自我超越成为一项修炼、一项融入我们生命中的活动时，它包括两项任务：首先是不断理清到底什么对我们最重要；其次是不断学习如何更清楚地看清目前的真实情况。但自我超越不是一种立刻能拥有的能力，而是一个过程，一种终身的修炼，要把它当成修炼，必须了解作为其基础工作的以下原理和途径。

（1）建立个人愿景。个人愿景是发自内心的"上层目标"，与一个人对于自己为什么而活有关，是一种召唤及驱使人们向前的使命，而不仅是一个美好的构想。"愿景"是一种内心真正关心的事，建立真正的个人愿景，即理清了到底什么对自己最重要，自己的终极目标是什么，这样才会有一个明确的方向，并产生无穷的动力，使潜能发挥到极点，不断地更上一层楼，达到自我超越和创新的目的。

（2）保持创造性张力。由于现实与我们想建立的愿景有一定的距离，可能会使我们感到绝望，但同时正是由于愿景与现状的差距激起了我们推向愿景的强烈愿望。这种差距成了创造力的来源，我们把这个差距叫做"创造性张力"。当愿景与现实存在差距（即创造性张力）时，消除这个差距的办法有两种：一是采取行动实现愿景；二是降低愿景目标。为了避免采用第二种办法，我们必须保持创造性张力，利用这个差距产生出创造的能量，向愿景一步步前进，这也是培养毅力与耐性的修炼过程。

（3）看清结构性冲突。甚至连许多极为成功的人也有一些根深蒂固的、与"自我超越"信念相反的成见，这些成见限制了自己的创造力，其中有的是认为不够资格得到所想要的东西，有的是相信自己没有能力实现自己真正在乎的事情，这些想法往往是隐藏在潜意识里。当一个人朝着愿景前进时，有一股强大的创造性张力将他拉向愿景，但同时无力感又像一股抗拒力在将他拉离愿景。这样一种矛盾叫做"结构性冲突"，它是一个各方力量互相冲突的结构，同时把我们拉向和拉离我们所想要的东西。当我们看清了这个结构性冲突后，就应在内心信念上消除改变无力感的负面力量，用毅力战胜困难，并逐渐改变自己生命中的深层结构性冲突。

（4）真诚地面对真相。不是指追求一项绝对的真理或追究万物之源，而是根除看清真实状况的障碍，并不断地对自己心中隐含的假设加以挑战。处理结构性冲突的首要工作，在于辨认出这些冲突，以及其运作的模式。例如，当工作没做好时，不要一味地责怪他人或某件事，而应改变思维方式，看清造成问题的结构，找出真正的原因。一旦找出了问题的运作结构，这个结构本身就会变成"真实情况"的一部分，而诚实地面对情况的意愿越强，所看见的真实情况也越接近它的真相，创造性张力也越有力。在确认了结构性冲突的起源之后，所需要的就是对这些结构做更有创意的变革，并开始思索自己能做什么。

3. 心智模式的修炼

心智模式是一种对事物概括性的看法，它不仅决定我们如何认知周围的世界，并影响我们如何采取行动。两个具有不同心智模式的人观察相同的事件会有不同的描述，因为他们的重点不同，正如心理学家所说的，我们做了选择性的观察，即使在理论上应该是最"客观"的科学家，也无法绝对客观地观察这个世界。心智模式的问题不在于它的对或错，而在于人们不了解它是一种简化了的假设以及它常隐藏在人们心中而不易被察觉和检视。心智模式影响我们的认知方式，在管理上同样重要，由于对心智模式缺乏了解，使许多培养系统思维的努力受挫。

心智模式的修炼，首先要检视思维，把隐藏在企业重要问题背后的假设找出来，暴露出机械思考的限制，管理者常倾向于以固定的几个解决方案来对付复杂的企业问题，这样通常使问题更糟。通过检视思维可以帮助管理者改善基本思考的技巧，让他们更深地了解自己的心智模式可能产生的偏差，进而不断练习，努力建立起自我省思。其次，发展面对面的学习交流技巧，并要求全公司的管理者都要精通这方面的技术，因为任何组织最关键的心智模式就是决策者们共有的心智模式，如果管理者不用反思和探询的技巧去处理人际问题，就无法完成创造性的学习，无法使组织内每个层次的人在外部情况逼迫他们重新思考之前挑战自己的心智模式。

4．建立共同愿景的修炼

共同愿景是在人们心中的所深受感召的力量，它创造出众人是一体的感觉，并遍布到组织各方面，从而使各种不同的活动融会起来。个人愿景的力量来自一个人对愿景的深度关切，而共同愿景的力量则来自共同的关切，共同关心的一项重要任务、事业和使命，反之，若将个人的愿景强加给组织，顶多博得服从而已，不能产生强大的勇气和激情去完成使命和任务。

（1）鼓励个人愿景。因为共同愿景是从个人愿景汇聚而成的，通过汇聚个人愿景，共同愿景能获得能量和培养动力。如果人们没有自己的愿景，那么他们做的就仅仅是附和别人的愿景，一味地顺从，决不会发自内心地去投入和主动奉献。那些能献身去实现崇高愿景的人，也就是对愿景有明确了解并持续自觉地探询真实情况的人。

（2）放弃愿景。由高层宣示或是来自组织制度化规划过程的传统观念。在传统的阶层式管理组织中，人们都认为共同愿景应由公司的大蓝图而定，每一个人只是听命行事，支持组织的愿景。这样的愿景在短期内能解决士气或缺乏策略方向的问题，但一旦表面危机过去，管理者就会认为他们该松口气，卸下建立共同愿景的职责了。这种一次性建立起来的愿景并不是从个人愿景中建立起来的，无法使员工感到共同拥有这个愿景，无法从根本上激发工作热情。

（3）学习聆听。要达到彼此的愿景真正的分享及融会，形成共同愿景，是个人愿景互动成长的过程，必须经过不断地交谈，不仅使个人能自由表达他们的梦想，而且要学习如何聆听其他人的梦想，在聆听之间逐渐融会出更好的构想。聆听往往比说话还难，尤其是对于那些有定见、意志坚强的管理者来说更是如此，聆听不仅需要广阔的胸襟来容纳不同的想法，而且必须先让多种多样的愿景共存，用心聆听，从而找出能够超越和统合所有个人愿景的正确途径。

（4）把共同愿景融入企业理念。建立共同愿景实际上只是企业基本理念中的一项，企业理念还包括宗旨、使命、核心价值观等。这些企业理念需要回答三个关键问题：一是追求什么？追求共同愿景，就是要追求一个大家共同希望创造的未来景象。二是为什么追求？这是企业的目标和使命，是组织存在和努力的根源。三是怎样去追求？在达成组织共同愿景的过程中，核心价值观是一切行动、任务的最高准则。这三项企业理念合而为一，形成企业的信条和指导。

5．团体学习的修炼

团体学习是发挥团体成员的整体搭配与实现共同目标能力的过程，它是建立在发展"共同愿景"和"自我超越"基础之上的一项修炼。团体在组织中渐渐成为最关键的学习单位，因为它有利于挖掘潜在的团体智慧。团体学习有放大效应，即当一个团体能更好地整体搭配时，就会汇聚出共同的方向，调和个别力量，从而使力量的抵消或浪费减少到最小，发出一种共鸣，就像光线凝聚成一束激光一样。它具有目的的一致性及共同愿景，并且能够取长补短。

团体学习的修炼关键在于运用"深度会谈"和"讨论"两种交流方式。深度会谈是自由和有创造性的探究复杂问题，要求先暂停个人的主观思维，彼此用心聆听。在深度会谈时大家以多样的观点探讨复杂的问题，每个人摊出心中的假设，并自由地交换他们的想法。在一种无拘无束的探索中，人人将深藏的经验与想法完全显现出来，而超越他们各自的想法。"讨论"则是提出不同的看法，并加以辩护。两者是功能互补的，通过这两种方式的交流，避免在面对面的意见冲突时的折中妥协或争得你死我活。

深度会谈有三项基本的必要条件。

（1）所有参与者必须将他们的假设"悬挂"在前面，先将自己的假设前提摆出来，以便不断地接受询问与观察，如果我们一味地为自己的行为辩护而未察觉自己的假设或未察觉我们的看法是建立在某种不正确的假设的基础上时，就无法看清事实和了解真相，会因此各持己见，争得你死我活，无法深入探索问题。团体悬挂假设的修炼是检验我们想法与策略背后的假设，而不是寻求保卫这些假设的方法，是让成员更清楚地看见他们自己的假设，并让人探寻："是什么导致你说出或想出这个？"而不是坚守各自的立场。

（2）成员视彼此为工作伙伴。团体的成员只有视彼此为工作伙伴，才能共同深入地思考问题和发生深度会谈，这对建立一种成员彼此间关系良好的气氛以及消除尝试会谈时由于阶级差距所带来的障碍有所帮助。因为将假设悬挂出来常常令人觉得不安，这要求每一个人把他的职位弃之门外，不分等级地展开深度讨论。在意见出现重大不一致的情况下，通过考察、研究各自的假设，并探询问题的根本，通过充分讨论，能够得到更有意义的收获。但是在组织中进行深度会谈是极不容易的，主要是因为组织阶层会使伙伴关系难以建立，职位低的人害怕陈述自己的真实看法。因此，不愿奉行悬挂假设与建立伙伴关系，是不可能做到深度会谈的。

（3）要有掌握深度会谈精义与架构的辅导者。在缺乏熟练的辅导者的情况下，过去的思维习惯会不断把我们拉离深度会谈，拉向喋喋不休的争论。我们习惯于将思维所代表的假设视为真相本身，相信自己的想法比别人的更正确。一个深度会谈的辅导者，首先要做好一个顾问的基本工作；其次，不能让成员觉得某些话题被刻意地禁止，从而不敢畅所欲言；再次，辅导者在会谈进行的过程中，应注意启发，而不要以专家的姿态出现，以免有些成员因过分注意辅导者而分散了注意力或疏忽了自己的想法。最后，辅导者要基于对深度会谈的了解，通过参与来影响深度会谈发展的动向，辅导者只在必要的时刻讲话，做正确的示范。

总之，深度会谈是以多样的观点探讨复杂的难题，每个人都摊出心中的假设并自由交换他们的想法，通过看清并探索看法背后的思考与假设，人人将深藏的想法完全浮现出来，并超越他们各自的想法。

三、东西方管理创新的差异分析

愈演愈烈的竞争，使世界许多企业不得不以完全不同于以往的方式进行经营管理。所有的公司和机构（包括政府）都必须改造自己，因为这种改造已势在必行，同时，每一位管理者必须清楚地认识到，并不存在一种唯一正确或者普遍适用的管理模式，每一个企业都必须进行管理创新，并围绕着自己的使命和战略来设计本企业的经营管理模式。

由于东西方文化背景的差异，东西方管理模式也各不相同。东方管理的突出代表是日本企业管理模式，以及亚洲"四小龙"的企业管理模式，西方管理的突出代表则是美国企业管理模式，以及西欧一些发达国家的企业管理模式，但无论东方还是西方管理模式近年来都在强调相互学习、取长补短。正是在这种相互的学习中，大家都取得了巨大的进步，在管理上取得了一系列的创新，并独树一帜。

1．东西方管理创新的差异

若从历史的角度来看，主要表现为创新的侧重点不同。

（1）从领导体制方面来看，现代企业领导体制基本上是由公司法或商法所规定，即股东大会是公司的最高权力机构，股东大会选举出的董事构成董事会，董事会是最高决策机构，日常工作由董事会聘任的总经理负责。欧美以及日本等国家的公司制企业都采用这一模式。但东方如我国一些传统型企业的领导机制却较为落后，家长制及国家人事管理制度和企业（尤其是国有企业）内部负责人的官僚主义作风使企业缺乏创新动力，也不利于人才的流动和才能的发挥。

（2）从组织机构来看，西方现代大企业的组织机构创新以美国为代表，多是以分权为基础的事业部制形式。这是美国企业家斯通隆创造性地设计出来的。美国企业在市场竞争日趋激烈的形式下，强调系统性和灵活性相结合、分权和集权相结合的管理体制，出现了形形色色的企业组织形式，如超事业部制、矩阵结构、系统结构等。日本企业在这方面也无多大创新，基本采用美国企业的这些组织形式。我国传统企业的组织结构大多是金字塔式的多层次管理结构，容易产生"公司内部的官僚主义"和管理低效率。其信息传递缓慢、失真，工作效率低，营销环节多，管理难度大。随着经营和销售方式的改变，企业通过社会化协作和契约关系，外包非核心零部件生产和认证零部件质量的可靠性，使企业的中间管理组织设置变得简单，侧重向两头发展。管理组织的扁平化、信息化消减了中间层次，使决策层贴近执行层。

（3）从管理方式、方法来看，现代企业管理方式、方法，如线性规划、优选法、统计运筹、网络计划技术、现代质量管理方法、目标管理方法等，都是美国企业管理领域中的创新成果。日本在学习美国的过程中，进行了创新，其中较著名的是全面质量管理、全面设备维修等。这些创新加入了人本主义思想，加入了集体主义精神。我国传统的企业管理的方式、方法，并无什么创新，实行现代企业制度的过程中，主要学习与采用美国与日本的管理方法。

（4）从人际关系来看，梅奥的霍桑实验等一系列创新活动，导致了行为科学的产生。这一理论在美国的企业中广泛应用，并在人际关系的处理方面不断创新。从人际关系最初的"对工人好一点"到新人际关系的"给工人们在工作中成长和发展的机会"的论点及实施，到马斯洛的"动机的需求层次论"，到麦格雷戈的"X—Y理论"，到赫茨伯格的"激励保健理论"，到李克特的"系统4理论"，到布莱克和莫顿的"管理方格图"，到阿格瑞斯的"目标一致性理论"，到赫西和布兰查德的"情境领导理论"等。日本的企业在这一方面也有许多创新。如大力支持"俱乐部"、"联谊会"等各种非正式群体组织，并在经营与其他活动等多方面提供支持。我国传统的工厂制的企业管理，基本上是一种服从上级行政干预的执行型管理。在这种体制下，实行了"科学管理"的部分内涵，例如规定了企业管理基础工作需要标准化、定额、计量、信息、培训和班组建设，但是不够完整。工作流程未形成系统、合理、规范的机制，缺乏动态更新；尤其在行为科学发展滞后的情况下，对管理人员和职工都缺乏心理需求分析和责、权、利明确的激励机制，管理效果在很大程度上取决于领导者的素质、经验和风格，并循着长官意志时紧时松地在对那些传统管理方式是否需要"强化"、在形式上是否需要更加"严格"上兜圈子，而对于岗位职责、工作程序、规章制度的科学性和有效性以及对于资金、人才、时间、物资等资源使用的效率缺乏实质性控制。当前经济体制转轨时期，政企分开、政资分开、官商分开的制度环境正在建设过程之中，企业制度的双轨制，即行政干预企业决策与制衡机制下的自主经营这两种企业体制并存，且处于胶着状态。这是许多国有企业由于制度缺陷而时起时伏地出现管理滑坡的主要原因。

（5）从管理制度来看，西方国家现代企业的管理制度以严密和严格著称，它保证了生产过程的正常进行。雇用制度是合同制；员工的激励制度是破格提拔，不计资历；决策方式则是自上而下（德国除外），员工可自由流动。日本的管理制度有其明显的创新特色。最著名的是年功序列制、终身雇用制与企业提升制。日本企业的这三大制与日本企业主张企业为家、集体为上的文化理念相关。我国传统的管理制度主要采用固定工制，在改革劳动用工制度后，原有固定工与企业重新签订了劳动合同（长期），实际上对原有用工制度没有根本的改变。而新进企业的工人与企业签订有期限的劳动合同，实现了劳动用工的合同化。固定工的全民所有制职工身份已经成为企业管理创新的主要障碍。

2．东西方管理创新存在差异的主要原因

（1）创新能力的差异。美国的管理创新主要依靠一些英雄人物。在个人创新方面，美国企业往往都可以有所建树，然而其团队创新能力却相对薄弱。日本的管理创新并非依靠一些英雄人物，而是靠广大员工。

（2）价值取向的差异。欧美国家强调个人奋斗，推崇个人才能至上。日本企业则更多地建立在集体竞争的基础上，信奉"在家靠父母，出门靠朋友"的传统观念，在企业内部人们也比较注重维系工作的联系纽带。

（3）东西方文化的差异。西方民族具有游牧民族的文化特征，东方民族具有农耕民族的文化特征。西方文化追求理性、试验，具有挑战、竞争、冒险和出人头地等特点；东方文化讲究直观、领悟，追求大彻大悟、与世无争。在思想基础方面，西方文化表现为个人主义；东方文化表现为集体主义。由于东西方文化的不同，两者在现代企业文化方面的创新也呈现出典型的不同性。文化的不同使东方企业中人际关系、利益关系比较稳定，但存在着保守性和排他性；而西方企业的人际关系则具有不稳定性，但组织具有开放性。这些文化差异在企业中的不同表现会使创新主体的创新活动按照特定的文化指向进行，这是因为创新主体的思想价值观、创新意识与能力本身是由他所在地方的文化培育而成。

第五节 管理创新的方法

缩短东西方差距的办法是加快企业创新的步伐。企业管理的实践者，应在经济体制转轨和世界经济一体化的进程中体察到企业改革和管理创新的脉搏，既了解国际管理发展趋势，又立足于国情和自身素质；既找到现实差距与当代管理"接口"的途径，又把握管理创新可行和适度的进程。每前进一步都要掌握好"度"，既不因循守旧，又不急于求成，努力创造推进管理创新的必要条件，使我国企业管理"更上一层楼"。

一、管理创新的条件

要进行管理创新，必须要具备最基础的条件，否则就难以激发管理创新的积极性和产生新的创意的想法；或者即使有好的管理创新欲望或新创意，也难以成为管理创新成果。管理创新的条件较多，但必备条件主要包括以下几方面。

1．管理创新意识

企业要实施管理创新，首先要有管理创新的意识，即企业员工要有强烈的管理创新愿望和积极性，并积极地开展创新活动，把管理创新放在企业发展的重要位置上，在工作过程中以管理创新意识作为指导。管理创新意识主要体现在管理创新主体上，管理创新主体首先要有远见卓识，能够敏锐地判断企业与管理发展的趋势，在现实问题中找到关键性问题，并看清其背后的深层次原因，适当地、有意识地结合本企业的特点提出一些有价值的创意和大胆的设想，作为管理创新的萌芽。例如，当前国有企业改革是一个难题，如何激励国有企业的经营者自觉主动地像经营自己的企业一样努力？如何使国有企业留住人才？吸引人才？如何转换经营机制？等等，要解决这些问题，都需要管理创新，而要管理创新，首先必须在观念上有所创新，用正确的观念指导我们的改革。

2. 建立良好的管理创新氛围

有了强烈的管理创新意识后，要激发管理创新的实施，良好的管理创新氛围是不可少的。为企业实施管理创新提供一种活跃而灵活的宽松环境，能够使员工的思想处于比较活跃的状态，敢于大胆设想和超脱固有的心智模式，容易产生新的智慧闪光点和好创意，并乐于向领导人出点子；反之，若企业的工作环境使人感到压抑，只是一味地服从，不敢有一点"越轨"或反常的做法，即使有了好的创意也不愿向领导人汇报，怕碰钉子，在这种情况下，当然不利于企业的管理创新活动的开展。因此，良好的创新氛围是十分重要和必要的，它主要表现在企业的一系列规章制度和组织中人与人之间的关系上。国外许多成功的大公司，一般都有良好的管理创新氛围，并制定了各种奖励制度，激励每一个员工开动脑筋，并给予员工展示自己新创意的机会，或采取竞赛的办法让他们拿出新创意或可行的新想法。

3. 有一定的管理创新能力

要实施管理创新活动，关键是开发人的智慧之源，发挥人的潜能和创造性，即人的管理创新能力如何。因而，人作为管理创新的主体，其管理创新能力就成为了管理创新十分重要的一个条件。管理创新能力主要取决于人的素质和天赋，不同的文化差异和环境往往导致不同的思维模式和管理特点，也塑造出不同思维习惯的人，从而产生不同的管理创新能力。企业应有意识和有目的地训练员工和管理者正确的思维方式方法，培训员工以及管理者，打下牢固的基本功，并在此基础上激发员工和管理者的创造性思维，发动大家共同来实施管理创新工程。同时，在组织上、政策上给予密切的配合。

4. 具备基础的管理工作条件

现代企业的基础的管理工作条件主要是指一些最为基本的各项具体管理工作，包括信息的收集和处理、统计记录、技术成果归档、相关的数据资料、工作岗位说明书、奖惩和激励制度、会计核算等。这些基础的管理工作可为企业进行管理创新提供必要的信息、资料和规则，这些基础工作做得越好，说明企业的管理水平越高，越有利于管理创新活动的开展。实践表明，许多管理创新，都是在精通行业或工作的基础上，找出管理上的不足之处，通过对不足之处进行克服和改进，在此过程中有了管理创新。例如，日本企业从美国引进全面质量管理之后，在此基础之上，不断改良，创造了全面质量服务管理；日本企业又在传统的适当库存管理的基础上精益求精，提出了零库存的管理方法。日本企业就是这样，踩在巨人的肩膀上，精益求精，更上一层楼，在管理创新方面走在了世界的前列。

5．制定管理创新目标

企业进行管理创新活动，并不是漫无边际的，不同企业由于具有不同的产业特点和个性，要求具体的管理创新的侧重点有所不同，目标也会有所不同。企业应根据自身的特点，结合管理的基础条件，制定具体而可行的管理创新目标，即确定某一项管理创新活动如何实施，要达到怎样的状态和结果等。具体的管理创新目标要与具体的管理创新领域相一致。例如，福特公司创造的流水线生产管理是与汽车工业机器生产相联系的，而非与商业服务或其他领域相关；同样，连锁经营的商业服务形态的创造是与商业领域相联系的。

除了上述的管理创新的主要基础性条件外，还有企业特点、社会文化环境等条件。

二、管理创新的方法

管理创新的方法是指产生管理创新或创意的途径和机制。诸如艾科卡、松下幸之助等人在进行管理创新时都遵循了一定的管理创新方法，并考虑了进行管理创新的约束条件及其内存规律，从而成功地取得了不少的管理创新成果。如果一味行动，而不把握行动的规律，其结果不是遭受失败就是事倍功半。管理创新的方法主要有：

1．加强系统思维方式和方法的修炼

我们前面说过，管理创新是要突破固有的思维定式，改变不正确的根深蒂固的心智模式和思维方式，从而容易看到别人看不到的地方，产生创新或新创意。而要改变不正确的心智模式必须要进行"修炼"，学会运用系统思维的方法思考和处理问题，学会看清事物表象背后的结构性冲突，从而找到真正的原因和矛盾，这样才会有利于产生创新。

2．学会突破常识，采用反向思维法

反向思维是指思考问题的逻辑方式与一般人的想法相反或不同，常常打破常识，从一种新的视角看问题，从而产生意外的发现，甚至在此基础上产生管理创新或新创意。具有反向思维的人往往具有敏锐的观察力和喜欢思考的特点，这样的人在深入思考的过程中把问题想得更透，喜欢从多种角度找到问题的解决办法，因而思维很活跃，一般人认为正常的事情，他们往往能看到不平常之处。如同样是一个苹果从树上掉下来，一般人会习以为常，思维也会就此打住，不会进一步去思考。可是，具有反向思维习惯的牛顿却能见常人之所不见，进一步思考，后来因此而发现了万有引力。

关于反向思维的例子还有许多，如：

（1）竞争的实质是要求合作。一般人认为竞争就是你死我活的对抗和对立关系，但从"竞争"一词的英文单词来看，竞争一词还有"伙伴"的意思，即还有合作的意思，从当前发达国家的巨型企业从对抗走向合作的趋势来看，人们更注重"伙伴"这种意思的把握，并对竞争和竞争对手进行了重新定位。我国目前的价格战，表明我国企业还未意识到竞争应转向合作的趋势，还未真正理解"竞争"一词的含义和其发展趋势。

（2）规模生产并不一定是对的。普遍的观点认为，规模化生产可以降低单位产品的成本，达到规模经济效益。这种观点适用于工业化大生产时代，在日趋强调个性化的后工业时代和知识经济时代并不一定可行。因为人们的需求有了更进一步的发展，追求个性化消费已成为一种趋势，这时要求企业进行小批量生产和差异性生产。另外，实行规模化生产，是强调数量，若产品不适销对路或卖不出去，生产越多就意味着浪费，反而达不到企业的预期目标。

（3）不要勉强挽留想要离去的员工。当某一员工想离开企业时，传统的做法是给员工做思想工作，希望他留下来，甚至不让员工离去。这样做轻则导致更多的内耗、制造矛盾、分散企业凝聚力，重则贬低领导者，甚至吃里扒外。所以要走而不走或要走而不让走都不是正确的做法，而应让要走的人尽快走，以免影响企业的发展，虽然人力资源是最宝贵的资源，但若不为企业所用，只能成为祸害。

（4）薄利多销是头脑简单的做法，生产高附加值的产品才能更好地满足顾客并能获得可观的利润。一般人总是认为薄利多销是一种成功的销售策略，实际上并非如此，因为成熟的顾客在购物时更在乎满意度，在乎得到的享受和满足感。高附加值的产品能为顾客提供更好的服务和满足，如高文化附加值的产品能使顾客在心理上享受到更多的满足，高服务附加值的产品能使顾客用得放心，节约了许多隐性成本。

3．知识综合的管理创新法

知识综合法是指通过把各相关学科的知识交叉地运用、加以综合而得到的创新意向，并由此产生管理创新。目前，多学科的综合运用，互相渗透的趋势已越来越强，通过这种方式的管理创新也越来越多，因为根据系统思维的观点，各个学科的知识之间本来就有相通之处，多学科的交叉运用，可以碰撞出智慧的火花。人类在发展过程中，由于工业时代分工过细的原因，把每一门学科分割得过细，太专业化，反而不利于科学的发展、进步和创新。现在，人们逐渐地意识到了这一点，学科间的融合、交叉运用也日益频繁，如心理学在企业管理人际关系学方面的引入，导致了行为科学管理的革命；现代数学、运筹学和统计学在管理学中的应用，产生了现代管理方法；人文科学中的社会学、伦理学等的最新成果被引入到企业管理后，导致了现代管理模式的变革。

芮明杰教授认为，管理创新只有通过两种方式产生，（1）用新的科学技术和知识来分析、研究现实中的管理问题，即从一种新的视角来研究现实问题，从而能得到不同以往的新看法和启示，进而产生创新的灵感。例如，信息技术的革命和计算机网络的发展，使企业的信息系统产生巨大的变化，企业的管理幅度由此不受限制，从而大大冲击企业的组织结构，新的组织结构和管理方式将诞生。（2）沿用以往的科学知识、方法和手段，并将这些科学知识、方法和手段综合起来并系统地看待管理问题，从而得到不同的思路、看法和启示。例如，现代柔性管理模式即是属于这种方式产生的管理创新。

4．改进、突破管理创新法

改进原则是指在现有的管理基础上，进行有创意的提高与改进，通过这种方式，更容易产生管理创新，也是现实中用得最多的一种方式。可以是在自己特有的管理基础上，也可以是在别人先进管理思想的基础上进行延伸、提高，或通过否定他们而建立新的管理方法。例如，推销这种营销方式，最开始采用单家单户的人员推销方式，但费时费力且效果不佳。于是便让推销员进入超市、商场，穿上营业的工作服，进行现场推销。一方面，打消了消费者认为对方在搞推销的念头，另一方面，营业人员的意见对消费者有较大的影响，使得这种推销方式极为成功，这也不失为一种营销方式上的创新。又如，日本在 20 世纪50 年代的管理水平比较落后，后来通过去美国学习企业管理并邀请美国管理专家到日本讲学，保留美国企业管理的科学性成分，再加上日本传统文化，甚至还加上了中国传统文化的精髓，最终形成了今天的具有日本特色的管理模式，使得日本的企业管理既有自己的特点，又有他人的长处，这也不失为一种管理创新。

5．技术开发加快的管理创新法

技术开发管理是企业管理创新的捷径和源泉，也是企业获得核心竞争能力的有效途径。通过技术开发，获得新成果，往往会伴随企业管理上的创新或导致管理模式的变化。微软公司把"技术开发管理"的创新作为企业生存和发展的命脉，"不断淘汰自己的产品"是该公司的口号，也是该公司成功的秘诀之一。正因为微软一直十分重视技术开发，才使得他无论是在产品上还是在企业管理模式上都不断有创新和进步，始终处于 IT 行业的领导者地位。现在，通过加快技术开发，促进管理创新已成为企业家们的共识，美国柯达公司也提出了"站在传统与未来之间"的开发技术方案。正是技术开发管理和企业管理的不断创新使美国企业领先于世界。

关键词

管理创新与现代经济发展　管理创新的主体与机制　管理创新的行为与目标
管理创新思维及其修炼　管理创新的方法

思考题

1．什么是管理创新？为什么要进行管理创新？管理创新的意义、特点是什么？管理创新有哪些类型？

2．管理创新的主体是什么？管理创新有哪些机制？管理创新与自主创新有什么关系？

3. 管理创新的行为和目标是什么？它们有什么关系？

4. 什么是管理创新思维？这种思维如何修炼？东西方管理创新有何差异？

5. 管理创新有哪些条件和方法？请列举，并结合实际说明。

案例 　　　　　　　四川嘉熙实业有限公司的价值创新

企业要取得竞争优势，实现可持续的发展，就应该跳出竞争的"红海"进入获利丰厚"蓝海"，这是近年来企业取得的共识。但是企业要得到进入"蓝海"的船票就是进行创新，以使自己领先于竞争者。四川嘉熙实业有限公司（以下简称"嘉熙"）在分析本行业产品的战略布局图的基础上，联系自身的产品价值曲线进行增加、减少、删除和创新，提升了自身的战略价值，取得了极大的成功。为企业创新提供了一个可操作性强的路径。

一、企业背景

在中国卫生洁具行业的一片萧条之中，1999 年 10 月嘉熙第一个概念桶试制成功，12 月四川嘉熙实业有限公司正式成立，2000 年 10 月国内第一个标准家庭木桶下线并在成都上市，2001 年 7 月第一个嘉熙木桶专卖店开业，2001 年 10 月获得外观设计、实用新型两项国家专利，2002 年 4 月建成北京生产基地，2002 年 8 月将高科技抗菌剂成功运用在嘉熙木桶全系列产品中，2002 年 9 月第一个实木浴缸问世，2003 年 1 月，全面进入 ISO9001 认证体系，2003 年 2 月第 50 个总代理商签定代理合同，2004 年 10 月嘉熙浴室柜系列面世，2005 年 1 月嘉熙居家系列产品面世，2005 年 3 月嘉熙和式浴桶面世，2006 年 4 月全面进入 ISO14000 国际环保认证体系。

二、管理创新的环境

四川嘉熙实业有限公司的董事长柳劲松是一个天生的企业家，他敏锐的商业眼光、极具冒险精神的个性和独特的人格魅力是引导嘉熙一步步走向成功的关键。在多年经商创业的过程中，柳劲松先生与总经理刘哲义先生经历了成功的喜悦和失败的痛苦，最后根据中国市场环境和自己的性格特点，重新确定了的创业方向：必须做终端市场，必须做消费品。从理论上讲，快速消费品是最好的项目，但是由于风险太大，又不具有做该类项目的基本条件，他们很快排除了此类项目。于是，耐用消费品成为选择的范围，衣、食、住、行，最终他们选择了"住"类耐用消费品项目。这就是嘉熙创业之初经营多类项目的原因，经过一段时间的市场调查和销售额反馈，最终确定了嘉熙的产品——做木桶。

1. 外部环境

第一，以历史传承的眼光来看，木桶在中国、外国都有洗浴用的历史，退出历史洗浴市场年代不远，文化传统认同度较高，在文化和消费群体上具有开发的基础。

第二，以旁观者的角度来观察中国的卫生洁具行业，所有产品的材质均是现代工业用品，没有规模实木卫浴用品，市场空白正是嘉熙开创木质卫生洁具行业的大好机会。

第三，以社会发展的目光来分析，现代人追求绿色用品，环保意识增强，木桶天然、环保能满足时代的发展需要。

2. 企业内部条件

第一，原材料渠道完善：木桶原料为川西北、深丘地带生长的香柏木，生长期长，原材料丰富。香柏木属于标准的人工林，而不属于国家"天然保护工程"的植物。

第二，加工工艺具备且逐步完善：嘉熙积累了多年木质品的生产经验，而柳劲松与合伙人陈茂（一个专业是设计，一个专业是机械）合作研发，经历15个月无数次的失败，攻克了渗透、变形、防腐、耐高温等一道道难关，最终在桑拿洗浴木桶的基础上开发出了家用型洗浴木桶，并将工艺流程标准化，获得多项国家专利，不断推陈出新，是木质洁具卫生行业中唯一通过ISO9001质量认证的企业，而今嘉熙的生产工艺已成为行业的生产标准。

综合外部环境和内部条件的分析，嘉熙做木桶是最现实也是最理智的选择。

三、管理创新的实施

1. 营销渠道

嘉熙的营销渠道发展思路明确，从第一个家用木桶诞生开始，柳劲松与刘哲义就预见到木质卫生洁具行业内企业将普遍存在本金低、规模小、起点低的特点，他们认为该行业的企业必然是销售拉动型企业，即通过巨大的销售量增加现金流，实现规模扩张和工艺改进的目标，最终增加销量，实现良性循环。嘉熙有严格的营销制度来保护代理商和经销商的最大利益，价格体系全国统一、稳定，并有完善的售前门店培训、售中培训资料和售后服务体系作为支持以及品牌广告上的宣传。在实行代理制的同时，几乎跑遍全中国的柳劲松精心设计了嘉熙的渠道模式——专卖店＋超市，其中"超市"渠道是该行业"嘉熙"所独有的。经过7年的发展，"嘉熙"已形成合理完善的销售模式和代理合同模式，销售网点几乎遍布全国，并进入全球30多个国家和地区。

2. 市场定位

嘉熙将产品定位于高端木制洁具，避开家具行业，并将洁具行业切割，独占木制洁具。用他们自己的话来说，嘉熙为中国卫生洁具行业开创了一个新的品类——木质卫生洁具行业。嘉熙将消费者定位于三类人：月收入3 000元以上的白领，这类人对回归自然、返璞归真、纯天然的产品具有极强烈的消费需求，对嘉熙具有很高的认同感，并具有较强的购买力；返古怀旧情怀较浓的中老年人，对能实现全身浸泡、保健、保温的嘉熙木桶情有独钟；希望为自己的孩子创造一个健康生活环境的父母。

3. 原料控制

嘉熙原材料选择精细，其径材、疏密度皆能得到保证。嘉熙目前囤积了大量紧缺的原材料——香柏木，最大限度防止更多的跟随者进入该行业，市场上同业竞争者极少，所有企业市场份额加起来不到30%。

4. 人力资源

嘉熙拥有本行业最集中的人才优势，从而保证了嘉熙在本行业中长时间保持技术上的优势。企业从未拖欠过工人一天的工资，董事长柳劲松创业期卖车为工人付工资的故事，一度被嘉熙员工传为佳话，公司自上到下忠诚度极高。企业还开创了一套嘉熙的培训模式，由董事长每周为管理人员培训，培训内容多样，包括从《优秀到卓越》、《水煮三国》等，培训后还会进行考试，平均分以上的员工奖励 30 元/分，平均分以下的员工罚款 20 元/分，公司有一对夫妻在一次考试中分别得了 97 分和 96 分的高分，成绩下来后当场就获得了1 000 多元的奖励。这一举措促使员工努力学习知识，认真接受培训。同时，公司还为每位员工购买了网上学习卡，一张学习卡上有 1 600 个课时，利用互联网的方便快捷，员工可以在下班之余选择自己感兴趣的课程进行自我学习和提高。这一低成本培训模式更加人性化，更具有灵活性，同时还增进了企业高层与员工的感情。

5. 产品线

嘉熙拥有该行业最全的产品线，企业的产品线战斗机由品牌型的机头产品——"卡莱熙"系列，竞争型的护翼产品——"仕嘉"系列和利润型的机身产品——"嘉熙"系列组成。机头产品——"卡莱熙"能带领企业进行差异化出击，从而带动企业整体品牌的提升，其利润占企业利润总额的 5%左右；护翼产品——"仕嘉"致力于击穿渠道，阻击同类竞争产品，守护本企业产品群，以扩大市场面积，其利润占企业利润总额的 10%左右；机身产品——"嘉熙"是保证企业获取高额市场利润，奠定市场领先者地位的基础，其利润占企业利润总额的 85%以上。在木质卫生洁具这片蔚蓝的天空中，四川嘉熙实业有限公司这架精力充沛、装备充足而又充满激情的战斗机，正将追随者甩得越来越远，正在冲向更高的晴空。

四、价值创新构建动态竞争力

四川嘉熙实业有限公司的成功首先是战略上的成功，它利用了价值创新战略构建了企业的动态竞争能力。与传统竞争战略提倡在既定的产业结构内通过企业的市场行为来改进市场结构并获得理想的市场绩效的思维方式不同，价值创新战略的基本思想是要求企业把视线从市场的供给一方移向需求一方，从关注并超越竞争对手的所作所为转向买方价值的提升。通过跨越现有竞争边界看市场以及将不同市场的买方价值元素筛选和重新排序，重建市场边界和产业边界，开启巨大的潜在需求；通过增加和创造现有产业未提供的某些价值因素，并别除和减少产业现有的某些价值元素，企业就有可能同时追求"差异化"和"成本领先"，即以较低的价值为买方实现价值上的突破。

1. 竞争现状

分析竞争现状是构建动态竞争能力的起点，通过对行业竞争现状的分析，企业可以明白竞争对手与本企业的共性与差异，竞争对手正在将资源投向何处，行业竞争正集中在哪些价值要素上，行业提供的产品和服务使买方获得了哪些效用等问题。四川嘉熙实业有限公司采用了价值创新战略中的战略布局图来分析竞争现状。

在中国卫生洁具行业内，默认的行业主要价值要素有：价格、实用性、舒适度、先进生产技术、现代工业品材质、功能的复杂性和高投入的市场营销，如图13-1所示。

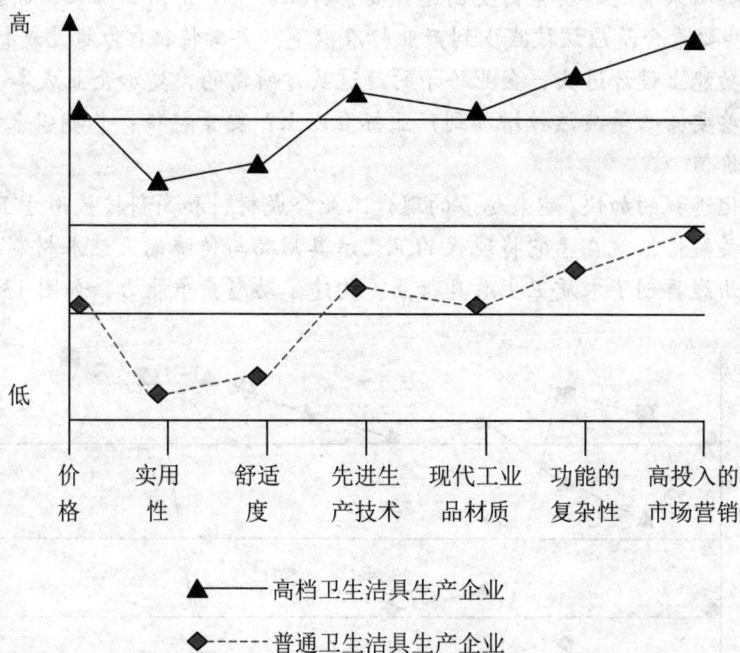

▲——高档卫生洁具生产企业

◆----普通卫生洁具生产企业

图 13-1　中国卫生洁具行业战略布局

（注：横轴表示行业竞争和投资所注重的各项要素，纵轴表示所有竞争要素上买方得到的多少，高得分意味着企业在该要素上给予买方较多，在该元素上的投入也越多。）

图13-1显示，从买方角度看，我国卫生洁具行业内所有企业都遵循行业默认的标准设计自身的价值曲线，因此，行业内企业的战略轮廓基本相同。唯一的差异在于：高档卫生洁具生产企业，以较高的定价，提供高水准的价值要素，它们试图追求差异化，但买方获得的价值却是相似的；普通卫生洁具生产企业则以较低的定价，提供低水准的价值要素，它们追求的是低成本战略。两个战略集团的价值曲线也基本相同，区别仅在于二者在价值要素上达到的相对高度不同。买方在行业内所有企业享受服务所获得的效用相差无几。中国卫生洁具行业发展持续低迷，行业内企业的核心能力刚性和资源惰性的影响日趋明显。通过竞争现状的分析，能看清行业不景气的深层次原因，在构建动态竞争能力时做到有的放矢。

2. 创新价值曲线

创新价值曲线是构建动态竞争能力的关键，这需要创新者回答以下四个问题。

第一，哪些被产业认定为理所当然的要素应该被删除？要素特征：不再具有价值，甚至还减少价值，是行业中企业长期攀比的要素。

第二，哪些从未有过的要素需要创造？要素特征：买方价值新源泉，新需求。

第三，哪些要素含量应该被减少到产业标准以下？要素特征：为超过或打败竞争对手，在产品或服务功能上设计过头，企业给予的超过买方所需的，增加企业成本。

第四，哪些要素含量应该被增加到产业标准以上？要素特征：长期以来被行业所忽视而买方重视的价值。

随着工业化进程的加快，越来越多的现代工业合成材料和高科技被用于卫生洁具行业，而嘉熙成功的关键恰恰就在于它将现代的卫生洁具用品与传统的天然木材制品结合起来，通过创新价值曲线再创了木质卫生洁具行业，构建了动态竞争能力，如图 13-2 所示。

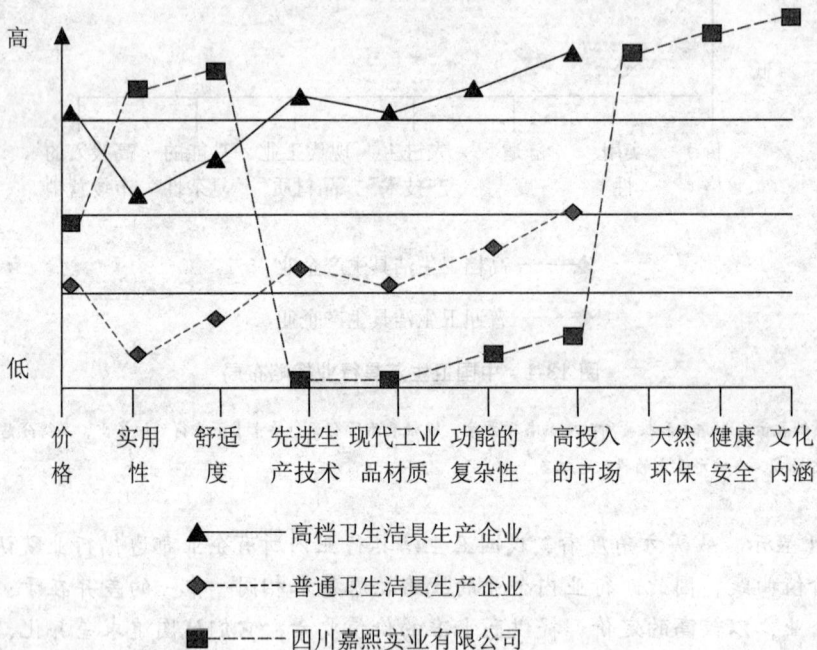

图 13-2　四川嘉熙实业有限公司创新价值曲线图

嘉熙实业公司通过四步动作重新审视现有行业逻辑，并着眼于天然木材制品行业的特征和顾客的潜在需求，创造了"天然环保"、"健康安全"和"文化内涵"三个价值要素，剔除了"先进生产技术"和"现代工业品材质"两个买方不需要的价值要素，将"功能的复杂性"和"高投入的市场营销"等买方不重视的价值要素减少到行业标准以下，将"价格"、"实用性"和"舒适度"等买方看重的价值要素增加到行业标准以上，创新了一条与竞争对手迥异的价值曲线和战略轮廓，克服了核心能力刚性和资源惰性，迈出了构建动态竞争能力的关键一步。

3. 实施价值创新

实施价值创新是构建动态竞争能力的核心，通过将创新价值曲线需要完成的工作在企业战略中反映出来，使各部门负责人明确需要完成的工作，从而使价值创新在战略实施的过程中获得高度的支持与参与，使动态竞争能力的构建不只是一种理念和口号，更是一个可以通过企业上下同心协作努力达成的目标。四川嘉熙实业有限公司采用了价值创新战略中的"删除－减少－增加－创造"坐标格来实施价值创新。其"删除－减少－增加－创造"坐标格，如表 13-1 所示。

表 13-1　四川嘉熙实业有限公司"删除－减少－增加－创造"坐标格

删　　　除	增　　　加
先进生产技术：产品纯手工加工生产 现代工业品材质：采用香柏木为原料	价格：定价高于普通卫生洁具 实用性：木桶壁 2 厘米厚度增加保温性，深型设计占地面积小，各种配件（下置滑轮、桶身置扣手等）保证移动、安装方便，可按需定做施工 舒适度：严格控制原料、造型设计流畅、深型设计获取自然水力按摩
减　　　少	创　　　造
功能的复杂性：仅强调保健功能 高投入的市场营销：低成本营销模式	天然环保：严格控制原材料质量、生产工艺 健康安全：将高科技抗菌剂成功运用在嘉熙木桶全系列产品、具有保健功能 文化内涵：宣传"木桶"文化、出版以嘉熙为背景创作的商务情感小说《成都，爱情只有八个月》

通过将需要实施的战略行动填入到坐标格，企业可以再次审视创新价值曲线的各个环节，仔细思量每一个价值要素，使构建动态竞争能力的构想转化为企业各部门实实在在的行动。

四川嘉熙实业有限公司从开始 40 万元起家，到现在拥有 2 000 多万元身家、70 多亩成都生产基地和产品研发中心，其成功的关键就在于以价值创新所构建的动态竞争能力，它开创了木质卫生洁具行业，从原料、生产工艺、品牌和文化等方面进行了创新，经过 7 年的发展，嘉熙已从孤独的守望者变成了行业的领头羊。而今，越来越多的企业加入到木质卫生洁具行业中，它们的价值曲线也逐渐与嘉熙趋同，因此，嘉熙下一步将如何再次实施价值创新战略，以重新建立动态竞争能力成为关注的焦点。

思考题：

1. 你认为四川嘉熙实业有限公司现阶段的管理创新和实施过程有问题吗？如果有，应该如何解决？

2. 随着木质卫生洁具行业的不断发展，嘉熙的实力和地位也在不断变化，如果你是四川嘉熙实业有限公司的董事长，你会如何面对新一轮的机遇和挑战？

资料来源

揭筱纹，杨斌，宋宝莉. 战略管理——概论·案例与分析[M]. 北京：清华大学出版社，2009.

第十四章 东西方管理思想的发展趋势

学习目的与要求

1. 学习并理解信息文明的特点和中国管理思想的历史机遇
2. 学习并理解中国传统管理思想的转轨
3. 理解并掌握21世纪管理学研究范式的转换
4. 理解并掌握管理思想发展的新趋势与变革

第一节 中国传统管理思想的历史机遇

一、信息文明的特点与中国管理思想的历史机遇

1. 信息文明的特点

21世纪信息经济时代的到来，企业的经营环境发生了巨大的变化。信息化正在从整体上引导世界经济和社会发展的进程：世界经济由工业化进入信息化，社会和经济的发展对信息资源、信息技术和信息产业的依赖程度越来越大。

在信息社会里，经济发展越来越多地依靠人们的"智力型工作"，而且这种工作涉及到社会生活和经济发展的各个方面；信息的交流和共享是通过网络化和交互式的信息网络完成的；信息与信息的交换充斥着社会生活的每个角落，每个人都可能是信息的生产者，同时又是信息的消费者。信息真正成为社会的财富，给社会带来更多的经济利益。

现代信息技术的发展为企业带来了全方位的、革命性的影响。

首先，信息技术改变了企业的经营思想。受全球信息化进程的影响，国际经济的相互依赖性加强，企业边界概念正在变得越来越模糊。给企业参与国际市场的竞争带来了新的机遇和挑战。

其次，企业的生产方式和经营机制发生了变化。信息技术的发展使得企业间的很多交

易都可以通过互联网完成，使企业的经营机制发生了变化。同时，公司内联网的发展，使得公司内部信息交流更加畅通，产品的研发周期缩短，成本降低，效率提高。

再次，信息技术的发展使得企业的组织结构变得更加扁平化，以快速准确的信息为基础的网络结构将成为未来企业的组织形式。

2. 中国传统管理思想的继承与发展

中国的历史源远流长，其文化思想博大精深。古代的有关管理国家、统帅军队、巩固政权、组织战争、治理经济、发展生产、安定社会等方面的理论极为丰富。从管理学的角度看，其中有些管理思想至今仍闪耀着光辉，对当今我国企业管理模式的构造、管理创新和管理水平的提高具有借鉴和指导作用。

（1）中国传统的管理思想精华概要。中国传统管理思想精要是"重人"、"人和"、"守信"、"求实"、"对策"。

"重人"是中国传统管理的第一大要素，包括两个方面：一是重人心向背；二是重人才归离。我国自古以来讲究得人之道、用人之道，成语"求贤若渴"即表现出对人才的重视。古代的管理思想家们已经认识到管理事物的核心在于掌握住人，调整人与人之间的关系，管理人的行为，引导人的心理反应，以实现管理目的。

"人和"就是调整人际关系，讲团结、讲和睦。"和气生财"、"上下不和，虽安为危"、"和协辑睦"等警句就体现了人们对"人和"的重视。

"守信"指无论做任何事情都要守信用。信誉是人与人之间建立稳定关系的基础，是国家兴旺和事业成功的保证。大凡成功的企业，都是商业信誉度高的企业，商而不诚，苟取一时，终致瓦解。

"求实"就是实事求是，从实际出发。儒家的"守正"原则对"冒进"及保守两种错误偏向都进行了批判。

"对策"是指预测与运筹。预则立，不预则废。古代治国非常强调预见性，备患于无形。古代的一些名言警句也反映了"对策"的重要性，如"知己知彼，百战不殆"、"运筹于帷幄之中，决胜于千里之外"等。

（2）中国传统管理思想之今用。中国自两汉起，儒家文化逐渐占据管理思想的主导地位。儒家文化融合了诸子百家管理思想之所长，形成了相当稳定的统一的管理基本构架和模式。可概括为四点：人本观、整体观、协和观、经权观。

人本观是中国传统管理思想的核心，是一切管理活动的出发点与归宿。这种人本观体现在管理中的人道原则、心理原则和主体性原则。一切管理过程都是为了达到"修己安人"，"修己"是出发点，"安人"则是管理的目标。

整体观是中国传统管理思想的基础。整体观要求把管理看作是一个统一的整体和过程，以求达到组织内外部环境的和谐共存与发展。

协和观是中国传统管理思想的灵魂，以追求管理系统的协调、和谐、稳定为目标。在生产管理上要实现"天人合一"，在社会管理上要实现"天下一家"，在人事管理上要实现"知行合一"、"情理合一"。协和观在管理行为上具体表现为阴阳互补、刚柔相济、动态平衡，以达到管理的主体与客体、自然与社会、个人与群体的和谐统一。所以，管理不仅是一门科学，更是一门艺术。

经权观是中国传统管理思想的规范，"经"是指管理中稳定的因素，"权"是指根据内外部环境不断变化的方法和策略。经权观要求根据普遍的管理原则和事物运动的客观规律，来选择和确定合适的管理策略与方法，并随时根据不断变化的情势调整管理方式，以达到管理目标。

由此可见，中国传统管理思想的优点主要是：充分发挥人在管理中的作用，注重各种管理因素的平衡，善于从整体长远的角度出发考虑问题并制定各种管理措施，努力在管理过程中建立和谐的人际关系，倡导集体精神，培养高尚的道德情操。

中国传统的管理思想在现代企业管理中得到了继承与发扬，国内外一些成功的企业家们正在汲取我国传统管理思想的精华。

① 传统人本思想对现代企业管理的影响。由于受到儒家"天地之中人为贵"思想的影响，企业家们信奉"以人为本"的管理思想，在企业中推行"人格化管理"、"民主管理"，在追求企业内部领导与职工、职工与职工之间的和谐关系的同时，还追求企业与社会环境之间和谐发展，勇于承担起社会责任。他们把诚信作为塑造企业形象的首要原则。在管理手段上，既重视规章制度的外在控制，更重视以道德为导向的内在控制，注重"情、理、法"的结合，注重发挥职工的积极性与创造性。

② 传统经营之道对现代企业经营的影响。在产品生产上，根据"有无相生"的朴素辩证法思想，结合现代产品的生命周期理论，提出了"人无我有"、"人缺我补"、"人旧我新"、"以新取胜"等经营原则。在市场观念上，提出了填补市场、有形市场、无形市场、现实市场、潜在市场等观念。在当今市场经济日益激烈的环境中，充分借鉴以孙子为代表的兵家军事辩证法思想，在商战中注意做到"知己知彼"，方能"百战不殆"。

③ 传统管理思想中的"以德服人"思想对现代企业经营的影响。管理者的人格品行对管理工作的成败有重要影响，在管理者素质的培养与提高方面，古代思想家也多有论述。孔子在《论语》中曾经指出：其身正，不令而行；其身不正，虽令而不行。进入 21 世纪，企业员工的文化水平有了进一步提高，人们的思想观念、价值标准、思维方式等都得到了新的强化。管理者若仅仅凭借手中的权力对员工进行硬性的管理，已经达不到预期的效果。管理者要带领员工完成一个既定的目标，必须用他的人格魅力来感召员工，这样才能使员工与其紧密配合，心往一处想，劲往一处使，才能产生凝聚力，以达到企业的目标。

3．中国传统管理思想的局限性

中国传统的管理思想虽然蕴含着极其丰富和宝贵的管理经验和管理思想，但是其毕竟是封建社会的产物，带有浓厚的封建剥削意识的烙印，其中有些思想至今仍束缚着我们的手脚。

（1）传统管理思想中严重的"家长制"作风对今天的企业管理仍有影响。在我国传统的管理思想中，从众多思想家有关"君道"的论述中，我们可以看出，国君实际上是全国人民最高的家长，人民只是承受阳光雨露的禾苗。这种思想严重阻碍了政治民主和经济民主的产生与发展，也使国民养成了依赖心理。这种思想对现代企业管理的消极影响表现在：第一，阻碍了企业管理的民主化进程，员工依赖思想严重，不能发挥主动性和创造性。第二，阻碍了企业的发展，使我国企业在很长的一段时期内没有作为一个独立的经济细胞发挥作用。"企业办社会"现象就是这种典型的"家长制"管理思想的遗存，它严重地影响着我国经济的繁荣，影响着企业的健康发展。

（2）传统管理思想中的安于继承不乐于革新的偏向，影响着现代企业中人们创造性的发挥。我国的管理思想产生于"以农立国"的自然经济时期，长期以来，人们养成了因循守旧、随遇而安、模棱两可、麻木自适的庸习陋俗，阻碍着企业经营机制的改革和生产效率的提高。受传统"中庸之道"思想的影响，有些企业领导人长期以来养成了不求有功、但求无过的思想，影响了其管理才能的发挥，虽然他们对加强企业管理和改革不乏热情，但是，他们在墨守成规、安于现状方面却表现得十分老练，应付自如，这不免影响了企业管理效率的提高。

（3）中国传统管理思想中以"纲常名教"为中心的伦理本位主义思想形成了形式主义等弊病。中国传统管理思想强调个体服从整体的基本价值导向，它在仁义道德与整体利益的名义下，否认人们正当的个人权利和利益，使广大民众丧失了个人的人格独立、自由与尊严，扼杀了民众的创造精神和生命活力，成为欺骗和麻醉民众的工具。这种约束人们几千年的以"纲常名教"为中心的伦理本位主义思想束缚了人们的思想，使人们习惯于服从权力，而不是遵从规章制度，在企业内形成了有章不循、形式主义等弊病。

4．中国传统管理思想的发展机遇

到目前为止，东方管理研究的过程大体上可分为三个阶段。

第一阶段是从 20 世纪 70 年代到 20 世纪 80 年代，这是东方管理思想古为今用阶段。典型代表如"'红楼梦'方面的相关的经济管理思想"、"中国古代行为学研究"、"现代管理学中的古为今用"等文章。

第二阶段是从 20 世纪 80 年代到 90 年代，是东方管理学说的创建阶段，东方管理学理论创造性地提出了"三为"思想，即"以人为本、以德为先、人为为人"，并将此本质概括为"人为为人"。"人为"即要求每一个人首先要注意自身的行为修养，"正人必先正己"，然后从"为人"的角度出发，来调整、控制自己的行为，创造良好的人际关系和激励环境，使管理者和被管理者都能够持久地处于激发状态下工作，主观能动性得到充分发挥。"人为"与"为人"二者具有辩证关系，互相联系并且可以转化。这一转化过程体现在家庭、行业、国家一切方面的管理之中，管理者和被管理者越是注重自身行为的素质，其"为人"即管理的效果就越好。

第三阶段是从 20 世纪 90 年代至今，东方管理思想日渐走向成熟，东方管理理论进一步完善，并以继承优秀的中华传统文化为主，汲取东方管理文化中的儒家、道家、释家、兵家、法家等合理管理思想，结合华商管理实践与中国改革开放的成就，融合西方行为管理、过程管理、决策管理、权变管理、知识管理等管理理论的精华，形成了更为完善的东方管理理论体系。

历经多年研究，东方管理学说体系日益走向成熟。不仅如此，在融合东西方和古今管理思想方面，东方管理学说又将迈出新步伐。在新世纪、新经济条件下，东方管理思想的发展还将解决以下三个方面的问题。

一是对东西方管理思想关系的认识。经过学者们的长期研究与传播，东方管理学说已经引起国际社会的广泛关注和认同。但是，国内仍有不少学者对管理学是否一定要有"东"、"西"之分抱有疑问。实际上，东方管理并非与"西方管理"泾渭分明，而是不断兼收并蓄西方管理核心内核的开放系统，所谓"东方"更强调其文化背景。

二是对东方管理学说内涵体系虚无的误解。持这种观点的人认为，所谓东方管理不过是故纸堆中的文字游戏，根本没有体系、内涵可言。需要明确指出的是，这种观点与东方管理思想主张的"古为今用"是格格不入的。实践证明，古代管理文化带来的丰富管理思想，经过提炼加工是具有明显的现代价值的。

三是对东方管理源头的探索。东方管理学说的源头不只是在中国，其他东方文明古国（如印度、埃及）的优秀管理文化同样为东方管理学说的建立提供了丰富的营养。

任何理论的发展都是一个长期的积累过程，东方管理理论也要不断发展、丰富和完善。首先，要坚定不移地完成东方管理经典著作，使东方管理理论更加细化和深化，形成更为系统和精深的管理理论。其次，要着手研究东方管理理论的运用，增强东方管理理论的可操作性。一方面，要着手加强东方管理案例的研究，尤其要结合中国改革开放三十多年的实践，进一步将东方管理理论与应用经济学融合，探索东方管理文化在中国经济发展过程中的作用规律。另一方面，重视东方管理心理的研究，在充分肯定定性研究价值的基础上，在适当领域借鉴西方有意义的定量研究。2002 年诺贝尔经济学奖的获得者丹尼尔·卡尼曼，主要是将心理学和经济学结合进行研究，深入分析不确定状态的决策问题。另一位获奖者弗农·史密斯，则为实验经济学研究作出了贡献。东方管理心理实验室也要在研究人心、人德、人为的过程中，批判地借鉴西方的实验心理学和实验经济学的研究成果和方法。最后，要加强东方管理文化的教育、普及和推广工作，使"人为为人"的管理理念发扬光大。

历史表明，最有希望、最有创造性的管理理论往往产生于经济迅速起飞的国家和地区。东方管理思想是以中华优秀传统管理文化为核心，不断吸取包括西方管理文化在内的世界各民族管理文化之精华的开放系统。经过众多学者多年的研究、探索和提炼，该系统已经衍生出具有强大影响力和感召力的东方管理学理论。

随着中国改革开放伟大实践的深入推进、儒教文化圈和海外华商的迅速崛起，特别是随着中国加入 WTO、申奥成功，东方管理学理论迎来了前所未有的发展机遇。

二、中国传统管理思想的转轨

进入 21 世纪后，管理环境发生了巨大变化，管理思想与管理模式也必然进行变革和调整。注重集体取向和整体思维的东方管理思想与注重个体取向和系统思维的西方管理思想将会相互整合。

1. 以人为本，结合"情"与"法"

以人为本就是要重视"人"在企业中的作用，使每个人的价值都能够在共同的劳动中得以实现。正如松下幸之助所说的："企业最好的资产是人"。近年来，西方管理学兴起了"3P"理论，人被放在了企业经营管理的中心地位，认为企业最重要的资源是人。一方面，企业是为人的需要而存在和生产的；另一方面，企业是依靠人进行生产经营活动的。而在中国，由于受传统的"人和"思想的影响，管理的工作方式基本上是定性化的，不善于运用西方管理科学的模型化和定量化解决问题的手段，也不善于用系统的观点研究各种功能关系，缺乏"法治"的管理方法，这些缺陷造成了管理工作中的失误。随着科学技术的发展，管理科学理论的应用将会更加广泛。在日后的管理活动中，我们应当借助管理科学所提供的管理工具、管理方法，并融入"情"的特质，做到"情"与"法"的有机结合，使管理工作产生更高的效率。

2. 因时因地制宜

这就要求企业的管理目标应根据具体情况而设定。西方管理中的权变理论就包含有这样的思想。以往的管理目标是生产者利润的最大化，今天我们用系统论的观点来研究企业与环境的关系时，企业不仅是独立的个体，而且是社会系统中的一个子系统，它与社会系统时刻进行着物质和能量的交换，只有这样，企业才能生存发展下去。所以，企业不仅是一个经济实体，同时也是社会实体，要与社会生活中各种利益相关者和谐共处，因此在企业目标实现的同时，也要保证利益相关者目标的实现，要追求顾客满意、员工满意、投资者满意、社会满意等多项指标，所以，企业的目标具有多元化的特点。认识到这一点，就会使管理的内容更加广泛和深化，并确保了管理系统的整体性和稳定性。

3. 无为而治，实现柔性化管理

柔性化管理是指企业在市场机会不断变化、竞争环境难以预测的情况下，快速反应，不断重组其人力和技术资源，获得竞争优势和利润的管理模式。21 世纪，市场竞争环境的变化更加迅速，产品寿命周期日渐缩短，这就要求企业能对外部环境的变化做出灵活而有效的反应，保持一种有利于进行创造性思考的环境。在柔性化的组织中，员工所处的工作环境宽松融洽，能使他们心情舒畅，创造力和潜能得以最大展现。中心机构的任务是支持各工作单元顺利地完成各项工作，切实有效地为公司贡献力量。柔性化的管理模式是对老子"不知有之"、"无为而治"思想的最好实践。

4. 以德为先，建设企业文化

中国传统管理思想教导人们要"以德服人"，这就要求企业领导人在确立了一种能够为全体成员所接受的经营理念和价值体系之后，要身先士卒地去实践，通过自己的言行，向组织成员展示企业的价值观念、管理制度、经营特点等，对其成员的行为起到引导和同化的作用。同时，从"以德服人"思想中我们还可以领悟到一种现代管理思想：企业文化的建设。优秀的领导者要确立经营理念，并由此形成企业的管理风格、管理理念，构成整体的管理氛围。优秀的企业文化，对企业经营管理的成功能够发挥巨大的促进作用，从某种意义上说，企业文化可以决定一个企业的生死存亡。

21世纪，我们一方面要从中国传统的管理思想中汲取丰富的营养，另一方面，更要学会转变思路与方法，从西方管理理论中不断学习最先进的管理方法，融会贯通，形成有中国特色的管理文化。

第二节　东西方现代管理理论的发展趋势

一、21世纪管理学研究范式的转换

研究范式是一门学科的世界观、方法论和工具，每门社会科学对事实都有一套假设，而这套假设就构成了这门学科的范式。20世纪美国哲学家库恩在《科学革命的结构》一书中首次将"范式"引入理论界，并指出"范式，……这是任何一个科学部门达到成熟的标志"。19世纪末20世纪初，古典管理理论的代表人物泰罗、法约尔、韦伯分别从个人、组织、国家三个角度来解决企业和社会组织的管理问题，并建立了一套关于管理理论、原则和方法的理论，通过科学研究的方法来发现管理的普遍规律，形成了较为完善的理论体系和研究框架，使管理者开始摆脱单凭经验和感觉来进行管理的做法，从而标志着管理学以一门科学的形式出现。从20世纪80年代以后，特别是进入21世纪以来，国际国内环境发生了深刻而持久的变化，这些变化对管理学的研究带来了新的机遇和挑战，对管理学的研究范式也提出了新的要求。

1. 环境分析

（1）经济全球化。经济全球化是指资本、商品、技术、劳动力等市场要素跨越国界在全球范围内自由流动和配置，这种流动和配置给管理带来新的问题和挑战，影响着管理学的发展。国际贸易的发展使得资金流动和商品流通趋向全球化。企业要生存，必须要有全球意识，实施全球化的生存竞争战略，跨国公司已成为能主导世界经济未来发展的重要力量。

（2）信息网络化。科学技术的进步，特别是通信技术、电子技术、集成电路、计算机和互联网等高新技术的出现和发展，使信息的作用日益突出。信息技术革命以及国际互联网络的形成，正在把世界经济融合全球为一体"网络经济"，网络经济的发展使资本可以灵活地在世界范围流动，不仅改变了国家之间的贸易方式，而且对企业组织方式也产生了重要影响。新技术与互联网技术的融合，使信息呈现出网络化趋势。这一趋势一方面给管理提出了新的课题，另一方面也为管理提供了新的工具。

进入后工业时代之后，随着信息高速公路的开辟，更多的国家跨入了信息行列，世界范围内的信息沟通加速，科学技术领域的研发、合作、交流将更加方便及时。创新能力、学习能力以及反应速度成为企业生存发展的首要条件，而不再是以往的降低成本、提高效率这些因素。在企业中，学习行为与创新行为并行并存，相辅相成。

（3）知识经济化。据联合国研究机构统计，在未来 30 年内，人类将逐步步入知识经济时代，重大高科技产业化将改变世界面貌和人类生活，知识经济将对旧有的生产方式、生活方式、思维方式、价值观念、教育模式、经营管理和领导决策等方面产生重大影响。

20 世纪 90 年代以来，知识经济化的浪潮迅速席卷全球，信息和知识成为重要的战略资源。知识经济的到来使经济增长逐步转向依赖于知识的生产、扩散和应用。科学技术对经济增长的贡献已明显超过资本与一般劳动力，计算机、电子和航空等知识密集的高技术产业是所有产业中产出和就业增长最快的产业。世界各国之间的差异不仅表现在贫与富，更多地表现为对知识反应快与慢、灵活与迟钝的区别，表现为商品的技术水平和知识含量高低竞争的区别。

2. 管理学研究范式的转换

管理学的形成和发展可以总结出三条路线：应用管理学、理论管理学和实验管理学。应用管理学是指从具体的管理实践中总结出来的管理理论与方法，是目前管理学发展的主线；理论管理学是指从基本的人性出发构造的管理理论，每一个新假设和新理论的出现都会对管理思想的发展产生重大影响；实验管理学是指以企业管理案例研究为主的管理学。实验管理学实际上是给管理提供了一个实验基地，使得每一位参与案例讨论的受教者都把自己假想为管理活动中的一员，通过对管理活动的假想以期得出各种可能的管理结果。

管理活动是伴随着人类的产生而产生的。从泰勒的科学管理使管理真正成为一门科学登上历史舞台开始，至今也有近一个世纪的时间了，但是，作为管理学基础的理论管理学体系仍旧没有建立起来，主要的原因是管理的研究是一个多约束的领域，理论和经验主义的知识来源于多种学科：社会学、心理学、人类学、政治学、数学、统计学等，管理理论就是要把他们协调并有机地结合在一起。知识来源的多样性必然导致出现各种各样的管理研究方法。

理论管理学体系研究的落后使得管理学更像一门纯粹的经验科学，这种落后状态成为管理理论与实践发展的桎梏。科学管理的产生是生产力的发展要求提高效率的结果，从此以后，管理学的实用性一直是其发展的主线，而对该学科的内在机理的研究明显缺乏。管理的主体是人、客体也是人，理论管理学研究的出发点应当是人。从人性出发研究与之相对应的人的行为特征和管理模式。

尽管应用管理学研究中也有对人性的一些假设，但是从这些假设出发建立的理论模型是远远不够充分的。21 世纪管理学的研究范式将是从人性出发建立各种人性模型，从高度抽象的人性模型出发，探索在一定的环境条件下的管理行为模式，在此基础上建立科学的管理理论，然后逐步放宽对模型的约束，使之向真实的人性靠近，从而产生在相应的管理环境下的相关的管理理论、原理、定律和方法。这样就可能逐步建立起理论管理学的理论体系。同时，理论管理学的研究还要从经济学中汲取大量营养。

二、管理思想发展的新趋势与变革

影响管理思想发展的主要因素是社会生产力，而它主要取决于科学技术的发展和创新、人类各种文化渗透和融合的程度。其中生产组织方式的形式是形成新的管理思想的主要来源：农业经济的生产方式决定着传统的管理思想，并以此支配着当时的管理过程；工业经济的生产方式决定着古典的管理思想和现代的管理思想，以及相应的经济规律；在当生产力的发展使人类进入到知识经济时代时，首先表现的就是生活和生产方式的转变，从而形成了适应于知识经济时代的管理思想和经济规律。

人类社会在由工业经济向知识经济逐步推进的过程中，必然会导致管理思想上的巨大变革，这一时期管理思想将会呈现以下几种趋势。

1. 管理理念的人性化发展

管理理念是管理者在管理活动中所持有的思想观念和价值判断，它是由生产关系决定的。人性化管理，是指在整个企业管理过程中充分注意人性要素，以充分挖掘人的潜能为己任的管理模式，人性化管理或管理的人性化是现代企业管理的发展态势，是行为科学的发展和继续，但绝不是行为科学的简单重复。管理理念的人性化发展具体包括以下五个方面的趋势。

（1）情感化管理，注重人的内心世界，根据情感的特征去进行管理，其核心是激发职工的积极性，消除职工的消极情感。

（2）自我管理，即"自己管理自己"，职工以企业总体发展战略和目标为基础，自主制定职业发展计划、实施控制、实现目标。

（3）民主化管理，就是让员工参与决策。

（4）能人管理，就是要发现大批有能力的人才，并且要让能人管理好自己。

（5）文化管理，是人性化管理的最高层次，通过企业文化培育、管理文化模式的推进，使员工形成共同的价值观和共同的行为规范。

2. 管理形态的知识化发展

知识经济时代，企业管理即将进入知识管理阶段。知识管理就是利用组织的无形资产创造价值的艺术。这一阶段管理将是注重企业知识的共享和创新，重视企业人才、企业创新、企业形象和企业文化发展战略，将知识和信息作为企业的战略资源，以可持续发展为导向的管理。企业管理形态从工业社会的生产管理向知识管理转变的必然性主要体现在以下几个方面。

（1）知识密集的高科技企业是过去几十年发展最快的企业。

（2）知识工人的需求与日俱增，传统的创新方式受到了挑战，新的创新方式正在兴起。

（3）知识的创造活动即创新成为企业最重要的活动。

（4）在发达国家，无形资产的投资大于有形资产的投资，人力资本在企业各要素中的作用越来越明显，智力资本经理、知识经理、知识主管这些头衔的出现意味着知识在企业中的重要地位。知识将成为企业的唯一经济资源。

3. 管理文化的全球化发展

美国的管理模式以"法"为重心，强调尊重规则和秩序；日本的逻辑管理以"理"为中心，追求功利而牺牲道义，追求群体利益而牺牲个人利益；中国的管理哲理则以"情"为特质，注重发掘人的内在价值和积极性，强调管理的"人和"效应，而制度的管理不甚严格。

21世纪，所有的经济活动都将超越国界并全方位地展开，在利益最大化的指导下，商家会选择最有利于开展各种活动的地方作为生产、销售和研发基地，这样，来自于不同的国家、民族，具有不同肤色、不同信仰的员工会走在一起并携手共同工作。由于管理活动受到人们的价值观、伦理道德、行为准则、社会习俗的影响，企业管理面临着多种文化相互融合、取长补短的问题。企业间的经济活动的相互渗透必然会导致管理活动与不同文化的结合，从而会产生新的管理哲学和管理文化。

近年来，美国通过对日本管理模式的研究和反思，开始重视人力资源的开发和员工队伍的稳定；日本则在强化人事竞争机制，摒弃论资排辈。所以，在管理文化上，取长补短，相互融合，是必然的趋势。这种趋势在21世纪将表现得特别突出和明显。所以，世界经济的全球化要求企业尤其是企业的领导人必须具有宽广的开放气度与胸襟，加强企业文化层面的沟通与交流，以企业共同价值来凝聚广大员工的人气，只有这样的企业才真正是全球化的企业。

4. 管理组织的虚拟化发展

企业的组织模式自20世纪30年代以来，先后经历了等级制、职能制、分权制，最后进化到当前的虚拟制。面对多变的需求和激烈的竞争，企业虚拟化组织形式日渐得到重视而被广泛采用，成为企业制胜的一种有力武器。在虚拟企业中，由于资源的有限性，企业只保留组织运作中最关键的职能，而将其他职能虚拟化，借助外力来进行整合，创造企业本身的竞争优势。而借用力量的对象可能是上游供应商，可能是竞争对手，也可能是客户。无论形式上如何表现，虚拟企业的基本精神在于打破企业有形界限，延伸企业的边界，借用外部资源整合，而非内部资源选择。

5．管理创新成为企业管理的主旋律

创新是知识经济的灵魂，变是唯一不变的真理。任何已有的和常规的管理模式都将最后被创新的管理模式所取代，管理创新是管理的主旋律。管理创新包括战略创新、制度创新、组织创新、观念创新和市场创新等几个方面，把创新渗透于整个管理过程之中。在创新型的企业中，整个组织中的每个人都是创新者，因而组织要创造一个适合于每个人都可以创新的环境和机制。同时，企业要向个性化方向发展。竞争的激烈程度不断增加，要求企业有自己独特的个性，模仿别人是难以生存的，所以成功的企业必须具有自己的独特的个性，即具有个性化的产品和个性化的经营管理方式。

6．管理手段和设施的网络化

21世纪，信息科技特别是国际互联网的蓬勃发展，改变了人类的生产、生活方式，特别是极大地改变了企业运行环境，把全球企业带进了"电子商务"时代。这样，企业内部的管理手段和设施也就不可避免地把各种网络联系到一起。

7．管理过程从"唯理性"向"常理性"发展

所谓管理过程的"唯理性"是指强调企业管理理论体系的完整性，把管理的原理和方法绝对化，认为企业管理过程是一个可以完全认识和分析的过程，可以通过精确的分析和计算得到投入产出的确定关系，因而管理人员的正确决策和贯彻执行就是企业得到最佳运行效果的唯一途径。在信息时代到来以前，这种"唯理性"的管理过程适应了当时经济发展的需要。但当今，在知识经济和信息爆炸的时代，"唯理性"观点已经不适应经济发展，而要让道于"常理性"观点。"常理性"观点认为：企业管理过程不可能被完全计算和分析，管理过程不单单是一个简单的决策过程，而是在执行中有创新、有修正、有抛弃、有变化，充满了无法测度的个人情感，是计划和决策中的群众创新，是以人的主动性和创造性为基础的过程。从"唯理性"到"常理性"的转变，这实际上是企业管理在管理思想上的变化，是企业管理的更高形式，是21世纪管理理论和管理方法的发展和创新。

8．知识成为企业最重要的资产

在知识经济时代，知识成为最为重要的资源。企业如何具有独特的属于自己的知识已成为企业能否生存的重要标志。在企业管理中如何获得、使用、储存知识，如何使知识变为更多的知识，如何把知识转化为生产力，这些都是知识经济中管理理论所要解决的问题。在知识经济中，企业应该具有什么形态，其机制是什么，应遵从什么样的规律，企业的终极目标是什么，人性有什么样的改变，应相应采用什么样的管理方式，对这一系列问题的逐步深入研究必将导致管理思想的变革和整合。

9. 组织结构的倒置——权力的转移

传统的组织结构是金字塔形状的，最上面的是企业总裁，然后是中间层，最后是基层。而在知识经济时代正好相反，在金字塔最上层是用户顾客，然后是第一线的基层工作人员，最后才是中层和最高领导者。这个倒金字塔不仅仅把组织结构进行了一个简单的颠倒，它要求员工的知识、能力、技术等方面都必须得到持续的发展，具备独立处理问题的管理才干。这种转变是整个管理观念的变化，上层从领导转变为支持服务，员工从执行转变为独立处理问题。

10. 企业再造——管理界的一场革命

20 世纪 90 年代以来，西方发达国家兴起一场企业再造革命，成为继全面质量管理运动之后的第二次管理革命。

企业再造是由美国麻省理工学院教授哈默尔在 1993 年提出的概念，企业再造运动主要在两个方面和传统的管理模式不同：一是由传统的从上到下的管理模式变成为信息过程的增值管理模式，即衡量一个企业的有效性的主要标志是，当一个信息输入企业以后，经过企业的加工然后再输出信息所通过的企业的任何一个环节对信息增值的贡献率的大小，如果某环节没有对信息进行增值贡献就要进行改造，这样就形成了一个企业管理机制的转变；二是企业再造不是在传统管理模式基础上的渐进式改造，而是强调从根本上着手。

这种企业再造革命是建立在信息网络遍布企业内的各部门的基础上的，企业内部的职工可以得到与自己有关的任何信息，这样大大减少了信息流动所带来的时间损失，不仅提高了效率、精简了人员，还使得每个员工都对企业的全局有一个全面的了解，从而使企业出现一个崭新的局面。

11. 全球战略成为企业决胜的关键

信息时代的到来，使人与人之间的距离在缩短，国与国之间甚至是洲际之间的边界变得越来越模糊。企业的竞争已经不在单一的区域内进行，而是以全球作为竞争的舞台。竞争的全球化对所有的企业都提出了挑战，同时也带来新的机遇，全球战略的制定，能够使企业减少冲击，抓住机遇。在全球战略的指导下，企业要从全球角度来考虑竞争战略，从全球的范围内统筹考虑人、财、物资源的合理配置，注意全球的协调。注重国内企业的研究和开发的同时，更重要的是不断建立国际间的技术协调型研究开发机构，提高综合技术竞争力。建立基于国际分工与协作的高效的生产体制。完善全球营销网络，做好全球战略整合，建立起全球战略管理超级体系。

12. 战略弹性——企业竞争的制高点

知识经济时代，企业面临经营环境的快速变化，企业必须建立自己的战略弹性，以增强自身的反应能力。战略弹性是企业依据公司本身的知识能力，为应付不断变化的不确定情况而具有的应变能力，这些知识和能力由人员、程序、产品和综合等系统所构成。战略弹性包括组织结构弹性、生产技术弹性、管理弹性和人员构成弹性。战略弹性来源于企业本身独特的知识和能力，而企业员工的知识构成及其组合方式是构成战略弹性的关键。一旦企业建立起自己的战略弹性，企业即形成了组织的活性化、功能的综合化、活动的灵活化，这一切即构成了独特的企业文化，企业从而就建立起别人无法复制的战略优势，竞争能力将会得到大大的增强。

13．学习型组织——未来企业模式

学习型组织是美国麻省理工学院教授彼得·圣吉在《第五项修炼》一书中首先提出的，他认为，不但企业中的每个人都要终身不断学习，不断获取新知识，不断超越自我，而且企业也要不断地学习和不断地超越。

21世纪，知识经济时代的到来，技术和知识在急剧地增长，一个企业要保持持续的发展，必须要不断地学习，不断地更新适应外部环境的发展变化。而学习型组织所具有的系统思维、自我超越、改善心智模式、建立共同目标前景、团队学习等特点，使学习型组织成为适应知识经济时代的较理想的企业模式。

14．跨文化管理——交融与冲突

知识经济时代市场和竞争的全球化，必然会带来管理活动的国际化。管理活动受人们的价值观、伦理道德、行为准则、社会习俗等因素的影响，当其与不同的文化相结合，就形成了不同的管理文化和管理风格。例如，美国式管理以"法"为主，强调个人价值、严格的规章制度、理性决策和追求最大限度的利润等；日本式管理是以"理念"为主的管理，强调和谐的人际关系、上下协商的决策制度、员工对组织忠诚与企业对社会负责等；而中国式管理则以"情"为主，注重发掘人的内在价值和积极性，强调管理的"人和"效应，对制度管理比较松懈，理性精神严重不足。知识经济时代，管理活动的国际化必然要求企业要学会跨文化管理，正确地处理来自不同文化的冲突，使管理活动产生预期的效果。

关键词

中国传统管理思想　历史机遇　信息文明　管理学研究范式
管理思想发展趋势与变革

思考题

1．信息文明有什么特点？中国传统管理思想获得了哪些历史机遇？
2．中国古代管理思想有哪些局限？应该如何调整与发展？
3．21世纪管理学研究范式有哪些特点？管理思想发展有哪些新趋势和变革？

![案例图标] **案例**　　　　　　　　　　**摩托罗拉的知识管理与创新**

当今企业的管理者必须引领组织学习，使竞争力能够在市场中提升，跳得比过去更高更远，其动力来自于组织的知识管理与创新。为确保企业变革后基业长青，唯有靠知识与信息管理的不断改造、创新与学习，走向精简、弹性与网络化的发展，才能应对市场不确定性变化的挑战。

1999 年比尔·盖茨在《数字神经系统》一书中指出："未来的企业是以知识与网络为基础的企业，未来的竞争则是植基于知识与网络的竞争。"管理大师彼得·杜拉克在 1993 年所写的《后资本主义社会》中表示："我们正进入一个知识社会，在这个社会当中，基本的经济资源将不再是资本（Capital）、自然资源（Natural Resources）或劳力（Labor），而将是知识（Knowledge）；知识员工将成为其中的主角。"换言之，员工因拥有生产工具与方法，并在组织的实务运作中累积资产。因此，组织如能促使员工分享信息与知识、贡献智慧与能力，则其生产力或创造力将会远胜于资本、劳工、土地和机器的价值创造。而摩托罗拉的管理与创新正是值得其他企业借鉴和学习的。

1. 完善知识管理流程

摩托罗拉知识取得来自"组织内外"，所谓"组织内外"指知识来源不只限于企业内员工，还涵盖企业外顾客、供货商、竞争者等合作伙伴。摩托罗拉利用自己设立的企业大学，聘请许多专业领域的博士、专家进行课程设计，让顾客及供货商参与并学习，建立专业知识分享渠道。

在知识整合方面，摩托罗拉在实务上利用摄影记录和 Lotus Notes 将文件标准集中在一起，以系统的方式，整合所有的知识资源、增进使用者的方便性，并缩短员工一半以上的学习时间，大大提升了工作效率。

知识具有连续性，必须代代相传，加以累积，才能让后人站在前人的肩膀上，看得更高、更远。摩托罗拉利用"工程师报告"和"失败模式分析"，将不良产品问题分析逐步展开，对不良率分析有具体的参考流程，避免重蹈覆辙的实验，让知识不断的累积。

比尔·盖茨曾指出："知识管理的目的就是要提高企业的智能，也就是企业智商。"而企业智商的增进，很重要的因素是取决于企业成员间能否广泛地分享彼此的信息与知识。摩托罗拉规定外训或研习人员必须要透过部门会议或研讨会的方式，报告并分享所学得的技术与知识。工程人员出差返回后，也须上交差旅心得报告，同时将所学的东西以专题报告的形式呈现。除安排外部讲师，进行知识分享外，公司还安排内部员工以演示文稿、演讲、撰写书面文件方式，贡献专业知识，建立知识分享机制，并将教学成效纳入绩效考核制度。

摩托罗拉重视知识的流通与更新。要求所有人员将自己的专长传递到公共区界面，让其他成员可以随时进行撷取及搜寻，更方便学习及分享，以提升成员获取知识的效率。公司鼓励再进修及教育训练，让员工接受新观念、创造新思维，并将其自然地应用到工作中以实现知识更新。

2. 创建乐意分享的企业文化

摩托罗拉的管理最大的挑战在于如何鼓励员工分享知识，因为知识分享不是一个可以自行发生和发展的过程。摩托罗拉鼓励在跨部门间推行各种提案活动，并辅以实质奖励来鼓励员工。主管会主动让员工了解知识投资不会像实际资本一样贬值，可以增加产能、创意及投资报酬率，并营造一个鼓励员工分享知识的环境。知识管理推行的最大助力和阻力，均来自公司内部全体员工；其最大的障碍来自于缺乏分享的意愿、动机和习惯。人们花许多时间发展个人知识，以凸显自己，这自然地引发所谓"知识即权力"的态度。传统上，员工担心自己辛苦获得或因时间累积而得的知识与他人分享后，职务将被取代或工作朝不保夕，害怕变成"教了徒弟，没了师傅"，因此，不愿与别人分享自己的知识。成功的知识管理需透过企业文化的改造，改变员工的思维模式并培养知识分享的文化，建立知识分享的机制。摩托罗拉在每季的各种推广活动中，主动让员工了解知识管理所推动的共享及创新对企业非常重要，这样跨部门的推广活动，可分享知识及整合其他部门意见。每个管理阶层对活动都给予高度支持，并鼓励系统化的创新，使创新成为个人的优先目标，以改变员工的心态与行为。

3. 转动知识螺旋

野中郁次郎教授在《创新求胜》一书中指出知识可以分为"内隐知识"与"外显知识"。"内隐知识"指未经正式化的知识，包括企业、经营者或员工的经验、技术、文化、习惯等，是属于个人经验与直觉的知识，属难以形式化、无法被具体化的技能。而"外显知识"则包括一切以文件、手册、报告、地图、程序、图片、声音、影像等方式所呈现的知识。

对于新进的工程师，摩托罗拉通过在职训练的方式取代传统的工作外培训（因为传统的工作外培训无法真枪实战演练，以致训练成效无法落地生根，为各方所诟病），让新员工可以透过观察、模仿、体验而学习资深者的技术与精神风格。透过在职训练的过程，可同时形成组织成员间内隐知识的转移，透过这种方式，身体力行而达成创造内隐知识的过程。摩托罗拉就是首先通过这种形式来完成个人与个人的隐性知识相互作用的"共同化"阶段。

其次，摩托罗拉依据员工的兴趣，创办"读书会"，建立起知识性团体。该团体针对共同有兴趣的课题，分享自己特殊的经验、感受和观点，让参与讨论的成员，将其个人的"内隐知识"表达出来，促使成员在这个知识性团体的互动中，产生创新的观念。

再次，摩托罗拉将操作性知识，用计算机 Lotus Notes 制作成文件手册、训练教材，在公司内部公共网络里让员工自由取用，甚至利用"在线学习"方式，促使"外显知识"转化为个人的"内隐知识"。

综上所述，摩托罗拉就是这样通过各种方式将本属于个人的技能提出来供员工分享，即"内隐知识"向"外显知识"转变，而后"外显知识"在为员工学习后变成自己的"内隐知识"，提高了员工的知识与技能。如今，人们失望地发现相当多的公司（包括一些自称"学习型组织"的企业）都还在思考阶段，他们还拿不准采取何种方式跟进当今世界经济的变化，而摩托罗拉流畅顺利地完成技能与知识的螺旋转动，是其面对全球化与信息化发展趋势进行管理创新的关键，也是其他企业值得借鉴和学习的地方。

思考题：

1. 你认为摩托罗拉的管理创新体现在哪些方面？
2. 你对未来摩托罗拉的管理创新之路有何建议？

资料来源

1. 摩托罗拉的知识管理. http://www.smthome.net/bbs/read-htm-tid-3850.html.
2. 王众托，吴江宁，郭崇慧. 信息与知识管理[M]. 北京：电子工业出版社，2010.
3. 林东清. 知识管理理论与实务[M]. 北京：电子工业出版社，2005.

参考文献

1. 资本案例[M]. 上海：浦东电子出版社，2003.

2. 正统道藏[M]. 北京：文物出版社，1987.

3. 维克多·埃尔. 文化概念[M]. 上海：上海人民出版社，1988.

4. 泰勒. 原始文化[M]. 杭州：浙江人民出版社，1988.

5. 任继愈. 民族文化的形成与特点，载中国文化研究集刊（第二辑）[M]. 上海：复旦大学出版社，1985.

6. 梁漱溟. 中国文化要义，载梁漱溟全集（第三卷）[M]. 济南：山东人民出版社，1990.

7. 侯传文. 东方文化通论[M]. 济南：山东教育出版社，2002.

8. 季羡林. 再谈东方文化，东方文化研究[M]. 北京：北京大学出版社，1994.

9. 卡尔·魏特夫. 东方专制主义——对于极权力量的比较研究[M]. 徐式谷，等，译. 北京：中国社会科学出版社，1989.

10. 司马迁. 史记[M]. 北京：中华书局，1982.

11. 万丽华，蓝旭译注. 孟子[M]. 北京：中华书局，2006.

12. 李宗桂. 中国文化导论[M]. 广州：广东人民出版社，2002.

13. 赵靖. 中国经济管理思想史教程[M]. 北京：北京大学出版社，1993 年.

14. 周三多，等. 管理学——原理与方法[M]. 第 4 版. 上海：复旦大学出版社，2003.

15. 曾仕强，刘君政. 中国经权管理[M]. 台北：台湾国家出版社，1973.

16. 李约瑟. 中国之科学与文明（第 1 册）[M]. 台北：台湾商务印书馆，1980.

17. 李躬圃. 传统文化与现代管理[M]. 北京：新华出版社，1991.

18. 克劳德·小乔治. 管理思想史[M]. 北京：商务印书馆，1985.

19. 章太炎. 章太炎政论选集（下）[M]. 上海：上海人民出版社，1981.

20. 官鸣. 中西管理文化比较论纲. 厦门大学学报（哲社版），1995（1）：58.

21. 苏东水. 管理学[M]. 上海：东方出版中心，2001.

22. 李小龙. 墨子[M]. 北京：中华书局，2007.

23. 杨天宇，礼记译注[M]. 上海：上海古籍出版社，2007.

24. 孔子. 论语[M]. 北京：中华书局，2006.

25. 普罗泰戈拉. 古希腊罗马哲学[M]. 北京：商务印书馆，1982.

26. 周朝生. 中西古典管理思想的相似性[J]. 安庆师院社会科学学报，1996（1）：108.

27．向乃旦．中国古代文化史稿[M]．北京：北京大学出版社，1986．

28．苏东水．东方管理学[M]．上海：复旦大学出版社，2005．

29．陈荣耀．比较文化与管理[M]．上海：上海社会科学院出版社，1999．

30．钱德勒．看得见的手——美国企业的管理革命[M]．北京：商务印书馆，1987．

31．田戈．改变世界的 100 个管理故事[M]．北京：朝华出版社，2004．

32．吕国荣．影响世界的 100 道管理鸡汤[M]．北京：中国经济出版社，2005．

33．高谋．商战三十六计[M]．超星数字图书馆，1999．

34．李大军．中外企业文化知识 500 问[M]．北京：企业管理出版社，2002．

35．宋联可，吴应泉．百年老店是怎样炼成的[M]．上海：东方出版社，2004．

36．王元平．绝对中国制造的 58 个管理智慧[M]．北京：京华出版社，2004．

37．再造海尔——访海尔集团首席执行官张瑞敏[N/OL]．http://tech.163.com/tm/030324/030324_87225.html, 2003-3-24．

38．Harpaz, I. The importance of work goals: An international perspective[J]. Journal of International Business Studies, 1990, 21(1): 75-93．

39．Laurent A. The cross cultural puzzle of International human resource Management[J]. Human Resource Management, 1986, 25(1): 91-102．

40．Hofstede, G. Yx Bond, M. H. The confucious connection:From cultural roots to ecrmomic growth[J]. Organizational Dynamics, 1988, 16(4): 4-21．

41．Freeman C. The economics of industrial innovation[M]. 2nd. London: Francis Printer, 1982．

42．杨建华．苏美尔文明探源——欧贝德文化研究[J]．吉林大学社会科学学报，1991（6）：65．

43．李伟胜．国外中世纪管理思想[EB/OL]．http://blog.cersp.com/7888239/1395389.aspx．

44．何征，严映镕．管理思想演进与现代企业管理[M]．成都：四川科学技术出版社，1989．

45．丹尼尔·A．雷恩．管理思想的演变[M]．北京：中国社会科学出版社，1986．

46．林君雄．锦囊妙计 1001（上册）[M]．北京：中国青年出版社，1994．

47．约翰·威尔逊．古埃及的文化[M]．芝加哥：芝加哥大学出版社，1951．

48．保罗·皮尔斯，查尔斯·迈尔斯．人事管理[M]，纽约：麦格劳—希尔图书公司，1956．

49．罗伯特·哈珀．巴比伦汉穆拉比王法典[M]．芝加哥：芝加哥大学出版社，1904．

50．郭咸纲．西方管理思想史[M]．第 2 版．北京：经济管理出版社，2002．

51．弗朗西斯·康福德．柏拉图的理想国[M]．纽约：牛津大学出版社，1959．

52．J. S. 沃森．色诺芬的次要著作[M]．伦敦：贝尔父子出版公司，1898．

53. 格扎里. 帝王咨询书[M]. F. 巴格利，译. 伦敦：牛津大学出版社，1947.

54. 弗雷德里克·莱恩. 威尼斯商人安德烈亚·巴巴里戈（1418—1449）[M]. 巴尔的摩：约翰斯霍普金斯出版社，1944.

55. 罗伯特·哈蒙德. 阿尔法比的哲学[M]. 纽约：霍布森图书出版社，1947.

56. 安东尼·杰伊. 管理和马基雅维利[M]. 纽约：霍尔特、莱因哈插和温斯顿出版公司，1967.

57. 托马斯·瓦茨. 1716 年关于成为一个商人的正确方法的论文[M]. 波士顿：克雷尔工商业和经济学丛书，1946.

58. 亚当·斯密. 国民财富的性质和原因的研究[M]. 伦敦：斯特拉恩—卡德尔出版社，1793.

59. 威廉·阿希利. 英国的经济组织[M]. 伦敦：朗曼—格林出版公司，1922.

60. 威廉·肯尼汉. 英国的工业和商业在当代的发展[M]. 伦敦：剑桥大学出版社，1903.

61. 詹姆斯·斯图亚特. 政治经济学原理研究[M]. 伦敦：米勒—卡德尔出版社，1767.

62. 库克，泰罗. 工厂制度导论[M]. 伦敦：朗曼—格林出版公司，1924.

63. 安德泽杰·胡克金斯基. 管理宗师 世界一流的管理思想[M]. 大连：东北财经大学出版社，1999.

64. 哈伍德·梅里尔. 管理经典著作[M]. 纽约：美国管理协会，1960.

65. 康斯坦斯·格林. 伊莱·惠特尼和美国技术的诞生[M]. 波斯顿：里特尔—布朗出版公司，1956.

66. 李长武. 近代西方管理思想史[M]. 长春：吉林大学出版社，1991.

67. 杨静光. 古今管理理论概要[M]. 北京：中共中央党校出版社，2005.

68. 珀森. 美国工业中的科学管理[M]. 纽约：哈珀兄弟出版公司，1929.

69. 周三多，邹统钎. 战略管理思想史[M]. 上海：复旦大学出版社，2003.

70. 叶茂林，刘宇，王斌. 知识管理理论与运作[M]. 北京：社会科学文献出版社，2003.

71. 洪名勇. 知识经济与企业的知识管理[J]. 经济问题，1998（7）：26.

72. 李福海. 管理学新论[M]. 成都：四川大学出版社，2003.

73. 笛德（Tidd, J.），本珊特（Bessant, J.），帕维特（Pavitt, K.）. 管理创新——技术变革，市场变革和组织变革的整合[M]. 第 3 版. 王跃红，李伟立，译. 北京：清华大学出版社，2008.

74. 易凌峰，朱景琪. 知识管理（复旦博学·21 世纪管理类创新课程系列）[M]. 上海：复旦大学出版社，2008.

75. 凯利，利特曼. 创新的艺术[M]. 李煜萍，谢荣华，译. 北京：中信出版社，2010.

76. 吴贵生. 技术创新管理：中国企业自主创新之路[M]. 北京：机械工业出版社，2011.

77. 张平华. 中国企业管理创新[M]. 北京：中国发展出版社，2004.

78. 墨翟. 墨子[M]. 江苏：江苏广陵书社有限公司，2009.

79. 安小兰，译著. 荀子[M]. 北京：中华书局，2007.

80. 张文修. 礼记[M]. 北京：北京燕山出版社，1995.